소방 공무원 / 경찰 공무원 / 7급·5급 공무원 / 외교관 후보자 선발
7급·5급 군무원 / 교원임용시험

한지우의
한국사 능력검정 시험

심화

개념완성

3rd Edition

○ 한국사능력검정시험 〈심화〉 대비를 위한 전용 교재
○ 개편 이후 기출 650개 문항, 3,250개 선지 완벽 분석
○ 핵심 키워드 체크, 꼼꼼한 선지 분석으로 실력 향상
○ 한능검 단기 합격을 위한 최적의 교재

한지우 편저

한국사능력검정시험이란?

01 시험 개요

학교 교육에서 한국사의 위상은 날로 추락하고 있는데, 주변 국가들은 역사교과서를 왜곡하고 심지어 역사 전쟁을 도발하고 있습니다. 한국사의 위상을 바르게 확립하는 것이 무엇보다 시급한 실정입니다. 이러한 현실에서 우리역사에 관한 패러다임의 혁신과 한국사교육의 위상을 강화하기 위하여 국사편찬위원회에서는 한국사능력검정시험을 마련하였습니다. 국사편찬위원회는 우리 역사에 대한 관심을 제고하고, 한국사 전반에 걸쳐 역사적 사고력을 평가하는 다양한 유형의 문항을 개발하고 있습니다. 이를 통해 한국사 교육의 올바른 방향을 제시하고, 자발적 역사학습을 통해 고차원적 사고력과 문제해결 능력을 배양하고자 합니다.

02 시험 목적

- 우리 역사에 대한 관심을 확산·심화
- 균형 잡힌 역사 의식 함양
- 역사 교육의 올바른 방향 제시
- 고차원적 사고력과 문제해결 능력 육성

03 시험 정보

응시료	심화 27,000원
인증등급	1급(80점 이상)
	2급(70~79점)
	3급(60~69점)
문항 수 / 시험 시간	50문항(5지 택1형) / 80분
점수	100점 만점
성적 유효 기간	국사편찬위원회에서 지정한 별도 유효 기간은 없으나 인증서를 활용하는 기관마다 인정하는 기간이 상이하므로 각 기관 및 기업 채용 가이드라인을 확인해야 함

04 시험 시간

08:30~09:59	고사실 입실
10:00~10:10	오리엔테이션(시험시 주의 사항) / 10분
10:10~10:15	신분증 확인(감독관) / 5분
10:15~10:20	문제지 배부 / 5분
10:20~11:40	시험 실시(50문항) / 80분

한국사능력검정시험이란?

05 시험 준비물
- 수험표, 신분증, 컴퓨터용 수성사인펜, 수정테이프(수정액) 등
- 한국사능력검정시험 홈페이지(www.historyexam.go.kr)에서 수험표를 출력
- 수험표에는 본인 여부를 명확히 판단할 수 있는 증명사진이 있어야 하며, 본인 식별이 불가능할 경우 응시 불가

06 시험결과 발표
- 시험 2주 뒤 결과 발표
- 응시자가 인터넷 성적 조회 및 성적 통지서, 인증서 출력(홈페이지, 정부24)
- 별도의 성적통지서, 인증서를 발급하지 않음

07 시험 활용 및 특전

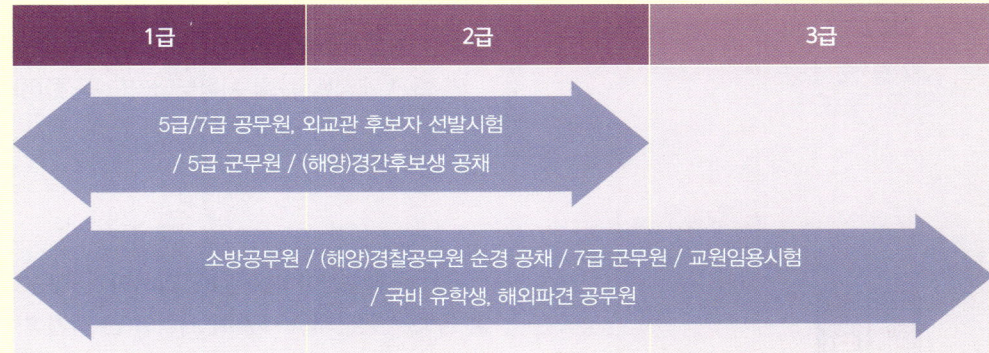

08 한국사능력검정시험 합격 가이드

출제유형

역사 지식의 이해	• 역사 탐구에 필요한 기본적인 지식을 갖고 있는가를 묻는 영역 • 역사적 사실·개념·원리 등의 이해 정도를 측정
연대기의 파악	• 역사의 연속성과 변화 및 발전을 이해하고 있는지를 묻는 영역 • 역사 사건이나 상황을 시대 순으로 정확하게 이해하고 인과관계를 파악할 수 있는가를 측정
역사 상황 및 쟁점의 인식	• 제시된 자료에서 해결해야 할 구체적 역사 상황과 핵심적인 논쟁점, 주장 등을 찾을 수 있는가를 묻는 영역 • 문헌자료, 도표, 사진 등의 형태로 주어진 자료에서 해결해야 할 과제를 포착하거나 변별해내는 능력이 있는지를 측정
역사 자료의 분석 및 해석	• 자료에 나타난 정보를 해석하여 그 의미를 파악할 수 있는가를 묻는 영역 • 정보의 분석을 바탕으로 자료의 시대적 배경과 사회적 의미를 해석할 수 있는가를 측정
역사 탐구의 설계 및 수행	• 제시된 문제의 성격과 목적을 고려하여 절차와 방법에 따라 역사 탐구를 설계하고 수행할 수 있는 능력이 있는가를 묻는 영역
결론의 도출 및 평가	• 주어진 자료의 타당성을 판별하고, 여러 자료를 종합하여 결론을 도출할 수 있는가를 묻는 영역

지우쌤이 알려주는 합격 공략법

한국사는 암기가 아닌 이해!

- 한국사는 양이 방대하기 때문에 무작정 암기로 공부할 수 있는 과목이 아닙니다. 반드시 전체적인 흐름을 파악하고 원인과 결과를 이해해야합니다.
- 지우쌤만의 스토리텔링 강의로, 수업을 듣고나면 스토리가 통째로 외워지는 놀라운 경험을 해보세요.

기출 문제는 정말 중요!

- 한능검은 중요한 주제나 선지가 반복해서 출제되기 때문에 기출문제를 풀어보는 것이 중요합니다.
- 최근 3년 기출을 풀어보며 시험 경향을 파악하고, 시간이 부족하다면 최근 개정된 47회 시험부터라도 꼭 풀어보세요.

반복 학습!

한국사는 휘발성이 아주 강한 과목이기 때문에 근현대사 부분을 공부할 쯤에는 전근대사 내용이 기억이 안 나기 마련이죠. 회독을 여러 번 하되, 점점 시간을 줄여나가세요. 차근차근 1회독 후, 2회독 때에는 6일 동안 하루에 한 단원씩 복습하고, 3회독 때에는 2일 동안 하루에 3단원씩, 4회독 때에는 하루에 전 범위를 공부해보세요.

한지우 한능검 교재 특장점

개편 이후 모든 시험(13회차) 650개 문항, 3250개 선지를 철저히 분석!
개편된 이후 모든 시험의 선지와 문항을 모두 분석하였습니다.

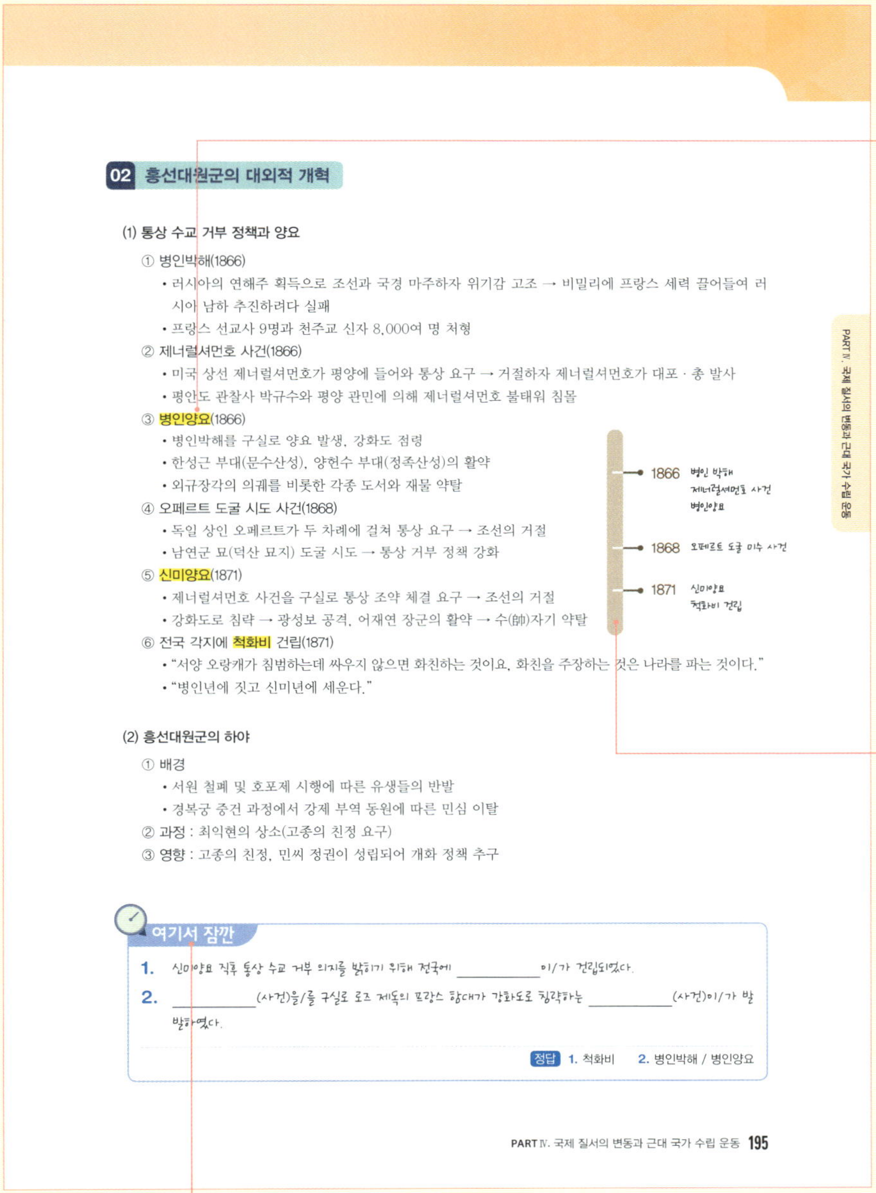

핵심 키워드 잡기
한능검 문제는 핵심 키워드만 잘 잡아도 정답이 보입니다. 전체 교재에 중요 포인트는 형광펜 처리를 해두었습니다.

연표로 흐름 파악하기
주요한 사건에 대해서는 연표를 삽입하여 흐름 파악을 쉽게 하였습니다.

여기서 잠깐!
헷갈리기 쉬운 내용, 자주 틀리는 내용을 미리 풀어볼 수 있습니다.

---

02 흥선대원군의 대외적 개혁

(1) 통상 수교 거부 정책과 양요
① 병인박해(1866)
  • 러시아의 연해주 획득으로 조선과 국경 마주하자 위기감 고조 → 비밀리에 프랑스 세력 끌어들여 러시아 남하 저지하려다 실패
  • 프랑스 선교사 9명과 천주교 신자 8,000여 명 처형
② 제너럴셔먼호 사건(1866)
  • 미국 상선 제너럴셔먼호가 평양에 들어와 통상 요구 → 거절하자 제너럴셔먼호가 대포·총 발사
  • 평안도 관찰사 박규수와 평양 관민에 의해 제너럴셔먼호 불태워 침몰
③ **병인양요**(1866)
  • 병인박해를 구실로 양요 발생, 강화도 점령
  • 한성근 부대(문수산성), 양헌수 부대(정족산성)의 활약
  • 외규장각의 의궤를 비롯한 각종 도서와 재물 약탈
④ 오페르트 도굴 시도 사건(1868)
  • 독일 상인 오페르트가 두 차례에 걸쳐 통상 요구 → 조선의 거절
  • 남연군 묘(덕산 묘지) 도굴 시도 → 통상 거부 정책 강화
⑤ **신미양요**(1871)
  • 제너럴셔먼호 사건을 구실로 통상 조약 체결 요구 → 조선의 거절
  • 강화도로 침략 → 광성보 공격, 어재연 장군의 활약 → 수(帥)자기 약탈
⑥ 전국 각지에 **척화비** 건립(1871)
  • "서양 오랑캐가 침범하는데 싸우지 않으면 화친하는 것이요, 화친을 주장하는 것은 나라를 파는 것이다."
  • "병인년에 짓고 신미년에 세운다."

(2) 흥선대원군의 하야
① 배경
  • 서원 철폐 및 호포제 시행에 따른 유생들의 반발
  • 경복궁 중건 과정에서 강제 부역 동원에 따른 민심 이탈
② 과정: 최익현의 상소(고종의 친정 요구)
③ 영향: 고종의 친정, 민씨 정권이 성립되어 개화 정책 추구

1866	병인박해, 제너럴셔먼호 사건, 병인양요
1868	오페르트 도굴 미수 사건
1871	신미양요, 척화비 건립

여기서 잠깐
1. 신미양요 직후 통상 수교 거부 의지를 밝히기 위해 전국에 _____이/가 건립되었다.
2. _____(사건)을/를 구실로 로즈 제독의 프랑스 함대가 강화도로 침략하는 _____(사건)이/가 발발하였다.

정답 1. 척화비 2. 병인박해 / 병인양요

PART Ⅳ. 국제 질서의 변동과 근대 국가 수립 운동

한지우 한능검 교재 특장점

빈출 선지 체크
한능검에 자주 출제된 선지를 한 눈에 파악할 수 있습니다.

사료 확인하기
한능검에는 사료 제시형 문제가 자주 출제됩니다. 사료를 읽고 직접 해석하는 눈을 기를 수 있도록 구성하였습니다.

한지우 한능검 교재 특장점

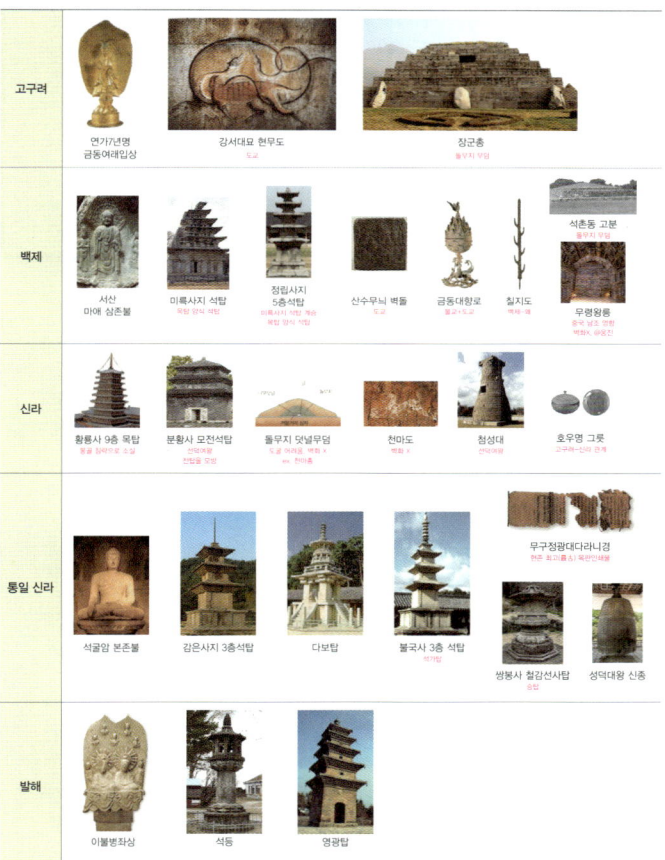

다양한 사진 자료 수록
한능검에는 다양한 사진 자료가 출제되므로, 출제 경향에 맞춰 자료를 수록하였습니다.

한지우 한능검 교재 특장점

기출 문제 파헤치기

몇 회에 출제된 내용인지 한눈에 파악이 가능합니다.

단순히 문제만 푸는 것이 아니라, '꼬리 문제'가 제공되어 선지까지 꼼꼼하게 파악하고 다음번에 출제될 수 있는 내용을 미리 대비할 수 있습니다.

해설을 따로 찾는 번거로움 없이 바로 밑에 수록하였으며, 독학으로도 쉽게 공부할 수 있도록 자세하게 해설을 적어두었습니다.

CONTENTS

Ⅰ 우리 역사의 형성과 고대 국가의 발전
- 01 선사 문화와 여러 나라의 성장 ······ 12
- 02 삼국시대 ······ 29
- 03 남북국시대 ······ 45
- 04 고대의 경제·사회·문화 ······ 54

Ⅱ 고려 귀족 사회의 형성과 변천
- 01 고려의 성립과 통치 체제 정비 ······ 72
- 02 고려 전기의 대외관계 ······ 85
- 03 고려 후기의 대외관계 ······ 92
- 04 고려의 경제·사회·문화 ······ 104

Ⅲ 조선 유교 사회의 성립과 변화
- 01 조선 전기의 정치 ······ 124
- 02 조선 후기의 정치 ······ 138
- 03 조선의 대외관계 ······ 148
- 04 조선의 경제·사회·문화 ······ 158

Ⅳ 국제 질서의 변동과 근대 국가 수립 운동
- 01 외세의 침략적 접근과 개항 ······ 188
- 02 개화 정책 추진과 저항 ······ 203
- 03 근대 국가 수립 운동의 전개 ······ 216
- 04 일제의 국권 침탈과 국권 수호 운동 ······ 233
- 05 개항 이후의 경제·사회·문화의 변화 ······ 244

Ⅴ 일제 강점과 민족 운동의 전개
- 01 일제의 식민통치 ······ 258
- 02 1910년대 민족 운동의 전개 ······ 266
- 03 1920년대 이후 국내 민족 운동의 전개 ······ 280
- 04 1920년대 이후 국외 무장 독립 투쟁의 전개 ······ 293
- 05 민족 문화 수호 운동 ······ 305

Ⅵ 대한민국의 발전과 현대 세계의 변화
- 01 대한민국 정부 수립과 6·25 전쟁 ······ 314
- 02 민주주의의 시련과 발전 ······ 326
- 03 경제 발전과 변화 및 통일을 위한 노력 ······ 344

부록
- 01 유네스코 등재 세계 유산과 조선의 궁궐 ······ 354
- 02 세시풍속과 민속놀이 ······ 357

한지우
한국사능력검정시험 <심화>
개념완성

I

우리 역사의 형성과 고대 국가의 발전

01 선사 문화와 여러 나라의 성장
02 삼국시대
03 남북국시대
04 고대의 경제·사회·문화

CHAPTER 01 선사 문화와 여러 나라의 성장

01 선사 시대의 생활

(1) 구석기 시대(약 70만년 전 ~)
① 경제 : 사냥 · 채집
② 사회 : 무리 사회, 평등 사회
③ 거주 : 이동 생활, 동굴 · 바위 그늘 · 막집(불 땐 자리)
④ 도구 : 뗀석기(주먹도끼, 찍개, 긁개, 밀개) → 후기 구석기 이음도구 제작(슴베찌르개)
⑤ 예술 · 신앙 : 주술적 의미의 동굴 벽화, 조각품, 풍요와 다산
⑥ 유적 : 공주 석장리, 경기 연천 전곡리, 충북 청원 두루봉 동굴(흥수아이)

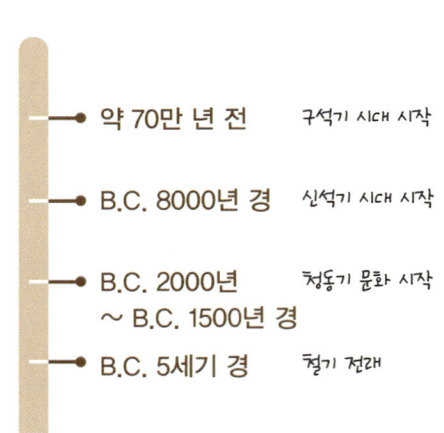

- 약 70만 년 전   구석기 시대 시작
- B.C. 8000년 경   신석기 시대 시작
- B.C. 2000년 ~ B.C. 1500년 경   청동기 문화 시작
- B.C. 5세기 경   철기 전래

(2) 신석기 시대(B.C. 8000년 경 ~)
① 경제 : 농경, 목축의 시작
② 사회 : 씨족 단위 부족 사회, 평등 사회
③ 거주 : 정착 생활, 움집(반지하, 중앙에 화덕, 강가 · 해안가)
④ 도구 : 간석기(돌낫, 돌보습, 갈돌과 갈판), 토기(이른 민무늬 토기, 빗살무늬 토기, 덧무늬 토기), 가락바퀴, 뼈바늘
⑤ 예술 · 신앙 : 조개껍데기 가면, 원시 신앙(애니미즘, 샤머니즘, 토테미즘)
⑥ 유적 : 제주 한경 고산리, 부산 동삼동(패총), 서울 암사동, 황해도 봉산 지탑리(탄화된 좁쌀)

(3) 청동기 시대(B.C. 2000~1500년 경)
① 경제 : 농경의 발달(벼농사 시작) → 잉여 생산물 생산, 사유 재산 개념 발생
② 사회
 • 정복 활동 → 빈부 격차 · 계급 발생 → 군장(제사 주관, 천손 사상), 국가 출현
 • 남녀의 역할 분화
③ 거주 : 강 주변의 구릉 지대에 배산임수 형태의 주거지 형성
④ 도구 : 간석기(반달돌칼, 바퀴날 도끼, 홈자귀), 토기(민무늬 토기, 미송리식 토기, 붉은 간토기), 청동기(비파형 동검 · 청동방울 등)
⑤ 무덤 : 고인돌(강화, 고창, 화순), 돌널무덤
⑥ 예술 · 신앙 : 바위그림, 청동제 의식 도구
⑦ 유적 : 여주 흔암리(볍씨 출토), 부여 송국리(물을 댄 논에서 벼 경작한 흔적)

(4) 철기 시대(B.C. 5c 경 ~)
① 경제 · 사회 : 농업 생산력 증대, 중국과의 교류(중국 화폐 · 한자 사용)
② 거주 : 지상 가옥 일반화, 부뚜막(온돌) 등장
③ 도구 : 독자적 청동기 문화(세형 동검, 잔무늬 거울, 거푸집), 철제 농기구 사용
④ 무덤 : 널무덤, 독무덤

사료 확인

구석기 시대

구석기시대 유적지

주먹도끼

찍개

슴베찌르개

흥수아이

신석기 시대

신석기 시대 유적지

빗살무늬토기

가락바퀴

갈돌과 갈판

움집

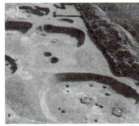
움집터

조개껍데기 가면

청동기 시대

반달돌칼

비파형동검

거친무늬 거울

민무늬 토기

고인돌

청동기 시대 집터

철기 시대

거푸집

세형동검

명도전

반량전

CHAPTER 01 선사 문화와 여러 나라의 성장

여기서 잠깐

1. 신석기 시대는 농경이 시작되었으며, 계급이 발생하였다. (   )
2. 청동기 시대에는 청동제 농기구가 사용됨으로써 농업 생산력이 증대되었다. (   )
3. 구석기 시대에는 _____ 생활을 하였기 때문에 주거지를 짓는데 힘을 많이 들이지 않았다.

정답 1. ×   2. ×   3. 이동

빈출 선지 체크

1. 주로 동굴이나 강가의 막집에서 살았다.   (시대)
2. 지배층의 무덤으로 고인돌을 축조하였다.   (시대)
3. 거푸집을 이용하여 세형동검을 제작하였다.   (시대)
4. 빗살무늬 토기를 만들어 식량을 저장하였다.   (시대)
5. 쟁기, 쇠스랑 등의 철제 농기구를 사용하였다.   (시대)
6. 농경과 목축을 시작하여 식량을 생산하였다.   (시대)
7. 대표적인 도구로 주먹도끼, 찍개 등을 제작하였다.   (시대)
8. 반달돌칼로 벼를 수확하였다.   (시대)
9. 가락바퀴와 뼈바늘을 이용하여 옷을 만들었다.   (시대)
10. 오수전, 화천 등의 중국 화폐로 교역하였다.   (시대)

정답 1. 구석기 2. 청동기 3. 철기 4. 신석기 5. 철기 6. 신석기 7. 구석기 8. 청동기 9. 신석기 10. 철기

 사료 확인

1. _____ 시대

이 시대 사람들은 움집을 짓고 마을을 이루어 정착 생활을 하였다. 이들은 채집과 사냥, 고기잡이, 농경을 통해 생계를 유지하였다. 그러나 여전히 도구의 한계와 낮은 기술 수준 때문에 공동 작업으로 식량을 얻거나 생산하고 공동으로 소비하는 씨족 중심의 공동체 생활을 하였다. 아직 지배, 피지배 관계는 발생하지 않았다.

2. _____ 시대

이 시대에는 사유 재산이 생기고 빈부의 차이가 커졌다. 이에 따라 이전까지 평등하였던 관계가 사라지면서 계급이 발생하였다. 경제력과 권력을 가진 지배자나 세력이 등장하였고 이들의 주도로 정치 조직체가 나타났다. 집단 간의 갈등이 커지면서 정복 전쟁이 빈번히 일어났다. 이 시대에 만들어진 고인돌은 이러한 사회적 특징을 잘 보여 준다.

3. _____ 시대

○○○인들의 주거지는 바닥이 원형이나 사각형이었고, 중앙에는 취사나 난방용 화덕이 있었다. 출입문은 남쪽으로 냈으며, 출입문 옆에는 저장용 구덩이가 있었다. 이러한 집터는 주로 강가나 해안가에서 발견되었고, 보통 성인 5명 정도가 생활하기에 적당한 크기였다. 유적에서 발견된 탄화된 좁쌀과 빗살무늬 토기를 통해 우리는 당시 생활상을 추측할 수 있다.

정답 **1.** 신석기   **2.** 청동기   **3.** 신석기

기출문제

01

(가) 시대 생활 모습으로 옳은 것은?   53회 심화 01

△△박물관 특별전
시간을 품은 돌,
(가) 시대로의 여행

• 기간 : 2021년 ○○월 ○○일
  ~○○월 ○○일
• 장소 : △△박물관 특별전시실

초대의 글
우리 박물관에서는 찍개, 찌르개 등 뗀석기를 처음 사용한 (가) 시대 특별전을 마련하였습니다. 동아시아에 찍개 문화만 존재했다는 기존 학설을 뒤집은 연천 전곡리 출토 주먹도끼도 전시하오니 많은 관람 바랍니다.

① 가락바퀴를 이용하여 실을 뽑았다.
② 반달돌칼을 사용하여 벼를 수확하였다.
③ 많은 인력을 동원하여 고인돌을 축조하였다.
④ 거푸집을 이용하여 세형 동검을 제작하였다.
⑤ 주로 동굴이나 강가의 막집에서 거주하였다.

1) (가) 시대? _____

2)
① 관련 시대? _____
② 관련 시대? _____
③ 관련 시대? _____
④ 관련 시대? _____
⑤ 관련 시대? _____

02

(가) 시대 생활 모습으로 옳은 것은?   52회 심화 01

△△박물관
부여 송국리 유물 특별전

• 기간 : 2021. ○○. ○○.
  ~○○. ○○.
• 장소 : △△박물관 특별전시실

초대의 글
우리 박물관에서는 부여 송국리 유적에서 출토된 유물을 소개하는 특별전을 마련하였습니다. (가) 시대의 대표적 유물인 민무늬 토기와 비파형 동검 등을 통해 당시의 생활 모습을 살펴보시기 바랍니다.

① 주로 동굴이나 강가의 막집에서 살았다.
② 계급이 없는 평등한 공동체 생활을 하였다.
③ 오수전, 화천 등의 중국 화폐로 교역하였다.
④ 실을 뽑기 위해 가락바퀴를 처음 사용하였다.
⑤ 의례 도구로 청동 거울과 청동 방울 등을 제작하였다.

1) (가) 시대? _____

2)
① 관련 시대? _____
② 관련 시대? _____
③ 관련 시대? _____
④ 관련 시대? _____
⑤ 관련 시대? _____

ANSWER

01 ⑤
제시된 자료의 주먹도끼 사진과, 뗀석기 등을 통해 (가)는 구석기 시대임을 알 수 있다. ⑤ 구석기 시대에는 이동생활을 하였기 때문에 주로 동굴이나 강가의 막집에서 거주하였다.
[오답] ① 신석기 ② 청동기 ③ 청동기 ④ 철기

02 ⑤
민무늬 토기, 비파형 동검 등의 유물들을 통해 (가) 시대는 청동기 시대임을 알 수 있다. 청동기 시대에는 ⑤ 의례 도구로 청동 거울과 청동 방울 등을 제작하였다.
[오답] ① 구석기 ② 석기시대(구석기, 신석기) ③ 철기 ④ 신석기

03

(가) 시대의 생활 모습으로 옳은 것은? 50회 심화 01

공주 석장리에서 남한 최초로 (가) 시대의 유물인 찍개, 주먹도끼 등의 뗀석기가 출토되었습니다. 이번 발굴로 우리나라에서도 (가) 시대가 존재했다는 사실이 입증되었습니다.

① 반달돌칼로 벼를 수확하였다.
② 주로 동굴이나 막집에서 거주하였다.
③ 거푸집을 이용하여 청동 무기를 제작하였다.
④ 빗살무늬 토기를 제작하여 식량을 저장하였다.
⑤ 가락바퀴와 뼈바늘을 이용하여 옷을 만들었다.

1)
(가) 시대? _____

2)
① 관련 시대? _____
② 관련 시대? _____
③ 관련 시대? _____
④ 관련 시대? _____
⑤ 관련 시대? _____

04

(가) 시대의 생활 모습으로 옳은 것은? 58회 심화 01

부산 동삼동 유적에서 출토된 빗살무늬 토기는 농경과 정착이 시작된 (가) 시대의 대표적 유물 중 하나입니다. 이 유적에서는 곡물 등을 가공하는데 사용한 갈돌과 갈판도 출토되었습니다.

① 가락바퀴를 이용하여 실을 뽑았다.
② 주로 동굴이나 막집에서 거주하였다.
③ 명도전, 반량전 등의 화폐가 유통되었다.
④ 거푸집을 이용하여 세형 동검을 만들었다.
⑤ 쟁기, 쇠스랑 등의 철제 농기구를 사용하였다.

1)
(가) 시대? _____

2)
① 관련 시대? _____
② 관련 시대? _____
③ 관련 시대? _____
④ 관련 시대? _____
⑤ 관련 시대? _____

🔊 ANSWER

03 ②
공주 석장리에서 출토된 찍개, 주먹도끼의 내용으로 보아 (가) 시대는 구석기 시대이다. ② 구석기 시대에는 이동생활을 하였기 때문에 주로 동굴이나 강가의 막집에서 거주하였다.
[오답] ① 청동기 ③ 철기 ④ 신석기 ⑤ 신석기

04 ①
농경과 정착 생활이 시작된 (가) 시대는 신석기 시대이다. 이 시대에는 실을 뽑기 위한 도구로 ① 반달돌칼이 사용되었다.
[오답] ② 구석기 ③ 철기 ④ 철기 ⑤ 철기

CHAPTER 01 기출문제

05

(가) 시대 사회 모습으로 옳은 것은? 47회 심화 01

> 단양 수양개 유적에서 출토된 이 슴베찌르개는 주먹도끼와 함께 (가) 시대의 대표적인 유물 중 하나입니다. 이 유적에서는 슴베찌르개와 함께 돌날과 몸돌 등의 뗀석기도 출토되었습니다.

① 주로 동굴이나 막집에 거주하였다.
② 가락바퀴를 이용하여 실을 뽑았다.
③ 명도전을 이용하여 중국과 교역하였다.
④ 철제 농기구를 사용하여 농사를 지었다.
⑤ 의례 도구로 청동 방울 등을 제작하였다.

1)
(가) 시대? _____

2)
① 관련 시대? _____
② 관련 시대? _____
③ 관련 시대? _____
④ 관련 시대? _____
⑤ 관련 시대? _____

06

(가) 시대의 생활 모습으로 옳은 것은? 49회 심화 01

△△박물관 특별전
금속이 우리의 삶으로, (가) 시대로의 여행

모시는 글
우리 박물관에서는 금속을 사용하기 시작한 (가) 시대 특별전을 마련하였습니다. 비파형 동검, 거푸집, 민무늬 토기 등 당시의 생활 모습을 엿볼 수 있는 다양한 유물들을 준비하였으니 많은 관람 바랍니다.

• 기간 : 2020. ○○. ○○.~○○. ○○.
• 장소 : △△박물관 특별 전시실

① 주로 동굴이나 막집에서 거주하였다.
② 지배층의 무덤으로 고인돌을 축조하였다.
③ 농경과 목축을 시작하여 식량을 생산하였다.
④ 쟁기, 쇠스랑 등의 철제 농기구를 사용하였다.
⑤ 대표적인 도구로 주먹도끼, 찍개 등을 제작하였다.

1)
(가) 시대? _____

2)
① 관련 시대? _____
② 관련 시대? _____
③ 관련 시대? _____
④ 관련 시대? _____
⑤ 관련 시대? _____

📢 ANSWER

05 ①
위 자료의 슴베찌르개는 주먹도끼와 함께 구석기 시대의 대표적인 유물이다. ① 구석기 시대에는 이동생활을 하였기 때문에 주로 동굴이나 강가의 막집에서 거주하였다.
[오답] ② 신석기 ③ 철기 ④ 철기 ⑤ 청동기

06 ②
비파형 동검, 거푸집, 민무늬 토기 등의 유물들로 보아 (가) 시대는 청동기 시대이다. ② 청동기 시대에는 사유재산과 계급이 생기고 지배층의 무덤인 고인돌을 축조하였다.
[오답] ① 구석기 ③ 신석기 ④ 철기 ⑤ 구석기

01 선사 문화와 여러 나라의 성장

02 고조선

(1) 고조선의 건국과 발전
① 성립 : 청동기 문화 기반, 기원전 2333년 단군왕검이 건국(『동국통감』), 『삼국유사』, 『제왕운기』 등에 건국 이야기 수록
② 건국 설화 : 선민 사상, 홍익인간 이념, 농경 사회, 토템 사상, ==제정일치== 사회

(2) 고조선의 문화 범위
① 랴오닝 지방 중심 성장, 한반도 북부 지역 진출
② 비파형 동검, 북방식 고인돌, 미송리식 토기 출토 분포를 통해 문화 범위를 짐작

(3) 8조법
① 기록 : 『한서 '지리지'』에 8조법 중 3개 조목만이 전해짐
② 내용 : 노동력 중시, 사유재산, 계급 사회, 화폐 사용, 가부장적 사회

(4) 발전
① 단군조선
   - 기원전 4~3c 경 중국 연나라와 대적할 정도로 강성
   - 기원전 3c 초 연의 장수 진개의 침입
   - 기원전 3c 경 부왕, 준왕 등 강력한 왕이 등장하여 왕위 부자 상속
   - 상, 대부, 장군 등의 관직 설치
② 위만 조선의 성립
   - 진·한 교체기 위만의 이주 → 준왕 몰아내고 즉위(B.C. 194)
   - 철기 문화 본격적 수용
   - 진번·임둔을 복속하는 등 세력을 확장
   - 한(漢)과 진(辰) 사이에서 중계무역으로 번성
③ 멸망
   - 우거왕 당시 한 무제 침입 → 지배층의 내분으로 멸망(B.C. 108)
   - 한 사군(한 군현, 낙랑·임둔·진번·현도) 설치, 이후 법 조항 60여 조로 증가

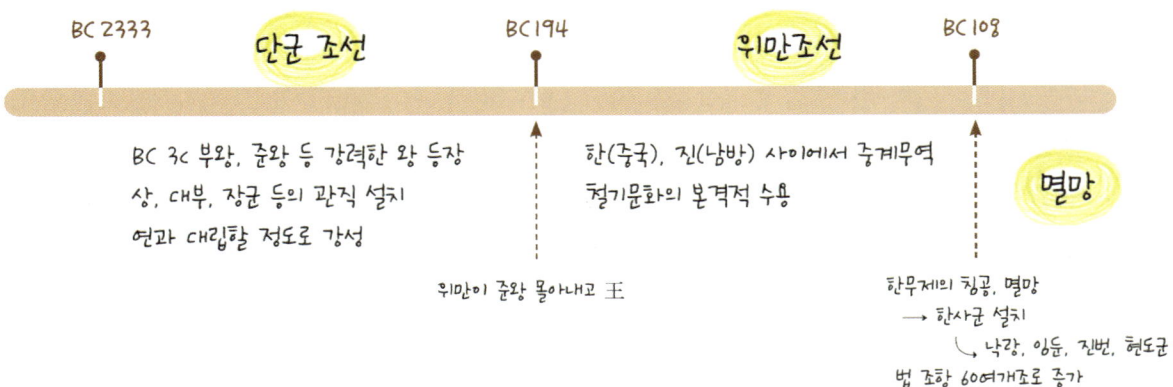

CHAPTER 01 선사 문화와 여러 나라의 성장

사료 확인

고조선의 문화 범위

비파형동검   고인돌

사료 확인

고조선의 건국 설화

옛날 환인의 아들 환웅이 삼위태백을 내려다보니 **널리 인간을 이롭게** 할 만 하므로 …… 3,000의 무리를 이끌고 태백산 신단수 밑으로 내려와 **풍백·우사·운사**를 거느리고 곡식, 생명, 질병, 형벌, 선악 등 인간의 360여 가지의 일을 주관하며 다스렸다. 이 때 **곰과 호랑이**가 사람이 되기를 원하므로 …… 곰은 금기를 지켜 21일 만에 여자의 몸을 얻었고 …… 환웅이 웅녀와 혼인하여 아들을 낳았다. 이가 곧 **단군왕검**이었다.

고조선의 8조법

백성들에게 금하는 법 8조를 만들었다. **사람을 죽인 자는 즉시 죽이고**, 남에게 상처를 입힌 자는 **곡식으로 갚는다**. 도둑질을 한 자는 **노비로 삼는데**, 용서받고자 하는 자는 한 사람마다 **50만 전**을 내야 한다. 비록 용서를 받아 보통 백성이 되어도 풍속에 역시 그들은 부끄러움을 씻지 못하여 결혼을 하고자 해도 짝을 구할 수 없다. 이러해서 백성들은 도둑질을 하지 않아 대문을 닫고 사는 일이 없었다. **여자들은 모두 정조를 지키고 신용이 있어 음란하고 편벽된 짓을** 하지 않았다.

사료 확인

위만 조선의 발전

- 위만이 망명하여 호복을 하고 동쪽의 패수를 건너 준왕에게 투항하였다. 위만은 준왕을 설득하여 서쪽 경계에 거주하기를 구하고, 중국의 망명자를 거두어 이를 조선의 번병(藩屏)을 삼겠다고 하였다. 준왕은 그를 믿고 총애하여 벼슬을 내려 박사(博士)로 삼고 … 백 리의 땅을 봉해 주면서 서쪽 변경을 지키도록 하였다. 위만은 망명자의 무리를 꾀어내어 무리가 점차 많아지자, … 마침내 돌아와 준왕을 공격하였다. 준왕은 위만과 싸웠지만 상대가 되지 못하였다.

  -『삼국지』위서 동이전 -

- 위만은 군사의 위세와 재물을 얻고 그 주변의 소읍(小邑)을 침략해 항복시키니, 진번(眞番)·임둔(臨屯)이 모두 와서 복속하였고 고조선의 영역은 사방 수천 리가 되었다.

  -『사기』조선열전 -

고조선의 멸망

원봉 3년(기원전 108) 여름, 니계상 참이 사람을 시켜 조선왕 우거를 죽이고 항복해 왔다. … 이로써 마침내 조선을 평정하고 4군(郡)을 세웠다.

-『사기』조선열전 -

03 여러 나라의 성장

	정치	경제	사회	제천행사
부여	5부족 연맹체 사출도, 왕권 미약	반농반목 말, 주옥, 모피	순장, 우제점법, 1책 12법, 형사취수제	영고(12월)
고구려	5부족 연맹체 왕 아래 상가, 고추가 사자·조의·선인 거느림 제가회의	약탈경제(부경)	1책 12법, 형사취수제, 서옥제	동맹(10월) 국동대혈에서 주몽· 유화부인 제사
옥저	왕 X 군장(읍군, 삼로)	해산물, 소금 풍부	민며느리제, 가족공동무덤(골장제)	-
동예		단궁, 과하마, 반어피 방직 기술 발달	족외혼, 책화 철(凸)자형, 여(呂)자형 집터	무천(10월)
삼한	정치(신지, 읍차) 제사(천군) 목지국 지배자가 전체 왕	벼농사 철(변한)→낙랑·왜 등에 덩이쇠 수출	제정분리, 소도, 두레(공동 노동) 주구묘(널무덤+해자), 토실	수릿날(5월) 계절제(10월)

CHAPTER 01 선사 문화와 여러 나라의 성장

사료 확인

국가의 발전 단계

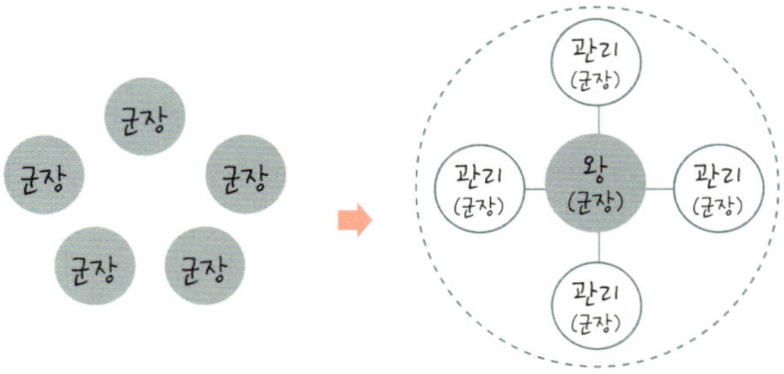

소국 → 연맹 왕국

여러나라의 성장

동예의 집터

마한의 토실

덩이쇠

솟대

여기서 잠깐

1. 우리나라 최초의 국가인 고조선은 청동기 문화를 바탕으로 건국되었다. ( )
2. 위만에 의해 철기 문화가 최초로 수용되었다. ( )
3. 고조선의 문화 범위를 알려주는 유물로는 _____, _____, _____ 등이 있다.
4. 부여에는 마가, 우가, 저가, 구가들이 다스리는 _____ 이/가 있었다.
5. 고구려에는 신랑이 일정 기간 처가에 살면서 일해주는 _____ 의 풍습이 있었다.
6. 삼한에서 천군이 제사를 거행하던 _____ 은/는 신성시되어 이곳으로 죄인이 도망쳐도 잡지 못하였다.
7. 한 무제가 고조선을 멸망시키고 고조선 영토 내에 설치한 4개의 행정구역을 _____ (이)라 한다.
8. 소의 발굽 모양을 보고 국가의 중대한 일을 예견하던 점법을 _____ (이)라 한다.
9. _____ 은/는 여자 나이 10세 안팎에 약혼하고 신랑 집에 머물다가 성인이 되면 여자는 집으로 갔다가 다시 맞아들이는 제도이다.
10. _____ 은/는 다른 부족의 영역을 침범하면 소, 말 등으로 배상하는 풍습이다.

> 정답 1. ○ 2. × 3. (탁자식)고인돌, 비파형동검, 미송리식 토기 4. 사출도 5. 서옥제
> 6. 소도 7. 한4군(= 한군현) 8. 우제점법 9. 민며느리제 10. 책화

빈출 선지 체크

1. 한 무제와 맞서 싸웠다.   (국가)
2. 연의 장수 진개의 공격을 받아 영토를 빼앗겼다.   (시대)
3. 진번과 임둔을 복속하여 세력을 확장하였다.   (시대)
4. 살인, 절도 등의 죄를 다스리는 범금 8조가 있었다.   (국가)
5. 신지, 읍차 등의 지배자가 있었다.   (국가)
6. 혼인 풍속으로 서옥제가 존재하였다.   (국가)
7. 여러 가(加)들이 사출도를 주관하였다.   (국가)
8. 부족 간의 경계를 중시하는 책화라는 풍속이 있었다.   (국가)
9. 제사장인 천군과 신성 지역인 소도가 존재하였다.   (국가)
10. 혼인 풍습으로 민며느리제가 있었다.   (국가)
11. 남의 물건을 훔쳤을 때에는 12배로 갚게 하였다.   (국가)

> 정답 1. 고조선 2. 단군조선 3. 위만조선 4. 고조선 5. 삼한 6. 고구려
> 7. 부여 8. 동예 9. 삼한 10. 옥저 11. 부여, 고구려

CHAPTER 01 선사 문화와 여러 나라의 성장

 사료 확인

『삼국지』 위서 동이전의 기록

부여

- 사람들 체격이 매우 크고 성품이 강직 용맹하며 근엄하고 후덕해 다른 나라를 노략질하지 않는다. 나라에는 군왕(君王)이 있으며, 모두 여섯 가축(六畜)의 이름으로 관명(官名)을 정하여 마가, 우가, 저가, 구가, 대사, 대사자, 사자가 있다. 제가들은 사출도를 주관하였다.
- 은력 정월(12월)에 하늘에 제사를 지내는데 나라의 큰 모임이다. 여러 날 동안 음식과 가무를 하는데, 이를 '영고(迎鼓)'라 한다. 이때에는 형벌과 감옥이 없고, 죄인들을 풀어 준다.
- 형벌을 사용함에 엄하고 급하여, 살인한 자는 죽이고, 그 가족은 노비로 삼는다. 도둑질한 자는 열두 배로 갚으며, 남녀가 음탕하거나, 부인이 투기를 하면, 이를 모두 죽인다.
- 형이 죽으면, 형수를 처로 삼는다.
- 군사를 일으킬 때도 하늘에 제사를 지내니 소를 잡아 그 발굽을 보아 길흉을 점쳤다. 발굽이 풀어져 있으면 흉하고 합쳐져 있으면 길하였다.
- 부여의 오랜 풍속에서는 장마와 가뭄처럼 날이 고르지 못하여 오곡(五穀)이 영글지 않으면 그 허물을 왕에게 돌려 '왕을 바꾸어야 한다.'거나 '왕을 죽여야 한다.'고 하였다.

고구려

- 옛말에 부여의 별종이라 하였는데, 언어와 여러 가지 일이 부여와 같은 게 많다. 그러나 성정이나 기질, 의복은 다르다.
- 큰 산과 깊은 골짜기가 많고 평원이나 늪은 없다. 좋은 밭이 없어서 비록 힘써 밭을 경작한다 하여도 입과 배를 채우기에 부족하다. 사람들의 성품이 흉악하고 급하여 중국을 노략질하기를 좋아하였다. 따로 큰 창고는 없고 집집마다 스스로 작은 창고를 짓는데 일러 부경이라 한다.
- 나라에는 왕이 있다. 벼슬에는 상가와 대로, 패자, 고추가, 주부, 우태, 승, 사자, 조의, 선인이 있으며, 신분이 높고 낮음에 따라 각각 등급을 두었다.
- 10월에 하늘에 제사하는데 나라 안의 큰 모임으로 일러 동맹이라 한다.
- 그 속습에 혼인하는 것은 미리 말로써 정해 두고, 여자의 집에서 큰 가옥 뒤로 작은 가옥을 짓는데 일러 사위의 가옥이라 한다.

옥저

- 군왕은 없고 읍락마다 장수가 있다. 옥저의 모든 장수를 스스로 삼로(三老)라 자칭하였다.
- 그 장례는 큰 나무 곽을 만드는데 길이가 10여 장이고 한쪽을 열어 두어 문호를 만든다. 새로 죽은 자는 모두 가매장하여 엎어진 형태로 놓아두었다가 피부와 살이 다 썩어 없어지면 이에 뼈를 꺼내어 곽 안에 둔다. 가족 모두가 함께 하나의 곽에 들어가고 생전의 형상처럼 나무에 새겨 두니 죽은 자의 숫자가 된다.

사료 확인

동예

- 대군장(大君長)이 없고 한나라 이래로 그 관직에는 후(侯), 읍군(邑君), 삼로(三老)가 있어 하호(下戶)들을 통치한다.
- 그 풍속은 산천을 중시하고 산천에는 각기 부분(部分)이 있어 함부로 서로 넘어서 들어갈 수 없다. 동성(同姓)끼리는 혼인하지 않는다. 금기가 많아 병을 앓거나 사망(死亡)하면 곧 옛 집을 버리고 다시 새 집을 지어 거주한다.
- 항상 10월이 되면 하늘에 제사를 지내며 밤낮으로 음주가무(飮酒歌舞)하니 이를 무천(舞天)이라 부른다.
- 그 읍락(邑落)이 서로 침범하는 일이 있으면 그 벌로 노예, 소, 말을 물리니 이를 책화(責禍)라 한다. 사람을 죽인 자는 죽음으로써 갚게 하며, 도둑질하는 사람이 적다.
- 그곳의 바다에서는 반어피(班魚皮)가 나고 토지에는 무늬 있는 표범이 많다. 또한 과하마(果下馬)가 나며 한나라 환제(桓帝) 때 이를 헌상하였다.

삼한

- 삼한은 저마다 장수가 있어 우두머리들은 신지(臣智)라 하고, 그 다음은 읍차(邑借)라 한다.
- 늘 5월에 파종(씨뿌리기)을 마치면 귀신에 제사지내며 무리 지어 모여 가무, 음주하여 밤낮으로 그치지 않는다. … 10월에 농사일이 끝나면 또한 이와 같이 한다.
- 귀신을 믿으며 국읍에 각각 한 명씩을 세워 천신에 대한 제사를 주관하게 하며 그를 천군이라 부른다. 또한 여러 나라에는 각각 별읍이 있어 이를 소도라 부르며, 그곳에 큰 나무를 세우고 방울과 북을 매달아 놓고 귀신을 섬긴다.
- 변한에서는 철이 생산되며 한(韓), 예(濊), 왜(倭)가 모두 이곳으로부터 철을 구한다. 여러 시장에서 물건을 살 때는 모두 철을 쓰니 이는 중국이 돈을 쓰는 것과 같으며 또한 낙랑군과 대방군에도 철을 공급한다.

기출문제

01

(가) 인물에 대한 설명으로 옳은 것은?   52회 심화 02

> 연(燕)의 __(가)__ 이/가 망명하여 오랑캐의 복장을 하고 동쪽으로 패수를 건너 준왕에게 항복하였다. … __(가)__ 이/가 망명자들을 꾀어내어 그 무리가 점점 많아지자, 준왕에게 사람을 보내 "한의 군대가 열 갈래로 쳐들어 오니 [왕궁에] 들어가 숙위하기를 청합니다."라고 속이고 도리어 준왕을 공격하였다.
> ─ 『삼국지』 동이전 ─

① 한 무제가 파견한 군대와 맞서 싸웠다.
② 진번과 임둔을 복속하여 세력을 확장하였다.
③ 빈민을 구제하기 위하여 진대법을 실시하였다.
④ 지방의 여러 성에 욕살, 처려근지 등을 두었다.
⑤ 연의 장수 진개의 공격을 받아 영토를 빼앗겼다.

1)
(가) 인물? _____

2)
① 관련 인물? _____
② 관련 인물? _____
③ 관련 인물? _____ (국가) _____ (국왕)
④ 관련 국가? _____
⑤ 관련 시기? _____

02

다음 법을 시행하였던 나라에 대한 설명으로 옳은 것은?   39회 고급 03

> 범금 8조가 있다. 남을 죽이면 즉시 죽음으로 갚고, 남을 상해하면 곡식으로 배상한다. 남의 물건을 훔친 자가 남자면 그 집의 노(奴)로 삼으며 여자면 비(婢)로 삼는데, 자신의 죄를 용서 받으려는 자는 한 사람마다 50만[전]을 내야 한다.
> ─ 『한서』 ─

① 신지, 읍차 등의 지배자가 있었다.
② 골품제라는 신분 제도를 마련하였다.
③ 제가 회의에서 국가 중대사를 결정하였다.
④ 왕 아래 상, 대부, 장군 등의 관직을 두었다.
⑤ 여러 가(加)들이 별도로 사출도를 주관하였다.

1)
위 법을 시행한 국가? _____

2)
① 관련 국가? _____
② 관련 국가? _____
③ 관련 국가? _____
④ 관련 국가? _____
⑤ 관련 국가? _____

📢 ANSWER

01 ②
기원전 2세기경, (가) 위만이 왕검성을 공격해 준왕을 몰아내고 고조선의 왕이 되었다(기원전 194). ② 위만 조선 시기에는 철기 문화가 확산되면서 진번, 임둔 등의 부족을 복속하여 세력을 확장시켰다.
[오답] ① 우거왕은 한 무제의 군대와 맞서 싸웠지만 결국 왕검성이 함락되고 고조선이 멸망하였다. ③ 고구려 고국천왕은 진대법을 실시하여 빈민을 구제하였다. ④ 고구려는 지방의 여러 성에 '욕살', '처려근지' 등을 두었다. ⑤ 기원전 3세기에 연의 장수 진개의 공격을 받아 영토를 빼앗기고 고조선의 세력이 일시적으로 약화되었다(단군조선).

02 ④
위 자료는 고조선의 8조법에 해당한다. 고조선은 부왕, 준왕 등 강력한 왕이 등장하였으며, ⑤ 왕 아래 상, 대부, 장군 등의 관직을 두었다.
[오답] ① 삼한은 신지, 읍차 등의 정치적 지배자가 있었다. ② 신라에는 골품제의 신분제가 있어 관직 승진의 상한선을 결정하였다. ③ 고구려는 제가회의라는 귀족 회의를 통해 국가 중대사를 결정하였다. ⑤ 부여는 마가, 우가, 저가, 구가 등의 가(加)들이 다스리는 사출도가 있었다.

기출문제

03

(가) 나라에 대한 설명으로 옳은 것은? 49회 심화 02

> 위만이 망명하여 호복을 하고 동쪽의 패수를 건너 준왕에게 투항하였다. 위만은 서쪽 변경에 거주하도록 해주면, 중국의 망명자를 거두어 ___(가)___ 의 번병(藩屛)*이 되겠다고 준왕을 설득하였다. 준왕은 그를 믿고 총애하여 박사로 삼고 … 백 리의 땅을 봉해 주어 서쪽 변경을 지키게 하였다.
> ─『삼국지』 동이전─

* 번병 : 변경의 울타리

① 국가 중대사를 정사암에서 논의하였다.
② 마립간이라는 왕의 칭호를 사용하였다.
③ 여러 가(加)들이 다스리는 사출도가 있었다.
④ 빈민을 구제하기 위해 진대법을 시행하였다.
⑤ 사회 질서를 유지하기 위해 범금 8조를 두었다.

1) (가) 나라? _____

2)
① 관련 국가? _____
② 관련 국가? _____
③ 관련 국가? _____
④ 관련 국가? _____
⑤ 관련 국가? _____

04

밑줄 그은 '이 나라'에 대한 설명으로 옳은 것은? 53회 심화 02

① 신지, 읍차 등의 지배자가 있었다.
② 혼인 풍습으로 서옥제가 존재하였다.
③ 여러 가(加)들이 별도로 사출도를 주관하였다.
④ 남의 물건을 훔쳤을 때에는 12배로 갚게 하였다.
⑤ 부족 간의 경계를 중시하는 책화라는 풍속이 있었다.

1) 이 나라? _____

2)
① 관련 국가? _____
② 관련 국가? _____
③ 관련 국가? _____
④ 관련 국가? _____, _____
⑤ 관련 국가? _____

📢 ANSWER

03 ⑤
위만이 망명하여 준왕에게 투항하였다는 내용을 보아 (가) 나라는 고조선이다. 고조선은 ⑤ 사회 질서를 유지하기 위한 범금 8조가 있었다.
[오답] ① 백제는 정사암회의를 통해 국가의 중요 정책을 결정하였다. ② 신라 내물마립간은 대군장의 의미를 가진 '마립간'의 왕호를 사용하였다. ③ 부여는 왕 아래 마가, 우가, 저가, 구가의 가(加)들이 사출도를 다스렸다. ④ 고구려 고국천왕은 진대법을 실시하여 빈민을 구제하였다.

04 ①
삼한에는 제사장인 천군과 신성 지역인 소도가 존재하였으며 5월과 10월에 계절제를 열었다. ① 삼한의 정치적 지배자는 신지, 읍차 등이 있었다.
[오답] ② 고구려는 서옥제라는 결혼 풍습이 있었다. ③ 부여는 왕 아래 마가, 우가, 저가, 구가의 가(加)들이 사출도를 다스렸다. ④ 고구려와 부여는 물건을 훔친 자에게 12배의 배상을 하게 하는 1책 12법이 있었다. ⑤ 동예는 함부로 다른 부족의 영역을 침범하지 못 하게 하는 책화라는 풍속이 있었다.

기출문제

05

(가), (나) 나라에 대한 설명으로 옳은 것은? 52회 심화 04

> (가) 장사를 지낼 때 큰 나무 곽을 만드는데, 길이가 10여 장이나 되며 한쪽을 열어 놓아 문을 만들었다. 사람이 죽으면 모두 가매장을 해서 … 뼈만 추려 곽 속에 안치하였다. 온 집 식구를 모두 곽 속에 넣어 두는데, 죽은 사람의 숫자대로 나무를 깎아 생전의 모습과 같이 만들었다.
>
> (나) 귀신을 믿기 때문에 국읍마다 한 사람을 세워 천신의 제사를 주관하게 하니 천군이라고 하였다. 또 나라마다 별읍이 있으니 소도라 하였다. 그곳에서는 큰 나무를 세우고 방울과 북을 매달아 놓고 귀신을 섬겼다. 그 안으로 도망쳐 온 사람들은 모두 돌려보내지 않았다.
> – 『삼국지』 동이전 –

① (가) – 혼인 풍습으로 서옥제가 있었다.
② (가) – 목지국 등 많은 소국들로 이루어졌다.
③ (나) – 신지, 읍차 등의 지배자가 있었다.
④ (나) – 12월에 영고라는 제천 행사를 열었다.
⑤ (가), (나) – 여러 가(加)들이 사출도를 별도로 주관하였다.

1)
(가) 국가? _____ 관련 풍습? _____
(나) 국가? _____

2)
① 관련 국가? _____
② 관련 국가? _____
③ 관련 국가? _____
④ 관련 국가? _____
⑤ 관련 국가? _____

06

(가) 나라에 대한 설명으로 옳은 것은? 51회 심화 02

 이 유물은 중국 지린성 쑹화강 유역의 둥퇀산 유적에서 출토된 __(가)__ 의 금동제 가면이다. 『삼국지』 동이전에 따르면 __(가)__ 에는 여러 가(加)들이 별도로 관할하는 사출도가 있었으며 사람을 죽여 순장하는 풍습이 행해졌다고 한다.

① 12월에 영고라는 제천 행사를 열었다.
② 신지, 읍차라고 불린 지배자가 있었다.
③ 제사장인 천군과 신성 지역인 소도가 존재하였다.
④ 대가들이 사자, 조의, 선인 등의 관리를 거느렸다.
⑤ 다른 부족의 영역을 침범하면 소나 말로 변상하였다.

1)
(가) 국가? _____

2)
① 관련 국가? _____
② 관련 국가? _____
③ 관련 국가? _____
④ 관련 국가? _____
⑤ 관련 국가? _____ 이 풍습? _____

📢 ANSWER

05 ③
(가)는 옥저이며 위 풍습은 가족 공동 무덤(골장제)이다. (나)는 천군과 소도 등의 내용으로 보아 삼한에 대한 설명이다. ③ 삼한의 정치적 지배자는 신지, 읍차 등이 있었다.
[오답] ① 고구려 ② 삼한 ④ 부여 ⑤ 부여

06 ①
(가) 부여는 여러 가(加)들이 별도로 관찰하는 사출도가 있었으며 순장이라는 풍습이 있었다. ① 부여는 12월에 영고라는 제천 행사를 열었다.
[오답] ② 삼한 ③ 삼한 ④ 고구려는 왕 아래 상가, 고추가 등이 있었으며 각기 사자, 조의, 선인 등 관리를 거느렸다. ⑤ 동예의 풍습인 '책화'에 대한 설명이다.

CHAPTER 02 삼국시대

01 고대국가의 특징

(1) 고대 국가의 특징

① 부자 상속 : 왕권 강화, 왕위 세습제 확립
② 율령 반포 : 국가 통치 체제를 성문화
③ 불교 수용 : 국왕 중심의 지배 이념을 확립, 사회 통합 도모
④ 영토 확장 : 활발한 정복 활동

	고구려	백제	신라
부자 상속	고국천왕	근초고왕	눌지마립간
율령 반포	소수림왕	고이왕	법흥왕
불교 수용	소수림왕	침류왕	눌지마립간(수용) / 법흥왕(공인)
전성기 (영토 확장)	장수왕	근초고왕	진흥왕

 **사료 확인**

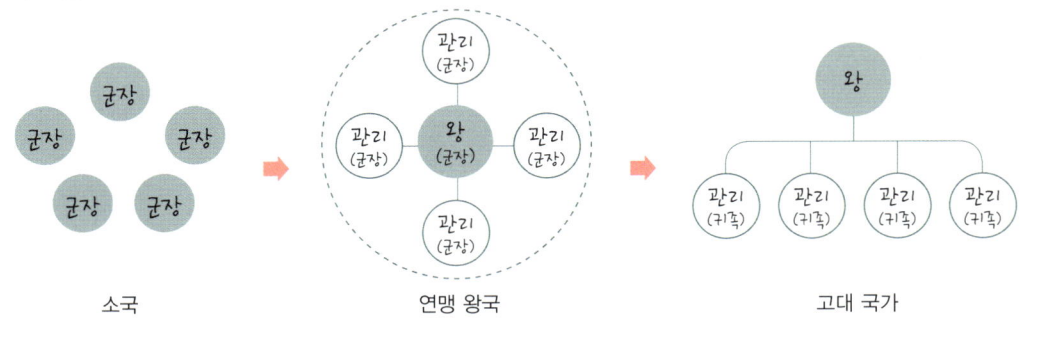

국가의 발전단계

소국 → 연맹 왕국 → 고대 국가

CHAPTER 02 삼국시대

02 삼국의 성립과 발전

- 기원전 57 신라 건국(『삼국사기』)
- 기원전 37 고구려 건국(『삼국사기』)
- 기원전 18 백제 건국(『삼국사기』)

(1) 고구려의 성장과 발전

	건국	기원전 37 주몽이 건국 → 유리왕 때 국내성 천도
1~2c	태조왕	옥저 정복, 계루부 고씨 왕위 세습(형제 상속)
2c	고국천왕	5부 개편(부족적 → 행정적), 왕위 부자 상속, 국상(을파소) 임명, 진대법 실시
3c	동천왕	위나라 관구검 침입(환도성 함락)
4c	미천왕	서안평 점령, 낙랑군·대방군 축출 → 대동강 유역 확보
	고국원왕	전연의 침입, 백제(근초고왕)의 공격으로 死
	소수림왕	불교 수용(from 전진), 태학 설립, 율령 반포
4~5c	광개토대왕	'영락' 연호, 후연 격파(요동 진출), 만주 정복, 신라 지원(왜 격퇴) → 가야 공격
5c	장수왕	남북조와 외교, 평양 천도(남진 정책), 백제 공격(개로왕 死) → 한강 차지, 충주 (중원) 고구려비

(2) 백제의 성장과 발전

	건국	기원전 18 온조가 건국(한성에 도읍)
3c	고이왕	율령 반포, 한강 완전 장악, 6좌평·16관등제 정비, 공복 제정
4c	근초고왕	마한 통합, 고구려 평양성 공격(고국원왕 死), 요서·동진·규슈 진출, 왕위 부자 상속
	침류왕	불교 수용(from 동진)
5c	비유왕	나·제 동맹 체결(with 신라 눌지마립간)
	개로왕	고구려의 공격 → 한성 함락, 장수왕의 공격으로 死
	문주왕	웅진 천도
	동성왕	신라와 결혼 동맹(with 신라 소지마립간)
6c	무령왕	중국 남조의 양과 교류(무령왕릉), 22담로에 왕족 파견
	성왕	사비 천도, 국호 '남부여', 중앙 관청 22부 확대 정비, 지방 체제 정비(5부 5방), 한강 일시 수복(with 신라 진흥왕) → 신라 배신 → 관산성 전투에서 死

(3) 신라의 성장과 발전

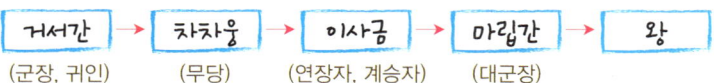
신라 왕호의 변화
거서간 (군장, 귀인) → 차차웅 (무당) → 이사금 (연장자, 계승자) → 마립간 (대군장) → 왕

	건국	B.C. 57 박혁거세가 건국, 진한의 사로국에서 시작
4~5c	내물마립간	김씨 왕위 세습, '마립간' 칭호 사용, 왜군 격퇴(광개토대왕의 도움) → 호우명 그릇(고구려의 간섭)
5c	눌지마립간	나·제 동맹(with 백제 비유왕), 왕위 부자 상속, 불교 전래(from 고구려)
5c	소지마립간	백제와 결혼 동맹(with 동성왕)
6c	지증왕	국호 '신라', '왕' 칭호 사용, 전국의 주·군·현 정비, 우산국 복속(이사부), 우경 실시, 순장 금지, 동시전 설치
	법흥왕	'건원' 연호, 율령 반포, 불교 공인(이차돈의 순교), 17 관등제, 공복 제정, 상대등 설치, 골품제 정비, 병부 설치, 금관가야 정복
	진흥왕	화랑도 개편, 한강 차지(→ 나·제 동맹 결렬), 단양 신라 적성비, 4개의 순수비, 이사부 보내 대가야 정복

(4) 가야의 성립과 발전

	건국	6가야 연맹체, 변한의 구야국에서 시작
3c	전기 가야 연맹	금관가야(김해) 주도, 벼농사 발달, 철(덩이쇠)을 화폐로 사용, 낙랑-왜 연결하는 중계무역 발달
4c	위기	고구려 광개토 대왕의 공격으로 쇠퇴
5c	후기 가야 연맹	대가야(고령) 주도
6c	가야의 멸망	금관가야 멸망(by 법흥왕), 대가야 멸망(by 진흥왕)

CHAPTER 02 삼국시대

사료 확인

백제의 발전

고구려의 발전
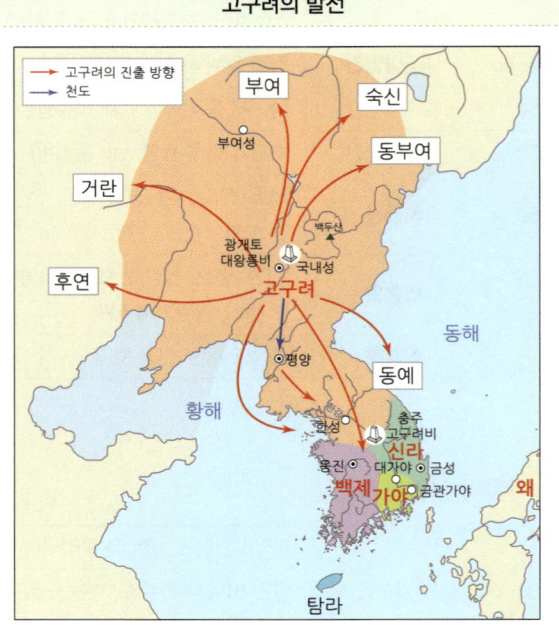

신라의 발전
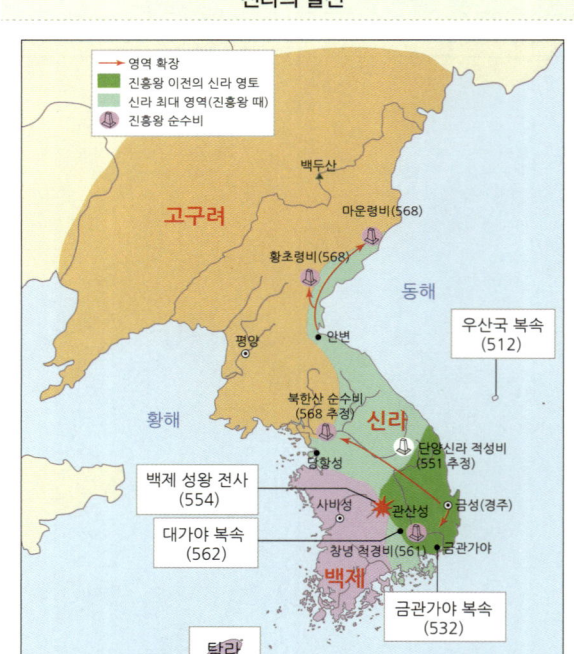

가야의 발전

 사료 확인

칠지도

대체로 백제 근초고왕 시기에 제작하였으며, 제후 왕(諸侯王)인 왜왕에게 하사한 것으로 보고 있다. 칠지도는 당시 활발하였던 백제와 왜의 교류를 보여 주는 유물이다.

호우명 그릇

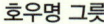

신라의 무덤인 호우총에서는 "을묘년 국강상 광개토지호태왕 호우십"이란 명문이 새겨진 청동 그릇이 발견되었다. 이것은 413년에 사망한 광개토 대왕의 3년상 행사(을묘년, 415)에 쓰였던 제사 용기로 보인다. 이를 통해 5세기에 고구려가 신라에 영향력을 행사하였음을 알 수 있다.

광개토대왕릉비

중국 지린성 지안시 414년 장수왕이 광개토 대왕의 업적을 기리려고 거대한 비석을 세웠다.

골품제

골(성골, 진골 / 왕족을 포함한 최고 귀족), 품(6두품~1두품 / 신라가 고대 국가를 형성하는 과정에서 각 지역의 족장 세력들을 6부에 편제할 때 수여한 신분, 이후 3~1두품은 평민으로 강등), 개인의 혈통에 따라 관직 승진의 상한선을 정하였고 혼인, 가옥의 크기, 의복의 빛깔 등 생활 전반을 규제하였다.

여기서 잠깐

1. 고구려의 _____(은)는 율령을 반포하여 국가 체제를 정비하고 태학을 설립하여 인재를 양성하였다.
2. 6세기 지증왕은 나라의 이름을 _____ 로 바꾸고 마립간 칭호를 중국식 칭호인 _____(으)로 고쳤다.

정답 1. 소수림왕 2. 신라 / 왕

CHAPTER 02 삼국시대

빈출 선지 체크

1. 22담로에 왕족을 파견하였다. (국가)(국왕)
2. 이사부를 보내 우산국을 복속시켰다. (국가)(국왕)
3. 최고 지배자의 칭호가 마립간으로 바뀌었다. (국가)(국왕)
4. 빈민을 구제하기 위해 진대법을 실시하였다. (국가)(국왕)
5. 건원이라는 독자적인 연호를 사용하였다. (국가)(국왕)
6. 내신 좌평 등 6좌평의 관제를 정비하였다. (국가)(국왕)
7. 이차돈의 순교로 불교가 공인되었다. (국가)(국왕)
8. 미천왕이 서안평을 점령하였다. (시기)
9. 광개토 대왕이 군대를 보내 신라에 침입한 왜를 격퇴하였다. (시기)
10. 시장을 감독하는 관청인 동시전이 있었다. (국가)(국왕)

정답 1. 백제 무령왕 2. 신라 지증왕 3. 신라 내물마립간 4. 고구려 고국천왕 5. 신라 법흥왕 6. 백제 고이왕
7. 신라 법흥왕 8. 4c 9. 4~5c 10. 신라 지증왕

사료 확인

1. _____(국가)의 _____(제도)

10월에 왕이 질양에서 사냥할 때 길가에서 어떤 사람이 앉아 우는 것을 보고 어째서 우느냐고 물었다. 대답하되 "신은 가난하여 품팔이로 어머니를 봉양하였는데, 올해는 흉년이 들어 품팔이를 할 수 없고, 한 되, 한 말의 양식도 얻어 쓸 수 없어 웁니다."라고 하였다. 왕이 …… 소속 관리에게 명하여 매년 봄 3월부터 가을 7월까지 관청의 곡식을 내어 백성의 식구가 많고 적음에 따라 등급을 정하여 꾸어주고 겨울 10월에 갚게 하는 상설규정을 만드니 내외가 크게 기뻐하였다.

2. _____(국가)의 _____(국왕)

_____(연호) 9년(399) 기해에 백제가 서약을 어기고 왜와 화통하므로, 왕은 평양으로 순수해 내려갔다. 신라가 사신을 보내 왕에게 말하기를, "왜인이 그 국경에 가득 차 성을 부수었으니, 노객은 백성된 자로서 왕에게 귀의하여 분부를 청한다"라고 하였다. … 왕이 보병과 기병 5만을 보내 신라를 구원하게 하였다. 왕의 군대가 이르자 왜적이 물러가므로, 뒤를 급히 추격하여 임나가라의 종발성에 이르렀다. 성이 곧 귀순하여 복종하므로, 병사를 두어 지키게 하였다.

3. _____(국가)의 _____(국왕)

김대문이 말하였다. "마립이란 방언에서 말뚝을 이룬다. …… 왕의 말뚝은 중심이 되고 신하의 말뚝은 그 아래에 배열되었다. 이로 말미암아 (마립간을 왕의) 이름으로 삼았다."

4. _____ (국가)의 _____ (국왕)

(503년) '신(新)'은 덕업이 날로 새로워진다는 뜻이고 '라(羅)'는 사방을 망라한다는 뜻이므로 이를 나라 이름으로 …… 이제 여러 신하가 한마음으로 삼가 신라 국왕이라는 칭호를 올립니다.

5. _____ (국가)의 _____ (국왕)

대왕이 분노하여 이차돈의 목을 베라고 명하였다. …… 집집마다 부처를 공경하면 대대로 영화를 얻고 사람마다 불도를 행하면 불법의 이익을 얻었다.

6. _____ (백제의 국왕)

백제의 왕 명농이 …… 관산성(충북 옥천)을 공격하였다. 각간 우덕과 이찬 탐지 등이 맞서 싸웠으나 전세가 불리하였다. 신주의 김무력이 주의 군사를 이끌고 나아가 교전하였는데, 비장인 삼년산군(충북보은)의 고간 도도가 급히 쳐서 백제왕을 죽였다.

7. _____ (국가) _____ (국왕)

내신좌평을 두어 왕명 출납에 관한 일을 맡게 하고, 내두좌평을 두어 물자와 창고에 관한 일을 맡게 하고 … 6품 이상은 자줏빛 옷을 입게 하고 은꽃으로 관을 장식하고, 11품 이상은 붉은 옷을 입으며, 16품 이상은 푸른 옷을 입게 하라는 명령을 내렸다.

8. _____ (국가) _____ (국왕)

왕 13년 여름 6월 우산국이 항복하여 매년 토산물을 공물로 바치기로 하였다. 우산국은 명주의 정동쪽 바다에 있는 섬인데, 울릉도라고도 한다. 그 섬은 사방 일백리인데, 그들은 지세가 험한 것을 믿고 항복하지 않았다. 이찬 이사부가 …(중략)… 우산국의 해안에 도착하였다. 그는 거짓말로 "너희들이 만약 항복하지 않는다면 이 맹수를 풀어 너희들을 밟아 죽이도록 하겠다."라고 말하였다. 우산국의 백성들이 두려워하여 곧 항복하였다.

9. ㉠ 국왕? _____ ㉡ 국왕? _____

㉠ 거련이 몸소 군사를 거느리고 백제를 공격하였다. ㉡ 백제왕 경이 아들 문주를 (신라에) 보내 구원을 요청하였다. 왕이 군사를 내어 구해주려 했으나 미처 도착하기도 전에 백제가 이미 (고구려에) 함락되었고, 경 또한 피살되었다.

10. ㉠ 국왕? _____ ㉡ 국왕? _____

㉠ 백제왕이 병력 3만 명을 거느리고 평양성을 공격해 왔다. ㉡ 왕이 출병하여 막다가 날아오는 화살에 맞아 서거하였다.

11. _____ (국가) _____ (국왕)

전진 왕 부견이 사신과 승려 순도를 파견하여 불상과 경문을 보내왔다. 왕이 사신을 보내 답례로 방물을 바쳤다. 태학을 세우고 자제를 교육시켰다.

> 정답 1. 고구려 / 진대법 2. 고구려 / 광개토대왕 / 영락 3. 신라 / 내물마립간 4. 신라 / 지증왕 5. 신라 / 법흥왕
> 6. 성왕 7. 백제 / 고이왕 8. 신라 / 지증왕 9. ㉠ 장수왕 / ㉡ 개로왕 10. ㉠ 근초고왕 / ㉡ 고국원왕
> 11. 고구려 / 소수림왕

CHAPTER 02 기출문제

01

밑줄 그은 '왕'의 업적으로 옳은 것은? 51회 심화 03

> 여러 신하들이 아뢰기를 "… 신(新)은 '덕업이 날로 새로워진다'는 뜻이고, 라(羅)는 '사방(四方)을 망라한다'는 뜻이므로 이를 나라 이름으로 삼는 것이 마땅하다고 여겨집니다. 또 살펴보건대 옛날부터 국가를 가진 이는 모두 제(帝)나 왕(王)을 칭하였는데, 우리 시조께서 나라를 세운지 지금 22대에 이르기까지 방언으로만 부르고 높이는 호칭을 정하지 못하였으니, 이제 여러 신하들이 한 마음으로 삼가 신라국왕(新羅國王)이라는 칭호를 올립니다." 라고 하였다. 왕이 이를 따랐다. — 『삼국사기』 —

① 병부를 설치하고 율령을 반포하였다.
② 이사부를 보내 우산국을 복속시켰다.
③ 대가야를 병합하여 영토를 확장하였다.
④ 국학을 설립하여 유학 교육을 진흥시켰다.
⑤ 자장의 건의로 황룡사 구층 목탑을 건립하였다.

1) 밑줄 친 '왕'? _____

2)
① 관련 국왕? _____
② 관련 국왕? _____
③ 관련 국왕? _____
④ 관련 국왕? _____
⑤ 관련 국왕? _____

02

(가)~(다)를 일어난 순서대로 옳게 나열한 것은? 47회 심화 03

① (가) – (나) – (다)   ② (가) – (다) – (나)
③ (나) – (가) – (다)   ④ (나) – (다) – (가)
⑤ (다) – (나) – (가)

1)
(가) 관련 시기? ___c
(나) 관련 시기? ___c
(다) 관련 시기? ___c ~ ___c

📢 ANSWER

01 ②
밑줄 친 왕은 신라의 지증왕이다. 지증왕대에 이르러 신라는 국호를 신라로 바꾸고 왕의 칭호도 마립간에서 왕으로 고쳤다. ② 지증왕은 대외적으로 이사부를 보내 우산국(울릉도)을 복속시켰다.
[오답] ① 법흥왕은 병부와 상대등을 설치하였다. ③ 진흥왕은 고령의 대가야를 정복하여 가야의 영토까지 장악하였다. ④ 통일신라의 신문왕은 유학 교육 진흥을 위해 국학을 설립하였다. ⑤ 선덕여왕 재위 시기 황룡사 9층 목탑을 건립하였으나 이후 고려 시대 소실되었다.

02 ④
(나) 백제 근초고왕은 남으로는 마한을 정복하고 북으로는 평양성을 공격하였다. 이로 인해 고구려의 고국원왕이 전사하였다(4c). (다) 신라에 왜가 침입하자 신라는 고구려에 군사 원조 요청을 보냈다. 고구려 광개토대왕은 이 요청을 받아들여 5만의 군대를 신라에 보내 왜를 격퇴하였다(400). (가) 고구려 장수왕이 남진 정책을 추진하자 백제 비유왕과 신라 눌지왕이 동맹을 맺었다(433).

기출문제

03

밑줄 그은 '왕'에 대한 설명으로 옳은 것은? 34회 고급 05

왕은 18세에 왕위에 올라 칭호를 영락대왕이라 하였다. 은택(恩澤)은 하늘까지 미쳤고 위무(威武)는 사해(四海)에 떨쳤다. …… 이에 비를 세워 그 공훈을 기록하여 후세에 전한다.

① 국내성에서 평양으로 도읍을 옮겼다.
② 낙랑군을 축출하여 영토를 확장하였다.
③ 전진의 순도를 통해 불교를 수용하였다.
④ 당의 침입에 대비하여 천리장성을 쌓았다.
⑤ 신라에 군대를 파견하여 왜를 격퇴하였다.

04

(가), (나) 사이의 시기에 있었던 사실로 옳은 것은?

45회 고급 04

(가) ㉠왕이 태자와 함께 정예군 3만 명을 거느리고 고구려를 침범하여 평양성을 공격하였다. ㉡고구려왕 사유(斯由)가 필사적으로 항전하다가 날아오는 화살에 맞아 죽었다. 왕이 병사를 이끌고 물러났다.

(나) ㉢고구려왕 거련이 병사 3만 명을 거느리고 와서 한성을 포위하였다. … ㉣왕은 상황이 어렵게 되자 어찌할 바를 모르다가 기병 수십 명을 거느리고 성문을 나가 서쪽으로 달아났는데, 고구려 병사가 추격하여 왕을 살해하였다.

— 『삼국사기』 —

① 신라의 법흥왕이 불교를 공인하였다.
② 백제의 문주왕이 웅진으로 천도하였다.
③ 고구려의 태조왕이 옥저를 복속시켰다.
④ 고구려의 광개토 대왕이 백제를 공격하였다.
⑤ 백제와 고구려가 동맹을 맺고 신라에 대항하였다.

🔊 ANSWER

03 ⑤
위 비석은 광개토대왕릉비이며, '영락대왕' 등의 내용을 토대로 고구려 광개토대왕에 대한 설명임을 알 수 있다. ⑤ 광개토대왕은 신라에 침입한 왜를 군대를 보내 격퇴하였다.
[오답] ① 5c 장수왕은 남진정책을 추진하기 위해 수도를 평양으로 천도하였다. ② 4c 미천왕은 낙랑을 축출하여 대동강 일대를 확보하였다. ③ 4c 소수림왕은 전진으로부터 불교를 수용하였다. ④ 7c 고구려는 당의 침입을 대비하기 위해 부여성에서 비사성까지 천리장성을 축조하였다.
[순서 나열] ②-③-⑤-①-④

04 ④
(가) 백제의 ㉠근초고왕이 고구려를 공격하여 ㉡고국원왕이 전사하였다(371), (나) 고구려의 ㉢장수왕이 남진 정책을 추진하여 백제의 수도인 한성을 장악하였고 이때 백제 ㉣개로왕이 전사하였다(475). 고구려는 소수림왕의 내정개혁을 바탕으로 ④ 광개토 대왕 시기 백제를 공격하여 한강 이북 지역을 점령하였다(4c).
[오답] ① 법흥왕(6c) ② 백제의 웅진 천도(5c) ③ 태조왕(1c) ⑤ 여·제 동맹(7c)
[순서 나열] ③-(가)-④-(나)-②-①-⑤

PART Ⅰ. 우리 역사의 형성과 고대 국가의 발전

CHAPTER 02 삼국시대

03 7c 삼국의 관계

(1) 고구려

7c	영양왕	수 양제 침입 → 살수대첩(612, 을지문덕)
	영류왕	천리장성 축조(부여성~비사성), 연개소문 정변으로 死
	보장왕	당 태종의 침입 → 안시성 전투(645, 양만춘), 나·당 연합군의 공격으로 멸망(668)

(2) 백제

7c	무왕	익산(금마저) 천도 시도, 미륵사 건립
	의자왕	신라의 40여 성 차지(대야성 함락), 고구려와 연합(여·제 동맹), 나·당 연합군의 공격으로 멸망(660)

(3) 신라

7c	진평왕	원광(세속5계, 걸사표 to 수)
	선덕여왕	의자왕의 공격으로 대야성 함락(→ 김춘추가 고구려에 도움을 요청 but 거절) 첨성대·분황사 및 분황사 모전 석탑·황룡사 9층 목탑 건립
	진덕여왕	나·당 연합군 결성(648, 김춘추)
	무열왕	진골 출신 최초의 왕, 백제 멸망(660)
	문무왕	고구려 멸망(668), 삼국 통일 완수(676)

04 신라의 삼국 통일

660	668	676	698
백제 멸망	고구려 멸망	삼국 통일	발해 건국

(1) 중국의 한반도 공격

　① 고구려와 수의 전쟁
　　• 배경 : 수가 중국 통일 → 고구려는 수의 압력에 맞서 요서 지방 선제 공격(598)
　　• 수 문제는 이를 막아낸 후 30만 명의 군사를 동원하여 요동 침공 시도 but 실패
　　• 수 양제는 113만 대군 이끌고 고구려 공격 → 요동성에서 잘 막아냄 → 평양으로 직접 쳐들어오려는 수의 30만 군대를 청천강 유역에서 궤멸시키며 대승(살수대첩, 612)

　② 수 멸망 당 건국
　　• 고구려의 영류왕은 대당사대 but 당 태종 즉위하며 고구려 압박
　　• 고구려는 천리장성(부여성~비사성) 축조하여 당의 침략에 대비(연개소문)

　③ 고구려와 당의 전쟁
　　• 고구려 권력을 장악한 연개소문은 당에 대한 강경책 고수
　　• 당 태종 10만의 군대를 이끌고 고구려 침략(연개소문 정변을 구실로 침입)
　　• 요동성을 비롯한 여러 성을 빼앗기고 곤경에 처했으나 안시성 전투에서 승리하여 당군 격퇴(645)

(2) 나 · 당 연맹 결성

　① 백제의 공세
　　• 백제의 무왕은 한강 하류유역과 옛 가야 지역을 되찾고자 두 방면으로 신라 공격
　　• 백제는 의자왕이 즉위하면서 신라를 한층 더 거세게 공격하여 40여 성을 빼앗음
　　• 특히 군사적 요충지인 대야성(경남 합천)을 함락시키며, 낙동강 서쪽의 옛 가야지역 대부분 차지
　　　(cf. 이때 고구려는 연개소문이 정변을 일으켜 보장왕을 왕으로 세움)
　　• 백제의 공격으로 위기에 빠진 신라는 김춘추를 고구려에 보내 군사 요청 → 한강 유역 땅 돌려달라는 고구려의 요구
　　• 나 · 당 연합군 결성(648)

　② 백제 멸망(의자왕 vs 무열왕)
　　• 나 · 당 연합군의 백제 공격 → 계백 장군의 황산벌 전투 → 사비성 함락(660)
　　• 백제의 부흥운동 : 복신 · 도침, 흑치상지 / 지원 by 왜(백강 전투에서 敗) → 실패

　③ 고구려 멸망(보장왕 vs 문무왕)
　　• 나 · 당 연합군의 고구려 공격 → 연개소문 중심으로 물리침, 계속되는 전쟁으로 국력 약화 → 연개소문 사후 후계자 계승을 둘러싸고 혼란 → 나 · 당 연합군이 평양성 함락, 보장왕이 항복하면서 고구려 멸망(668)
　　• 고구려의 부흥운동 : 검모잠, 고연무 · 안승 / 지원 by 신라 → 실패

(3) 나 · 당 전쟁

　① 당의 한반도 침략 야욕
　　• 웅진 도독부(공주, 660), 계림도독부(경주, 663), 안동도호부(평양, 668) 설치
　② 당군 축출
　　• 매소성 · 기벌포 전투 → 당 축출, 삼국 통일 완수(676, 문무왕)
　　• 대동강 ~ 원산만 국경선 확보

CHAPTER 02 삼국시대

사료 확인

고구려 vs 당

부흥 운동

신라의 삼국 통일

6c 말 ~ 7c 초 삼국의 정세

빈출 선지 체크

1. 신라가 당과 군사 동맹을 체결하였다. (시기)
2. 안승이 보덕국 왕으로 임명되었다. (관련 사건)
3. 부여풍이 백강에서 왜군과 함께 당군에 맞서 싸웠다. (관련 사건)
4. 을지문덕이 살수에서 대승을 거두었다. (관련 국가 2개)
5. 신라군이 매소성에서 당군을 격파하였다. (관련 사건)
6. 복신과 도침이 부여풍을 왕으로 추대하였다. (관련 사건)
7. 윤충을 보내 대야성을 함락하였다. (관련 국왕)
8. 익산에 미륵사를 창건하였다. (관련 국왕)

정답 1. 7C 2. 고구려 부흥운동 3. 백제 부흥운동 4. 고구려와 수의 전쟁 5. 나·당 전쟁 6. 백제 부흥운동 7. 백제 의자왕 8. 백제 무왕

CHAPTER 02 삼국시대

📖 사료 확인

을지문덕이 수 장군 우중문에게 보낸 시

神策究天文(신책구천문) 신비로운 계책은 하늘의 이치를 헤아리고
妙算窮地理(묘산궁지리) 기묘한 꾀는 땅의 이치를 꿰뚫는구나.
戰勝功旣高(전승공기고) 싸움에서 이긴 공이 이미 높으니
知足願云止(지족원운지) 만족할 줄 알고 그만하기를 바라노라.

삼국 통일에 대한 입장

- 긍정적 평가

선왕(김춘추)께서 백성의 참혹한 죽음을 불쌍히 여겨 임금의 귀중한 몸을 잊으시고 바다 건너 당에 가서 황제를 뵙고 친히 군사를 청하였다. 그 본의는 두 나라를 평정하여 영구히 전쟁을 없애고, 여러 해 동안 깊이 맺혔던 원수를 갚고 백성의 죽게 된 목숨을 보전코자 함이다.

- 부정적 평가

다른 종족을 끌어들여 같은 종족을 멸망시키는 것은 도적을 불러들여 형제를 죽이는 것과 다를 바 없는 것이다. 이는 상적동자라도 알 수 있는 바이거늘. 슬프다! 우리나라 역사가여! 이를 아는 자가 매우 적구나. …… 민족 전체로 보면 민족적 역량과 영토의 축소를 가져왔으며, 외세와 결탁한 반민족적인 것이며, 사대주의적 나쁜 요소를 심었다.

신라의 삼국 통일

- 적의 장수 이근행이 군사 20만 명을 이끌고 매초성(매소성)에 진을 쳤다. 우리 군사가 공격하니, 성을 버리고 달아났다. 30,380필의 전투용 말과 그만큼의 병기를 얻었다.
- 사찬 시득이 수군을 거느리고 적의 장수 설인귀와 소부리주 기벌포에서 싸웠다. …(중략)… 크고 작은 스물두 번의 싸움을 벌여 마침내 승리하였다.

- 『삼국사기』 -

기출문제

01
(가), (나) 사이의 시기에 있었던 사실로 옳은 것은?

50회 심화 05

> (가) 고구려 왕 거련이 군사 3만 명을 이끌고 와서 왕도인 한성을 포위하였다. 왕이 성문을 닫고서 나가 싸우지 못하였다. 고구려 군사가 네 길로 나누어 협공하고, 바람을 타고 불을 놓아 성문을 불태웠다. 사람들이 매우 두려워하여 나가서 항복하려는 자들도 있었다. 왕이 어찌할 바를 몰라 수십 명의 기병을 거느리고 성문을 나가 서쪽으로 달아나니, 고구려 군사가 추격하여 왕을 해쳤다.
>
> (나) 여러 장수가 안시성을 공격하였다. … 60일 동안 50만 명의 인력을 동원하여 밤낮으로 쉬지 않고 토산을 쌓았다. 토산의 정상은 성에서 몇 길 떨어져 있고 성 안을 내려다 볼 수 있었다. 도중에 토산이 허물어지면서 성을 덮치는 바람에 성벽의 일부가 무너졌다. … 황제가 여러 장수에게 명하여 안시성을 공격하였으나, 3일이 지나도록 이길 수 없었다.

① 미천왕이 서안평을 점령하였다.
② 을지문덕이 살수에서 수의 군대를 물리쳤다.
③ 고국원왕이 백제의 평양성 공격으로 전사하였다.
④ 관구검이 이끄는 위의 군대가 고구려를 침략하였다.
⑤ 광개토 대왕이 군대를 보내 신라에 침입한 왜를 격퇴하였다.

1)
(가) 관련 시기? ___c
(나) 관련 시기? ___c

2) ①~⑤를 아래 표에 순서대로 나열하시오.

	(가)		(나)	

02
(가), (나) 사이의 시기에 있었던 사실로 옳은 것은?

53회 심화 05

> (가) 고구려 왕이 "마목현과 죽령은 본래 우리나라 땅이니 만약 이를 돌려주지 않는다면 돌아가지 못하리라."라고 말하였다. 김춘추가 "국가의 영토는 신하가 마음대로 할 수 있는 것이 아니므로 신은 감히 명령을 따를 수 없습니다."라고 대답하니, 왕이 분노하여 그를 가두었다.
>
> (나) 관창이 "아까 내가 적진에 들어가서 장수를 베고 깃발을 빼앗지 못한 것이 심히 한스럽다. 다시 들어가면 반드시 성공하리라."라고 말하였다. 관창은 적진에 돌입하여 용감히 싸웠으나, 계백이 그를 사로잡아 머리를 베어 말 안장에 매달아서 돌려 보냈다. 이를 본 신라군이 죽음을 각오하고 진격하니 백제 군사가 대패하였다.

① 안승이 보덕국 왕으로 임명되었다.
② 신라가 당과 군사 동맹을 체결하였다.
③ 관산성 전투에서 백제 왕이 피살되었다.
④ 흑치상지가 임존성에서 군사를 일으켰다.
⑤ 부여풍이 백강에서 왜군과 함께 당군에 맞서 싸웠다.

1)
① 시기? [(가) 이전 / (가)와 (나) 사이 / (나) 이후]
② 시기? [(가) 이전 / (가)와 (나) 사이 / (나) 이후]
③ 시기? [(가) 이전 / (가)와 (나) 사이 / (나) 이후]
④ 시기? [(가) 이전 / (가)와 (나) 사이 / (나) 이후]
⑤ 시기? [(가) 이전 / (가)와 (나) 사이 / (나) 이후]

ANSWER

01 ②
(가) 장수왕은 남진 정책을 추진하여 3만의 군대를 보내 백제의 수도인 한성을 급습하였고 이 과정에서 백제의 개로왕이 전사하였다(5c) ② 수는 중국을 통일하고 고구려를 압력하였지만 고구려는 이에 맞서 요서 지방을 선제 공격하였다. 이를 막아낸 수는 30만 명의 군대를 동원하여 고구려를 공격하였으나 을지문덕이 살수에서 수의 군대를 물리쳤다(7c). (나) 살수대첩 이후 수가 멸망하고 당이 건국되었다. 당 태종은 연개소문의 정변을 구실로 10만 군대를 이끌고 고구려를 침략하였으나 안시성에서 승리하여 당군을 격퇴하였다(7c).
[오답] ① 미천왕 서안평 점령(4c) ③ 고국원왕 전사(4c) ④ 관구검 고구려 침입(3c) ⑤ 광개토 대왕의 왜 격퇴(4-5c)
[순서 나열] ④-①-③-⑤-(가)-②-(나)

02 ②
(가) 신라의 김춘추는 잦은 백제의 공격으로 고구려의 도움을 얻고자 고구려를 찾았지만 보장왕은 이를 거절하였다. ② 이후 김춘추는 당에 건너가 나·당 동맹을 성사시켰다(648). (나) 황산벌 전투에서 신라군은 16세의 어린 관창을 백제군 속에 뛰어 들어가 싸워 죽도록 하는 등, 화랑의 용감한 행동에 사기가 올라 총 공격을 가하였다. 이 때 계백이 이끄는 백제의 결사대는 여기에 맞서 열심히 싸웠으나 대패하였다.
[오답] ① 백제의 멸망 이후 당을 물리치기 위해 신라는 고구려 부흥운동을 지원하여 안승을 고구려왕으로 임명하였고 금마저에 보덕국이라는 나라를 세우도록 하였다((나) 이후). ③ 관산성 전투 (554, (가) 이전) ④. ⑤ 백제 멸망 후 백제의 부흥운동이 일어났다((나) 이후).

02 기출문제

03

(가), (나) 사이의 시기에 있었던 사실로 옳은 것은?

52회 심화 07

> (가) 정관 16년에 … 여러 대신들과 건무가 의논하여 개소문을 죽이고자 하였다. 일이 누설되자 개소문은 부병을 모두 불러 모아 군병을 사열한다고 말하고 … 왕궁으로 달려 들어가 건무를 죽인 다음 대양의 아들 장을 왕으로 세우고 스스로 막리지가 되었다.
>
> (나) 건봉 원년에 … 개소문이 죽고 아들 남생이 막리지가 되었다. 남생은 아우 남건·남산과 화목하지 못하여 각자 붕당을 만들어 서로 공격하였다. 남생은 두 아우에게 쫓겨 국내성으로 달아났다.
> ― 『구당서』 동이전 ―

① 을지문덕이 살수에서 대승을 거두었다.
② 당이 안동도호부를 평양에 설치하였다.
③ 신라군이 매소성에서 당군을 격파하였다.
④ 복신과 도침이 부여풍을 왕으로 추대하였다.
⑤ 안승이 신라에 의해 보덕국왕으로 임명되었다.

1)
① 시기? [(가) 이전 / (가)와 (나) 사이 / (나) 이후]
② 시기? [(가) 이전 / (가)와 (나) 사이 / (나) 이후]
③ 시기? [(가) 이전 / (가)와 (나) 사이 / (나) 이후]
④ 시기? [(가) 이전 / (가)와 (나) 사이 / (나) 이후]
⑤ 시기? [(가) 이전 / (가)와 (나) 사이 / (나) 이후]

04

다음 사건이 일어난 시기를 연표에서 옳게 고른 것은?

51회 심화 05

> 검모잠이 국가를 다시 일으키기 위하여 당을 배반하고 왕의 외손 안순[안승]을 세워 임금으로 삼았다. 당 고종이 대장군 고간을 보내 동주도(東州道) 행군총관으로 삼고 병력을 내어 그들을 토벌하니, 안순이 검모잠을 죽이고 신라로 달아났다.
> ― 『삼국사기』 ―

581	612	645	668	675	698
(가)	(나)	(다)	(라)	(마)	
수 건국	살수 대첩	안시성 전투	평양성 함락	매소성 전투	발해 건국

① (가) ② (나) ③ (다)
④ (라) ⑤ (마)

1)
살수대첩은 _____(국가)와 _____(국가)의 싸움이다.
안시성 전투는 _____(국가)와 _____(국가)의 싸움이다.
평양성 함락의 의미는 _____(국가)의 멸망이다.
매소성 전투는 _____(국가)와 _____(국가)의 싸움이다.

ANSWER

03 ④
(가) 연개소문이 정변을 일으켜 영류왕을 비롯한 여러 대신들을 제거하였다(642). ④ 백제 멸망 이후 복신과 흑치상지, 도침 등의 부흥 운동이 있었으나 실패하였다(663). (나) 나·당 연합군이 백제를 멸망시키고 고구려를 공격하였다. 이때 연개소문 사후 후계자 계승을 둘러싸고 내정이 혼란스러운 상태였고 이에 나·당 연합군이 평양성을 함락하고 고구려가 멸망하였다(668).
[오답] ① 살수대첩 (612, (가) 이전) ② 안동도호부 설치 (668, (나) 이후) ③ 매소성 전투 (675, (나) 이후) ⑤ 고구려 부흥운동 ((나) 이후)

04 ④
④ 고구려 멸망(668) 이후 안승을 받든 검모잠은 고구려 부흥 운동을 전개하였다(669~673). 따라서 고구려 멸망을 의미하는 '평양성 함락' 뒤에 들어가야 한다.
[오답] 살수대첩은 고구려-수의 싸움이며 안시성 전투는 고구려-당의 싸움이다. 매소성 전투는 신라-당의 싸움으로 신라는 당을 축출하고 삼국통일을 완수하였다.

CHAPTER 03 남북국 시대

01 통일 신라의 발전

(1) 통일 신라 – 중대 [전제왕권기]

① 특징
- 무열왕의 직계 자손이 왕위 세습(무열왕 ~ 혜공왕)
- 집사부(시중) 〉 화백회의(상대등)
- 6두품(국왕의 정치적 조언자 역할, 중앙 행정 실무 담당)

② 국왕
- 무열왕 : 최초 진골 출신 왕
- 문무왕 : 삼국 통일 완수(676), 외사정 파견
- **신문왕** : 귀족 세력 숙청(김흠돌의 난), 지방 제도 정비(9주 5소경), 군사(9서당 10정), 국학 설립, 관료전 지급 · 녹읍 폐지(귀족의 경제적 · 군사적 기반 약화), 만파식적 설화, 문무왕 위해 감은사 건립
- 성덕왕 : 백성에게 정전(丁田) 지급
- 경덕왕 : 귀족의 반발로 녹읍 부활, 한화 정책, 불국사 · 석굴암 건립, 성덕대왕 신종 주조 시작
- 혜공왕 : 성덕대왕 신종 완성, 96각간의 난 → 김지정의 난 → 혜공왕 피살

③ 통치 조직 정비
- 중앙 : 위화부 등 13부를 두어 행정 업무 분담, 집사부(시중) 역할 강화, 상대등 권한 약화, 사정부(관리 감찰 기구) 설치
- 지방 : 9주 5소경, 군 · 현 설치(일부 군현에 지방관 파견, 촌락은 촌주), 상수리제도
- 군사 : 9서당(중앙군, 민족융합), 10정(지방군)

(2) 통일 신라 – 하대 [왕위쟁탈전]

① 특징
- 155년 동안 20명의 왕이 교체, 선덕왕~경순왕
- **호족의 성장** : 지방에서 독자적 세력 형성, 행정 · 군사권 장악, 백성을 실질적으로 다스림
- 새로운 사상의 등장 : 선종(교종의 권위 부정), 풍수지리(금성 중심 사상 탈피)
- 6두품 : 골품제의 모순 비판, 호족과 결합, 반(反)신라적 경향

② 국왕
- 선덕왕 : 신라 하대 시작
- 원성왕 : 독서삼품과 실시
- 헌덕왕 : 김헌창의 난, 김범문의 난(중앙 정부의 지방 통제력 약화)
- 문성왕 : 장보고의 난
- **진성여왕** : 정부의 세금 독촉 → 농민 봉기(원종 · 애노의 난, 적고적의 난), 최치원의 시무 10조 → 수용 X, 향가집 『삼대목』 편찬
- 경순왕 : 신라 마지막 왕, 고려 태조 왕건에게 항복(935)

③ 후삼국의 성립
- 후백제 : 견훤이 백제 부흥을 내세우며 완산주에 후백제 건국(900)
- 후고구려 : 궁예가 신라 타도를 내세우며 송악(개성)에 후고구려 건국(901) → 철원 천도, 국호 개칭(마진, 태봉) → 미륵 신앙을 앞세운 전제정치 → 신하들의 왕건 추대

CHAPTER 03 남북국 시대

02 발해의 발전

(1) 발해의 건국과 발전
① 건국 : 고구려 출신 대조영이 동모산 기슭에서 진국(震國) 건국(698)
② 구성 : 고구려 유민(지배층), 말갈족(피지배층)
③ 발전
- 무왕 : '인안' 연호 사용, 산둥 지방 공격(장문휴), 일본도 개설, 북만주 일대 장악
- 문왕 : '대흥' 연호 사용, 천도(중경 → 상경 → 동경), 당(3성 6부제 수용)·신라(신라도)와 친선
- 선왕 : '건흥' 연호 사용, 지방 제도 정비(5경 15부 62주), 전성기(==해동성국==의 칭호)

④ 멸망 : 지배층 내분 → 거란의 침입으로 멸망(926) → 유민들 고려 망명

(2) 발해의 통치 체제
① 중앙 정치 : 3성 6부제(당 모방, 독자적 운영), 중정대(감찰), 주자감(교육)
② 지방 행정 : 5경 15부 62주
③ 군사 조직 : 10위(중앙군)

(3) 발해의 고구려 계승 근거
- 발해(문왕)가 일본에 보낸 외교 문서에 스스로 '고(구)려 국왕'이라고 칭함
- 지배층에 대씨, 고씨가 많음
- 발해의 주거지에서 온돌 발견
- 정혜공주 묘 (굴식 돌방 무덤) 모줄임 천장 구조
- 멸망 후 고려로 귀순

 사료 확인

신라의 9주 5소경	후삼국의 성립
발해의 최대 영역	발해의 3성 6부제

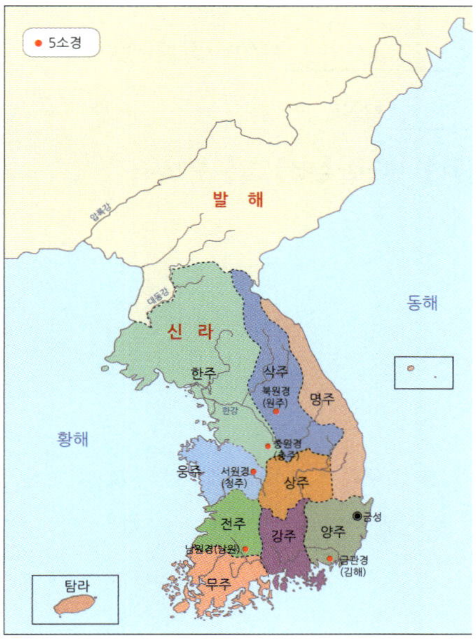

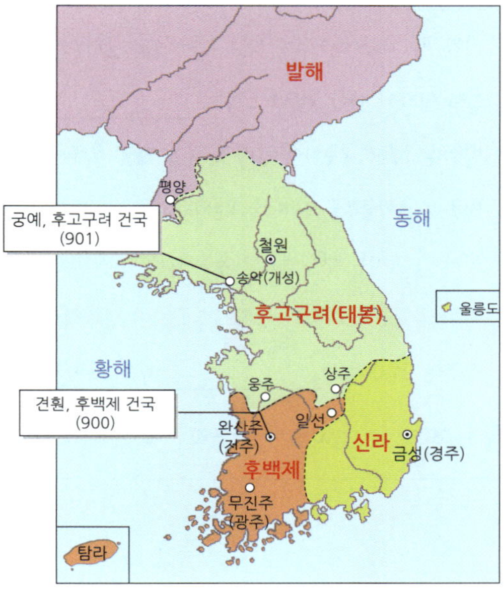

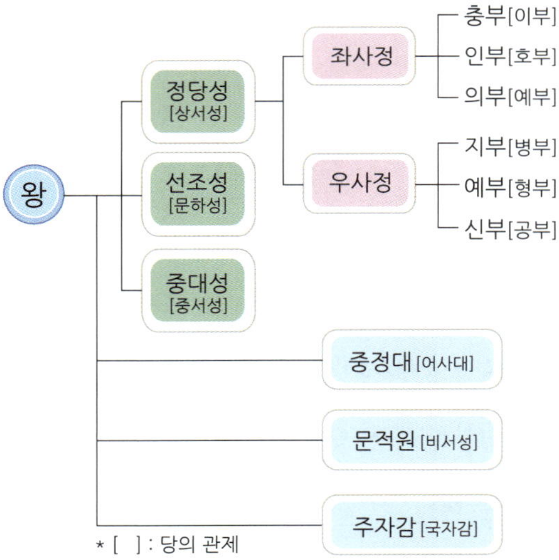

CHAPTER 03 남북국 시대

여기서 잠깐

1. 신문왕은 실무 관료를 양성하기 위해 교육기관인 _____을/를 세웠다.
2. _____은/는 왕의 명령과 국가 기밀을 관리하던 기구로, 장관은 시중이었다.
3. 신라 말 지방에서 독자적인 경제력과 군사력을 갖춘 반독립세력인 _____이/가 성장하였다.
4. 통일 신라의 지방 행정 조직은 _____, 발해는 _____(이)다.
5. 발해는 정혜 공주의 무덤 구조, 온돌 장치 등에서 _____ 문화를 계승한 측면을 찾을 수 있다.
6. 발해는 중앙군으로 9서당을 편성하고 지방에는 10정을 두었다. (　)
7. 신라 중대에는 선종 불교와 풍수지리설이 유행하였다. (　)
8. 발해 무왕은 신라와의 상설 교통로를 개설하였다. (　)
9. 발해는 정당성의 _____이/가 국정을 총괄하였다.

정답 1. 국학　2. 집사부　3. 호족　4. 9주 5소경 / 5경 15부 62주　5. 고구려　6. ×　7. ×　8. ×　9. 대내상

빈출 선지 체크

1. 독서삼품과가 처음으로 실시되었다.　(시기)(국왕)
2. 왕의 장인인 김흠돌이 반란을 일으켰다.　(시기)(국왕)
3. 청해진을 중심으로 해상 무역이 전개되었다.　(국가)
4. 지방관을 감찰하고자 외사정을 파견하였다.　(국가)
5. 주자감을 설치하여 인재를 양성하였다.　(국가)
6. 원종과 애노가 사벌주에서 봉기하였다.　(국가)(시기)
7. 9서당 10정의 군사 조직을 운영하였다.　(국가)(국왕)
8. 상수리 제도를 실시하여 지방 세력을 견제하였다.　(국가)
9. 9주 5소경의 지방 제도를 운영하였다.　(국가)(국왕)
10. 광평성을 비롯한 여러 관서를 설치하였다.　(국가)

정답 1. 통일신라 하대 원성왕　2. 통일신라 중대 신문왕　3. 통일신라　4. 통일신라　5. 발해　6. 통일신라 하대　7. 통일신라 신문왕　8. 통일신라　9. 통일신라 신문왕　10. 후고구려

 사료 확인

1. 유득공의 『_____』

부여씨와 고씨가 망한 다음에 김씨의 신라가 남에 있고 대씨의 발해가 북에 있으니 이것이 남북국이다. 여기에는 마땅히 남북국사가 있어야 할 터인데 고려가 편찬하지 않은 것은 잘못이다. 저 대씨는 어떤 사람인가 바로 고구려 사람이다. 그들이 차지하고 있던 땅은 어떤 땅인가. 바로 고구려의 땅이다. …
- 『발해고』 -

2. _____ 왕 - 만파식적 설화

왕이 배를 타고 산으로 들어가니 용이 검은 옥띠를 바쳤다. 왕이 같이 앉아 물었다. "이 산과 대나무가 어떤 때는 갈라지고 어떤 때는 맞붙고 하니 무슨 까닭인가?" 용이 대답하였다. "비유로 말씀드리면 한 손으로 치면 소리가 나지 않고 두 손으로 쳐야 소리가 나는 것과 같습니다. 이 대나무는 합쳐야만 소리가 납니다. 폐하께서 소리로써 천하를 다스릴 징조입니다. 이 대나무로 피리를 만들어 불면 천하가 화평해질 것입니다. 지금 아버님(문무왕)께서 바다 가운데 큰 용이 되시고 김유신도 천신이 되셨습니다. 두 분 성인이 마음을 합하여 이같이 값으로 헤아릴 수 없는 큰 보물을 만들어 저를 시켜 바치는 것입니다." … 왕이 행차에서 돌아와 대나무로 피리를 만들게 하였다. 이 피리를 불면 적이 물러나고 병이 나았다. 가뭄에는 비가 오고 장마가 개고 바람이 자고 파도가 그쳤다. 이 피리를 만파식적(萬波息笛 : 거센 물결을 자게 하는 피리)이라 부르고 국보로 삼았다.
- 『삼국유사』 -

3. _____의 난 - _____(국왕) / 시기? _____

16일에 왕이 교서를 내리기를 반란 괴수 흠돌·흥원·진공 등은 능력도 없으면서 높은 지위에 올라 제 마음대로 위세를 부렸다. 흉악한 무리를 끌어 모으고 궁중 내시들과 결탁하여 반란을 일으키고자 하였다.
- 『삼국사기』 -

4. _____의 난 - 시기? _____

헌덕왕 14년 3월, 웅천주 도독 헌창이 아비 주원이 왕위에 오르지 못한 것을 이유로 반란을 일으켜 국호를 장안이라 하고 연호를 경운 원년이라 하였다. 무진·완산·청주·사벌주 등 4주의 도독과 국원경, 서원경, 금관경의 사신 및 여러 군현의 수령을 협박하여 자기 소속으로 삼았다.
- 『삼국사기』 -

5. _____의 난 - _____(국왕) / 시기? _____

(왕 3년) 국내의 여러 주군이 공부를 수납하지 않아 나라의 창고가 비고, 재정이 궁핍해졌다. 이에 왕이 사자를 보내 독촉하니 곳곳에서 도적들이 들고 일어났다. 이때 원종과 애노 등이 사벌주에 웅거하여 반란을 일으켰다.
- 『삼국사기』 -

6. _____의 난 - _____(국왕) / 시기? _____

왕 10년, 도적이 나라의 서남쪽에서 일어났다. 붉은 바지를 입어 구분하니, 사람들이 적고적이라 하였다.

7. 시기? _____

신무 대왕이 잠저에 있을 때 협사 궁파(장보고)에게 말하기를, "내겐 이 세상에서 같이 살 수 없는 원수가 있소. 그대가 나를 위해 그를 없애 주고, 내가 왕위에 오르면 그대의 딸을 왕비로 삼겠소."라고 하였다. 궁파는 이를 허락하고 마음과 힘을 같이하여 군사를 일으켜 수도로 쳐들어가 일을 성공시켰다.
- 『삼국유사』 -

CHAPTER 03 남북국 시대

8. 발해의 _____ 계승 근거

- 대조영은 본래 고(구)려의 별종이다. 고려가 멸망하자, 조영은 가속을 이끌고 영주로 옮겨와 살았다. — 『구당서』 —
- 옛날 당의 고종 황제가 고구려를 쳐 없앴는데, 고구려는 지금 발해가 되었다. — 최치원, 『상태사시중장』 —
- 『신라고기』에 이르기를 "고(구)려의 옛 장수 조영은 성이 대씨인데, 남은 군사를 모아 태백산 남쪽에 나라를 세우고 국호를 발해라 하였다."라고 한다. — 『삼국유사』 —
- 발해왕(문왕)에게 칙서를 보냈다. "천황이 삼가 고려 국왕에게 문안한다." — 『속일본기』 —

> 정답 1. 발해고   2. 신문왕   3. 김흠돌 / 신문왕 / 신라 중대   4. 김헌창 / 신라 하대
> 5. 원종·애노 / 진성여왕 / 신라 하대   6. 적고적 / 진성여왕 / 신라 하대   7. 신라 하대   8. 고구려

03 고대 국가의 통치 체제

		고구려	백제	신라	통일 신라	발해
관등		10여 관등	16관등	17관등	17관등	
중앙 관제			6좌평 → 22부	병부 등 10부	집사부 등 13부	3성 6부제
귀족 합의제		제가 회의	정사암 회의	화백회의	화백회의	정당성
수상		대대로	상좌평	상대등	시중	대내상
지방 행정 제도	수도	5부	5부	6부	6부	
	지방	5부	5방	5주	9주	15부 62주
	특수	3경	22담로	2소경	5소경	5경

03 기출문제

01

(가) 왕의 재위 기간에 있었던 사실로 옳은 것은?

48회 심화 06

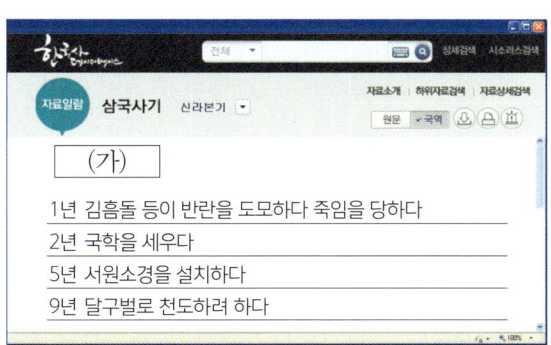

- 1년 김흠돌 등이 반란을 도모하다 죽임을 당하다
- 2년 국학을 세우다
- 5년 서원소경을 설치하다
- 9년 달구벌로 천도하려 하다

① 이사부를 보내 우산국을 복속하였다.
② 화랑도를 국가 조직으로 개편하였다.
③ 관료전을 지급하고 녹읍을 폐지하였다.
④ 최고 지배자의 칭호를 마립간으로 하였다.
⑤ 이차돈의 순교를 계기로 불교를 공인하였다.

1)
(가) 국왕? _____

2)
① 관련 국왕? _____
② 관련 국왕? _____
③ 관련 국왕? _____
④ 관련 국왕? _____
⑤ 관련 국왕? _____

02

교사의 질문에 대한 학생의 답변으로 옳은 것은?

47회 심화 08

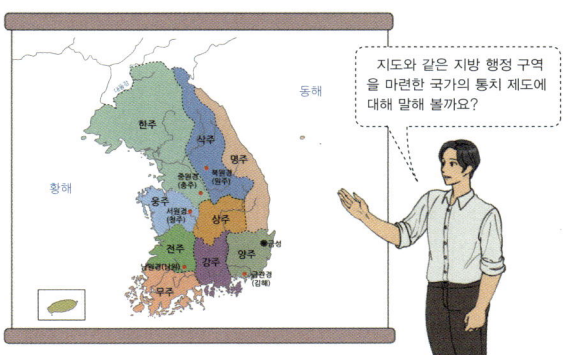

① 중앙군을 2군 6위로 조직했습니다.
② 지방관으로 안찰사를 파견했습니다.
③ 중앙 관제를 3성 6부를 정비했습니다.
④ 관리 감찰을 위해 사정부를 두었습니다.
⑤ 유학 교육 기관으로 주자감을 설치했습니다.

1)
위 국가? _____

2)
① 관련 국가? _____ ② 관련 국가? _____
③ 관련 국가? _____ ④ 관련 국가? _____
⑤ 관련 국가? _____

ANSWER

01 ③
(가) 왕은 신라의 신문왕이다. 신문왕은 김흠돌의 난을 계기로 귀족 세력을 숙청하고 지방과 군사 제도를 정비하였으며 유학 교육을 위하여 국학을 세우고 ③ 문무 관리에게 관료전을 지급하고 녹읍을 폐지하였다.
[오답] ① 지증왕 ② 진흥왕 ④ 내물마립간 ⑤ 법흥왕

02 ④
위와 같은 지방 행정 구역을 마련한 국가는 통일신라이다. 통일신라는 ④ 관리의 비리와 부정을 방지하기 위해 감찰 기구인 사정부를 두었고, 국립 대학인 국학도 설치하였다.
[오답] ① 고려는 중앙군으로 2군 6위를 두었다. ② 고려는 지방 행정 조직으로 5도 양계를 두었고 일반 행정 구역인 5도에 안찰사를 파견하였다. ③ 발해는 당의 영향을 받아 3성 6부의 중앙 정치 조직을 편성하였다. ⑤ 발해는 최고 유학 교육 기관인 주자감이 있었다.

기출문제

03

(가)~(다)를 일어난 순서대로 옳게 나열한 것은?

<small>54회 심화 08</small>

> (가) 도적들이 나라의 서남쪽에서 일어났는데, 붉은색 바지를 입어 모습을 다르게 하였기 때문에 적고적(赤袴賊)이라고 불렸다. 그들은 주와 현을 도륙하고, 수도의 서부 모량리까지 와서 민가를 노략질하고 돌아갔다.
>
> (나) 웅천주 도독 헌창은 그의 아버지 주원이 임금이 되지 못하였다는 이유로 반란을 일으켜 국호를 장안이라 하고 연호를 세워 경운 원년이라 하였다.
>
> (다) 아찬 우징은 청해진에 있으면서 김명이 왕위를 빼앗았다는 소식을 듣고 청해진 대사 궁복에게 말하였다. "김명은 임금을 죽이고 스스로 왕이 되었으니, … 장군의 군사를 빌려 임금과 아버지의 원수를 갚고자 합니다."
>
> — 『삼국사기』 —

① (가)-(나)-(다) ② (가)-(다)-(나)
③ (나)-(가)-(다) ④ (나)-(다)-(가)
⑤ (다)-(가)-(나)

1) 위 상황이 일어난 시대?
   _____(국가)의 _____(시대)

04

(가), (나) 사건이 일어난 시기의 국왕에 대한 설명으로 옳은 것은?

<small>25회 고급 05</small>

> (가) 신령한 사람이 (자장에게) 일러서 "지금 너희 나라는 여자로서 임금을 삼았기 때문에 덕은 있으나 위엄이 없으므로 이웃 나라들이 해치려고 하니 … 황룡사에 9층탑을 세우면 이웃 나라들이 항복을 하고 9개 나라가 와서 조공할 것이며 왕위가 길이 평안하리라."하였다. … 귀국하여 탑을 세우는 일에 대하여 왕에게 아뢰었다.
>
> (나) 백성들이 조세를 바치지 않아 창고가 텅텅 비어 나라의 재정이 궁핍해졌다. 왕이 사자를 보내 독촉하니 이로 인해 사방에서 도둑이 벌떼처럼 일어났다. 원종과 애노 등이 사벌주를 근거지로 반란을 일으켰다.

① (가) – 화랑도를 국가적인 조직으로 정비하였다.
② (가) – 이차돈의 순교를 계기로 불교를 공인하였다.
③ (나) – 각간 위홍으로 하여금 삼대목을 편찬하게 하였다.
④ (나) – 김흠돌의 난을 진압하여 귀족들을 대거 숙청하였다.
⑤ (가), (나) – 진골 출신으로서 왕위를 계승하였다.

1) (가) 국왕? _____
   (나) 국왕? _____

2) ① 관련 국왕? _____ ② 관련 국왕? _____
   ③ 관련 국왕? _____ ④ 관련 국왕? _____

📢 ANSWER

03 ④
(가)~(다)는 모두 신라 하대의 모습으로, (나) 헌덕왕 14년 웅천주 도독 김헌창이 아버지가 왕이 되지 못한 것을 이유로 반란을 일으켰다(822). 이후 (다) 장보고는 자신의 딸을 왕비로 삼겠다는 약속에 왕위 쟁탈전에 가담하였다가 살해당하였다(846). (가) 진성여왕 시기에는 원종·애노의 난, 적고적의 난(896) 등 봉기가 일어나 사회가 혼란하였다.

04 ③
(가)는 황룡사 9층 목탑을 세운 신라 상대의 선덕여왕이고, (나)는 신라 하대의 진성여왕이다. ③ 진성여왕 재위 시기 각간 위홍과 대구 화상이 진성여왕의 명을 받아 삼대목이라는 향가집을 편찬하였으나, 현재 전해지지 않는다.
[오답] ① 진흥왕 ② 법흥왕 ④ 신문왕 ⑤ 진골 출신 최초의 왕은 무열왕에 해당한다.

기출문제

05
밑줄 그은 '왕'의 재위 시기에 있었던 사실로 옳은 것은?

30회 고급 07

왕은 동생 대문예를 보내 흑수말갈 정벌을 추진하였어.

그리고 왕은 장문휴를 보내 당의 등주를 공격하여 당군을 격파하였지.

① 한성을 공격하여 개로왕을 전사시켰다.
② 사비로 천도하고 국호를 남부여로 바꾸었다.
③ 상대등과 병부를 설치하고 관등을 정비하였다.
④ 인안(仁安)이라는 독자적인 연호를 사용하였다.
⑤ 고구려 유민을 이끌고 지린 성 동모산에서 건국하였다.

1)
밑줄 친 '왕'? _____ (국가)의 _____ (국왕)

2)
① 관련 국왕? _____ (국가)의 _____ (국왕)
② 관련 국왕? _____ (국가)의 _____ (국왕)
③ 관련 국왕? _____ (국가)의 _____ (국왕)
④ 관련 국왕? _____ (국가)의 _____ (국왕)
⑤ 관련 국왕? _____ (국가)의 _____ (국왕)

06
(가) 국가에 대한 설명으로 옳은 것은?

51회 심화 08

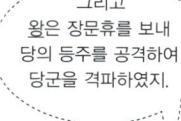

해외 소재 우리 문화유산 ― 일본편

사진은 해동성국이라 불렸던 (가) 의 함화 4년명 불비상(佛碑像)이다. 아미타불을 중심으로 좌우에 보살상 등이 새겨져 있고 그 아래에는 비문이 있다. 비문은 함화 4년에 허왕부(許王府) 관리인 조문휴의 어머니가 불비상을 조성했다는 내용을 담고 있다. 이를 통해 독자적인 연호를 사용했던 (가) 의 국왕이 '허왕' 등의 제후를 거느린 황제와 같은 위상을 가졌음을 알 수 있다.

함화 4년명 불비상

① 9서당 10정의 군사 조직을 운영하였다.
② 성균관을 설치하여 유교 경전을 교육하였다.
③ 5경 15부 62주의 지방 행정 제도를 갖추었다.
④ 상수리 제도를 실시하여 지방 세력을 견제하였다.
⑤ 내신좌평, 위사좌평 등 6좌평의 관제를 마련하였다.

1)
(가) 국가? _____

2)
① 관련 국가? _____ ② 관련 국가? _____
③ 관련 국가? _____ ④ 관련 국가? _____
⑤ 관련 국가? _____

📢 ANSWER

05 ④
장문휴를 보내 당의 산동지방을 공격한 것은 발해의 무왕에 해당한다. ④ 무왕은 '인안' 등의 독자적인 연호를 사용하였다.
[오답] ① 고구려의 장수왕은 백제의 한성을 공격하여 개로왕을 전사시켰다. ② 백제 성왕은 사비로 천도하여 중흥을 이루고자 하였다. ③ 신라의 법흥왕은 상대등과 병부를 설치하였으며, 17관등제를 마련하였다. ⑤ 대조영은 고구려 유민을 이끌고 동모산 기슭에서 발해를 건국하였다.

06 ③
(가) 국가는 발해이다. 발해는 선왕 시기 ③ 5경 15부 62주의 지방 체제를 완성하였으며 중국에서는 이러한 발해를 '해동성국'이라 불렀다.
[오답] ① 통일신라 ② 고려 말 국자감을 성균관으로 개칭하였고 조선은 이를 이어받아 성균관에서 유교 경전을 교육하였다. ④ 통일신라 ⑤ 백제 고이왕은 내신 좌평 등 6좌평제와 16관등제를 정비하였다.

CHAPTER 04 고대의 경제·사회·문화

01 고대의 경제

(1) 삼국의 경제 생활

① 경제 정책
- 수취 제도 : 조세(곡물, 포 징수), 공납(특산물 징수), 역(15세 이상 남자 노동력 장벌)
- 농업 생산력 증대 정책 : 철제 농기구 널리 보급, 우경 장려, 황무지 개척, 보·저수지 등 수리시설 확충
- 구휼 정책 : 고구려의 진대법

② 경제 생활
- 귀족 : 공로나 관직 복무의 대가로 식읍·녹읍 등을 지급 받고, 사유지와 노비를 소유하고 경제적으로 풍요로운 생활 누림
- 평민 : 자작·소작, 세금 부담, 농업 생산력 발달로 농민 생활도 향상되었으나, 국가의 수취와 귀족의 수탈로 농민은 여전히 힘들게 생활

③ 경제 활동
- 농업 : 철제 농기구 보급, 우경 장려, 황무지 개척
- 수공업 : 담당 관청을 두고 장인 소속시켜 주로 왕실과 지배층의 필요 물품을 조달하는 수준, 관청 수공업 발달
- 상업 : 6c 초 동시 및 감독 관청 동시전 설치(지증왕)

④ 대외 무역
- 고구려 : 중국 남북조 및 북방의 유목 민족 등과 교류
- 백제 : 중국의 남조 및 왜와 활발히 무역
- 신라 : 고구려와 백제를 통하여 중국과 무역하다가 한강 확보 이후 직접 교역(당항성)

(2) 남북국 시대의 경제 생활

1) 통일 신라의 경제 생활

① 경제 정책
- 수취 체제 : 조세(수확량의 1/10), 공물(촌락 단위 특산물 징수), 역(16~60세 미만 남자, 군역과 요역)
- 민정문서를 바탕으로 조세 수취(촌주가 3년마다 작성, 노동력 징발과 조세 징수를 위해)

② 경제 생활
- 귀족 : 관료전 지급·녹읍 폐지(신문왕, 中), 녹읍 부활(경덕왕, 中)
- 농민 : 정전 지급(성덕왕, 中)

③ 경제 활동
- 상업 : 경주에 서시·남시 추가로 설치

④ 대외무역
- 당·일본과 무역 활발, 공무역·사무역 성행
- 당에 신라방·신라촌(신라인 거주지)·신라원(사원)·신라소(관청)·신라관(여관) 형성
- 울산항 : 국제 무역항, 이슬람 상인 왕래
- 장보고 : 9c 청해진 설치 → 해상 무역 장악, 산둥반도에 법화원 설치

2) 발해의 경제 생활

① 경제 정책
- 수취 체제 : 조세(곡물 징수), 공물(특산물 징수), 역

② 경제 활동
- **농업** : 대부분 밭농사 중심(일부 벼농사), 철제 농기구 사용
- **상업** : 수도인 상경 용천부와 교통 중심지에서 상업 발달
- **산업** : 목축 발달(솔빈부 말), 수렵 발달(모피, 녹용, 사향 등 수출)
- **수공업** : 금속 공예, 직물, 도자기 등 수공업 발달

③ 대외무역
- 당·신라·거란·일본 등과 무역, 대당무역이 가장 큰 비중
- 수입(비단, 서적), 수출(모피-담비가죽, 철, 인삼, 말)
- 대당 무역(발해관), 대신라 무역(신라도), 대일 무역(일본도)

02 고대의 사회

(1) 삼국의 사회 모습

① 고구려
- 씩씩한 사회 기풍
- **지배층** : 왕족 + 5부 출신 귀족, 지위 세습 및 관직 독점
- **구휼제도** : 고국천왕 때 농민 몰락 방지를 위해 진대법 실시
- **법률** : 지배 체제 유지 위해 엄격한 법을 제정하여 사회 운영, 반역자(화형 → 목을 벰, 가족 노비로 삼음), 패전·항복(사형), 절도(1책 12법)
- **혼인** : 형사취수제, 서옥제

② 백제
- 고구려와 유사하게 문화적인 기풍이 씩씩하고 말 타기, 활 쏘기 좋아함
- **지배층** : 부여씨 + 8성 귀족
- **법률** : 반역·패전(목을 벰), 절도(귀양, 2배 배상), 뇌물·횡령(종신 금고형, 3배 배상), 부인의 간통(천민으로 강등, 남편 집의 종으로 삼음)

③ 신라
- 부족 사회의 전통이 오랫동안 유지
- **화백회의** : 만장일치제가 특징, 국왕과 귀족 사이의 권력을 조절하는 기능 담당
- **골품제** : 개인의 정치·사회적 활동 범위를 결정하였음은 물론, 집과 수레의 크기나 복색 등 일상생활까지 규제
- **화랑도** : 원시 사회의 청소년 집단에서 기원, 화랑(귀족) + 낭도(귀족·평민), 계층간 갈등 완화 역할, 진흥왕 대 국가적 조직으로 정비, 원광의 세속 5계(행동 규범))

(2) 남북국의 사회 모습

① 통일 신라
- **민족 융합 정책** : 백제와 고구려 옛 지배층에게 신라 관등 부여, 지방 제도(9주), 군사 제도(9서당)
- **골품제의 변화** : 성골·3~1두품 소멸

② 발해
- **지배층** : 대씨(왕족), 고씨(고구려계 귀족), 말갈계 귀족
- **주민 구성** : 고구려 유민(지배층) + 말갈인(피지배층)
- 고구려 문화 + 당 문화 + 말갈 문화

CHAPTER 04 고대의 경제·사회·문화

> **여기서 잠깐**
>
> 1. 자색의 공복을 입은 사람은 모두 진골이다. (   )
> 2. 6두품의 벼슬은 항상 5두품보다 높다. (   )
> 3. 4두품은 가장 낮은 신분으로, 노비나 농민들을 가리킨다. (   )
>
> **정답** 1. ○   2. ×   3. ×

빈출 선지 체크

1. 거란도, 영주도 등을 통해 주변국과 교류하였다.   (국가)
2. 시장을 감독하는 관청인 동시전이 있었다.   (국가)
3. 빈민을 구제하기 위해 진대법을 실시하였다.   (국가)
4. 골품에 따라 관등 승진에 제한이 있었다.   (국가)
5. 솔빈부의 말이 특산물로 거래되었다.   (국가)
6. 울산항, 당항성이 무역항으로 번성하였다.   (국가)

정답 1. 발해   2. 신라   3. 고구려   4. 신라   5. 발해   6. 신라

사료 확인

민정 문서(촌락문서)

조세 징수와 노동력 징발을 목적으로 3년마다 작성하였으며, 촌락마다 인구 수, 소와 말의 수, 토지 면적 등 변동 사항을 기록하였다. 인구는 남/녀로 구분, 연령별로 6등급, 호는 9등급으로 구분하였다.

골품제

개인의 혈통에 따라 관직 승진의 상한선을 정하였고 혼인, 가옥의 크기, 의복의 빛갈 등 생활 전반을 규제하였다.

삼국의 수취제도

- 고구려

  세(인두세)는 포목 5필에 곡식 5섬이다. 조(租)는 상호가 1섬이고, 그 다음이 7말이며 하호는 5말을 낸다. - 『수서』 -

- 백제
  - 세는 포목 · 비단 실과 삼 · 쌀을 내었는데, 풍흉에 따라 차등을 두어 받았다. - 『주서』 -
  - 2월 한수 북부 사람 가운데 15세 이상 된 자를 징발하여 위례성을 수리하였다. - 『삼국사기』 -

1. _____의 신분제(_____제) / 설계두의 신분?

   설계두는 신라 귀족 가문의 자손이었다. 일찍이 친구 네 사람과 함께 모여 술을 마시면서 각자 자기의 뜻을 말하였는데 설계두는 다음과 같이 말하였다. "신라에서 사람을 등용하는데 골품을 따지기 때문에 진실로 그 족속이 아니면, 비록 큰 재주와 뛰어난 공이 있어도 그 한계를 넘을 수가 없다. 나는 원컨대 서쪽 중국으로 가서 세상에서 보기 드문 지략을 드날려 특별한 공을 세워 스스로의 힘으로 영광스런 관직에 올라 의관을 차려 입고 칼을 차고서 천자의 측근에 출입하면 만족하겠다." 무덕 4년 신사(621)에 설계두는 몰래 바다 배를 따라 당에 들어갔다. - 『삼국사기』 -

2. _____(국가)의 법률

   - 모반, 퇴군 및 살인자는 목을 베고, 도둑은 유형에 처하며 훔친 물건의 2배를 징수한다. 결혼한 부인이 간통하면 그 신분을 박탈하고 남편 집의 종으로 삼았다.
   - 반역자는 그 가족과 재산을 몰수하고, 살인자는 노비 3인을 제공하면 속죄되며, 관리로서 뇌물을 받거나 도둑질한 자는 그 액수의 3배를 배상하고 금고형(평생 벼슬길에서 추방당하는 것)을 받는다.

CHAPTER 04 고대의 경제·사회·문화

3. _____(인물)의 _____ - _____(단체)의 규율

- 충으로써 임금을 섬긴다.
- 효로써 부모를 섬긴다.
- 믿음으로써 벗을 사귄다.
- 전쟁에 임하여 물러서지 않는다.
- 살생을 가려서 한다.

4. 토지 제도 변화

_____ 왕 7년 : 5월에 문무 관료전을 지급하되 차등을 두었다.

_____ 왕 9년 : 1월에 내외관의 녹읍을 혁파하고 매년 조를 내리되 차등있게 하여 이로써 영원한 법식을 삼았다.

_____ 왕 21년 : 8월에 처음으로 백성에게 정전을 지급하였다.

_____ 왕 16년 : 3월에 여러 내외관의 월봉을 없애고 다시 녹읍을 나누어 주었다.

5. 득난 - _____(신분)

낭혜는 속성(俗姓)이 김씨이며 무열왕이 그 8대조가 된다. 조부 주천은 품(品)이 진골이고 위(位)가 대아찬이었으며, 고조와 증조가 모두 나가서는 장군이 되고 들어와서는 재상을 지냈음은 집마다 아는 바이다. 아버지 범청은 족(族)이 진골에서 한 등급 떨어져 득난(得難)이 되었다.

- 『낭혜화상비』 -

> 정답 1. 신라의 신분제(골품제) / 6두품   2. 백제   3. 원광의 세속5계(화랑도의 규율)
> 4. 신문 / 신문 / 성덕 / 경덕   5. 6두품

03 고대의 문화

(1) 유학의 발달

① 고구려
- **태학** : 소수림왕 때 수도에 설립하여 귀족 자제에게 유교 경전을 가르침
- 경당 : 청소년들이 한학과 무술을 익힘

② 백제
- 오경박사(유교 경전) · 의박사(의학) · 역박사(천문 · 역법) 가르침

③ 신라
- **임신서기석** : 신라 청소년들이 유교 경전을 공부했다는 것 알 수 있음

④ 통일 신라
- **국학**(신문왕, 유학 교육 위해 설립) → 태학(감)(경덕왕, 박사와 조교 두어 유교 경전 가르침) → 국학(혜공왕)
- **독서삼품과** : 원성왕, 유교 경전의 이해 수준을 시험함으로써 관리 채용(but 실패)

⑤ 발해
- 6부의 유교적 명칭 : 충 · 인 · 의 · 지 · 예 · 신
- 주자감 : 유교 경전 가르침
- 빈공과 합격생 배출

(2) 역사서 편찬

① 고구려 : 『유기』를 간추려 이문진이 『신집』 5권 편찬(영양왕)
② 백제 : 고흥이 『서기』 편찬(근초고왕)
③ 신라 : 거칠부가 『국사』 편찬(진흥왕)
④ 통일 신라
- 김대문 : 『화랑세기』, 『고승전』 등 저술 → 신라의 문화를 주체적으로 인식
- 강수 : 외교 문서 작성, '청방인문표'
- 설총 : 이두 정리, '화왕계'
- **최치원** : 빈공과 급제, 당에서 귀국하여 진성여왕에게 개혁안 10여조 건의 but 반영 X, 『계원필경』, 『토황소격문』

(3) 불교의 수용과 발달 : 왕실 주도하에 발전, 정신적 통합을 이루는 데 큰 역할

① 고구려 : 4c 소수림왕 때 전진으로부터 수용
② 백제 : 4c 침류왕 때 동진으로부터 수용
③ 신라
- 5c 눌지마립간 때 고구려로부터 수용
- 6c 법흥왕 때 공인(이차돈의 순교)
- 원광의 세속 5계(호국사상, 사회 윤리 가르침)
- 불교식 왕명, 업설, 미륵사상 유행

CHAPTER 04 고대의 경제·사회·문화

④ 통일신라
- 불교의 대중화
- **원효** : 일심 사상, 화쟁 사상, 불교 대중화(아미타 신앙), 『금강삼매경론』, 『대승기신론소』, 『십문화쟁론』
- **의상** : 당에 유학 → 화엄종 개창, 『화엄일승법계도』, 부석사 건립, 관음 신앙
- 혜초 : 『왕오천축국전』
- 선종(신라 말) : 참선 중시, 개인적 정신세계 추구 → 호족의 후원, 승탑 유행

⑤ 발해
- 고구려 불교 계승, 왕실·귀족 중심으로 발전, 각지에 사원 건립

(4) 도교 : 산천 숭배, 신선 사상, 불로장생 추구

① 고구려 : 강서대묘 사신도, 연개소문의 도교 장려 정책,
② 백제 : 산수무늬 벽돌, 금동대향로, 무령왕릉 지석
③ 통일 신라 : 굴식 돌방 무덤 둘레돌의 12지 신상

(5) 풍수지리설

① 전래 : 신라 말 도선의 전래
② 호족의 지원, 중앙 정부 권위 약화에 기여

(6) 과학기술

① 천문 : 고구려(천문도, 고분벽화의 별자리, 해, 달 등 그려짐), 신라(첨성대)
② 인쇄술 : 무구정광대다라니경(통일신라, 현존 최고(最古) 목판 인쇄물)
③ 금속 공예 : 금동 대향로(백제), 칠지도(백제), 성덕대왕 신종(통일 신라)

(7) 삼국 문화의 일본 전파 : 삼국(아스카 문화) / 통일신라(하쿠호 문화) 형성에 기여

① 고구려
- 담징 : 종이, 먹 제조법, 호류사 금당 벽화(7c, 영양왕)
- 혜자 : 쇼토쿠 태자의 스승(7c, 영양왕)
- 다카마쓰 고분벽화(고구려 수산리 고분 벽화와 유사)

② 백제
- 칠지도 하사(4c, 근초고왕 시기)
- 아직기 : 일본 태자 스승(4c, 근초고왕)
- 왕인 : 천자문, 논어 전수(4c, 근초고왕)
- 노리사치계 : 불상과 불경 전달(6c, 성왕)
- 오경박사, 의박사, 역박사

③ 신라 : 조선술, 축제술(한인의 연못)
④ 가야 : 토기 제작 기술(스에키 토기에 영향)

(8) 고분

　① 고구려
　　　• 초기 : 돌무지무덤(ex. 장군총)
　　　• 후기 : 굴식 돌방무덤(ex. 강서대묘) → 도굴 용이, 모줄임 천장구조
　② 백제
　　　• 한성 : 돌무지무덤(ex. 석촌동 고분) → 백제의 건국 세력이 고구려와 같은 계통임을 보여줌
　　　• 웅진 : 벽돌무덤(ex. 무령왕릉) → 중국 남조 영향, 굴식 돌방 무덤
　　　• 사비 : 굴식 돌방무덤
　③ 신라
　　　• 초기 : 돌무지 덧널무덤(ex. 천마총, 황남대총)
　　　• 후기 : 굴식 돌방무덤
　④ 통일 신라
　　　• 불교의 영향으로 화장 유행, 승탑 유행
　　　• 무덤의 규모 축소, 굴식 돌방무덤, 둘레돌에 12지 신상 조각(ex. 김유신묘)
　⑤ 발해
　　　• **정혜공주 묘(둘째)** : 굴식 돌방무덤 + 모줄임 천장 구조 → 고구려 양식
　　　• **정효공주 묘(넷째)** : 당의 영향 받은 벽돌무덤(벽화가 그려짐)
　　　• 무덤 위에 탑

고대의 경제·사회·문화

사료 확인

1. _____(국가)의 _____(제도) - 관련 국왕? _____

신라는 유교 경전에 대한 이해 수준을 평가하여 관리를 채용하는 것을 시행하였다. "춘추좌씨전", "예기", "문선" 등을 이해하고 "논어"와 "효경"에 밝은 자는 상, "곡례", "논어", "효경"을 읽은 자는 중, "곡례"와 "효경"을 읽은 자는 하로 구분하였다. 또한, 오경과 삼사, 제자백가서에 모두 통달한 자는 특별 채용하였다.

2. _____(인물)의 불교 대중화

그는 이미 계를 범하고 설총(薛聰)을 낳은 후로는 속인의 옷으로 바꾸어 입고, 스스로 소성거사(小星居士)라 일컬었다. 우연히 광대들이 가지고 노는 큰 박이 있었는데, 그 모양이 괴이했다. 그 모양대로 도구를 만들어 '무애호(無碍瓠) : 걸림이 없는 박'라 하며 노래를 짓고 세상에 퍼뜨렸다. '무애호'라는 말은 화엄경의 '모든 것에 걸림이 없는 사람이라야 곧바로 삶과 죽음에서 벗어난다.'라는 글에서 딴 것이다. 원효는 이것을 가지고 많은 촌락에서 노래하고 춤추며 교화하고 읊으면서 돌아다녔는데, 술집이나 창가(倡家)도 마다하지 않았다. 가난하고 무지몽매한 무리들까지도 모두 부처의 이름을 알게 되었고, 나무아미타불을 부르게 되었다. 그의 교화가 그만큼 컸던 것이다.
- 『삼국유사』 -

3. _____(인물) - 화엄 사상

하나가 곧 일체이며, 한 작은 티끌 속에 시방(十方)이 있는 것이요, 한 찰나가 곧 영원이다. 양(量)에 있어서 셀 수 없이 많은 것이 있지만 그것은 실은 하나이며, 공은 시방으로 너르게 되어 있지만 그것은 한 작은 티끌 속에 포함되어 있으며, 시간에 있어서 영원한 것도 한 찰나이다.
- 『화엄일승법계도』 -

> 정답 1. 통일 신라 / 독서삼품과 / 원성왕   2. 원효   3. 의상

사료 확인

삼국문화의 일본 전파

수산리 고분 벽화

다카마쓰 고분 벽화

금동 미륵보살 반가사유상

고류사 목조 미륵 반가사유상

돌무지 무덤

고구려 장군총

백제 석촌동 고분

돌무지 덧널 무덤

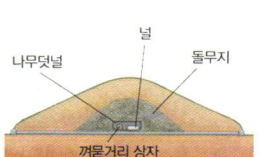

벽돌 무덤

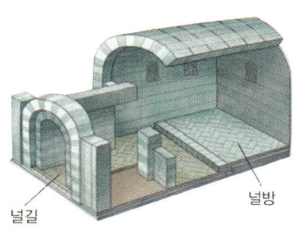

굴식 돌방 무덤

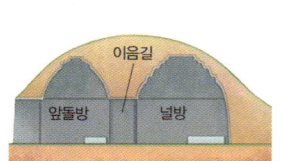

모줄임 천장 구조

빈출 선지 체크

1. 고흥에게 서기를 편찬하게 하였다. (국가)(국왕)
2. 무애가를 지어 불교 대중화에 힘썼다. (국가)(인물)
3. 자장의 건의로 황룡사 구층 목탑을 건립하였다. (국가)(국왕)
4. 인도와 중앙아시아를 다녀와서 왕오천축국전을 남겼다. (국가)(인물)
5. 거칠부가 왕명을 받들어 국사를 편찬하였다. (국가)(국왕)
6. 독서삼품과가 처음으로 실시되었다. (국가)(시기)(국왕)

정답 1. 백제 근초고왕 2. 통일신라 원효 3. 신라 선덕여왕 4. 통일신라 혜초
5. 신라 진흥왕 6. 통일신라 하대 원성왕

CHAPTER 04 고대의 경제·사회·문화

04 유물 및 유적

고구려	 연가7년명 금동여래입상	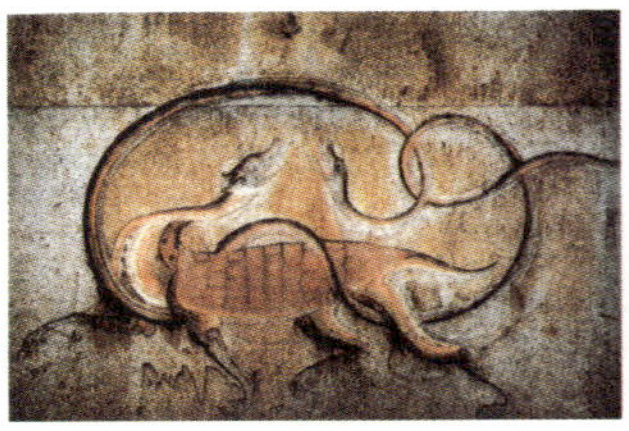 강서대묘 현무도 (도교)	 장군총 (돌무지 무덤)			
백제	 서산 마애 삼존불	 미륵사지 석탑 (목탑 양식 석탑)	 정림사지 5층석탑 (미륵사지 석탑 계승, 목탑 양식 석탑)	 산수무늬 벽돌 (도교)	 금동대향로 (불교+도교)	 칠지도 (백제-왜) / 석촌동 고분 (돌무지 무덤) / 무령왕릉 (중국 남조 영향, 벽화X, @웅진)
신라	 황룡사 9층 목탑 (몽골 침략으로 소실)	 분황사 모전석탑 (선덕여왕, 전탑을 모방)	돌무지 덧널무덤 (도굴 어려움, 벽화 X, ex. 천마총)	 천마도 (벽화 X)	 첨성대 (선덕여왕)	 호우명 그릇 (고구려-신라 관계)
통일 신라	 석굴암 본존불	 감은사지 3층석탑	 다보탑	 불국사 3층 석탑 (석가탑)	 무구정광대다라니경 (현존 최고(最古) 목판인쇄물) / 쌍봉사 철감선사탑 (승탑)	 성덕대왕 신종
발해	 이불병좌상	 석등	 영광탑			

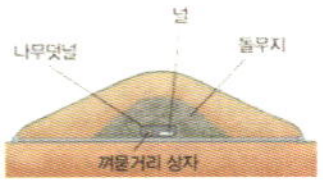

CHAPTER 04 기출문제

01
(가) 국가에 대한 설명으로 옳은 것을 〈보기〉에서 고른 것은? 53회 심화 08

<한국사 온라인 강좌>

우리 연구소에서는 (가) 의 역사적 의미를 조명하기 위해 온라인 강좌를 마련하였습니다. 관심 있는 분들의 많은 참여 바랍니다.

■ 강좌 주제 ■

제1강 일본에 보낸 외교 문서에 나타난 역사의식
제2강 정혜 공주 무덤의 구조로 알 수 있는 고분 양식
제3강 장문휴의 등주 공격을 통해 본 대외 인식
제4강 인안, 대흥 연호 사용에 반영된 천하관

■ 일시 : 2021년 6월 매주 목요일 19:00~21:00
■ 방식 : 화상 회의 플랫폼 활용
■ 주관 : △△연구소

| 보기 |
ㄱ. 철전인 건원중보를 발행하였다.
ㄴ. 솔빈부의 말이 특산물로 거래되었다.
ㄷ. 지방관을 감찰하고자 외사정을 파견하였다.
ㄹ. 거란도, 영주도 등을 통해 주변국과 교류하였다.

① ㄱ, ㄴ ② ㄱ, ㄷ ③ ㄴ, ㄷ ④ ㄴ, ㄹ ⑤ ㄷ, ㄹ

02
(가) 국가의 경제 상황으로 옳은 것은? 49회 심화 06

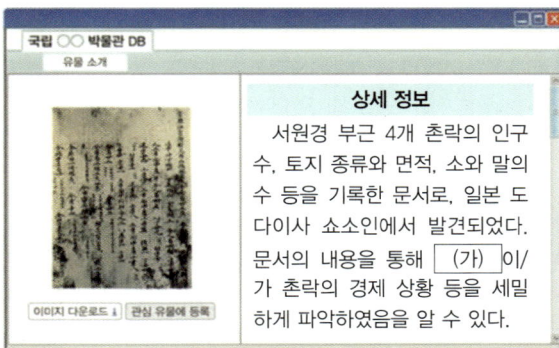

국립 ○○ 박물관 DB
유물 소개

상세 정보
서원경 부근 4개 촌락의 인구 수, 토지 종류와 면적, 소와 말의 수 등을 기록한 문서로, 일본 도다이사 쇼소인에서 발견되었다. 문서의 내용을 통해 (가) 이/가 촌락의 경제 상황 등을 세밀하게 파악하였음을 알 수 있다.

① 은병이 화폐로 제작되었다.
② 집집마다 부경이라는 창고가 있었다.
③ 목화, 담배 등이 상품 작물로 재배되었다.
④ 울산항, 당항성이 무역항으로 번성하였다.
⑤ 현직 관리를 대상으로 직전법이 실시되었다.

---

1) (가) 국가? _____

2) ㄱ 관련 국가? _____ ㄴ 관련 국가? _____
   ㄷ 관련 국가? _____ ㄹ 관련 국가? _____

1) (가) 국가? _____

2) ① 관련 국가? _____ ② 관련 국가? _____
   ③ 관련 국가? _____ ④ 관련 국가? _____
   ⑤ 관련 국가? _____

📢 ANSWER

01 ④
(가) 국가는 발해이다. 발해는 일본에 보낸 국서에 고려 또는 고려국왕이라는 명칭을 사용한 사실 등으로 보아 고구려를 계승한 국가임을 알 수 있다. 발해는 목축이 발달하여 ㄴ 말이 주요한 수출품이었고 솔빈부의 말이 특산물로 거래되었다. 또한 ㄹ 상경을 중심으로 거란도, 영주도, 신라도 등의 교통망을 이용해 주변의 여러 나라와 활발한 교류를 하였다.
[오답] ㄱ 고려 성종 시기 최초의 화폐인 건원중보를 만들었다. ㄷ 통일신라는 지방관을 감찰하기 위해 외사정을 파견하였다.

02 ④
(가) 국가는 통일신라이다. 통일신라는 촌락마다 토지 크기, 인구 등을 파악하는 민정문서를 3년마다 만들어 경제 상황을 세밀하게 파악하였다. 또한 통일신라 때에 ④ 울산항, 당항성이 무역항으로 번성하여 무역이 활발히 이루어졌다.
[오답] ① 고려는 활구라는 은병을 화폐로 유통하였다. ② 고구려 ③ 조선 후기 ⑤ 조선 세조

기출문제

03

(가) 국가에 대한 설명으로 옳은 것은? 47회 심화 06

> **(가) 의 무왕이 일본에 보낸 국서**
> 속일본기에 " (가) 의 왕 대무예가 고인의(高仁義) 등을 보내어 국서와 선물을 보냈다."라고 기록되어 있다.
> …… 고인의, 덕주, 사나루 등 24명에게 서신을 가지고 가도록 하였고, 아울러 담비 가죽 300장을 정중히 보냅니다. 때때로 소식을 보내어 우의를 두텁게 하고자 합니다.
> - 『해동역사』 -

① 지방의 22담로에 왕족을 파견하였다.
② 교육 기관으로 태학과 경당을 두었다.
③ 골품에 따라 관등 승진에 제한이 있었다.
④ 화백 회의에서 국가의 중대사를 논의하였다.
⑤ 거란도, 영주도 등을 통해 주변 국가와 교류하였다.

1)
(가) 국가? _____

2)
① 관련 국가? _____   ② 관련 국가? _____
③ 관련 국가? _____   ④ 관련 국가? _____
⑤ 관련 국가? _____

04

(가) 왕의 재위 기간에 있었던 사실로 옳은 것은? 53회 심화 04

> 백제 제25대 왕인 (가) 의 무덤 발굴 50주년을 기념하는 행사가 공주시에서 열립니다. (가) 은/는 백가의 난을 평정하고 22담로에 왕족을 파견하였습니다. 그의 무덤은 피장자와 축조 연대가 확인된 유일한 백제 왕릉입니다.

① 익산에 미륵사를 창건하였다.
② 중국 남조의 양과 교류하였다.
③ 고흥에게 서기를 편찬하게 하였다.
④ 마라난타를 통해 불교를 수용하였다.
⑤ 사비로 천도하고 행정 조직을 재정비하였다.

1)
(왕) 국왕? _____

2)
① 관련 국왕? _____   ② 관련 국왕? _____
③ 관련 국왕? _____   ④ 관련 국왕? _____
⑤ 관련 국왕? _____

📢 ANSWER

03 ⑤
(가) 국가는 발해이다. 발해의 무왕 시기 일본과 처음으로 국교를 맺었으며, ⑤ 일본 뿐만 아니라 거란도, 영주도, 신라도 등의 교통망을 통해 주변 여러 국가와 활발히 교류하였다.
[오답] ① 백제 무령왕 ② 고구려 ③ 신라 ④ 신라

04 ②
(가) 왕은 백제의 무령왕이다. 무령왕은 지방의 22담로에 왕족을 파견하여 지방 통제를 강화하였고, 그의 무덤인 무령왕릉을 통해 ② 중국 남조 양나라와 교류하였음을 알 수 있다.
[오답] ① 무왕 ③ 근초고왕 ④ 침류왕 ⑤ 성왕은 수도를 사비로 옮기고 국호를 남부여로 고쳤다. 중앙에 22개의 실무 관청을 두고 수도 5부, 지방 5방을 두어 행정 조직을 재정비하였다.

05

밑줄 그은 '이 인물'에 대한 설명으로 옳은 것은?

52회 심화 08

이곳은 중국 양저우에 있는 이 인물의 기념관입니다. 그는 당에 유학하여 빈공과에 급제하였고, 황소의 난이 일어나자 '격황소서(檄黃巢書)'를 지어 이름을 떨쳤습니다. 또한 당에서 쓴 글을 모은 계원필경을 남겼습니다.

① 당으로 건너가 군사 동맹을 체결하였다.
② 진성여왕에게 시무책 10여 조를 올렸다.
③ 외교 문서 작성에 능하여 청방인문표를 지었다.
④ 진골 귀족 출신으로 화랑세기, 고승전 등을 지었다.
⑤ 한자의 음훈을 빌려 우리말을 표기한 이두를 정리하였다.

06

(가)에 해당하는 문화유산으로 옳은 것은?

51회 심화 09

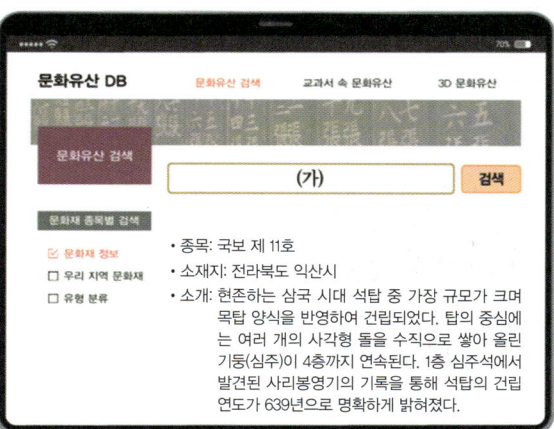

- 종목: 국보 제 11호
- 소재지: 전라북도 익산시
- 소개: 현존하는 삼국 시대 석탑 중 가장 규모가 크며 목탑 양식을 반영하여 건립되었다. 탑의 중심에는 여러 개의 사각형 돌을 수직으로 쌓아 올린 기둥(심주)이 4층까지 연속된다. 1층 심주석에서 발견된 사리봉영기의 기록을 통해 석탑의 건립 연도가 639년으로 명확하게 밝혀졌다.

①  ②  ③

④  ⑤

1)
이 인물? _____

2)
① 관련 인물? _____ ② 관련 인물? _____
③ 관련 인물? _____ ④ 관련 인물? _____
⑤ 관련 인물? _____

1)
① _____ (국가)의 _____ (탑)
② _____ (국가)의 _____ (탑)
③ _____ (국가)의 _____ (탑)
④ _____ (국가)의 _____ (탑)
⑤ _____ (국가)의 _____ (탑)

ANSWER

05 ②
위 인물은 최치원이다. 최치원은 당의 빈공과에 급제하고 '토황소격문' 등을 써 이름을 알렸다. 귀국 후 ② 진성여왕에게 개혁안 시무 10조를 건의하였으나 받아들여지지 않았다.
[오답] ① 김춘추는 나당동맹을 체결하였다. ③ 강수는 외교 문서 작성에 능하여 당에 잡혀있던 김인문을 석방해 줄 것을 청한 '청방인문표'를 작성하였다. ④ 김대문은 화랑들의 전기인 「화랑세기」와 유명한 승려의 전기를 모은 「고승전」 등을 지었다. ⑤ 설총은 이두를 정리하여 한문 교육 보급에 이바지하였다.

06 ③
③ 전라북도 익산에 소재한 미륵사지 석탑은 삼국시대 석탑 중 가장 규모가 크며, 백제 무왕 때 건립되었다.
[오답] ① 백제, 부여 정림사지 5층 석탑 ② 통일신라, 경주 불국사 다보탑 ④ 발해, 영광탑 ⑤ 고려, 익산 왕궁리 5층 석탑

04 기출문제

07
인물에 대한 설명으로 옳은 것은?   38회 고급 04번

불교 인물 카드

- 생몰 : 617년 ~ 686년
- 가계 : 부(父) 담날, 자(子) 설총
- 주요 활동
  - 무애가를 지어 불교 대중화에 기여함.
  - 모든 진리는 한마음에서 나온다는 일심 사상을 주장함.

① 대승기신론소, 십문화쟁론을 저술하였다.
② 화랑도의 규범으로 세속 5계를 제시하였다.
③ 화엄일승법계도를 지어 화엄종을 정리하였다.
④ 인도와 중앙아시아를 여행하고 왕오천축국전을 지었다.
⑤ 당에서 귀국하여 황룡사 9층 목탑의 건립을 건의하였다.

1)
(가) 인물? _____

2)
① 관련 인물? _____   ② 관련 인물? _____
③ 관련 인물? _____   ④ 관련 인물? _____
⑤ 관련 인물? _____

08
(가) 국가에 대한 설명으로 옳지 <u>않은</u> 것은?   34회 고급 12

특별전

문화유산을 통해 본 (가)

우리 학교 역사 동아리에서 (가) 의 문화유산 사진들을 모아 특별전을 마련하였습니다. 관심 있는 학생들의 많은 관람 바랍니다.

① 전성기에 해동성국이라고도 불렸다.
② 중앙 6부의 명칭을 유교식으로 정하였다.
③ 인안, 대흥 등의 독자적 연호를 사용하였다.
④ 5경 15부 62주의 지방 행정 제도를 갖추었다.
⑤ 지방관을 감찰하기 위하여 외사정을 두었다.

1)
(가) 국가? _____

2)
틀린 것은 ___번이며, 이는 _____(국가)에 대한 설명이다.

ANSWER

07 ①
원효는 일심사상, 화쟁사상을 주장하였고 아미타 신앙 등을 통해 불교의 대중화에 앞장선 인물이다. ① 그는 대승기신론소, 십문화쟁론 등을 저술하였다.
[오답] ② 원광은 화랑도의 규범으로 세속 5계를 제시하였다. ③ 의상은 화엄종을 개창하였으며, 화엄일승법계도를 지었다. ④ 혜초는 인도와 중앙아시아를 여행하고 왕오천축국전을 지었다. ⑤ 자장은 선덕여왕에게 황룡사 9층 목탑의 건립을 건의하였다.

08 ⑤
제시된 영광탑, 정혜공주 묘 앞 돌사자 상, 치미 등을 통해 (가) 국가가 발해임을 알 수 있다. 발해는 '인안', '대흥' 등의 독자적인 연호를 사용하였으며, 당의 제도를 수용하여 3성 6부제를 완비하였으나 그 운영과 명칭에 있어서 독자적이었다. 또한 선왕 시기에는 전성기를 맞이하여 중국으로부터 해동성국이라 불리었으며 지방 행정 제도를 5경 15부 62주로 나누었다.
[오답] ⑤ 통일신라에 대한 설명이다. 발해는 관리 감찰 기구로 중정대를 두었다.

한지우
한국사능력검정시험 <심화>
개념완성

고려 귀족 사회의 형성과 변천

01 고려의 성립과 통치 체제 정비
02 고려 전기의 대외관계
03 고려 후기의 대외관계
04 고려의 경제·사회·문화

CHAPTER 01 고려의 성립과 통치 체제 정비

01 고려의 개요

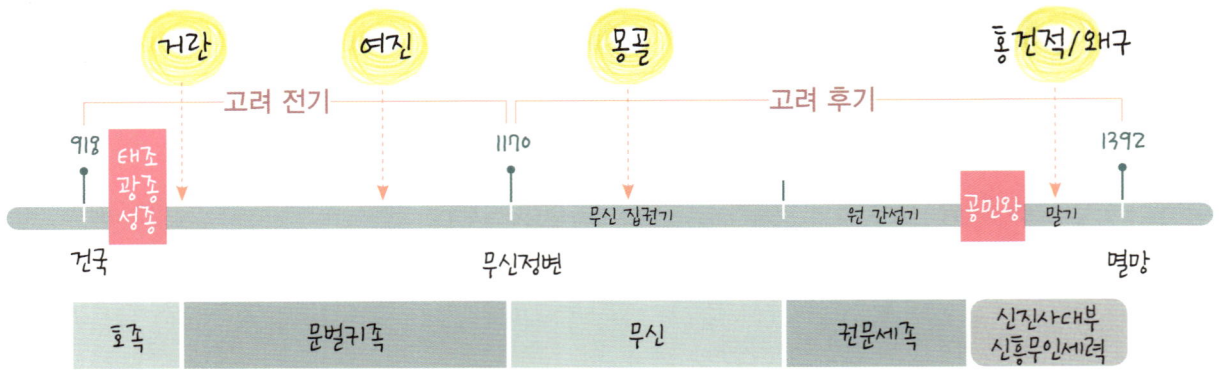

02 고려의 성립

(1) 고려의 건국

① 왕건의 성장
- 궁예의 신하가 되어 후백제의 금성(나주) 점령 등에 공을 세움
- 궁예가 폭정으로 축출 당하고, 신하들이 왕건을 왕으로 추대

② 고려 건국(918)
- 국호 '고려', 연호 '천수', 철원에서 송악(개성)으로 천도
- 신라에 우호적, 후백제와 대결

③ 후삼국 통일 과정
- 고려 건국(918)
- 발해 멸망(926) → 발해 유민 수용
- 공산 전투(927) : 왕건이 대구 팔공산으로 진군 but 견훤의 군대에 포위 → 가까스로 탈출 → 왕건 패배
- 고창 전투(930) : 견훤이 고창(경북 안동)을 포위 → 왕건 vs 견훤 정면 대결 → 왕건 승리
- 견훤 귀순(935) : 신검(견훤의 장남)이 견훤을 금산사에 유폐
- 신라 항복(935) : 신라 경순왕이 귀순
- 일리천 전투(936) : 왕건 vs 후백제(신검) → 왕건 승리
- 후삼국 통일(936)

03 고려 초기의 국왕

(1) 태조 왕건

① 민생 안정 : '취민유도' → 조세 부담 완화(1/10세), 흑창 설치
② 호족 통합 : 혼인 정책, 사성 정책(왕씨 성(姓) 하사), 역분전 지급

③ **호족 견제** : 사심관 제도, 기인 제도
④ 북진 정책 : **서경 중시**, 거란 적대시(만부교 사건), 영토 확장(청천강 ~ 영흥만)
⑤ 기타
- 「**훈요 10조**」: 후대 왕들에게 남긴 유언
- 「정계」, 「계백료서」: 신하들에게 남긴 예절에 관한 책
- 불교 행사 장려 : 연등회 · 팔관회 개최

(2) 정종
① 광군사 설치 : 거란 침입을 대비하기 위함, 광군 30만 조직

(3) 광종
① 칭제 건원, '광덕' · '준풍' 등의 연호 사용, 개경을 '황도'라 칭함
② **노비안검법** : 호족의 경제 · 군사력 약화, 국가 재정 확충
③ **과거제** : 쌍기의 건의를 받아들여 과거제 도입
④ 공복 제정 : 4색 공복 제정(자/단/비/녹)
⑤ 주현공부법 : 주현 단위로 조세와 공물의 액수 정해 징수, 지방에 대한 세금 징수, 국가 재정 확보

(4) 경종
① 시정 전시과 제정 : 전 · 현직 관리에게 토지에 대한 수조권 지급, 관품(4색 공복)과 인품 고려

(5) 성종
① **최승로의 「시무28조」 수용** : 유교 정치 이념 채택, 지방관 파견 건의, 연등회 · 팔관회 축소 건의
② 중앙 관제 : 2성 6부제 마련
③ 지방 제도 : **12목 설치**(지방관 파견), 향리제 마련
④ 유학 교육 : 국자감 정비, 향교 설치, 지방에 경학박사 파견, 과거 제도 정비
⑤ 거란의 1차 침입 : 서희의 외교 담판으로 강동 6주 획득
⑥ 기타
- 민생 안정 : 의창(빈민 구제), 상평창(물가 조절, 개경 · 서경 · 12목) 설치
- 화폐 발행 : 건원중보 주조

(6) 목종
① 개정 전시과 : 전 · 현직 관리에게 18등급에 따라 지급
② 강조의 정변 : 강조가 목종을 시해하고 일으킨 정변, 이를 구실로 거란의 2차 침입 발발

(7) 현종
① 지방 제도 정비 : 5도 양계의 지방제도 정립
② 거란의 침입
- 2차 침입 : 개경 함락, 현종의 나주 피난
- 3차 침입 : 강감찬의 귀주 대첩으로 승리
- 초조대장경 간행, 왕조실록 소실 → 7대 실록 편찬 시작(덕종 때 완성)

CHAPTER 01 고려의 성립과 통치 체제 정비

(8) 덕종

① 7대 실록 완성
② 압록강에서 도련포까지 천리장성 축조(덕종~정종)

(9) 문종

① 경정 전시과 : 현직 관리에게만 18등급에 따라 지급
② 불교 신봉 : 흥왕사 건립
③ 유학 장려 : 최충의 문헌공도 등 사학 12도 진흥

여기서 잠깐

1. 태조는 백성을 위한 구휼제도로 _____을/를 실시하였다.
2. 고려시대의 과거 제도의 종류에는 _____과, _____과, _____과가 있었다.
3. 성종은 호족세력을 누르고 왕권 강화를 위하여 노비안검법을 실시하였다. (   )
4. _____은/는 중앙의 고위 관직에 진출한 지방 세력을 출신 지역의 부호장 이하 관직 임명 및 치안을 담당하도록 한 제도이다.
5. _____(제도)은/는 지방 호족의 자제를 수도에 머물게 하여 출신 지역의 일에 대해 자문하게 한 제도로, 호족 세력을 통제하는데 활용되었다.
6. 광종은 _____(제도)을/를 실시하여 공신의 경제, 군사 기반을 약화 시켰다.

정답 1. 흑창 2. 문 / 승 / 잡 3. × 4. 사심관 제도 5. 기인제도 6. 노비안검법

🌸 빈출 선지 체크

1. 전국에 12목을 설치하고 관리를 파견하였다. (국왕)
2. 왕권을 강화하기 위해 노비안검법을 실시하였다. (국왕)
3. 거란 침입에 대비해 개경에 나성을 축조하였다. (국왕)
4. 쌍기의 건의를 받아들여 과거제를 실시하였다. (국왕)
5. 정계와 계백료서를 지어 관리의 규범을 제시하였다. (국왕)
6. 최승로의 시무 28조를 받아들여 통치 체제를 정비하였다. (국왕)
7. 광군을 조직하여 침입에 대비하였다. (국왕)
8. 평양을 서경으로 삼아 중시하였다. (국왕)
9. 일리천 전투에서 신검에게 승리하였다. (국왕)

정답 1. 성종 2. 광종 3. 현종 4. 광종 5. 태조 왕건 6. 성종 7. 정종 8. 태조 왕건 9. 태조 왕건

CHAPTER 01 고려의 성립과 통치 체제 정비

사료 확인

1. _____ (국왕)의

1. 우리 국가의 왕업은 반드시 모든 부처의 도움을 받아야 한다. 사원을 짓고 주지를 파견하여 불도를 닦게 하되, 후세에 간신이 승려들의 청탁을 받아 각 사원을 서로 다투어 빼앗는 일이 없도록 해야 한다.
4. 중국 제도와 풍속을 배워야 하지만 반드시 똑같이 할 필요가 없다. 거란은 짐승과 같은 나라이니 본받지 마라.
5. 나는 삼한 산천 신령의 도움을 받아 왕업을 이루었다. 서경은 수덕(水德)이 순조로워 우리나라 지맥의 근본이 되니 만대 왕업의 땅이다. 1년에 100일 이상 머물러 왕실의 안녕을 이루어야 할 것이다.
7. 임금이 백성의 신망을 얻는 것은 가장 어려운 일이다. 백성에게 일을 시키되 시기를 가리고, 부역을 가볍게 하며 조세를 적게 해야 할 것이다.

- 『고려사』 -

2. 태조의 호족 통합 및 견제 정책

_____ : 태조 왕건은 부인 29명을 두었는데, 황해도와 경기도 출신이 12명이고, 그 밖에는 경상도, 충청도, 전라도 지역에 고루 퍼져 있었다.

_____ : 왕순식은 명주 사람으로 …… 자제와 더불어 무리를 거느리고 와서 협력할 뜻을 보이니, 태조가 왕씨 성을 하사하고 대광 벼슬을 내렸다.

_____ : 건국 초에 향리의 자제를 뽑아 서울에 볼모로 삼고, 출신지의 일에 대한 자문에 대비하게 하였다.

_____ : 김부로 하여금 경주의 사심이 되어 부호장 이하의 임명을 맡게 하였다. 이에 여러 공신이 이를 본받아 각기 출신 지역의 사심이 되었다.

- 『고려사』 -

고려의 발해 유민 수용

발해국 세자 대광현이 무리 수만명을 데리고 와서 귀화하였다. 그에게 '왕계(王繼)'라는 성명을 주어 왕실 족보에 등록하고 …… 자기 조상의 제사를 받들게 하였다.

견훤의 귀순

견훤이 막내아들 능예, 딸 애복, 애첩 고비 등을 데리고 나주로 달려와서 고려에 들어가기를 청하였다. (태조가) 장군 유금필 …… 등을 시켜 전함 40여 척을 가지고 바닷길로 가서 견훤을 맞이하게 하였다. 견훤이 들어오자 (태조는) 다시 그를 상부(尙父: 아버지처럼 높인다는 뜻)라고 불렀으며, 남쪽 궁궐을 주고 지위는 모든 관리의 위에 있게 하고 양주를 식읍으로 주었다. 또한, 금과 은을 주고 노비 40명과 10필의 말을 주었다.

- 『고려사』 -

3. _____ (국가) 배척 - _____ (국왕)의 _____ (사건)

거란에서 사신을 보내어 낙타 50필을 가져왔다. 그러나 왕은 "거란이 예전부터 발해와 화목하게 지내다가 문득 다른 생각을 내 맹약을 돌아보지 않고 하루아침에 멸망시켰으니 무도함이 심하다. 그러니 멀리 화친을 맺어 이웃으로 삼을 만하지 못하다."라고 하고, 그 교빙을 끊었으며, 그 사자 30명을 섬으로 귀양보내고, 낙타는 만부교 밑에 매어 굶어 죽게 하였다.

- 『고려사』 -

4. _____ (인물)의 _____

제7조 태조께서 나라를 통일한 후에 군현에 외관을 두고자 하였으나 …… 시행할 겨를이 없었습니다. …… 청컨대 외관을 두소서.

제11조 사방의 습속은 각기 토질에 따라 다르므로 …… 예악, 시서의 가르침과 군신, 부자의 도리는 중국을 본받아야겠지만 …… 구태여 모든 것을 중국과 같게 할 필요는 없습니다.

제13조 우리나라에서는 봄에는 연등을 설치하고, 겨울에는 팔관을 베풀어 …… 노역이 심히 번다하오니, 원컨대 이를 감하여 백성이 힘을 펴게 하소서.

제20조 불교를 행하는 것은 수신의 근본이요, 유교를 행하는 것은 치국의 근원입니다. 수신은 내생의 복을 구하는 것이며, 치국은 금일의 중요한 업무입니다.

5. _____ (국왕)의 _____

노비를 조사하여 시비를 살펴 분별하도록 명하자, 이때에 공신들이 원망하지 않는 사람이 없었지만 간언하는 사람이 없었습니다. 대목 왕후께서 간절히 간언하였지만 왕은 듣지 않았습니다.

― 『고려사』 ―

6. _____ (국왕)의 _____

삼국 이전에는 과거법이 없었다. 고려 태조가 처음으로 학교를 세웠으나 과거로 인재를 뽑는 데까지는 이르지 못하였다. 광종이 쌍기의 의견을 받아들여 과거로 인재를 뽑게 하였다. 이때부터 문풍이 일어났고 그 법은 대체로 당 제도를 따른 것이다.

― 『고려사』 ―

▶ 시험을 통해 관리를 선발하는 고려의 이 제도는, 골품제를 바탕으로 사회를 운영하던 신라에 비해, 고려는 개인의 _____ 을 중시한 사회였음을 보여준다.

정답 1. 태조 / 훈요 10조   2. 혼인정책 / 사성정책 / 기인제도 / 사심관제도   3. 거란 / 태조 / 만부교
      4. 최승로 / 시무 28조   5. 광종 / 노비안검법   6. 광종 / 과거제 / 능력

CHAPTER 01 고려의 성립과 통치 체제 정비

04 고려의 통치 체제 정비

(1) 중앙 정치 조직 : 2성 6부제(당 + 송 + 고려의 독자성)

　① 2성 6부
　　• 중서문하성 : 문하시중이 국정 총괄, 재신(정책 심의)과 낭사(정치의 잘못 비판)로 구성
　　• 상서성 : 정책 집행, 6부 관리
　② 중추원 : 추밀(군사 기밀)과 승선(왕명 출납)으로 구성
　③ 삼사 : 화폐 · 곡식 출납, 회계 업무
　④ 어사대 : 관리의 비리 감찰
　⑤ 귀족 합의 기구 : 고려만의 독자적인 기구
　　• **도병마사** : 국방 문제 담당 → 후기 도평의사사(도당)로 개편
　　• **식목도감** : 법, 시행 규정 제정

※ 대간 : 낭사(중서문하성) + 어사대
　: 서경, 간쟁, 봉박의 권한

※ 재신(중서문하성), 추밀(중추원)로 구성

(2) 지방 행정 조직 : **5도 양계**, 3경, 4도호부, 8목

　① 5도 : 일반 행정 구역, 안찰사 파견
　　• 주 · 군 · 현 설치
　　• 특수 행정 구역(향 · 부곡 · 소) : 지방관 파견 X, 주현을 통해 간접적 지배
　　• 주현(지방관 파견), 속현(지방관 파견X, 향리 막강), 주현보다 속현의 수가 더 많음
　② 양계 : 군사 행정 구역, 병마사 파견
　　• 국방상 요충지에 진 설치
　③ 3경 : 개경, 서경(평양), 동경(경주) → 이후 남경(서울)

(3) 군사 제도

　① 중앙군 : 직업 군인, 복무에 대한 대가로 군인전 지급, 역을 자손에게 세습, 전공을 세워 무신으로 신분 상승 가능
　　• 2군 : 국왕 친위부대(응양군, 용호군)
　　• 6위 : 수도 경비와 국경 방어
　② 지방군 : 16세 이상 60세 미만의 양인 장정으로 구성
　　• 주현군 : 5도의 일반 군현에 주둔, 평상시 농업에 종사, 예비군
　　• 주진군 : 양계에서 북방 민족의 침입에 대비해 국경을 지킴, 상비군

(4) 관리 등용 제도

　① 과거 : 양인 이상 응시 가능
　　• 문과 : 제술과(문학적 재능과 정책 시험), 명경과(유교 경전에 대한 이해 능력 시험), 대부분 귀족이나 향리 자제 응시
　　• 잡과 : 기술관 선발, 일반 백성도 응시
　　• 승과
　　• 과거를 주관하는 지공거(좌주)와 합격자(문생)사이에 정치적 관계가 형성
　② 음서 : 공신이나 5품 이상의 고위 관료의 자손, 과거를 거치지 않고 관직 진출

사료 확인

고려의 후삼국 통일

고려의 중앙 정치 제도
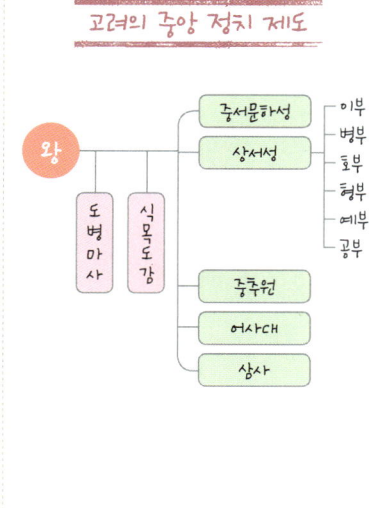

고려의 지방 행정 제도

여기서 잠깐

1. 중서문하성의 _____ 와/과 중추원의 _____ 은/는 고려의 독자적인 기구인 _____, _____ 에서 모여 회의한다.

2. 중서문하성의 _____ 와/과 _____ 의 관원은 대간이라 불리며 _____, _____, _____ 의 권한을 가졌다.

3. 고려시대에는 지방 통치를 위해 일반 행정 단위인 _____ 와/과 군사 행정 단위인 _____ 을/를 설치하였다.

정답 1. 재신 / 추밀 / 도병마사 / 식목도감 2. 낭사 / 어사대 / 서경·간쟁·봉박 3. 5도 / 양계

CHAPTER 01 고려의 성립과 통치 체제 정비

빈출 선지 체크

1. 원 간섭기에 도평의사사로 명칭이 바뀌었다. (기구)
2. 소속 관원이 낭사와 함께 서경권을 행사하였다. (기구)
3. 국정을 총괄하는 중앙 관서였다. (기구)
4. 중앙군을 2군 6위로 조직하였다. (국가)
5. 지방관으로 안찰사를 파견하였다. (국가)

정답 1. 도병마사   2. 어사대   3. 중서문하성   4. 고려   5. 고려

CHAPTER 01 기출문제

01

(가) 인물의 활동으로 옳은 것은? 32회 고급 10

> ___(가)___ 은/는 신라 사람으로 성은 김씨이고, 아버지는 제47대 헌안왕 의정이며 어머니는 헌안왕의 후궁이었는데, 그 성과 이름은 전하지 않는다. … 일관(日官)이 아뢰기를, "이 아이는 중오일(重午日)에 출생하였고 나면서 이빨이 나고, 또한 이상한 빛이 있었으니 장차 국가에 이롭지 못할 것이므로 마땅히 이 아이를 키우지 마십시오."라고 하였다. 왕이 궁중의 사람을 시켜 그 집에 가서 죽이게 하였다. 그 사람이 포대기에서 아이를 꺼내 누각 아래로 던졌는데 유모가 몰래 받다가 실수하여 손가락으로 눈을 찔러 한 쪽 눈이 멀었다. … 머리를 깎고 중이 되어 스스로 선종(善宗)이라 불렀다.
> – 『삼국사기』 –

① 웅천주를 기반으로 반란을 일으켰다.
② 훈요 10조에서 불교 숭상을 강조하였다.
③ 완산주를 도읍으로 후백제를 건국하였다.
④ 신라의 수도를 습격하여 경애왕을 죽게 하였다.
⑤ 국호를 마진으로 바꾸고 철원으로 도읍을 옮겼다.

1) (가) 인물? _____

2)
① 관련 인물? _____ ② 관련 인물? _____
③ 관련 인물? _____ ④ 관련 인물? _____
⑤ 관련 인물? _____

02

밑줄 그은 '왕'의 업적으로 옳은 것은? 41회 고급 12

> 왕이 교서를 내려 말하기를, "… 이제 경서에 통달하고 책을 두루 읽은 선비와 온고지신하는 무리를 가려서, 12목에 각각 경학박사 1명과 의학박사 1명을 뽑아 보낼 것이다. … 여러 주·군·현의 장리(長吏)와 백성 가운데 가르치고 배울만한 재주 있는 아이를 둔 자들은 이에 응해 마땅히 선생으로부터 열심히 수업을 받도록 훈계해야 한다."라고 하였다.
> – 『고려사』 –

① 관학 진흥을 위해 양현고를 설치하였다.
② 노비안검법을 실시하여 왕권을 강화하였다.
③ 권문세족을 견제하기 위해 전민변정도감을 설치하였다.
④ 최승로의 시무 28조를 받아들여 통치 체제를 정비하였다.
⑤ 정계와 계백료서를 지어 관리가 지켜야 할 규범을 제시하였다.

1) 위 국왕? _____

2)
① 관련 국왕? _____ ② 관련 국왕? _____
③ 관련 국왕? _____ ④ 관련 국왕? _____
⑤ 관련 국왕? _____

ANSWER

01. ⑤
(가)는 궁예이다. 신라 왕족 출신인 궁예는 송악(개성)에 도읍을 정하고 후고구려를 세웠으나 장차 국호를 마진, 태봉으로 바꾸고 수도를 철원으로 옮겼다.
[오답] ① 신라 하대 김헌창 ② 태조 왕건 ③ 견훤 ④ 견훤

02. ④
고려 성종은 최승로의 시무 28조를 수용하여 통치 체제를 정비하였다. 그는 ③ 지방 12목에 경학박사와 의학박사를 파견하여 유학 교육의 진흥에 노력하였다.
[오답] ① 예종 ② 광종 ③ 공민왕 ⑤ 태조 왕건
[순서 나열] ⑤-②-④-①-③

01 기출문제

03
다음 상황 이후에 전개된 사실로 옳은 것은? 58회 심화 09

> 왕이 구원을 요청하자, 태조는 장수에게 명하여 정예 병사 1만 명을 보내 구원하게 하였다. 견훤은 구원병이 아직 도착하지 않은 것을 알고, 겨울 11월에 갑자기 왕경(王京)에 침입하였다. 왕은 비빈, 종실 친척들과 포석정에 가서 연희를 즐기느라 적병이 이르는 것도 깨닫지 못하였다.

① 김흠돌이 반란을 도모하였다.
② 장문휴가 당의 등주를 공격하였다.
③ 궁예가 국호를 태봉으로 바꾸었다.
④ 원종과 애노가 사벌주에서 반란을 일으켰다.
⑤ 경순왕 김부가 경주의 사심관으로 임명되었다.

04
(가), (나) 사이의 시기에 있었던 사실로 옳은 것은? 48회 심화 10

> (가) 태조는 정예 기병 5천을 거느리고 공산(公山) 아래에서 견훤을 맞아서 크게 싸웠다. 태조의 장수 김락과 신숭겸은 모두 죽고 모든 군사가 패배했으며, 태조는 겨우 죽음을 면하였다.
> — 『삼국유사』 —
>
> (나) [태조를] 신검의 군대가 막아서자 일리천(一利川)을 사이에 두고 대치하였다. 태조가 견훤과 함께 병사들을 사열한 후 … 신검이 양검, 용검 및 문무 관료들과 함께 항복하여 오니, 태조가 그를 위로하였다.
> — 『고려사절요』 —

① 최승로가 시무 28조를 건의하였다.
② 경순왕 김부가 경주의 사심관이 되었다.
③ 대공이 난을 일으키자 귀족들이 동참하였다.
④ 궁예가 국호를 마진에서 태봉으로 바꾸었다.
⑤ 쌍기의 건의를 받아들여 과거제가 시작되었다.

---

1)
① 관련 시기? _____ (국가) _____ (국왕) 시기
② 관련 시기? _____ (국가) _____ (국왕) 시기
④ 관련 시기? _____ (국가) _____ (국왕) 시기
⑤ 관련 시기? _____ (국가) _____ (국왕) 시기

1)
(가) 전투? _____ (나) 전투? _____
2)
① 당시 국왕? _____ ② 당시 국왕? _____
③ 당시 국왕? _____ ④ 당시 국왕? _____
⑤ 당시 국왕? _____

3) 위 ①~⑤를 아래 표에 순서대로 나열하시오.

	(가)		(나)	

📢 ANSWER

03. ⑤
위 상황은 신라의 경애왕이 태조 왕건에게 구원을 요청하였던 내용이다. 하지만 태조가 도착하기 전에 경애왕은 견훤에 의해 살해당하게 된다. ⑤ 이후 후삼국 통일 과정에서 신라의 마지막 왕인 경순왕 김부가 태조에게 항복하며 경주의 사심관으로 임명되었다.
[오답] ① 신라 중대 신문왕 시기, 장인어른인 김흠돌이 반역을 꾀하다 죽임당하였다. ② 발해 무왕 시기 장문휴를 보내 당의 산둥지방을 공격하였다. ③ 후고구려를 세운 궁예는 수도를 철원으로 옮기고 국호를 마진, 태봉으로 바꾸었다. ④ 신라 하대 진성여왕 시기에 원종과 애노가 사벌주에서 반란을 일으켰다.

04. ②
후백제의 견훤이 신라를 공격하자, 신라는 왕건에게 도움을 요청하였다. 왕건은 이 때 공산에서 후백제에 패배하였으나 ((가) 공산 전투, 927), 신라로부터 큰 신뢰를 얻게 되었다. 935년에는 신라 경순왕이 왕건에게 투항하였으며, ② 왕건은 그를 경주의 사심관으로 삼았다. 이후 신검이 이끄는 후백제를 (나) 일리천에서 격파하고(일리천 전투, 936) 후삼국을 통일하였다.
[순서 나열] ③-④-(가)-②-(나)-⑤-①

기출문제

05
(가) 왕의 재위 기간에 있었던 사실로 옳은 것은?

37회 고급 10

이곳은 개성에 있는 [(가)] 의 무덤입니다. 그는 정계와 계백료서를 지어 관리들이 지켜야 할 규범을 제시하고, 후대 왕들이 지켜야 할 정책 방향을 담은 훈요 10조를 남겼다고 합니다.

① 12목에 지방관을 파견하였다.
② 서경을 북진 정책의 전진 기지로 삼았다.
③ 국자감에 7재라는 전문 강좌를 개설하였다.
④ 쌍기의 건의를 받아들여 과거제를 시행하였다.
⑤ 노비안검법을 시행하여 호족과 공신 세력을 견제하였다.

1)
(가) 국왕? _____

2)
① 관련 국왕? _____ ② 관련 국왕? _____
③ 관련 국왕? _____ ④ 관련 국왕? _____
⑤ 관련 국왕? _____

06
(가) 기구에 대한 설명으로 옳은 것은?

48회 심화 14

역사 용어 해설

(가)

1. 개요
고려의 회의 기구로 중서 문하성과 중추원의 고위 관료들이 모여 주로 국방과 군사 문제를 다루었다. 대내적인 법제와 격식을 관장하는 식목도감과 함께 합의제로 운영되었다.

2. 관료 사료
판사(判事)는 시중·평장사·참지정사·정당문학·지문하성사로 임명하였으며, 사(使)는 6추밀 및 직사 3품 이상으로 임명하였다. …… 무릇 국가에 큰일이 이으면 사(使) 이상의 관료가 모여서 의논하였으므로 합좌라는 이름이 있었다.
— 『고려사』 —

① 수도의 치안과 행정을 담당하였다.
② 사헌부, 사간원과 함께 3사로 불렸다.
③ 원 간섭기에 도평의사사로 개편되었다.
④ 화폐와 곡식의 출납 회계를 담당하였다.
⑤ 관리 임명에 대한 서경권을 가지고 있었다.

1)
관련 기구? _____

2)
① 관련 기구? _____ ② 관련 기구? _____
③ 관련 기구? _____ ④ 관련 기구? _____
⑤ 관련 기구? _____

🔊 ANSWER

05. ②
훈요 10조를 남겼다는 내용 등을 통해 (가) 국왕이 태조 왕건임을 알 수 있다. 태조 왕건은 ② 서경을 북진 정책의 전진 기지로 삼아 중시하였다.
[오답] ① 성종 ③ 예종 ④ 광종 ⑤ 광종

06. ③
(가) 기구는 고려의 도병마사이다. 도병마사는 식목도감과 함께 고려의 중대한 문제를 논의하는 회의 기구이다. ③ 도병마사는 원 간섭기 이후 도평의사사로 개칭되었다.
[오답] ① 조선시대 한성부는 서울의 행정과 치안을 담당하였다. ② 홍문관은 사헌부, 사간원과 함께 3사로 불렸다. ④ 고려의 삼사는 화폐와 곡식의 출납에 대한 회계를 담당하였다. ⑤ 어사대의 관원과 중서문하성의 낭사가 함께 대간으로 불렸으며 관리의 임명과 법령의 제정 및 폐지 등에 동의하는 서경권을 가지고 있었다.

기출문제

07

다음 군사 제도를 운영한 국가에 대한 설명으로 옳은 것은?
51회 심화 11

> 목종 5년에 6위의 직원을 마련하여 두었는데, 뒤에 응양군(鷹揚軍)과 용호군(龍虎軍)의 2군을 설치하고, 6위의 위에 있게 하였다. 뒤에 또 중방을 설치하고, 2군·6위의 상장군과 대장군이 모두 회합하게 하였다.

① 중정대를 두어 관리를 감찰하였다.
② 9주 5소경의 지방 제도를 운영하였다.
③ 고관들의 합좌 기구인 도병마사를 설치하였다.
④ 인재를 등용하기 위하여 독서삼품과를 시행하였다.
⑤ 왕족인 부여씨와 8성의 귀족이 지배층을 이루었다.

1)
관련 국가? _____

2)
① 관련 국가? _____   ② 관련 국가? _____
③ 관련 국가? _____   ④ 관련 국가? _____
⑤ 관련 국가? _____

 ANSWER

07. ③
고려의 군사 제도는 중앙군과 지방군으로 구성되었으며, 중앙군은 국왕의 친위 부대인 2군과 국경을 담당하는 6위로 구성되었다. 고려의 독자성을 보여주는 두 회의 기구인 ③ 도병마사는 국방, 군사 등의 국가의 중대한 일을 결정하였으며 식목도감은 법 제정 등을 담당하였다.
[오답] ① 발해는 관리 감찰을 위해 중정대를 두었다. ② 통일신라는 9주 5소경의 지방제도를 운영하였다. ④ 통일신라 원성왕은 독서삼품과를 마련하였다. ⑤ 백제

CHAPTER 02 고려 전기의 대외관계

01 거란과 여진의 침입과 격퇴

(1) 거란의 침입과 격퇴

① 배경 : 고려의 친송 정책 및 북진정책
② 전개
- 1차 침입 (성종) : 소손녕의 침입 → 서희의 외교담판으로 **강동 6주** 획득
- 2차 침입 (현종) : 강조의 정변 구실로 침입 → 개경 함락(현종 나주 피난), 양규의 활약
- 3차 침입 (현종) : 소배압의 침입 → 강감찬의 **귀주 대첩**

③ 결과 : 고려 – 송 – 거란(요)의 세력 균형, 나성 축조, **천리장성**(압록강~도련포) 축조, 『7대 실록』 편찬, 초조대장경 조판

(2) 여진 정벌과 동북 9성 축조

① 배경 : 여진, 부족 통합 → 고려와 충돌
② 전개
- 여진 정벌을 위해 윤관의 **별무반** 편성(숙종)
- 여진 격퇴 후 동북 **9성 축조**(예종) → 이후 반환

③ 결과 : 금 건국 → 고려에 군신 관계 요구 → 이자겸 일파의 수용(인종)

02 문벌 귀족 사회의 형성과 동요

(1) 문벌귀족

① 형성
- 성종 이후 중앙 집권적인 국가 체제가 확립됨에 따라 중앙에서 새로운 지배층 형성
- 지방 호족 출신으로 중앙 관료가 된 계열, 신라 6두품 계통의 유학자
② 특징
- 여러 세대에 걸쳐 고위 관리를 배출한 가문
- 왕실과의 중첩된 혼인관계, **음서**(정치적)와 **공음전**(경제적)의 혜택
③ 대표 가문 : 경원 이씨(이자겸), 파평 윤씨(윤관), 해주 최씨(최충), 경주 김씨(김부식) 등

(2) 이자겸의 난(1126)

① 배경 : 경원 이씨의 권력 장악(문종~예종) → 인종 즉위 후 이자겸 실권 장악
② 전개 : 인종의 이자겸 제거 시도 → 이자겸 · 척준경의 난 → 이자겸 · 척준경 축출
③ 결과 : 중앙 지배층 사이의 분열을 드러냄으로써 문벌 귀족 사회의 붕괴를 촉진

CHAPTER 02 고려 전기의 대외관계

(3) **묘청의 난(1135)**

① 배경 : 인종의 정치 개혁 시도(with 서경파)

② 과정
- 묘청의 서경천도 주장
- 서경의 명당인 임원역에 대화궁을 건립하고, 서경 천도, 칭제 건원 및 금국 정벌 주장 → 보수파(김부식)와 개혁파(묘청, 정지상) 대립
- 인종의 서경천도 계획 단념
- 묘청의 난 : 국호 '대위', 연호 '천개', '천견충의군' → 김부식에 의해 진압

③ 의의 : 신채호의 평가 '조선 역사상 1,000년래 제일 대사건'

여기서 잠깐

1. 윤관은 별무반을 편성하여 거란을 격퇴하였다. (　)
2. 묘청의 서경 천도가 실패한 후 이자겸이 난을 일으켰다. (　)

정답 1. × 2. ×

빈출 선지 체크

1. 광군을 조직하여 침입에 대비하였다. (관련 국가)
2. 윤관을 보내 동북 9성을 개척하였다. (관련 국가)
3. 별무반을 창설하여 군사력을 강화하였다. (관련 인물)
4. 신기군, 신보군, 항마군 등으로 구성되었다. (관련 군사)
5. 묘청 등이 중심이 되어 서경 천도를 주장하였다. (관련 시기)
6. 외교담판으로 강동 6주를 확보하였다. (관련 인물)

정답 1. 거란 2. 여진 3. 윤관 4. 별무반 5. 고려 전기 6. 서희

사료 확인

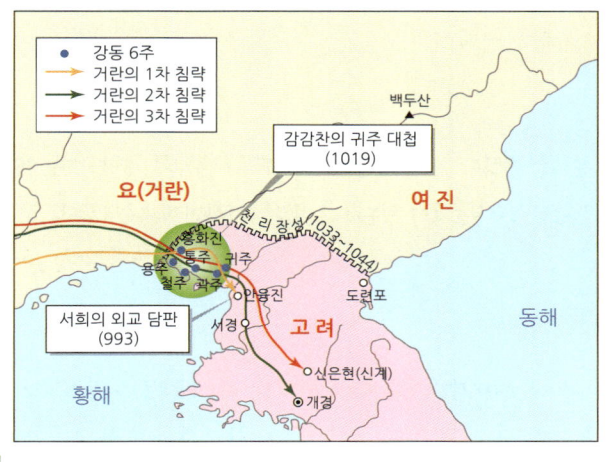

거란과의 항쟁

척경입비도

윤관이 여진 정벌 후 9성을 개척하고 고려 국경을 알리는 비를 세우는 장면이다. 조선 후기에 만들어진 "북관유적도첩"에 실려 있다.

사료 확인

1. _____ (인물)이/가 왕에게 올린 계책

거란군이 강성한 것을 보고 선뜻 서경 이북의 땅을 떼어서 그들에게 주는 것은 좋은 계책이 아닙니다. 삼각산 이북의 땅은 고구려의 땅인데, 저들이 끝없는 욕심으로 요구한다면 다 주겠습니까? 더구나 땅을 떼어 적에게 주면 만세의 수치가 될 것입니다.
— 『고려사』 —

2. _____ (국가) 계승 의식을 보여주는 서희

소손녕: 그대 나라는 신라 땅에서 일어났고, 고구려 땅은 우리 땅인데 쳐들어와 차지하였다.
서희: 우리는 고구려를 계승하여 나라 이름을 고려라 하였다. 땅의 경계를 논한다면 그대 나라의 동경도 다 우리 땅이다.
— 『고려사』 —

3. _____ (인물)의 _____ 대첩

거란군이 귀주를 통과할 때 강감찬 등이 동쪽 교외에서 이들을 맞아 싸웠는데 승부를 보지 못한 채 두 부대가 서로 대치하고 있었다. 이때 김종현의 부대가 도착하였는데, 마침 갑자기 비바람이 남쪽으로부터 휩쓸려 와서 깃발이 북으로 나부꼈다. 고려군은 이 기세를 타고 맹렬하게 공격하니, 거란군은 북쪽으로 도망치기 시작하였다. 기회를 놓치지 않고 추격하여 석천을 건너 반령에 이르는 중간에 적들의 시체가 들판에 널렸고, 생포한 적병과 노획한 말, 낙타, 갑옷, 투구, 병기 등은 계산할 수 없을 정도였다. 적병 중에 살아 돌아간 사람은 겨우 수 천명에 불과하였다.
— 『고려사』 —

CHAPTER 02 고려 전기의 대외관계

4. _____(인물)의 _____(군사) 조직

"제가 전날에 패한 원인은 적들은 말을 탔고 우리는 보행으로 전투한 까닭에 대적할 수가 없었던 것입니다." 이때 비로소 별무반을 만들기로 하여 문무의 산관, 서리부터 …… 말을 기르는 사람들 전부는 신기군에, 말이 없는 자는 신보군에 배속시켰다. 그리고 …… 20세 이상의 남자로 과거 공부를 하지 않은 청년은 모두 신보군에 배속시키고 …… 또 승려를 선발하여 항마군을 편성하였다.
— 『고려사』 —

5. _____(지역)의 반환

여진의 추장들은 땅을 돌려달라고 떼를 쓰면서 해마다 와서 분쟁을 벌였다. …… 성이 험하고 견고해 좀처럼 함락되지는 않았지만 수비하는 전투에서 아군이 많이 희생되었다. …… 이에 왕은 신하들을 모아 의논한 후 9성을 여진에게 돌려주었다.
— 『고려사』 —

6. _____(나라)에 대한 사대주의적 태도

인종 4년 대부분 신하들은 사대를 할 수 없다고 주장하였다. 그러나 이자겸과 척준경이 "옛날의 금은 소국으로 거란과 우리를 섬겼습니다. 하지만 지금은 갑자기 강성해져 거란과 송을 멸망시키고, 정치적 기반을 굳건히 함과 동시에 군사력을 강화하였습니다. 또 우리와 영토가 맞닿아 있으므로 정세가 사대하지 않을 수 없게 되었습니다. 작은 나라가 큰 나라를 섬기는 것은 선왕의 법도입니다. 마땅히 먼저 사신을 보내어 예를 닦는 것이 옳습니다."라고 말하였다.
— 『고려사』 —

7. 고려사에 기록된 _____(인물)의 난

묘청이 글을 올리기를, "신 등이 서경 임원역 땅을 보니 이는 음양가가 말하는 대화세입니다. 만약 궁궐을 세워 옮기시면 천하를 합병할 수 있을 것이요, 금나라가 폐백을 가지고 스스로 항복할 것이며, 36국이 다 신하가 될 것입니다."라고 하였다. …… 황주첨이 묘청과 정지상의 뜻에 따라 칭제 건원할 것을 주청하였으나 (왕이) 듣지 않았다. 인종 13년에 묘청이 서경을 거점으로 난을 일으켰다. …… 이들은 국호를 대위라 하고, 건원하여 연호를 천개라 하였다.
— 『고려사』 —

8. _____(인물)의 난에 대한 _____(인물)의 평가

서경 전역을 역대의 사가들은 다만 왕사가 반적을 친 전역으로 알았을 뿐이었으나 이는 근시안의 관찰이다. …… 이 전역에서 묘청 등이 패하고 김부식 등이 승리하였으므로 조선사가 사대적·보수적·속박적 사상, 즉 유교 사상에 정복되고 말았거니와 만일 이와 반대로 김부식 등이 패하고 묘청 등이 승리하였더라면 조선사가 독립적·진취적 방향으로 진전하였을 것이니, 이 전역을 어찌 조선 역사상 1천 년래 제일대사건이라 하지 아니하랴.
— 『조선사연구초』 —

9. _____파(세력)의 주장

금년 여름에 서경 대화궁에 30여 개소나 벼락이 떨어졌으니 만약 그곳이 길한 땅이라면 하늘은 반드시 그와 같지 않을 것이니 그곳에 재난을 피하러 간다는 것은 잘못이 아닙니까? 하물며 지금 서경은 (추수가) 끝나지 않았는데 만약 거동하면 반드시 농작물을 짓밟을 것이니, 이것은 백성에게 어질게 하고 사랑하는 뜻이 아닙니다.
— 『고려사』 —

> 정답 1. 서희 2. 고구려 3. 강감찬 / 귀주 4. 윤관 / 별무반
> 5. 동북 9성 6. 금 7. 묘청 8. 묘청 / 신채호 9. 개경

기출문제

01

(가) 국가에 대한 고려의 대응으로 옳은 것은?

53회 심화 13

> ___(가)___ 임금이 강조를 토벌한다는 구실로 친히 군사를 거느리고 와서 흥화진을 포위하였다. 양규는 도순검사가 되어 성문을 굳게 지켰다. … ___(가)___ 이/가 강조의 편지를 위조하여 흥화진에 보내어 항복하라고 설득하였다. 양규가 말하기를, "나는 왕명을 받고 온 것이지 강조의 명령을 받은 것이 아니다."라고 하면서 항복하지 않았다.

① 광군을 조직하여 침입에 대비하였다.
② 윤관을 보내 동북 9성을 개척하였다.
③ 화통도감을 설치하여 화포를 제작하였다.
④ 강화도로 도읍을 옮겨 장기 항전을 준비하였다.
⑤ 쌍성총관부를 공격하여 철령 이북을 수복하였다.

02

다음 대화에 등장하는 왕의 재위 기간에 있었던 사실로 옳은 것은?

52회 심화 11

① 강감찬이 귀주에서 대승을 거두었다.
② 사신 저고여가 귀국길에 피살되었다.
③ 별무반을 창설하여 군사력을 강화하였다.
④ 거란을 배척하여 만부교 사건이 일어났다.
⑤ 서희가 외교 담판으로 강동 6주를 확보하였다.

---

1)
(가) 국가? _____

2)
① 관련 국가? _____ ② 관련 국가? _____
③ 관련 국가? _____ ④ 관련 국가? _____
⑤ 관련 국가? _____

1)
관련 국왕? _____

2)
① 당시 국왕? _____ ② 관련 국가? _____
③ 당시 국왕? _____ ④ 당시 국왕? _____
⑤ 당시 국왕? _____

📢 ANSWER

01. ①
(가) 국가는 거란이다. ① 고려는 거란의 침입에 대비하여 정종 시기 광군 30만을 조직하였고 거란의 3차례의 침입 후에는 개경에 나성을 축조하고 국경 지역에 천리장성을 축조하였다.
[오답] ② 고려는 윤관의 건의를 받아 별무반을 편성하고 여진을 밀어내 동북 9성을 개척하였다. ③ 고려 말 화통도감을 설치하고 최무선을 중심으로 화약과 화포를 제작하였고 화포를 사용하여 왜선을 격멸하였다. ④ 최우는 몽골의 1차 침입 이후 수도를 강화도로 옮기고 항전하였다. ⑤ 공민왕은 원에게 빼앗겼던 쌍성총관부를 공격하여 철령 이북을 수복하였다.

02. ①
강조의 정변으로 목종이 폐위당하고 현종이 즉위하자 이를 구실로 거란의 2차 침입이 발생하였다. 이 때 개경이 함락되어 현종은 나주로 피난을 가는 위기를 겪었으나 양규의 활약으로 거란을 막아냈다. 그러나 이후 거란은 강동 6주의 반환을 요구하며 3차 침입을 하였고 ① 이 때 강감찬이 이끄는 고려군이 귀주에서 거란군에 대승을 거두었다(귀주대첩).
[오답] ② 몽골은 사신 저고여의 피살을 구실로 고려에 침입하여 전쟁을 일으켰다. ③ 숙종은 윤관의 건의로 별기군을 창설하고 여진족을 정벌하였다. ④ 태조 왕건 시기 발해를 멸망시킨 거란이 낙타를 보내자 낙타를 만부교에서 굶겨 죽이는 만부교 사건이 일어났다. ⑤ 성종 시기 거란의 1차 침입 당시 서희의 외교 담판을 통해 강동 6주를 확보하였다.

02 기출문제

03
(가)에 대한 고려의 대응으로 옳은 것은?   51회 심화 12

이 그림은 윤관이 (가) 을/를 정벌하고 동북 9성을 설치한 후 고려의 경계를 알리는 비석을 세우는 장면을 그린 척경입비도입니다.

① 화통도감을 두어 화포를 제작하였다.
② 박위를 파견하여 근거지를 토벌하였다.
③ 연개소문을 보내어 천리장성을 축조하였다.
④ 대장도감을 설치하여 팔만대장경을 간행하였다.
⑤ 신기군, 신보군, 항마군 등으로 구성된 별무반을 조직하였다.

1)
(가) 국가? _____

2)
① 관련 국가? _____   ② 관련 국가? _____
③ 관련 국가? _____   ④ 관련 국가? _____
⑤ 관련 국가? _____

04
(가)~(다)를 일어난 순서대로 옳게 나열한 것은?   50회 심화 16

(가) 양규가 이수에서 전투를 벌이다가 석령까지 추격하여 2,500여 명의 머리를 베고 사로잡혔던 남녀 1,000여 명을 되찾아 왔다.
(나) 윤관 등이 여러 군사들에게 내성(內城)의 목재와 기와를 거두어 9성을 쌓게 하고, 변경 남쪽의 백성을 옮겨 와 살게 하였다.
(다) 적군이 30일 동안 귀주성을 포위하고 온갖 방법으로 공격하였으나, 박서가 임기응변으로 대응하여 굳게 지켰다. 이에 적군이 이기지 못하고 물러났다.

① (가) - (나) - (다)   ② (가) - (다) - (나)
③ (나) - (가) - (다)   ④ (나) - (다) - (가)
⑤ (다) - (가) - (나)

1)
(나) _____ (국가) 격퇴 후
(다) _____ (국가)의 침입 당시

ANSWER

03. ⑤
12세기에 고려와 잦은 충돌이 있던 여진에 대항하여 ⑤ 윤관의 건의로 신기군, 신보군, 항마군 등으로 구성된 별무반을 편성하였으며, 이후 여진을 정벌하고 동북 9성을 축조하였다.
[오답] ① 고려 말 화통도감을 설치하고 최무선은 화포를 제작하여 왜구를 격퇴하였다. ② 고려 말에 왜의 침략에 맞서 박위는 전함을 이끌고 쓰시마섬을 토벌하였다. ③ 고구려는 당의 침입을 대비하여 국경선에 천리장성을 축조하였다. ④ 고려 후기 몽골의 침입 당시 부처의 힘으로 몽골군을 물리치자는 의미에서 대장도감을 설치하여 팔만대장경을 간행하였다.

04. ①
(가) 거란은 강조의 정변을 구실로 고려에 2차 침입하여 개경이 함락되고 현종은 나주로 피난하였다. 이 때 양규는 의주(흥화진)에서 거란군에 맞서 싸웠고 대승을 거두었다. (나) 12세기에는 여진과의 잦은 충돌을 겪어 고려는 윤관의 건의로 별무반을 편성하고 여진을 정벌하였다 이후 동북 지방에 9개의 성을 쌓았다. (다) 몽골의 1차 침입 당시 귀주성에서 박서 등의 지휘 아래 몽골군에 맞서 끝까지 성을 지켰다.

기출문제

05
다음 상황이 나타난 시기를 연표에서 옳게 고른 것은?

57회 심화 11

> 행영병마별감 승선 최홍정과 병마사 이부상서 문관이 여진 추장 거위이 등에게 타일러 말하기를, "너희가 9성의 반환을 요청했으니 마땅히 이전에 했던 약속처럼 하늘에 대해 맹세하라."라고 하였다. 추장 등은 함주 성문의 밖에 단을 설치하고 하늘에 맹세하기를, "지금 이후 대대손손 악한 마음을 품지 않고 해마다 조공을 바칠 것입니다. 이 맹세에 변함이 있으면 우리나라[蕃土]는 멸망할 것입니다."라고 하였다. 맹세를 마치고 물러갔다. 최홍정 등은 길주부터 시작하여 차례로 9성의 전투 장비와 군량을 내지(內地)로 들여왔다.
> － 『고려사』 －

947	1019	1044	1104	1126	1174
	(가)	(나)	(다)	(라)	(마)
광군사 설치	귀주 대첩	천리장성 완공	별무반 편성	이자겸의 난	조위총의 난

① (가) ② (나) ③ (다) ④ (라) ⑤ (마)

1)
위 상황? _____ (나라)에 _____ 반환

06
다음 상황이 나타난 시기를 연표에서 옳게 고른 것은?

47회 심화 14

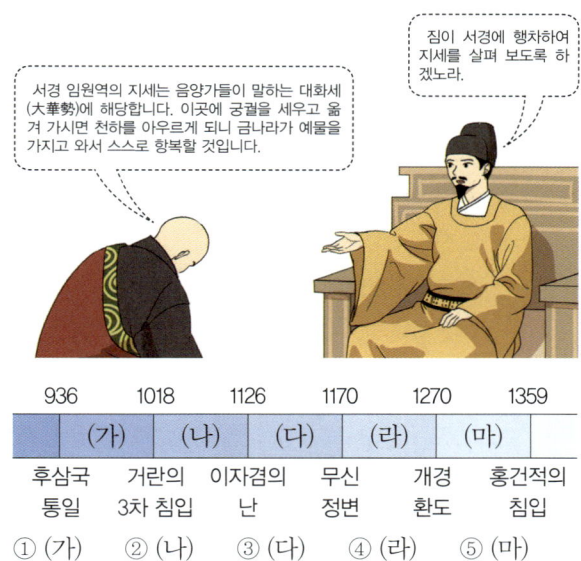

936	1018	1126	1170	1270	1359
	(가)	(나)	(다)	(라)	(마)
후삼국 통일	거란의 3차 침입	이자겸의 난	무신 정변	개경 환도	홍건적의 침입

① (가) ② (나) ③ (다) ④ (라) ⑤ (마)

1)
왼쪽 인물? _____ 당시 국왕? _____

ANSWER

05. ④
위 상황은 여진에게 동북 9성을 반환해주는 상황이다. 여진은 동북 9성을 반환받으면 조공을 바치겠다 맹세하였으나, 금 건국 이후 고려에 사대요구를 하였으며 이자겸 일파가 수용하였다.

06. ③
③ 이자겸의 난(1126) 이후 개경파와 서경파 사이에 대립이 벌어졌다. 묘청(서경파) 세력은 풍수지리설을 내세워 당시 국왕인 인종에게 서경(평양) 천도를 강력하게 주장하였다. 그러나 천도가 어렵게 되자 묘청은 서경에서 난을 일으켰고(1135) 김부식이 이를 진압하였다.

CHAPTER 03 고려 후기의 대외관계

01 무신정권의 수립

(1) 무신정변(1170)의 발발
 ① 배경
  • 무신에 대한 차별 대우, 의종의 실정
  • 군인전을 제대로 지급받지 못한 하급 군인의 불만
 ② 전개 : 이의방·정중부의 정변 → 의종 유배, 명종 옹립
 ③ 특징
  • 중방이 핵심 기구로 성장
  • 무신들의 토지, 노비, 사병 확충
 ④ 결과
  • 문벌귀족의 몰락
  • 전시과 제도의 붕괴
  • 신분제의 동요로 농민과 천민의 봉기 다수 발생

(2) 무신들의 권력 쟁탈
 ① 정중부 : 이의방 제거 후 중방을 중심으로 정권 독점
 ② 경대승 : 정중부 제거 후 도방 설치하여 권력 장악
 ③ 이의민 : 천민 출신, 최충헌에 의해 피살
 ④ **최충헌** : 이의민 제거 후 집권, 봉사 10조 건의, 교정도감 설치, 도방 확대
 ⑤ **최우** : 정방 설치(인사권 장악), 서방 설치(문신 자문), 삼별초 조직(군사적 기반)

(3) 사회 모습
 ① 반 무신 난
  • 동북면병마사 김보당의 난(1173) : 의종 복위를 꾀한 문신의 난
  • 귀법사 승려들의 난(1174) : 무신정권에 불만을 품은 승려들이 개경에서 일으킨 반란
  • 서경유수 조위총의 난(1174~6) : 정중부·이의방 타도를 명분으로 서경을 중심으로 3년간 일어난 반란
 ② 농민과 천민의 봉기
  • 망이·망소이의 난(공주 명학소, 1176) : 정중부 집권기에 특수 행정 구역에 대한 차별로 일어난 반란
  • 김사미·효심의 난(경상도, 1193) : 이의민 집권기에 일어난 반란
  • 만적의 난(개경, 1198) : 신분 해방 운동의 성격

 여기서 잠깐

1. 무신정변 직후 무신들의 최고 권력기구로 교정도감이 떠올랐다. (   )
2. 최우는 서방을 설치해서 인사권을 장악하였다. (   )

정답 1. ×   2. ×

🔶 빈출 선지 체크

1. 만적을 비롯한 노비들이 신분 해방을 도모하였다. (시기)
2. 정방을 설치하여 인사권을 장악하였다. (인물)
3. 교정별감이 되어 국정 전반을 장악하였다. (인물)
4. 최씨 무신 정권의 군사적 기반이었다. (군사)
5. 무신집권기 최고 권력 기구였다. (기구)
6. 봉사 10조를 올려 시정 개혁을 건의하였다. (인물)
7. 강화도로 도읍을 옮겨 장기 항전을 준비하였다. (인물)

정답 1. 무신집권기 2. 최우 3. 최충헌 4. 삼별초 5. 중방 6. 최충헌 7. 최우

사료 확인

1. 차별에 대한 _____ (세력)의 불만

왕(의종)이 수시로 거동하면서 아름다운 곳에 이를 적마다 행차를 멈추고, 가까이 총애하는 문신들과 술 마시고 글을 읊으며 돌아갈 줄 몰랐으니, 호위하던 장수들이 피곤하여 불평을 토로하였다. …… "문신들은 의기양양하여 취하도록 마시고 배부르게 먹고 있는데 무신들은 모두 굶주리고 피곤하니, 이 어찌 참을 수 있겠습니까?"
- 『고려사절요』 -

김보당의 난

동북면 병마사(東北面兵馬使) 김보당이 군사를 일으켜 정중부와 이의방을 토벌하여 전왕을 복위한다고 하였다. 장순석, 유인준은 남로 병마사니, 거제에 이르러 전왕을 모시고 경주(慶州)로 나와 웅거하였다. 안북 도호부(安北都護府)에서 김보당이 붙잡혀 국문을 당하여 죽었다. 김보당이 죽음에 임하여 이르기를, "문신이 모두 모반에 참여하였다."고 하였다. 이에 대대적으로 조정의 신하들을 죽이니 이전에 화를 면했던 자도 이때에 모두 죽었다.

귀법사의 난

봄 정월에 중원 귀법사 등의 승려 수천 명이 이의방을 죽이고자 하였는데, 이의방이 병사들을 보내서 승려 1백여 명을 죽이고 여러 절을 불태우고 그릇을 모두 빼앗았다. 이에 이의방의 형 이준의가 질책하면서 말하기를, "네가 세 가지 큰 잘못을 했으니, 왕을 죽인 것이 그 첫 번째이고, 태후의 여동생을 겁간한 것이 두 번째이며, 국정을 제멋대로 한 것이 세 번째이다." 라고 하였다. 이의방이 화를 내며 칼로 치니 이준의가 도망가서 화를 면하였다.

조위총의 난

가을 9월에 서경 유수 조위총이 다른 뜻을 품고 서북 양계의 여러 성에 격문을 보내 말하기를, "들으니, 개경에서 북방의 여러 성이 사납다고 하여 많은 병사를 보내 토벌한다고 하니 어찌 가만히 앉아서 도륙을 당하겠는가?"라고 하였다. 이로부터 절령 이북 40여 성이 모두 호응하였다. 드디어 조위총이 서경을 근거지로 삼고 정중부 등이 왕을 시해한 죄를 물어 토벌하고자 하였다. 조정에서 평장사 윤인첨에게 명하여 공격하도록 하였으나 패하고 돌아왔다. 조위총이 승리한 기세를 몰아 개경까지 곧바로 향하니 이의방이 병사를 보내 돌격하여 대동강까지 쫓아갔으나 한 달 남짓 서로 버티다가 다시 패하고 돌아왔다.

CHAPTER 03 고려 후기의 대외관계

2. _____의 난

명종 때 명학소(鳴鶴所)의 망이(亡伊)가 그 무리를 모아 공주를 공격하여 함락하자, 정부는 명학소를 충순현(忠順縣)으로 승격시키고 관리를 파견하여 농민군을 무마하였다. 그 후에 망이의 무리가 항복하였으나 얼마 후 다시 반항하자 이 현을 폐지하였다.
― 『고려사』 ―

3. _____의 난

최충헌의 노비 만적 등 6명이 북산으로 나무하러 가서 노비들을 모아 놓고 "우리나라에서는 무신의 난 이래 고관대작이 천민에서 많이 나왔다. 왕후장상(王候將相)의 씨가 따로 있는가! 시기만 잘 만나면 될 수 있는 것이다. 우리만 어찌 뼈 빠지게 일하겠는가! …… 최충헌과 주인들을 죽이고 노비 문서를 불태워 이 땅의 천민을 없애면 우리도 왕후장상이 될 수 있다."라고 말하였다.
― 『고려사』 ―

4. _____의 _____

적신 이의민(李義旼)은 성품이 사납고 잔인하여 윗사람을 업신여기고 아랫사람을 능멸하여 신기(神器)를 흔들려고 했으므로 재앙의 불길이 성하여 백성이 살 수 없었습니다. 신 등이 폐하의 위령을 힘입어 단번에 쓸어버렸으니, 원컨대 폐하께서는 낡은 것을 개혁하고 새로운 정치를 도모하심에 태조의 바른 법을 한결같이 따르셔서 중흥의 길을 빛나게 여시기 바랍니다. 이에 삼가 열 가지 일을 조목으로서 아뢰나이다.
― 『고려사』 ―

> 정답 **1.** 무신 **2.** 망이, 망소이 **3.** 만적 **4.** 최충헌 / 봉사 10조

02 몽골의 침입과 저항

(1) 몽골의 침입

① 배경 : 몽골 사신 저고여 피살 사건
② 전개
- 1차 침입(1231) : 박서의 항전(귀주성 전투), 몽골과 강화 체결
- <mark>최우의 강화 천도(1232)</mark>
- 2차 침입(1232) : 처인성 전투(김윤후, 살리타 사살), 초조대장경 소실
- 3~6차 침입 : <mark>팔만대장경 조판</mark>, 충주성 전투(김윤후)

③ 결과
- 개경환도(1270)
- <mark>삼별초의 항쟁</mark> : 배중손의 지휘 아래 강화도 → 진도 → 제주도로 옮겨가며 3년간 항쟁

④ 문화재 소실 : 황룡사 9층 목탑 소실, 초조대장경 소실

(2) 원의 내정 간섭

① 일본 원정 : 정동행성 설치 → 두 차례 원정 실패 → 내정 간섭 기구로 변질
② 영토 상실
- **쌍성총관부 설치** : 철령 이북의 땅을 편입 → 공민왕 때 탈환
- **동녕부 설치** : 자비령 이북의 땅을 차지 → 충렬왕 때 수복
- **탐라총관부 설치** : 제주도에 설치 → 충렬왕 때 수복

③ 내정간섭
- **원의 부마국으로 전락** : 고려의 국왕이 원의 공주와 결혼
- 관제 · 왕실 호칭 격하
- 다루가치 파견, 만호부 설치

④ 자원 수탈 : 공물 징수, 공녀 징발, 응방 설치(매 징발)
⑤ 문화 : 몽골풍 유행(변발, 호복, 족두리, 연지, 소주 등), 고려양

원 간섭기 이전		원 간섭기
조 · 종		왕
짐		고
폐하		전하
태자		세자
2성	문하성	첨의부
	상서성	
6부		4사
중추원		밀직사
도병마사		도평의사사

(3) 권문세족

① 특징
- 원의 세력을 배경으로 성장(친원적)
- 음서로 관직 진출
- 도평의사사 장악, 대농장 · 노비 소유

(4) 원 간섭기 국왕

① 충렬왕
- 일본 원정(<mark>정동행성 설치</mark>) → 실패 후 내정간섭 기구로 변질
- 동녕부와 탐라총관부 반환
- 『삼국유사』, 『제왕운기』 편찬
- 성리학 전래(안향)

② 충선왕
- 사림원을 설치하여 왕명 출납 담당
- 소금 전매제(각염법) 실시
- 원에 <mark>만권당</mark> 설치

CHAPTER 03 고려 후기의 대외관계

03 공민왕의 개혁 정치

(1) 반원 자주 정책
① 친원파 제거(기철), 정동행성 이문소 폐지, 관제 복구, 몽골풍 금지
② 쌍성총관부 탈환 : 철령 이북의 영토 회복

(2) 왕권 강화 정책
① 정방 폐지, 전민변정도감 설치(신돈 등용)
② 유학 교육 강화(성균관 정비 → 신진사대부 성장)

04 새로운 세력의 성장과 고려의 멸망

(1) 신진사대부
① 출신 : 무신집권기 이래 과거를 통해 중앙으로 진출한 지방 향리 출신, 공민왕 때 성장
② 특징
- 중소 지주 기반, 성리학 수용
- 반원·친명 성향, 권문세족 및 불교의 부패를 비판
- 고려 말 신흥 무인 세력과 정치적 협력
③ 분화 : 온건파(정몽주·이색, 고려왕조 유지) vs 급진파(정도전·조준, 역성혁명 주장)

(2) 신흥무인세력
① 성장 : 홍건적과 왜구 격퇴 과정에서 성장
② 주요 전투 : 홍산대첩(최영), 진포대첩(최무선, 화포 사용), 황산대첩(이성계)

(3) 고려의 멸망
① 우왕
- 명의 철령 이북 지역 요구 → 우왕과 최영의 요동 정벌 추진 → 이성계의 4불가론
- 위화도 회군(1388, 이성계) → 최영 제거, 이성계 군사 실권 장악
② 창왕
- 쓰시마섬 정벌(박위)
③ 공양왕
- 과전법 실시(1391) → 조선 건국(1392)

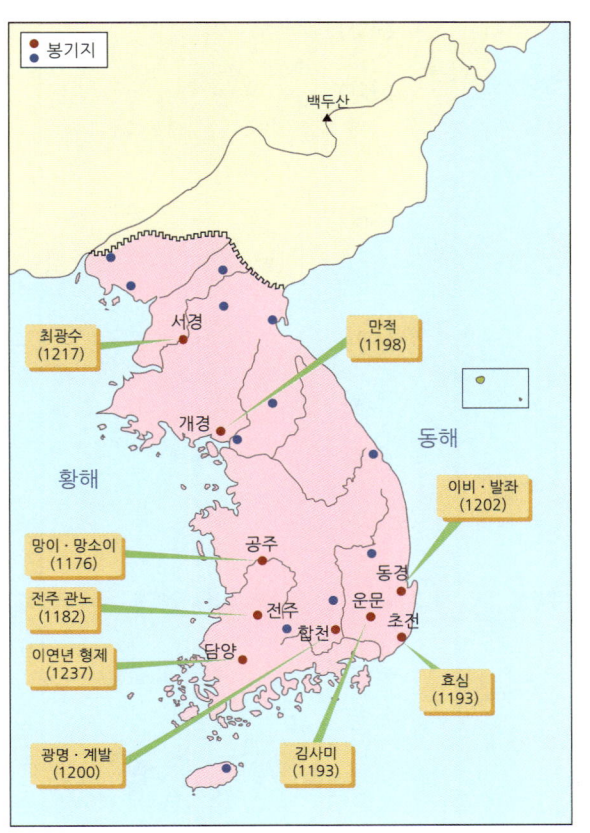

무신 집권기 하층민의 봉기

공민왕 때 수복한 영토

여기서 잠깐

1. 몽골의 침입에 대응하여 최우는 _____(으)로 천도하였다.
2. 별무반은 개경 환도에 반발하여 대몽항쟁을 전개하였다. (   )
3. 공민왕은 _____을/를 두어 권문세족이 부당하게 빼앗은 토지와 노비를 본래의 소유주에게 돌려주거나 양민으로 해방시키는 개혁을 추진하였다.

정답 1. 강화도   2. ×   3. 전민변정도감

CHAPTER 03 고려 후기의 대외관계

빈출 선지 체크

1. 만권당을 두어 원의 학자들과 교류하였다. (국왕)
2. 신돈을 등용하여 전민변정도감을 운영하였다. (국왕)
3. 화통도감을 설치하여 화포를 제작하였다. (인물)
4. 쌍성총관부를 공격하여 철령 이북을 수복하였다. (국왕)
5. 박위를 파견하여 근거지를 토벌하였다. (지역)
6. 대장도감을 설치하여 팔만대장경을 간행하였다. (시기)
7. 처인성에서 몽골군을 물리쳤다. (인물)
8. 위화도에서 회군하여 최영을 제거하였다. (인물)
9. 정동행성 이문소를 폐지하였다. (국왕)

정답 1. 충선왕 2. 공민왕 3. 최무선 4. 공민왕 5. 쓰시마섬 6. 원 침입기 7. 김윤후 8. 이성계 9. 공민왕

사료 확인

1. 거란을 격퇴하기 위한 _____, 몽골을 격퇴하기 위한 _____

현종 2년에 거란 군주가 크게 군사를 일으켜 와서 정벌하자 …… 현종은 여러 신하와 함께 더할 수 없는 큰 서원을 발하여 대장경 판본을 판각해 이룬 뒤에 거란 군사가 스스로 물러갔습니다. 그렇다면 대장경도 한가지고, 전후 판각한 것도 한가지고, 군신이 함께 서원한 것도 또한 같은데, 어찌 그때에만 거란 군사가 스스로 물러가고 지금의 몽골군은 그렇지 않겠습니까?
— 『동국이상국집』 —

2. _____ (인물)의 활약

김윤후는 고종 때의 사람으로 일찍이 중이 되어 백현원에 있었다. 몽골병이 이르자 윤후가 처인성으로 난을 피하였는데, 몽골의 원수 살리타가 와서 성을 치매 윤후가 이를 사살하였다. 왕은 그 공을 가상히 여겨 상장군의 벼슬을 주었으나 이를 사양하고 받지 않았다. 1253년(고종 40년) 몽골군의 5차 침입 시에도 천민들은 충주성 전투에서 큰 승리를 거두었다. 이때에 적을 맞아 싸운 장수는 김윤후였다. 몽골군의 포위로 성 내의 식량 사정이 위급하게 되자, 김윤후는 "만일 힘을 다하여 잘 싸우면 귀천을 가리지 않고 관직을 줄 것이다."라고 약속하고 병사들을 독려하였다. 이어 그는 관노의 문서를 가져다가 태워버리고, 몽골군으로부터 빼앗은 소와 말을 관노들에게 나누어 주었다. 관노들은 감격하여 용전분투한 결과, 침략군을 격퇴하고 끝까지 성을 지켰다.
— 『고려사』 —

3. 원의 _____ 징발

이런 일이 1년에 한두 번이나 2년에 한 번씩 있는데, 그 처녀의 수가 많은 때는 40~50명에 이른다. 이미 그 선발에 뽑히게 되면 그 부모나 일가친척들이 서로 모여 통곡하여 밤낮으로 우는 소리가 끊이지 않았다. 국경에서 헤어지는 데에 이르러서는 옷자락을 붙잡고 발을 구르며 넘어져서 길을 막고 울부짖다가 슬프고 원통하여 우물에 몸을 던져 죽는 사람이 있고, 스스로 목을 매달아 죽는 사람도 있으며, 근심과 걱정으로 기절하는 사람도 있고, 피눈물을 쏟아 눈이 먼 사람도 있다. 이런 예는 이루다 기록할 수 없을 정도로 많다.

— 『고려사절요』 —

4. _____ (국왕)의 반원 자주 정책

왕이 원 연호의 사용을 중지시키면서 교서를 내렸다. "근래에 나라의 풍속이 일변해 오직 권세만을 추구하게 되었으니, 기철의 일당이 임금조차도 무시하고 마구 위세를 부려 나라의 법도를 뒤흔드는 일이 벌어졌다. 지금부터는 …… 법의 권위를 확립하고 기강을 정돈함으로써 조종이 세운 법을 회복해 온 나라 백성들과 함께 새롭게 출발하고자 한다."

— 『고려사』 —

5. _____ (국왕)의 _____ (영토) 회복

동북면 병마사 유인우가 쌍성을 함락하고 (쌍성) 총관 조소생과 천호 탁도경이 도망쳐 버리니, 화주, 등주, …… 등지를 되찾게 되었다. (이 지역은) 고종 이후 원이 차지하였는데, 이때 와서 모두 수복한 것이다.

— 『고려사』 —

6. _____ (국왕)의 _____ (기구) 설치

신돈이 이 기구를 둘 것을 청원하고 스스로 판사가 되어 각 처에 알리는 포고문을 붙였다. "종묘, 학교, 창고, 사사(불교 사찰) 등의 토지와 나라 사람들이 대대로 가져 온 전민(田民)을 부유하고 세력 있는 집들이 거의 다 강탈하였다. 그들은 앞서 주인에게 돌려주라고 판결한 것도 그대로 가지고 있으며, 양민을 노예로 삼고 있다. 각 지방 향리, 역리, 관노비, 백성으로 역을 도피한 자들이 모두 도망가니 이들을 숨겨 크게 농장을 만든다. …… 이제 도감을 두어 이를 가려 정비하고 ……." 명령이 나오자 호부(豪富)의 다수가 빼앗은 전민을 그 주인에게 돌리므로 안팎이 기뻐하였다.

— 『고려사』 —

7. _____ (인물)의 요동 정벌 추진

최영이 모든 재상들과 정료위(명이 통보한 철령 이북에 세워질 통치 기구)를 공격할 것인지 또는 화친할 것인지를 논의하자, 모든 재상 들이 화친을 요청하자고 하였다. …… 최영이 모든 관리들을 모아 철령 이북의 땅을 떼어 주는 여부를 논의하자 관리들이 모두 반대하였다. 우왕은 최영과 비밀리에 요동을 공격할 것을 의논하였고, 최영은 이를 권하였다.

8. _____ (인물)의 4불가론

첫째, 작은 나라가 큰 나라를 거스르는 일은 옳지 않으며, 둘째, 여름철에 군사를 동원하는 것은 부적당하고, 셋째, 요동을 공격하는 틈을 타서 남쪽에서 왜구가 침범할 우려가 있으며, 넷째, 무덥고 비가 많이 오는 시기라 활의 아교가 녹아 무기로 쓸 수 없고, 병사들도 전염병에 걸릴 염려가 있다.

정답 **1.** 초조대장경 / 팔만대장경　**2.** 김윤후　**3.** 공녀　**4.** 공민왕
　　　5. 공민왕 / 쌍성총관부　**6.** 공민왕 / 전민변정도감　**7.** 최영　**8.** 이성계

# 기출문제

01
다음 사건이 일어난 시기를 연표에서 옳게 고른 것은?

53회 심화 15

- 명학소의 백성 망이·망소이 등이 무리를 모아서 산행병마사라고 자칭하고는 공주를 공격하여 함락하였다.
- 망이의 고향인 명학소를 충순현으로 승격시키고 양수탁을 현령으로, 김윤실을 현위로 임명하여 그들을 달래었다.

1104	1126	1135	1170	1231	1270
(가)	(나)	(다)	(라)	(마)	
별무반 조직	이자겸의 난	묘청의 난	무신 정변	몽골의 침입	개경 환도

① (가) ② (나) ③ (다) ④ (라) ⑤ (마)

02
다음 사건 이후에 일어난 사실로 옳은 것은? 51회 심화 14

만적 등 6명이 북산에서 땔나무를 하다가, 공사(公私)의 노복들을 불러 모아 모의하며 말하기를, "국가에서 경인년과 계사년 이래로 높은 관직도 천예(賤隷)에서 많이 나왔으니, 장상(將相)에 어찌 씨가 있겠는가? 때가 되면 (누구나) 차지할 수 있는 것이다. 우리들이라고 어찌 뼈 빠지게 일만 하면서 채찍 아래에서 고통만 당하겠는가?"라고 하였다. 여러 노(奴)들이 모두 그렇다고 하였다. …… 가노(家奴) 순정이 한충유에게 변란을 고하자 한충유가 최충헌에게 알렸다. 마침내 만적 등 100여 명을 체포하여 강에 던졌다.

① 묘청이 서경 천도를 주장하였다.
② 쌍기가 과거제의 시행을 건의하였다.
③ 왕실의 외척인 이자겸이 난을 일으켰다.
④ 정중부가 반란을 일으켜 권력을 차지하였다.
⑤ 최우가 정방을 설치하여 인사권을 장악하였다.

ANSWER

01. ④
무신정변 이후 무신들의 가혹한 수탈을 견디지 못한 백성들은 봉기를 일으키기 시작하였다. 대표적으로 공주 명학소에서는 조세 부담을 이기지 못해 망이, 망소이를 중심으로 봉기가 일어났다.

02. ⑤
무신정권기 최충헌의 사노였던 만적이 신분 차별에 맞서 난을 계획하였으나 발각되어 실패하였다(1198). 최충헌의 뒤를 이어 권력을 잡은 최우는 사병으로 삼별초를 두었으며, ⑤ 정방을 설치하여 인사권을 장악하였다.
[오답] ① 묘청은 금국 정벌을 주장하며 서경 천도 운동을 벌였으나 개경파의 반대로 무산되어 서경에서 난을 일으켰다. ② 광종은 쌍기의 건의를 받아들여 과거제를 시행하였다. ③ 고려 전기 최대의 문벌귀족이었던 이자겸은 왕실과 혼인을 맺어 권력을 행세하자 당시 국왕인 인종이 이자겸을 제거하려 했지만 실패하였다. 이자겸이 이에 반격하여 난을 일으켰으나 진압되었다. ④ 문신에게 차별을 받았던 정중부, 이의방 등의 무신들은 정변을 일으켰다(무신정변, 1170).
[순서 나열] ②-③-①-④-⑤

03

다음 검색창에 들어갈 인물에 대한 설명으로 옳은 것은?

50회 심화 15

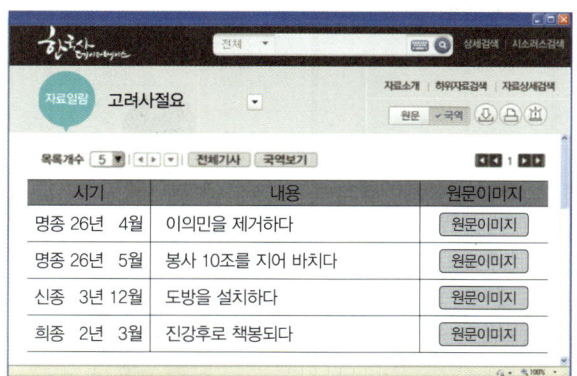

① 서경에서 난을 일으키고 국호를 대위로 하였다.
② 화약과 화포 제작을 위한 화통도감 설치를 건의하였다.
③ 삼별초를 이끌고 진도로 이동하여 대몽 항쟁을 펼쳤다.
④ 교정별감이 되어 인사, 재정 등 국정 전반을 장악하였다.
⑤ 전민변정도감의 책임자로 임명되어 권문세족을 견제하였다.

1)
관련 인물? _____

2)
① 관련 인물? _____   ② 관련 인물? _____
③ 관련 인물? _____   ④ 관련 인물? _____
⑤ 관련 인물? _____

04

(가), (나) 사이의 시기에 있었던 사실로 옳은 것은?

49회 심화 14

> (가) 동북면병마사 간의대부 김보당이 동계(東界)에서 군대를 일으켜, 정중부와 이의방을 토벌하고 전왕(前王)을 복위시키려고 하였다. … 동북면지병마사 한언국이 장순석 등에게 거제(巨濟)로 가서 전왕을 받들어 계림에 모시게 하였다.
>
> (나) 만적 등이 노비들을 불러 모아서 말하기를, "장군과 재상에 어찌 타고난 씨가 있겠는가? 때가 되면 누구나 할 수 있는 것이다."라고 하였다. … 만적 등 100여 명이 체포되어 강에 던져졌다.

① 웅천주 도독 김헌창이 반란을 일으켰다.
② 최우가 인사 행정 담당 기구로 정방을 설치하였다.
③ 이자겸과 척준경이 반란을 일으켜 궁궐을 불태웠다.
④ 최충헌이 봉사 10조를 올려 시정 개혁을 건의하였다.
⑤ 김부식이 서경의 반란군을 진압하기 위해 출정하였다.

1)
① 관련 시기? _____
⑤ 관련 사건? _____

2) 위 ①~⑤를 아래 표에 순서대로 나열하시오.

	(가)		(나)	

ANSWER

03. ④
위 인물은 최충헌이다. 그는 이의민을 제거하고 정권을 잡았으며 국왕에게 봉사 10조를 제시하였다. ④ 최충헌은 최고 권력 기구인 교정도감을 설치하고 스스로 교정별감이 되어 인사, 재정 등의 국정 전반을 장악하는 등 권력을 행사하였다.
[오답] ① 서경 천도를 주장하던 묘청 세력은 국호를 대위, 연호를 천개로 하여 서경에서 난을 일으켰다. ② 최무선이 화약 제조법을 터득하여 고려는 화통도감을 설치하여 화약과 화포를 제작하였다. ③ 고려는 몽골과의 강화로 인해 개경으로 환도하였으나 삼별초는 배중손의 지휘 아래 3년동안 몽골에 항쟁하였다. ⑤ 공민왕은 신돈을 전민변정도감의 책임자로 임명하여 권문세족이 부당하게 뺏은 토지 등을 환원하게 하며 권문세족을 견제하였다.

04. ④
(가) 문신에게 차별을 받았던 정중부, 이의방 등의 무신들은 정변을 일으키고(1170) 의종을 폐하였다. 이에 반발하여 동북면병마사 김보당이 반란을 일으켰다. ④ 이후 이의민을 제거하고 집권한 최충헌은 무신정권 초기의 혼란을 극복하기 위해 봉사 10조를 올려 개혁을 건의하였다. (나) 최충헌의 사노였던 만적이 신분 차별에 맞서 난을 계획하였으나 발각되어 실패하였다(1198).
[오답] ① 신라 하대에 김헌창은 자신의 아버지가 왕이 되지 못한 것에 대해 불만을 품고 반란을 일으켰다(822). ② 최우는 정방을 설치하여 인사권을 장악하였다(1225). ③ 고려 최대 문벌귀족이었던 이자겸은 왕의 자리를 넘보았고 이에 인종이 이자겸을 제거하려 하자 척준경과 함께 반란을 일으켰다(1126). ⑤ 서경 천도를 주장하던 묘청 세력은 개경파의 반대로 인해 국호를 대위, 연호를 천개로 하여 서경에서 난을 일으켰다.
[순서 나열] ①-③-⑤-(가)-④-(나)-②

기출문제

05

교사의 질문에 대한 학생의 답변으로 옳은 것은?

47회 심화 16

① 윤관이 동북 9성을 쌓았어요.
② 권문세족이 도평의사사를 장악했어요.
③ 정중부 등이 정변을 일으켜 권력을 차지했어요.
④ 초조대장경을 만들어 국난 극복을 기원했어요.
⑤ 만적을 비롯한 노비들이 신분 해방을 도모했어요.

06

(가) 군사 조직에 대한 설명으로 옳은 것은?   48회 심화 11

① 최씨 무신 정권의 군사적 조직이었다.
② 거란의 침입에 대비하여 창설되었다.
③ 신기군, 신보군, 항마군으로 구성되었다.
④ 유사시에 향토 방위를 맡는 예비군이었다.
⑤ 옷깃 색을 기준으로 9개의 부대로 편성되었다.

---

1) 관련 시기? _____

2) 위 ①~⑤를 순서대로 나열하시오.
___ - ___ - ___ - ___ - ___

---

1) (가) 군사 조직? _____

2)
① 관련 군사? _____   ② 관련 군사? _____
③ 관련 군사? _____   ⑤ 관련 군사? _____

📢 ANSWER

05. ②
원 간섭기 시기 변발과 호복 등 몽골풍이 유행하였다. ② 또한 원 간섭기에는 친원 세력인 권문세족이 등장하여 지배층이 되었고 도평의사사를 장악하였다.
[오답] ① 윤관의 건의로 편성된 별무반은 여진을 격퇴하고, 동북 9성을 축조하였다. ③ 의종 시기 무신에 대한 차별로 정중부, 이의방 등의 무신들이 정변을 일으켜 권력을 차지하였다. ④ 현종은 부처의 힘으로 거란을 물리치고자 초조 대장경을 간행하였다. ⑤ 최충헌 집권기에 만적은 신분 차별에 항거하여 난을 계획하였으나 발각되어 실패하였다.
[순서 나열] ④-①-③-⑤-②

06. ①
(가) 군사 조직은 삼별초이다. 삼별초는 ① 최우가 설치한 야별초에서 비롯되었으며 최씨 정권의 대표적 군사 조직이었다. 무신정권이 무너지고 삼별초는 고려가 원과 강화를 맺어 개경으로 천도하자 배중손의 지휘 아래 3년 동안 항쟁하였다.
[오답] ② 고려 정종 시기 거란의 침입을 대비하기 위해 광군 30만이 조직되었다. ③ 고려 숙종 시기 윤관의 건의로 별무반이 편성되었다. ④ 조선 초기에는 정규군 외에 여러 신분으로 구성된 예비군인 잡색군이 있었다. ⑤ 통일신라 중앙군인 9서당은 옷깃 색을 기준으로 부대가 편성되었다.

기출문제

07
밑줄 그은 '이 왕'의 정책으로 옳은 것은? 53회 심화 12

이곳에는 이 왕과 그의 왕비인 노국 대장 공주의 영정이 봉안되어 있습니다. 조선의 종묘에 고려 왕의 신당이 조성되었다는 점이 특이합니다. 이 왕은 기철 등 친원 세력을 숙청하고 정동행성 이문소를 폐지하였습니다.

① 만권당을 두어 원의 학자들과 교유하였다.
② 신돈을 등용하여 전민변정도감을 운영하였다.
③ 쌍기의 건의를 받아들여 과거제를 실시하였다.
④ 정계와 계백료서를 지어 관리의 규범을 제시하였다.
⑤ 최승로의 시무 28조를 받아들여 통치 체제를 정비하였다.

1) 이 왕? _____
2)
① 관련 국왕? _____ ② 관련 국왕? _____
③ 관련 국왕? _____ ④ 관련 국왕? _____
⑤ 관련 국왕? _____

08
(가) 인물의 활동으로 옳은 것은? 51회 심화 15

이것은 황산대첩비의 탁본입니다. 비문에는 당시 양광전라경상도 도순찰사였던 (가) 이/가 고려군을 이끌고 전라도 황산에서 적장 아지발도를 사살하는 등 왜구를 크게 물리친 일이 기록되어 있습니다.

① 처인성에서 몽골군을 물리쳤다.
② 정변을 일으켜 목종을 폐위하였다.
③ 위화도에서 회군하여 최영을 제거하였다.
④ 교정별감이 되어 국정 전반을 장악하였다.
⑤ 전민변정도감의 책임자로서 개혁을 이끌었다.

1) (가) 인물? _____
2)
① 관련 인물? _____ ② 관련 인물? _____
③ 관련 인물? _____ ④ 관련 인물? _____
⑤ 관련 인물? _____

3) 위 ①~⑤를 순서대로 나열하시오.
___ - ___ - ___ - ___ - ___

📢 ANSWER

07. ②
공민왕은 반원 자주 정책을 실시하여 친원 세력의 대표적 인물인 기철 등을 숙청하였고 원의 내정 간섭 기구였던 정동행성 이문소를 폐지하였다. 공민왕은 반원 정책 뿐만 아니라 왕권 강화에도 힘썼는데 ② 전민변정도감을 설치하여 신돈을 등용하고 권문세족이 부당하게 빼앗은 토지 등을 환원하게 하며 권문세족을 견제하였다.
[오답] ① 충선왕은 만권당을 세웠고, 이곳에서 이제현 등의 성리학자들이 원의 학자들과 교류하였다. ③ 광종은 쌍기의 건의를 받아들여 과거제를 실시하였다. ④ 태조 왕건은 정계와 계백료서를 지어 관리의 규범을 제시하였다. ⑤ 성종은 최승로의 시무 28조를 수용하여 유교 중심의 통치 체제를 정비하였다.

08. ③
이성계는 고려 말 황산 대첩에서 적장 아지발도를 사살하며 승리하였다. 우왕 시기 명이 철령 이북의 땅을 차지하려 하자, 최영과 이성계는 요동 정벌을 단행하였으나 ③ 이성계는 위화도에서 회군하여 최영을 제거한 뒤 실권을 장악하였다.
[오답] ① 김윤후는 몽골의 2차 침입 당시 처인성 전투에서 몽골군을 물리쳤다. ② 강조는 정변을 일으켜 목종을 폐위시키고 현종을 즉위시켰다. ④ 최충헌은 교정도감을 설치하고 스스로 교정별감이 되어 권력을 행사하였다. ⑤ 공민왕은 전민변정도감을 설치하여 신돈을 등용하고 개혁을 진행하였다.
[순서 나열] ②-④-①-⑤-③

CHAPTER 04 고려의 경제·사회·문화

01 고려의 경제

(1) 토지 제도

① 역분전 : 태조, 개국 공신들에게 지급(인품 고려), 논공행상적 성격

② **전시과** 제도
- 국가에 봉사하는 대가로 관료에게 토지 지급
- 문무 관리부터 군인, 한인에 이르기까지 18등급으로 나누어 전지(곡물 수취)와 시지(땔감 수취)의 수조권 지급

③ 변천
- 시정전시과(경종) : 전·현직 관리, 관직, 인품
- 개정전시과(목종) : 전·현직 관리, 관직만 고려
- 경정전시과(문종) : 현직 관리, 공음전 신설, 한외과 폐지

④ 토지의 종류

과전	전시과에서 문무 관리를 대상으로 수조권 지급한 토지	한인전	6품 이하 하급 관료의 자제로서 관직에 오르지 못한 사람에게 지급
공음전	5품 이상의 관료에게 지급, 세습 가능	외역전	향리에게 지급
군인전	군역의 대가로 지급	내장전	왕실 경비 충당
구분전	하급 관료와 군인의 유가족 대상	공해전	관청 경비 충당
사원전	사원에 지급되는 토지		

⑤ 기타
- 녹과전 : 고려 후기 관리들에게 녹봉을 보충하기 위해 경기 지역의 토지를 녹과전으로 지급
- 민전 : 매매·상속·기증·임대가 가능한 사유지, 국가에 세금 납부

(2) 수취 제도

① 양안(토지 대장)과 호적(호구 장부) 작성 : 조세·공물·역 부과의 근거
- 조세 : 토지를 논/밭으로 구분, 비옥도에 따라 3등급으로 나누어 부과, 생산량의 1/10 징수, 조운을 통해 개경으로 운반 및 보관
- 공물 : 집집마다 토산물 징수, 중앙 관청에서 주현에 부과 → 속현과 향·부곡·소에 할당 → 각 고을의 향리들이 집집마다 공물 징수, 상공과 별공
- 역 : 국가가 백성의 노동력을 무상으로 동원, 16~60세 남자(정남)가 의무, 군역과 요역

② 수조권 지급 : 국가와 관청에 종사하는 사람 대상

③ 재정 운영 관청 : 호부, 삼사

(3) 경제 활동

① 농업 중심의 산업 발전
- 농기구의 발달, 우경에 의한 심경법(깊이갈이)의 일반화, 시비법 발달로 휴경지 감소
- 농번기에 잡역 동원 금지, 재해시 세금 감면, 고리대의 이자 제한, 의창 실시, 개간 장려(개간한 땅에 대해 일정 기간 세금 면제)
- 밭농사 : 2년 3작의 윤작법 보급

- 논농사 : 고려 말 남부 일부 지방에 모내기법(이앙법) 보급
- 원으로부터 『농상집요』 전래, 목화 전래(공민왕 때 문익점)

② 상업
- 도시 : 개경에 시전 설치, 개경·서경·동경 등 대도시에 관영상점 설치, 경시서 설치(감독 관청)
- 지방 : 관아 근처에서 시장 개설, 행상들이 돌아다니며 판매
- 소금 전매제 실시(충선왕)

③ 수공업
- 관청 수공업 : 소속된 기술자가 왕실과 국가의 필요 물품 생산
- 소(所) 수공업 : 먹, 종이, 금, 은 등 수공업 제품을 생산하여 공물로 납부

④ 화폐 및 무역
- 화폐 주조 : 건원중보(성종, 철전·동전) → 주전도감 설치(숙종, 의천의 건의) → **활구**(숙종, 은병), 삼한통보·해동통보·해동중보 (숙종, 동전) 등 발행 → 저화(공양왕, 지폐) 발행 but 유통 부진, 일반적으로 곡식·삼베 사용
- 대외무역 : **벽란도**가 국제 무역항으로 번성, 송과 적극 교류, 거란·여진·일본·아라비아, 원과 활발히 교류

빈출 선지 체크

1. 활구라고 불리는 은병이 유통되었다. (국가)
2. 수도의 시전을 감독하기 위해 경시서가 설치되었다. (국가)
3. 철전인 건원중보를 발행하였다. (국왕)
4. 주전도감을 설치하여 해동통보를 발행하였다. (국왕)
5. 벽란도가 국제 무역항으로 번성하였다. (국가)
6. 전지와 시지를 등급에 따라 지급하였다. (제도)
7. 개국 공신에게 인성, 공로를 기준으로 토지를 지급하였다. (제도)

정답 1. 고려 2. 고려 3. 성종 4. 숙종 5. 고려 6. 전시과 7. 역분전

CHAPTER 04 고려의 경제·사회·문화

 사료 확인

1. 고려 토지 제도의 변천

- ㉠ _____(국왕) 23년(940)에 처음으로 역분전 제도를 설정하였는데, 삼한을 통합할 때 조정의 관료와 군사에게 그 관계(官階)의 높고 낮음을 논하지 않고 그 사람의 성품과 행동의 착하고 악함과 공로가 크고 작은가를 참작하여 차등있게 주었다.
- ㉡ _____(국왕) 원년 11월에 비로소 직관·산관의 각 품(品)의 전시과를 제정하였는데 관품(官品)의 높고 낮은 것은 논하지 않고 다만 인품(人品)만 가지고 전시과의 등급을 결정하였다.

2. 관련 국왕?

- 왕 2년 교서를 내리기를, "… 짐은 선왕의 업적을 계승하여 장차 민간에 큰 이익을 일으키고자 주전(鑄錢)하는 관청을 세우고 백성들에게 두루 유통시키려 한다."라고 하였다.
- 왕 6년 주전도감(鑄錢都監)에서 아뢰기를, "백성들이 비로소 동전 사용의 이로움을 알아 편리하게 여기고 있으니 종묘에 고하소서."라고 하였다. 또한 이 해에 은병(銀瓶)을 사용하여 화폐로 삼았다.

정답 1. ㉠ 태조 왕건 ㉡ 경종   2. 숙종

 사료 확인

은병(활구)

은 1근으로 만든 고액 화폐로, 1개는 베 100필에 해당하였다.

고려 전기의 대외 교류

02 고려의 사회

(1) 신분제도

① 귀족
- 왕족, 5품 이상의 고위 관료
- 음서(정치적)와 공음전(경제적)의 혜택
- 지배계층 변화 : 호족 → 문벌귀족 → 무신 → 권문세족 → 신진사대부
- 문벌귀족 : 대대로 고위 관직 차지, 개경에 거주(죄 지은 자는 형벌로 귀향), 중첩된 혼인관계
- 무신 : 무신 정변 후 문벌귀족 세력의 약화, 무신의 권력 장악
- 권문세족 : 무신 정권 붕괴 후 등장, 대농장과 노비 소유, 음서로 신분 세습
- 신진사대부 : 과거를 통해 관직 진출, 권문세족 비판, 성리학을 학문적 기반으로 삼음

② 중류층
- 중간 지배층, 지배 기구의 말단 행정직으로 존재, 직역 세습
- 서리(중앙 관청의 행정 실무), 남반(궁궐의 실무), 향리(지방 행정 실무 담당), 하급 장교 등

③ 양민
- 백정 : 일반 농민, 양민의 대부분 차지, 납세의 의무
- 향·부곡·소민 : 향·부곡민(주로 농업에 종사), 소민(주로 수공업·광업 등에 종사), 양민에 속하지만 일반 군현의 주민에 비해 차별 받음(세금 부담 多, 거주 이전 자유 X, 과거 응시X)

④ 천민
- 대부분 노비, 재산으로 취급되어 매매·증여·상속의 대상, 신분 세습(일천즉천)
- 공노비(입역/외거노비), 사노비(솔거/외거노비)로 구분
- 외거노비는 따로 살면서 정해진 분량의 신공을 바침

(2) 개방적 신분 질서 및 생활 모습

① 개방적 신분 질서
- 상층 향리가 과거 합격하여 고위 관리 가능
- 군인은 전쟁에서 공을 세워 무관으로 출세 가능
- 노비는 재산모아 해방 가능
- 향·부곡·소의 봉기 또는 전쟁에서 맞서 싸워 군현으로 승격 가능

② 혼인 : 일부일처제 원칙, 왕실은 친족 간의 혼인 성행

③ 여성의 지위 : 여성이 호주 가능, 호적에 나이순 기재, 균분 상속, 딸이 제사 지냄, 사위가 처가에서 생활, 사위와 외손자에게까지 음서의 혜택, 재혼 가능, 재혼한 여성의 자녀도 차별 받지 않음

(3) 사회 시책

① 사회 시책 : 조세 수취의 한도 정함, 농번기 잡역 면제, 자연재해 입은 농민은 세금 감면

② 사회 제도 : 의창(빈민 구제), 상평창(물가 조절 기구, 개경·서경·12목에 설치), 동·서 대비원(환자 진료), 혜민국(의약 담당), 구제도감·구급도감(재해시 백성 구제를 위한 임시 기구), 제위보(기금 마련 후 이자로 빈민 구제)

③ 농민 공동체 : 향도(불교 신앙에 바탕 둔 농민 공동체 조직, 매향 활동)

CHAPTER 04 고려의 경제·사회·문화

빈출 선지 체크

1. 개경에 국립 의료기관인 동서 대비원을 설치하였다. (국가)
2. 기금을 모아 그 이자로 빈민을 구휼하는 제위보를 운영하였다. (국가)
3. 병자에게 의약품을 제공하는 혜민국이 있었다. (국가)

정답 1. 고려 2. 고려 3. 고려

사료 확인

고려의 신분제도

- 귀족: 왕족, 문무 고위 관료
- 중류층: 하급 관리, 서리, 향리, 남반, 하급 장교
- 양민: 농민, 상인, 수공업자, 향·소·부곡민
- 천민: 공·사노비

사천 매향비

1387년에 매향을 한 후 세운 비석으로, 내세의 행운과 국태민안(國泰民安)을 기원하는 내용이 적혀있다.

고려 노비의 신분 상승

평량은 평장사 김영관의 집안 노비로, 견주(경기도 양주)에 살면서 농사에 힘써 부유하게 되었다. 그는 권세가 있는 요직의 인물에게 뇌물을 바쳐 천인에서 벗어나 양인이 되고 산원동정의 벼슬을 얻었다.
— 『고려사』 —

재상이 된 역관

유청신은 장흥부 고이부곡 사람이다. 나라 법도에 부곡리는 비록 공이 있더라도 5품을 넘을 수 없다고 하였다. …… 몽골 어를 익혀 여러 차례 원에 사신으로 가서 잘 응대하였다. 이로 말미암아 충렬왕의 총애를 받아 낭장에 임명되었다. 하교하기를, "청신은 조인규를 따라 힘을 다해 공을 세웠으므로 비록 가세가 5품에 한정해야 하나 본인에게는 3품까지 허용하며, 고이부곡을 고흥현으로 승격하라."라고 하였다.
— 『고려사』 —

군공을 세워 장군으로 승진

이의민은 경주 사람인데, 부친 이선은 소금과 체를 파는 사람이었고, 모친은 연일현 옥령사 노비였다. …… 정중부의 난 때 이의민이 살해한 사람이 제일 많았다. 이의민은 중랑장이 되었다가 즉시 장군으로 승진하였다.
— 『고려사』 —

재가한 여성의 자녀도 사회적 차별을 받지 않다

의붓아버지가 가난을 이유로 공부시키지 않고 …… (이승장의) 어머니는 그럴 수 없다며 고집하기를, "…… 내가 전 남편과의 의리를 저버렸지만, (남편의) 유복자가 다행히 잘 자라 학문에 뜻을 둘 나이가 되었으니, 그 친아버지가 다니던 사학에 입학시켜 뒤를 잇게 해야 해요. 안 그러면 죽은 뒤에 내가 무슨 낯으로 전 남편을 보겠어요?"라고 하였다. 마침내 (이승장을) 솔성재(率性齋)에서 공부하게 하니, 전 남편의 옛 학업을 뒤따르게 한 것이다.
― 『고려사』 ―

고려 여성의 높은 지위

박유가 글을 올려 말하기를 " …… 우리나라는 남자는 적고 여자는 많은데 지금 신분의 높고 낮음을 막론하고 처를 하나 두는 데 그치고 있으며 아들이 없는 자들까지도 감히 첩을 두려고 생각하지 않고 있습니다. …… 그러므로 청컨대 여러 신하, 관료들로 하여금 여러 처를 두게 하되 품위에 따라 그 수를 점차 줄이도록 하여 보통 사람에 이르러서는 1인 1첩을 둘 수 있도록 하며 여러 처에서 낳은 아들들도 역시 본처가 낳은 아들처럼 벼슬을 할 수 있게 하기를 원합니다." …… 때마침 연등회 저녁 박유가 왕의 행차를 호위하여 따라갔는데 어떤 노파가 그를 손가락질하면서 "첩을 두자고 요청한 자가 저 놈의 늙은이이다."라고 하니 듣는 사람들이 서로 전하여 서로 가리키니 거리마다 여자들이 무리로 손가락질하였다. 당시 재상들 가운데 그 부인을 무서워하는 자들이 있었기 때문에 그 건의를 정지하고 결국 실행되지 못하였다.
― 『고려사』 ―

고려 후기 향도의 변화

대체로 이웃 사람끼리 모여 회합을 갖는데 적으면 7인에서 9인이요, 많으면 100여 인이 되며, 매월 돌아가면서 술을 마신다. 상을 당한 자가 있으면 향도끼리 상복을 마련하거나 관을 준비하고 음식을 마련하며, 혹은 상여 줄을 잡아 주거나 무덤을 만들어 주니 이는 참으로 좋은 풍속이다.
― 『용재총화』 ―

고려시대 여성의 지위

어머니가 일찍이 재산을 나누어 줄 때 나익희에게는 따로 노비 40구를 넘겨 주었다. 나익희는 "제가 6남매 중에 외아들이라고 해서 어찌 사소한 것을 더 차지하여 여러 자녀들과 화목하게 살게 하려 한 어머니의 거룩한 뜻을 더럽히겠습니까?" 하고 사양하자, 어머니가 옳게 여기고 그 말을 따랐다.
― 『고려사』 ―

CHAPTER 04 고려의 경제·사회·문화

03 고려의 문화

(1) 유학의 발달과 역사서의 편찬

① 유학의 발달
- 건국 초 : 과거제 실시(광종), 시무 28조 수용 · 국자감 설치(성종)
- 문벌귀족기 : 해동공자 최충의 문헌공도(9재) 등 사학 12도 융성 → 관학진흥책(7재, 양현고)
- 고려 후기 : 성리학 전래(from 원, 안향), 남송의 주희가 집대성한 유학, 인간의 심성과 우주의 원리를 탐구, 이제현이 원의 학자들과 교류 통해 수용(만권당), 신진사대부의 사상적 기반

② 교육 기관
- 관학 : 국자감(유학부, 기술학부), 향교(지방 관리와 서민 자제 교육)
- 사학의 융성 : <mark>최충의 문헌공도</mark> 등 사학 12도 융성 → 국자감 등 관학 위축
- 관학 진흥책 : 서적포(숙종, 서적 간행), 국학 7재(예종, 전문 강좌), 양현고(예종, 장학재단), 청연각·보문각(예종, 학문 연구소), 경사 6학(인종), 성균관 개편(공민왕, 순수 유학 교육 기관으로 개편)

③ 역사서의 편찬
- 초 : 거란의 침입으로 실록 소실 → 태조~목종 때까지의 기록인 『7대실록』 편찬(현종~덕종), 전하지 않음
- 중기 : <mark>『삼국사기』</mark>(김부식) – <mark>현존 최고(最古) 역사서</mark>, 유교적 합리주의 사관, 기전체
- 무신집권기 : 『동명왕편』(이규보) – 『동국이상국집』에 수록, 동명왕(주몽)의 업적을 서술한 영웅 서사시, 고구려 계승 의식
  『해동고승전』(각훈) – 삼국~고려시대 고승 기록(현재 삼국시대 승려 30여 명 전기만 전래)
- 원 간섭기 : 『삼국유사』(일연) – 단군 이야기 수록, 불교사 중심, 고대 민간 설화 수록
  『제왕운기』(이승휴) – 단군~충렬왕까지의 역사를 서사시로 정리, 중국사인 상권과 우리 역사인 하권으로 구성
- 말 : 『사략』(이제현) – 성리학적 유교 사관, 정통 의식과 대의명분 강조

(2) 불교의 발달

① 건국 초
- 태조 : 연등회·팔관회 중시, 사찰 건립
- 광종 : 승과 제도 실시, 명망이 높은 승려를 왕사나 국사로 삼아 존중, 균여(『보현십원가』)

② 불교 통합 운동
- <mark>의천</mark>(대각국사) : 흥왕사를 근거지로 하여 화엄종을 중심으로 교종을 통합 → 국청사 창건, 해동 천태종 창시하여 교종 중심 선종 통합, 교관겸수, 『신편제종교장총록』 편찬, 『교장』 간행
- <mark>지눌</mark>(보조국사) : 송광사에서 수선사 결사 조직(불교계 타락 비판), 조계종(선종 중심 교종 통합), 정혜쌍수, 돈오점수
- 혜심 : 유·불 일치설 → 성리학 수용의 토대 마련
- 요세 : 백련사 결사(천태종 중심)

③ 대장경 간행
- 초조대장경 : 거란 침입기 제작, 몽골 침입기 소실
- 교장 : 의천, 고려와 송·요의 대장경에 대한 주석서를 모아 편찬
- 팔만대장경 : 몽골 침입기 제작, 대장도감 합천 해인사 장경판전에 보관

(3) 도교와 풍수지리설
  ① 도교
    • 나라의 안녕과 왕실의 번영 기원, 국가 차원의 도교 행사 개최, 초제 성행, 도교 사원 건립(예종)
    • 별도의 도교 교단은 성립하지 못함
  ② 풍수지리
    • 도참 사상과 결합하여 널리 유행
    • 땅의 형세나 모양이 국가의 운명이나 개인의 삶에 영향을 미친다는 이론
    • 서경 길지설(북진 정책, 서경 천도 운동) → 남경 길지설(문종 전후)

(4) 과학 기술의 발달
  ① 천문학과 의학
    • **천문학** : 사천대(서운관)에서 천문 현상 관측
    • **역법** : 고려 초 선명력(당) → 후기 수시력(원), 대통력(명)
    • **의학** : 태의감(의학 교육), 의과 실시, 『향약구급방』(현존 최고 의서) 편찬
  ② 인쇄술의 발달
    • **목판인쇄물** : 초조대장경, 팔만대장경
    • **금속활자본** : 상정고금예문(1234, 강화도 피난시 금속활자로 인쇄되었다고 기록하나 현전 X), ==직지심체요절==(1377, 청주 흥덕사에서 제작, 현존 세계 최고)
  ③ 화약 무기 제조와 조선 기술
    • **화약과 화포** : 최무선의 화통도감 설치(진포 싸움에서 왜구 격퇴)
    • **조선술** : 대형 범선 제작, 대형 조운선 제작

(5) 유형 문화
  ① 건축
    • **주심포식 건물** : 봉정사 극락전, 부석사 무량수전, 수덕사 대웅전
    • **다포식 건물** : 성불사 응진전
  ② 탑 : 다각다층, 안정감 부족
    • **전기** : 평창 월정사 8각 9층 석탑, 여주 고달사지 승탑(신라의 팔각 원당형 계승)
    • **후기** : 개성 경천사지 10층 석탑(조선 전기 원각사지 10층 석탑에 영향)
  ③ 불상 : 큰 규모에 비해 조형미는 떨어지나, 소박한 지방 문화의 모습을 보여줌, 하남 하사창동 철조 석가여래 좌상(대형 철불), 논산 관촉사 석조 미륵보살 입상, 파주 용미리 마애이불 입상(대형 석불), 영주 부석사 소조여래 좌상(신라 양식 계승)
  ④ 청자와 공예
    • **청자** : ==순청자==(11c) → ==상감청자==(12c) → 원 간섭기 이후 쇠퇴
    • **금속 공예** : 청동기 표면에 은으로 무늬를 장식하는 은입사 기술 발달
    • **나전 칠기 공예** : 옻칠한 바탕에 자개를 붙여 무늬를 표현
  ⑤ 글씨, 그림과 음악
    • **글씨** : 왕희지체, 구양순체, 송설체 유행
    • **그림** : 천산대렵도(공민왕), 수월관음도(혜허)
    • **음악** : 아악(송의 대성악을 수입하여 발전시킨 궁중 음악), 향악(우리나라 고유 음악, '동동', '대동강')

CHAPTER 04 고려의 경제·사회·문화

빈출 선지 체크

1. 정혜쌍수와 돈오점수를 주장하였다. (인물)
2. 고구려 건국 시조의 일대기를 서사시로 표현하였다. (역사서)
3. 대장도감을 설치하여 팔만대장경을 간행하였다. (시기)
4. 천태종을 개창하여 불교 통합에 힘썼다. (인물)
5. 정혜결사를 통해 불교 개혁에 앞장섰다. (인물)
6. 심성의 도야를 강조한 유불일치설을 제창하였다. (인물)
7. 불교 관련 설화를 중심으로 삼국유사를 저술하였다. (인물)
8. 청주 흥덕사에서 금속 활자본으로 간행되었다. (유물)
9. 유교 사관에 입각하여 기전체 형식으로 서술하였다. (역사서)
10. 지공거 출신으로 9재 학당을 세워 유학 교육에 힘썼다. (인물)
11. 단군의 건국 이야기를 수록하였다. (역사서)
12. 전문 강좌인 7재가 운영되었다. (기구)
13. 관학을 진흥하고자 양현고를 설치하였다. (국왕)

정답 1. 지눌 2. 동명왕편 3. 원 침입기 4. 의천 5. 지눌 6. 혜심 7. 일연 8. 직지심체요절 9. 삼국사기 10. 최충 11. 삼국유사, 제왕운기 등 12. 국자감 13. 예종

사료 확인

1. _____ (인물)의 문헌공도

그가 죽은 뒤 시호를 문헌(文憲)이라고 하였는데, 과거에 응시하는 자들이 모두 9재 학당에 소속되어 이를 모두 문헌공도라고 불렀다. …… 세간에서는 12사학 중에서 그의 학도가 가장 성대하다고 하였다. - 『고려사』 -

2. _____ (인물)이 삼국사기를 올리는 글

성상 폐하께서는 "오늘날의 학자들이 중국의 경전과 역사에는 능통하나, 우리나라 역사는 잘 알지 못하니 걱정스러운 일이다. …… 중국 역사서에 삼국의 기록이 있으나 자세하지 않고, 예부터 전해 오던 고기(古記)의 내용은 빠진 내용이 많아 후대에 교훈을 주기 어렵다. 이에 후대에 남겨 줄 역사서를 만들어야겠다."라고 말씀하셨습니다.

3. _____ (인물)

교리(敎理)를 배우는 이는 내적인 것(마음)을 버리고 외적인 것을 구하는 일이 많고, 참선(參禪)하는 사람은 밖의 인연을 잊고 내적으로 밝히기를 좋아한다. 이는 다 편벽된 집착이고 양 극단에 치우친 것이다. - 『대각국사문집』 -

4. _____ (인물)

하루는 같이 공부하는 사람 10여 인과 더불어 약속하였다. 명예와 이익을 버리고 산림에 은둔하여 같은 모임을 맺자. 항상 선(禪)을 익혀 지혜를 고르는 데 힘쓰고, 예불하고 경전을 읽으며, 나아가서는 노동하기에 힘쓰자. 각자 맡은 바 임무에 따라 경영하고, 인연에 따라 심성을 수양하며 한평생을 자유롭고 호쾌하게 지내자. - 권수정혜결사문 -

정답 1. 최충 2. 김부식 3. 의천 4. 지눌

CHAPTER 04 고려의 경제·사회·문화

사료 확인

의천
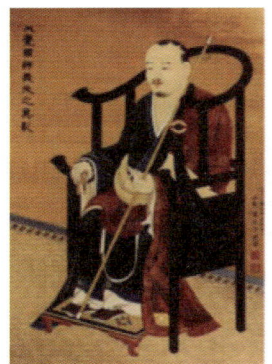

지눌

안동 봉정사 극락전

영주 부석사 무량수전

성불사 응진전

청자 참외모양 병

청자 상감 운학문 매병
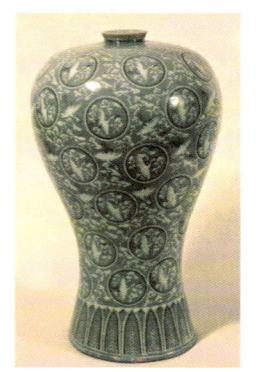

천산대렵도

월정사 8각 9층 석탑

경천사지 10층 석탑

하남 하사창동 철조 석가여래 좌상

논산 관촉사 석조 미륵보살입상

부석사 소조여래 좌상

기출문제

01
다음 상황이 나타난 시기의 경제 모습으로 옳은 것은?

53회 심화 14

- 11월에 팔관회가 열렸다. 왕이 신봉루에 들러 모든 관료에게 큰 잔치를 베풀었다. … 송의 상인과 탐라국도 특산물을 바쳤으므로 자리를 내주어 음악을 관람하게 하였는데, 이후 상례(常禮)가 되었다.
- 대식국의 객상(客商) 보나합 등이 와서 … 물품을 바쳤다. 관리에게 명하여 객관에서 우대하며 대접하게 하고, 돌아갈 때에는 황금과 명주를 넉넉하게 하사하였다.

① 벽란도가 국제 무역항으로 번성하였다.
② 송상이 전국 각지에 송방을 설치하였다.
③ 시장을 감독하는 관청인 동시전이 있었다.
④ 신라방을 형성하여 중국과 활발히 교역하였다.
⑤ 육의전을 제외한 시전상인의 금난전권을 폐지하였다.

1) 관련 국가? _____

2)
① 관련 국가? _____ ② 관련 국가? _____
③ 관련 국가? _____ ④ 관련 국가? _____
⑤ 관련 국가? _____

02
다음 자료에 나타난 시기의 경제 상황으로 옳은 것은?

52회 심화 15

- 주전도감에서 아뢰기를, "백성들이 비로소 동전 사용의 이로움을 알아 편리하게 여기고 있습니다."라고 하였다. 또한 이 해에 은병을 화폐로 삼았다. 은 1근으로 만들되 우리나라 지형을 본떠 만들었으며 속칭 활구라 하였다.
- 저포, 은병으로 가치를 표준하여 교역하고 작은 일용품은 쌀로 가격을 계산하여 거래한다. 백성들은 그런 풍속에 익숙하여 편하게 여긴다.

① 책문 후시를 통한 교역이 활발하였다.
② 송상이 전국 각지에 송방을 설치하였다.
③ 감자, 고구마 등이 구황 작물로 재배되었다.
④ 경시서의 관리들이 수도의 시전을 감독하였다.
⑤ 광산을 전문적으로 경영하는 덕대가 나타났다.

1) 관련 국가? _____

2)
① 관련 국가? _____ ② 관련 국가? _____
③ 관련 국가? _____ ④ 관련 국가? _____
⑤ 관련 국가? _____

ANSWER

01. ①
팔관회는 고려 최대의 종교 행사였다. ① 고려시대에는 무역이 활발하게 이루어졌는데 예성강의 벽란도는 대외 무역의 발전과 함께 국제 무역항으로 번성하였다.
[오답] ② 조선 후기 개성의 송상은 전국에 송방을 설치하여 활동 기반을 넓혔다. ③ 신라는 지증왕 시기 시장을 감독하는 기구로 동시전을 설치하였다. ④ 통일신라는 당나라와의 무역이 확대되어 신라인의 거주지인 신라방을 만들어 중국과 활발히 교역하였다. ⑤ 조선 정조는 육의전을 제외한 시전 상인의 금난전권을 폐지하였다(신해통공).

02. ④
제시문에서 '주전도감', '활구' 등의 내용을 통해 고려시대임을 알 수 있다. 고려의 상업은 도시 위주로 발달하였는데 개경에 시전을 설치하여 관청과 귀족들이 주로 이용하게 하였고, ④ 경시서를 두어 수도의 시전을 감시하였다.
[오답] ① 조선 후기에는 무역이 활발해지면서 개시와 후시가 이루어졌다. ② 조선 후기 송상은 전국 각지에 송방을 설치하였다. ③ 조선 후기에는 상품 작물의 재배가 증가하면서 감자, 고구마 등의 구황 작물도 재배되었다. ⑤ 조선 후기에는 광업이 활발하였고 광산을 전문적으로 경영하는 덕대가 등장하였다.

04 기출문제

03
다음 정책을 실시한 국가의 경제 상황으로 옳은 것은?

50회 심화 17

> • 토지의 비옥함과 척박함을 구분하여 문무백관에서 부병(府兵), 한인(閑人)에 이르기까지 모두 과(科)에 해당하는 토지를 주고, 또 과에 따라 땔나무를 구할 땅을 주었다.
> • 도평의사사에서 방을 붙여 알리기를, "지금부터 은병 1개를 쌀로 환산하여 개경에서는 15~16석, 지방에서는 18~19석의 비율로 하되, 경시서에서 그 해의 풍흉을 살펴 그 값을 정할 것이다."라고 하였다.

① 모내기법이 전국적으로 확산되었다.
② 덕대가 광산을 전문적으로 경영하였다.
③ 면화, 담배 등이 상품작물로 재배되었다.
④ 예성강 하구의 벽란도가 국제 무역항으로 번성하였다.
⑤ 토지의 비옥도에 따라 6등급으로 나누어 전세를 거두었다.

1) 관련 국가? _____

2)
① 관련 시기? [고려 / 조선 전기 / 조선 후기]
② 관련 시기? [고려 / 조선 전기 / 조선 후기]
③ 관련 시기? [고려 / 조선 전기 / 조선 후기]
④ 관련 시기? [고려 / 조선 전기 / 조선 후기]
⑤ 관련 시기? [고려 / 조선 전기 / 조선 후기]

04
다음 제도가 시행된 국가의 경제 상황으로 옳은 것은?

48회 심화 16

> • 경종 원년, 처음으로 직관(職官)과 산관(散官) 각 품의 전시과를 제정하였다.
> • 문종 30년, 양반 전시과를 다시 고쳤다. 제1과는 중서령, 상서령, 문하시중으로 전지 100결과 시지 50결을 주며, ⋯ 18과는 한인(閑人), 잡류(雜類)로 전지 17결을 주었다.

① 솔빈부의 말이 특산물로 거래되었다.
② 청해진이 국제 무역 거점으로 번성하였다.
③ 시장을 감독하는 관청인 동시전이 설치되었다.
④ 건원중보가 발행되어 금속 화폐의 통용이 추진되었다.
⑤ 설점수세제의 시행으로 민간의 광산 개발이 허용되었다.

1) 관련 국가? _____

2)
① 관련 국가? _____ ② 관련 국가? _____
③ 관련 국가? _____ ④ 관련 국가? _____
⑤ 관련 국가? _____

📢 ANSWER

03. ④
고려는 관직의 등급을 18등급으로 나누어 지위에 따라 전지와 시지를 나누어 주는 전시과 제도를 실시하였다. 또한 상업 활동이 활발해지면서 숙종 때에 활구라는 은병을 만들어 통용시켰다. 상업 활동의 성장과 더불어 무역도 활발했는데 ④ 예성강 하구의 벽란도가 국제 무역항으로 번성하였다.
[오답] ① 조선 후기에는 모내기법이 전국적으로 확산되어 광작이 성행하였다. ② 조선 후기 광업에서는 경영 전문가인 덕대가 등장하였다. ③ 조선 후기에는 모내기법으로 광작과 이모작이 가능해지면서 면화, 담배 등의 상품 작물도 재배되었다. ⑤ 조선 전기 세종 시기에 공법을 마련하여 토지의 비옥도와 풍흉에 따라 전분 6등법과 연분 9등법으로 구분하였다.

04. ④
고려 시대에는 토지에 대한 수조권을 지급하는 전시과가 시행되어 관직의 등급에 따라 전지와 시지를 지급하였다. 또한 활구와 ④ 건원중보 같은 화폐를 발행하여 통용시켰다.
[오답] ① 발해는 솔빈부의 말이 특산물로 거래되었다. ② 신라 하대에는 장보고가 완도에 청해진을 설치하고 해상 무역권을 장악하였다. ③ 신라 지증왕은 시장 감독 기구로 동시전을 설치하였다. ⑤ 조선 후기에는 설점수세제의 시행으로 민간인이 광산 개발이 가능하게 되었다.

05

(가) 시대의 정책으로 옳은 것을 〈보기〉에서 고른 것은?

52회 심화 12

해외 소재 우리 문화유산

구제도감

1. 기능

　　(가)　 시대에 재해가 발생했을 때 설치한 임시 기구로서 전염병 퇴치, 병자 치료 등의 임무를 수행하며 백성을 구호하였다.

2. 관련 사료

　왕이 명하기를, "도성 내의 백성들이 역질에 걸렸으니 구제도감을 설치하여 이들을 치료하고, 시신과 유골은 거두어 비바람에 드러나지 않게 매장하라."라고 하였다.

| 보기 |

ㄱ. 기근에 대비하기 위하여 구황촬요를 간행하였다.
ㄴ. 개경에 국립 의료 기관인 동서 대비원을 설치하였다.
ㄷ. 호조에서 정한 사창절목에 따라 사창제를 시행하였다.
ㄹ. 기금을 모아 그 이자로 빈민을 구휼하는 제위보를 운영하였다.

① ㄱ, ㄴ ② ㄱ, ㄷ ③ ㄴ, ㄷ ④ ㄴ, ㄹ ⑤ ㄷ, ㄹ

1) 관련 국가? _____
2) ㄱ 관련 국가? _____ ㄴ 관련 국가? _____
   ㄷ 관련 국가? _____ ㄹ 관련 국가? _____

06

(가)에 들어갈 내용으로 옳지 않은 것은?

48회 심화 17

고려시대 민생 안정을 위해 시행한 정책에 대해 이야기해 보자.
감염병 확산 등에 대처하기 위해 구제도감을 설치하였어.
(가)

① 물가 조절을 위해 상평창을 설치하였어.
② 병자에게 의약품을 제공하는 혜민국이 있었어.
③ 환자 치료와 빈민 구제를 위해 동·서 대비원을 두었어.
④ 국산 약재와 치료 방법을 정리한 향약집성방이 간행되었어.
⑤ 기금을 모아 그 이자로 빈민을 구제하는 제위보를 운영하였어.

1) 위에서 틀린 것은 ___번이며, 이는 _____(시대)에 대한 설명이다.

📢 ANSWER

05. ④
고려 예종은 구제도감을 설치하여 각종 재해가 발생하였을 때 백성의 구제에 힘썼다. ㄴ 또한 백성들이 의료 혜택을 받도록 개경에 동서 대비원을 설치하였으며 ㄹ 기금을 마련한 뒤 이자로 빈민을 구제하는 제위보를 설치하였다.
[오답] ㄱ 조선 명종 시기 구황촬요를 간행하여 흉년 기근에 대비하였다. ㄷ 조선 후기 흥선대원군은 사창절목을 제정하여 사창제를 실시하였다.

06. ④
고려 시대에는 민생 안정을 위해 구제도감을 설치하였고 ① 물가 조절을 위해 상평창을 두었다. 또한 ② 백성들이 의료 혜택을 받을 수 있도록 혜민국을 두어 의약품을 제공하였고 ③ 개경에 동서 대비원을 설치하였다. 그리고 ⑤ 기금을 마련한 뒤 이자로 빈민을 구제하는 제위보를 설치하였다.
[오답] ④ 조선 세종 시기에 우리 풍토에 알맞은 국산 약재와 치료 방법을 정리한 향약집성방이 간행되었다.

04 기출문제

07

밑줄 그은 '그'에 대한 설명으로 옳은 것은? 53회 심화 16

이건은 개경 흥왕사 터에서 출토된 대각국사의 묘지명 탁본입니다. 여기에는 문종의 넷째 아들인 그가 송에 유학하고 돌아온 후 국청사를 중심으로 천태종을 개창한 내용이 기록되어 있습니다.

① 정혜쌍수와 돈오점수를 주장하였다.
② 무애가를 지어 불교 대중화에 힘썼다.
③ 황룡사 구층 목탑의 건립을 건의하였다.
④ 백련사 결사를 통해 불교 정화 운동을 전개하였다.
⑤ 교장도감을 설치하여 불교 경전 주석서를 편찬하였다.

1)
위 인물? _____(국가)의 _____(인물)
2)
① 관련 인물? _____(국가)의 _____(인물)
② 관련 인물? _____(국가)의 _____(인물)
③ 관련 인물? _____(국가)의 _____(인물)
④ 관련 인물? _____(국가)의 _____(인물)
⑤ 관련 인물? _____(국가)의 _____(인물)

08

다음 대화에 해당하는 문화유산으로 옳은 것은? 53회 심화 17

주제: 우리나라 불교 문화유산

이 탑은 개성에 있었는데 지금 국립 중앙 박물관에 전시되고 있어.
원의 영향을 받은 다각 다층의 대리석 탑이야.
원각사지 십층 석탑에 영향을 주기도 하였지.

①  ②  ③
④  ⑤

1)
위 탑? _____
2)
① 관련 국가? _____   ② 관련 국가? _____
③ 관련 국가? _____   ④ 관련 국가? _____
⑤ 관련 국가? _____

📢 ANSWER

07. ⑤
의천은 국청사를 창건하고 천태종을 창시하였다. 그는 국내는 물론 송·요·일본 등 각국의 불교 서적을 모아 목록에 해당하는 "신편제종교장총록"을 편찬하였다. 또한 ⑤ 흥왕사에 교장도감을 설치하여 4,700여 권의 "교장"을 간행하였다.
[오답] ① 지눌은 정혜쌍수와 돈오점수를 주장하며 선종을 중심으로 교종을 통합하고자 하였다. ② 원효는 아미타 신앙을 전도하고 무애가를 지어 부처의 가르침을 대중에게 전파하였다. ③ 신라 선덕여왕 시기 자장은 부처의 힘으로 침략을 막고자 황룡사 9층 목탑 건립을 건의하였다. ④ 요세는 백련결사를 조직하고 불교 정화 운동을 전개하였다.

08. ③
우리나라 최초의 대리석탑인 ③ 경천사지 10층 석탑은 원의 영향을 받아 만들어졌다. 이후 조선 시대 원각사지 10층 석탑에 영향을 주었다.
[오답] ① 안동 법흥사지 7층 전탑 (통일신라) ② 다보탑 (통일신라) ④ 익산 미륵사지 석탑 (백제) ⑤ 평창 월정사 8각 9층 석탑 (고려 전기)

09

밑줄 그은 '그'에 대한 설명으로 옳은 것은? 51회 심화 16

이 목판의 글은 '불일보조 국사'라는 시호를 받은 그가 지은 것입니다. 그는 화두를 바탕으로 수행하는 참선법을 강조하고 돈오점수를 주장하였습니다.

원돈성불론·간화결의론 합각 목판

① 화왕계를 지어 국왕에게 바쳤다.
② 천태종을 개창하여 불교 통합에 힘썼다.
③ 정혜결사를 통해 불교 개혁에 앞장섰다.
④ 심성의 도야를 강조한 유불 일치설을 제창하였다.
⑤ 불교 관련 설화를 중심으로 삼국유사를 저술하였다.

10

밑줄 그은 '이 책'에 대한 설명으로 옳은 것은? 51회 심화 17

이승휴가 지은 이 책의 상권에는 중국의 역사가, 하권에는 우리나라의 역사가 서술되어 있습니다.

이 책은 중국과 구별되는 우리 역사의 독자성을 강조했다는 평가를 받고 있습니다.

① 남북국이라는 용어를 처음 사용하였다.
② 사초와 시정기를 바탕으로 편찬하였다.
③ 단군의 고조선 건국 이야기를 수록하였다.
④ 청주 흥덕사에서 금속 활자본으로 간행되었다.
⑤ 유교 사관에 입각하여 기전체 형식으로 서술하였다.

---

1)
위 인물? _____

2)
① 관련 인물? _____ ② 관련 인물? _____
③ 관련 인물? _____ ④ 관련 인물? _____
⑤ 관련 인물? _____

1)
이 책? _____

2)
① 관련 책? _____ ② 관련 책? _____
③ 관련 책? _____ ④ 관련 책? _____
⑤ 관련 책? _____

ANSWER

09. ③
지눌은 정혜쌍수와 돈오점수를 주장하며 선종을 중심으로 교종을 통합하고자 하였다. 또한 ③ 지눌은 당시 불교의 타락을 비판하며 불교를 개혁하고자 개혁 운동인 정혜결사(수선사 결사)를 제창하였다.
[오답] ① 신라 시대 설총은 이두를 정리하였으며 신문왕에게 화왕계를 지어 바쳤다. ② 의천은 국청사를 창건하고 천태종을 개창하였으며 불교 개혁에 앞장섰다. ④ 혜심은 유불 일치설을 주장하며 성리학 수용에 사상적 토대를 마련하였다. ⑤ 충렬왕 시기 일연이 쓴 삼국유사는 불교 관련 설화를 중심으로 민간 설화 등을 수록하였다.

10. ③
이승휴가 지은 '제왕운기'는 상권에 중국의 역사, 하권에 우리나라의 역사가 서술되어 있으며 ③ 단군 신화를 기록하였다.
[오답] ① 조선 정조 시기 유득공은 발해고를 저술하여 남북국이라는 용어를 처음 사용하였다. ② 조선왕조실록은 사초와 시정기를 종합 및 정리하여 편년체로 편찬하였다. ④ 고려 말 청주 흥덕사에서 간행한 직지심체요절은 현존하는 세계에서 가장 오래된 금속 활자본이다. ⑤ 김부식은 유교 사관에 기초하여 기전체 형식으로 삼국사기를 서술하였다.

04 기출문제

11

(가)~(마)에 들어갈 내용으로 옳은 것은?   51회 심화 18

> 한국사 교양 강좌
>
> **인물로 보는 고려의 성리학**
>
> 우리 박물관에서는 '인물로 보는 고려의 성리학'을 주제로 한국사를 이해하는 자리를 마련하였습니다. 관심 있는 분들의 많은 참여 바랍니다.
>
> ◆ 강좌 순서 ◆
>
> 제1강. 안향, ____(가)____
> 제2강. 이제현, ____(나)____
> 제3강. 이색, ____(다)____
> 제4강. 정몽주, ____(라)____
> 제5강. 정도전, ____(마)____
>
> • 기간 : 2021년 ○○월 ○○일 ~ ○○월 ○○일
> • 장소 : □□ 대학교 대강당
> • 주최 : △△ 박물관

① (가) – 봉사 10조를 올려 시정 개혁을 제안하다.
② (나) – 만권당에서 원의 학자들과 교유하다.
③ (다) – 9재 학당을 세워 유학 교육에 힘쓰다.
④ (라) – 경제문감을 저술하고 재상 중심의 정치를 주장하다.
⑤ (마) – 성학십도에서 군주의 도를 도식으로 설명하다.

1)
① 관련 인물? _____   ② 관련 인물? _____
③ 관련 인물? _____   ④ 관련 인물? _____
⑤ 관련 인물? _____

12

(가)에 들어갈 내용으로 옳은 것은?   48회 심화 12

> 한국사 강좌
>
> **고려시대의 교육**
>
> 우리 학회에서는 고려의 교육 제도를 재조명하는 교양 강좌를 마련하였습니다. 많은 참여 바랍니다.
>
> ◆ 강좌 순서 ◆
>
> **제1강 관학의 정비**
> – 개경에 국자감을 두다   – 12목에 경학박사를 파견하다
> **제2강 사학의 융성**
> – 문헌공도가 설립되다   – 사학 12도가 번창하다
> **제3강 관학진흥책**
> – 국자감에 서적포를 설치하다
> – ____(가)____
>
> • 기간 : 2020년 ○○월 ○○일 14:00~17:00
> • 장소 : □□ 박물관 대강당
> • 주최 : △△학회

① 당에 유학생을 파견하다.
② 전문 강좌인 7재를 개설하다.
③ 사액 서원에 서적과 노비를 지급하다.
④ 글과 활쏘기를 가르치는 경당을 설립하다.
⑤ 관리 채용을 위해 독서삼품과를 시행하다.

1)
① 관련 국가? _____, _____
② 관련 국가? _____
③ 관련 국가? _____
④ 관련 국가? _____
⑤ 관련 국가? _____

🔊 ANSWER

11. ②
성리학은 고려 충렬왕 시기 안향에 의해 처음 소개되었다. 이후 성리학이 발달하기 시작하였는데 ② 이제현은 충선왕이 원에 설립한 만권당에서 원의 학자들과 함께 교유하며 성리학에 대한 이해를 심화하였다.
[오답] ① 최충헌은 이의민을 제거하고 집권한 뒤 봉사 10조를 올려 개혁을 제시하였다. ③ 최충은 9재 학당을 설립하여 유학 교육에 힘썼다. ④ 정도전은 조선경국전과 경제문감을 편찬하며 재상 중심의 정치를 주장하였다. ⑤ 이황은 성학십도에서 군주의 도를 도식으로 설명하며 성학을 따를 것을 제시하였다.

12. ②
고려 중기에는 최충의 문헌공도를 비롯하여 사학 12도가 융성하였다. 그러자 정부에서는 관학 진흥책을 실시하였는데 국자감에 서적포를 설치하여 서적 간행을 하였고 ② 예종 때는 국자감을 재정비하여 전문 강좌인 7재를 개설하였다.
[오답] ① 통일신라 시기 당에 건너가 공부하는 유학생이 많아졌고 이들은 당의 외국 유학생을 대상으로 한 과거인 빈공과에 합격하기도 하였다. ③ 조선 시대 서원이 사액서원으로 지정되면 국가로부터 서적과 노비를 지급받았다. ④ 고구려는 지방에 경당을 세워 글과 활쏘기를 가르쳤다. ⑤ 통일신라 원성왕은 독서삼품과를 마련하여 관리를 채용하였다.

13

밑줄 그은 '이 책'에 대한 설명으로 옳은 것은?

47회 심화 13

오늘 소개해 주실 책은 무엇인가요?

이 책은 이규보의 문집으로 전집 41권, 후집 12권으로 구성되었습니다. 시, 가전체 소설 등 다양한 작품이 실려 있어 그의 문학 세계와 역사의식을 살펴볼 수 있습니다.

① 신라와 발해를 남북국으로 지칭하였다.
② 단군을 우리 역사의 기원으로 기록하였다.
③ 연대순으로 기록하는 편년체로 서술되었다.
④ 고구려의 건국 서사시인 동명왕편이 실려 있다.
⑤ 중국과 우리나라의 역대 왕이 계보가 수록되었다.

14

(가)에 해당하는 문화유산으로 옳은 것은?

47회 심화 15

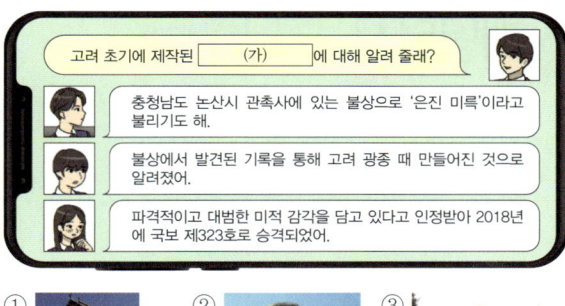

고려 초기에 제작된 ___(가)___ 에 대해 알려 줄래?

충청남도 논산시 관촉사에 있는 불상으로 '은진 미륵'이라고 불리기도 해.

불상에서 발견된 기록을 통해 고려 광종 때 만들어진 것으로 알려졌어.

파격적이고 대범한 미적 감각을 담고 있다고 인정받아 2018년에 국보 제323호로 승격되었어.

①  ② ③

④  ⑤

ANSWER

13. ④
④ 이규보의 '동명왕편'은 동국이상국집에 실려 있으며 고구려 동명왕의 업적을 칭송한 건국 영웅 서사시로 고구려 계승 의식을 반영하고 있다.
[오답] ① 조선 정조 시기 유득공은 발해고를 저술하여 남북국이라는 용어를 처음 사용하였다. ② 일연이 쓴 삼국유사는 최초로 단군 신화를 기록하였다. ③ 조선왕조실록은 사초와 시정기를 종합 및 정리하여 편년체로 편찬하였다.

14. ①
① 충남 논산에 소재한 국보 323호인 관촉사 석조 미륵보살 입상은 고려 시대 최대의 석불입상이다.
[오답] ② 경산 팔공산 관봉 석조여래 좌상(통일 신라) ③ 안동 이천동 마애여래 입상(고려) ④ 서산 마애 삼존불(백제) ⑤ 파주 용미리 마애이불 입상(고려)

한지우
한국사능력검정시험 <심화>
개념완성

III

조선 유교 사회의 성립과 변화

01 조선 전기의 정치
02 조선 후기의 정치
03 조선의 대외관계
04 조선의 경제·사회·문화

CHAPTER 01 조선 전기의 정치

01 조선의 건국

(1) 조선 초기의 국왕

① 태조
- 국호 '조선', 한양 천도(1394)
- 한양에 경복궁을 비롯한 궁궐과 종묘, 사직, 시전, 관아, 학교 등이 세워짐
- **정도전 : 재상 정치 주장**, 『조선경국전』, 『경제문감』, 『불씨잡변』 등 저술, 요동 정벌 계획, 1차 왕자의 난으로 제거

② 태종
- 2차 왕자의 난으로 집권
- 왕권 강화 : **6조 직계제**, 사간원 독립, 사병 혁파, 종친 배제
- 국가 재정 확충 : **호패법**, 양전 사업
- 기타 : 신문고 설치, 주자소 설치(계미자 주조)

③ 세종
- 왕권과 신권의 조화 : **의정부 서사제**, 집현전 설치, 경연 활성화
- 경제 정책 : 공법 실시(연분9등법, 전분6등법)
- 대외 : **4군 6진**(최윤덕, 김종서) 개척, 쓰시마섬(대마도) 정벌(이종무)
- 민족 문화 발달 : 훈민정음 창제, 『용비어천가』 편찬(조선 건국의 정당성 강조), 갑인자 주조
- 과학기술 발달 : 측우기 · 자격루 · 앙부일구 · 혼천의 등 발명
- 편찬 : 『칠정산』, 『의방유취』, 『향약집성방』, 『농사직설』, 『삼강행실도』 등 편찬

④ 세조
- 김종서 · 황보인의 재상정치 → 계유정난으로 즉위 ↔ 단종 복위 운동(성삼문 등 주도)
- 왕권 강화 : **6조 직계제**, 집현전 폐지, 경연 금지, 종친 등용
- 『경국대전』 편찬 시작, 이시애의 난(세조의 정책 및 함경도 지역에 대한 차별에 불만을 품고 일어남), 유향소 폐지
- 군사 : 5위(중앙군) 체제 확립, 진관 체제 실시
- 경제 : 직전법 시행(수신전, 휼양전 폐지)

⑤ 성종
- 홍문관 설치(집현전 계승), 경연 부활
- **『경국대전』 완성 및 반포**
- 사림 등용(훈구 견제 위해)
- 경제 : 관수관급제 시행
- 편찬 : 『국조오례의』, 『동국여지승람』, 『동문선』, 『동국통감』, 『악학궤범』 등 저술

빈출 선지 체크

1. 현직 관리에게만 토지의 수조권을 지급하였다. (국왕)(관련 제도)
2. 집현전에서 훈민정음을 연구하였다. (국왕)
3. 불씨잡변을 지어 불교를 비판하였다. (인물)
4. 금속 활자인 갑인자를 제작하였다. (국왕)
5. 전분 6등법을 제정하였다. (국왕)
6. 주자소가 설치되어 계미자가 주조되었다. (국왕)
7. 김종서가 6진을 개척하여 영토를 확장하였다. (국왕)
8. 경제문감을 저술하고 재상 중심의 정치를 주장하였다. (인물)
9. 함길도 토착 세력이 일으킨 이시애의 난을 진압하였다. (국왕)
10. 진관 체제를 실시하여 국방을 강화하였다. (국왕)
11. 성삼문 등이 상왕의 복위를 꾀하다가 처형되었다. (당시 국왕)
12. 계해약조가 체결되었다. (국왕)
13. 조선의 기본 법전인 경국대전을 완성하였다. (국왕)

정답 1. 세조 / 직전법 2. 세종 3. 정도전 4. 세종 5. 세종 6. 태종
7. 세종 8. 정도전 9. 세조 10. 세조 11. 세조 12. 세종 13. 성종

01 조선 전기의 정치

사료 확인

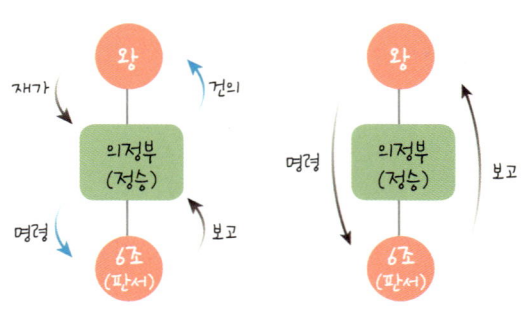

의정부서사제와 6조 직계제

1. _____(인물)의 _____ 정치론

임금의 자질에는 어리석은 자질도 있고 현명한 자질도 있으며, 강력한 자질도 있고 유약한 자질도 있어서 한결같지 않으니, 재상은 임금의 좋은 점은 따르고 나쁜 점은 바로잡으며, 옳은 일은 받들고 옳지 않은 일은 막아서, 임금으로 하여금 가장 올바른 경지에 들게 해야 한다.

2. _____

의정부의 서사를 나누어 6조에 귀속시켰다. …… 처음에 왕은 의정부의 권한이 막중함을 염려하여 이를 혁파할 생각이 있었는데, 이에 이르러 신중히 행하였다. 의정부가 관장한 것은 사대문서와 중죄수의 심의뿐이었다. - 『태종실록』 -

3. _____

6조 직계제를 시행한 이후 일의 크고 작음이나 가볍고 무거움이 없이 모두 6조에 붙여져 의정부와 관련을 맺지 않고, 의정부의 관여 사항은 오직 사형수를 논결하는 일뿐이므로 옛날부터 재상을 임명한 뜻에 어긋난다. …… 6조는 각기 모든 직무를 먼저 의정부에 여쭈어 의논하고, 의정부는 가부를 헤아린 뒤에 왕에게 아뢰어 (왕의) 전지를 받아 6조에 내려 보내어 시행한다. - 『세종실록』 -

4. _____

상왕(단종)이 나이가 어려 무릇 조치하는 바는 모두 대신에게 맡겨 논의 시행하였다. 지금 내가 명을 받아 왕통을 물려받아 군국서무를 아울러 자세히 듣고 헤아려 다 조종의 옛 제도를 되살린다. 지금부터 형조의 사형수를 뺀 모든 서무는 6조가 저마다 직무를 맡아 직계한다.

정답 **1.** 정도전 / 재상 **2.** 6조 직계제 **3.** 의정부서사제 **4.** 6조 직계제

02 통치 제도의 정비

(1) 중앙 정치 조직
  ① 의정부 및 6조
   - 의정부 : 재상들의 합의로 운영되는 최고 정무 기구, 영의정·좌의정·우의정으로 구성
   - 6조 : 주요 행정 담당
  ② 왕권 대변 기구
   - 승정원(은대) : (도승지), 국왕 비서 기구
   - 의금부 : 국가의 큰 죄인 다스림
  ③ <mark>신권 대변 기구(3사)</mark>
   - 특징 : 언론 기능 담당, 권력의 독점과 부정 방지
   - 사헌부 : (대사헌), 관리 비리 감찰 ┐
   - 사간원 : (대사간), 국왕의 잘못 비판 ┘ 양사(대간)라 불리며 간쟁, 봉박, 서경권(5품 이하 관리 임명) 행사
   - 홍문관(옥당) : (대제학), 경적과 문한을 관리, 경연 주관
  ④ 기타 : 춘추관(역사서 편찬 및 보관), 한성부(수도 행정과 치안 담당), 성균관(최고 교육 기관)

(2) 지방 행정 조직
  ① 특징
   - 중앙 집권과 향촌 자치의 조화
   - 전국을 <mark>8도</mark>로 나눔(관찰사 파견), 그 아래 부·목·군·현(수령 파견), 향·부곡·소 폐지
   - <mark>모든 군현에 지방관 파견</mark>(=속현의 소멸), 지방관의 상피제·임기제 적용
  ② 수령 : 국왕의 대리인으로 지방의 행정·사법·군사권 보유, 임기 1,800일
  ③ 향리 : 수령 보좌하는 세습적인 아전으로 지위 격하, 중앙의 6조에 상응하는 6방 조직이 갖춰짐
  ④ 유향소(= 향청)
   - 구성 : 향촌의 덕망 있는 인사로 구성, 좌수와 별감을 둠
   - 역할 : 수령 보좌, 수령과 향리의 비리 감시, 풍속 교정
   - 조선 초부터 시행 → 태종 때 혁파 → 세종 때 부활 → 세조 때 이시애의 난으로 폐지 → 성종 때 부활
  ⑤ 경재소
   - 구성 : 지방 출신의 중앙 고관을 책임자로 임명
   - 역할 : 유향소와 정부 사이의 연락 업무 담당, 유향소 통제
   - 태종 때 설치, 세종 때 제도화 → 임진왜란 이후 유명무실해져 선조 때 폐지

(3) 군역 제도와 군사 조직
  ① 군역 제도
   - 양인개병제 : 16세 이상 60세 미만의 모든 양인 남자는 군역의 의무, 현역군인(정군), 비용부담(보인)
   - 병농일치제 : 농민만 군역 담당, 상인·수공업자는 직업 특성상 제외
   - 현직 관리·학생·향리 등은 군역 면제, 종친과 고위 관리의 자제는 고급 특수군에 편입
  ② 군사 조직 – 중앙군
   - 5위, 궁궐과 한성 수비
   - 정군을 중심으로 갑사(양반 자제 중 선발된 직업군인)나 고급 특수군으로 조직

CHAPTER 01 조선 전기의 정치

③ 군사 조직 - 지방군
- 영진군(태조) → 진관체제(세조)
- 영진군 : 육군과 수군이 국방상 요지인 영·진에 소속되어 복무
- 진관 체제 : 지역 단위 방어 체제, 수령이 군대 통솔, 소규모 침입에 유리
- 잡색군 : 지역 수비 보완 위해 서리·신량역천인·노비 등으로 구성, 평상시에 본업에 종사하고 유사시 동원되는 예비군

(4) 관료 선발

① 과거
- 종류 : 문과, 무과, 잡과
- 응시 자격 : 양인 이상이면 누구나 응시 가능, 탐관오리의 자손·재가한 여성의 자손·서얼은 문과 응시 금지
- 시행 : 정기시험(3년마다 실시, 식년시)와 부정기시험(증광시, 알성시 등)
- 문과 : 소과(생원·진사과, 초시·복시, 백패수여) → 대과(초시·복시·전시, 홍패 수여)
- 무과 : 무예 시험 및 경서나 병서 시험, 소과·대과의 구분 없음, 초시·복시·전시, 홍패 수여
- 잡과 : 해당 관청에서 주관, 초시·복시, 백패 수여

② 음서 : 고위 관리 자제, 고려에 비해 2품 이상의 자제로 축소, 과거에 합격하지 않으면 고위 관리로 승진 어려움

③ 기타 : 취재(하급 실무직의 임명 시험, 산학·도학·회화·악학 등), 천거(일종의 추천제)

(5) 교육 기관

① 국립
- 성균관(중앙) : 최고 교육 기관, 성현에 대한 제사와 교육 담당, 원칙적으로 소과에 합격한 생원이나 진사가 입학, 대성전(공자의 위패 모신 곳), 명륜당(유학을 가르치던 강당), 동·서재(기숙사)
- 4부 학당(중앙) : 중등 교육 기관, 중학·남학·서학·동학
- 향교(지방) : 중등 교육 기관, 성현에 대한 제사와 교육 담당, 전국의 부·목·군·현에 하나씩 설립, 중앙에서 교수·훈도를 파견하여 교육, 대성전(공자의 위패 모신 곳), 명륜당(유학을 가르치던 강당), 동·서재(기숙사)

② 사립
- 서원(지방) : 선현에 대한 제사와 교육 담당, 16c 이후 각 지방에 설립, 풍기 군수 주세붕이 최초로 백운동 서원 건립(이후 이황의 건의로 소수서원으로 사액 받음)
- 서당 : 초등 교육 기관, 한문과 초보적인 유학 교육 실시

③ 기타
- 사역원 : 외국어 교육 및 통역과 번역 업무

(6) 교통 통신 제도
① 봉수제 : 국경 지대의 군사적 위급 사태를 중앙에 신속히 알리기 위한 제도
② 역참제 : 전국 주요 도로 500여개 설치, 역참에는 역마를 두고 관청의 공문 전달과 공물 수송을 담당
③ 파발제 : 선조 때 도입, 보발과 기발
④ 조운제 : 각 지방에서 거둔 세금을 한양으로 운송, 잉류 지역(함경도, 평안도, 제주도)은 자체 소비

사료 확인

조선의 중앙 정치 조직

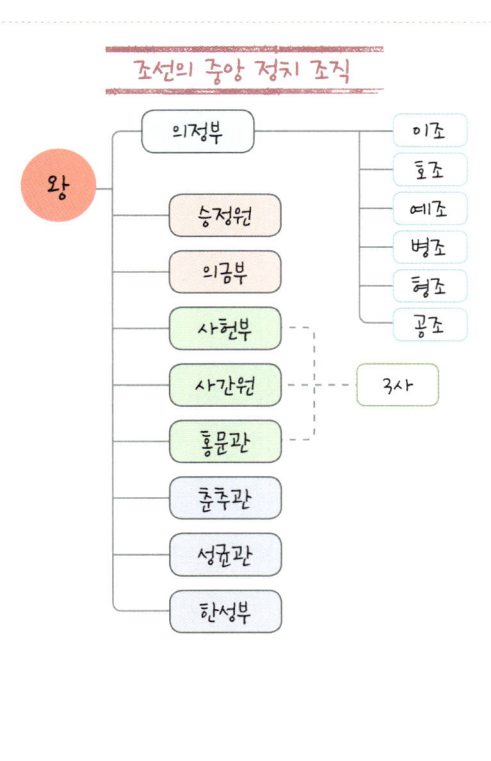

조선의 지방 행정 조직

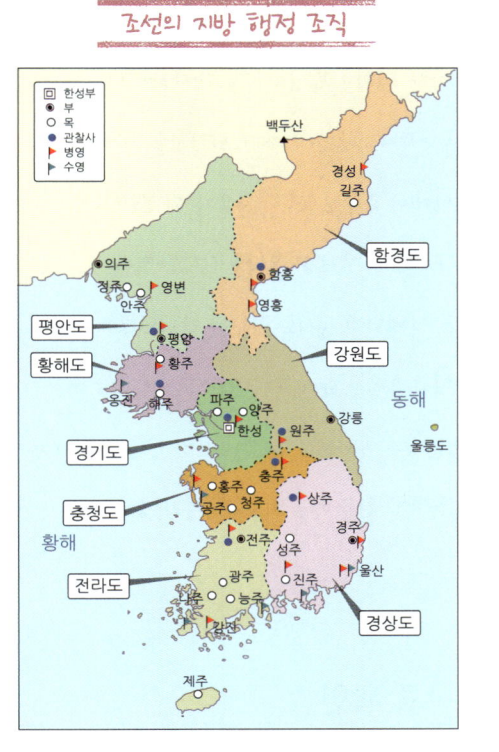

조선의 과거 제도

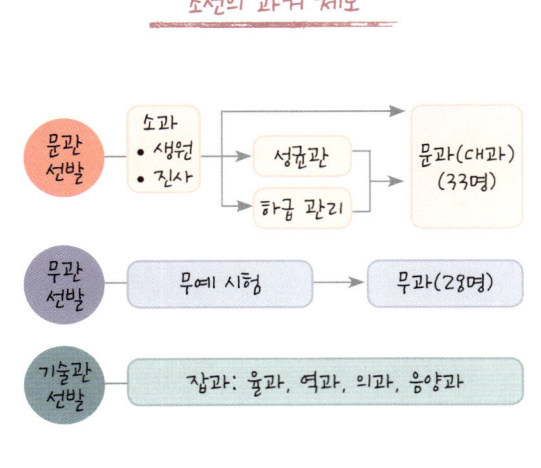

조선의 교육 제도

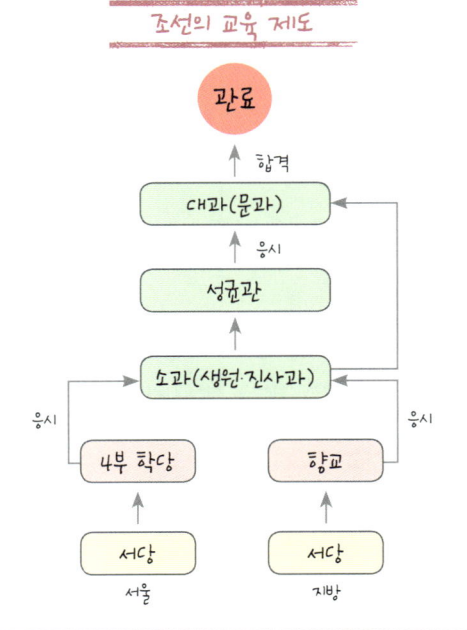

CHAPTER 01 조선 전기의 정치

빈출 선지 체크

1. 사간원, 홍문관과 함께 삼사로 불렸다. (기구)
2. 좌수와 별감을 선발하여 운영되었다. (기구)
3. 지방의 행정·사법·군사권을 행사하였다. (직책)
4. 5품 이하의 관원에 대한 서경권을 가졌다. (기구)
5. 중앙에서 교관인 교수나 훈도가 파견되었다. (기구)
6. 간관으로서 간쟁과 봉박을 담당하였다. (기구)
7. 6조 직계제의 실시로 권한이 약화되었다. (기구)
8. 전국의 부·목·군·현에 하나씩 설립되었다. (기구)
9. 생원시나 진사시의 합격자에게 입학 자격이 부여되었다. (기구)
10. 집현전의 학문 연구 기능을 계승하였다. (기구)

정답 1. 사헌부 2. 유향소 3. 수령 4. 사헌부, 사간원 5. 향교
6. 사간원 7. 의정부 8. 향교 9. 성균관 10. 홍문관

사료 확인

1. _____

시정을 논하여 바르게 이끌고, 모든 관원을 살피며, 풍속을 바로잡고, 원통하고 억울한 일을 풀어 주고, 거짓된 행위를 금하는 등의 일을 맡는다.

2. _____

간쟁하고 정사의 잘못을 논박하는 직무를 관장한다.

3. _____

궁궐 안에 있는 경적을 관리하고, 문한을 관리하며, 왕이 물을 일을 대비한다. 모두 문관을 임용한다. 제학 이상은 다른 관부 관원이 겸한다. 모두 경연을 겸대한다.

수령 7사

도내(道內)의 수령에 대한 고과(考課)는 "경국대전"에 따라 매해 연말에 실시하며, 다음 칠사(七事)에 근거한다.

- 농상을 성하게 함
- 호구를 늘림
- 학교를 일으킴
- 군정을 닦음
- 부역을 고르게 함
- 소송을 간명하게 함
- 간사함과 교활함을 없앰

정답 1. 사헌부 2. 사간원 3. 홍문관

03 사림의 등장과 사화

(1) 훈구와 사림

① 훈구와 사림 세력의 비교

훈구파	사림파
급진파 신진사대부(정도전, 조준) 역성 혁명 주장	온건파 신진사대부(정몽주, 길재) 고려 왕조 유지 주장
대지주 출신	중소지주 출신
왕권 강화, 중앙 집권화 추구	왕도 정치, 향촌 자치 추구
성리학 + 기타 학문 수용	only 성리학
『주례』를 국가 통치 이념으로 중시	『주자가례』 중시
세조의 즉위에 공을 세운 세력	성종 때 3사의 언관직에 진출
관학파	사학파

(2) 사림의 등장 : 성리학에 투철한 지방 사족(영남, 기호 중심)

① 특징 : 중소 지주 경제 기반, 왕도 정치, 향촌 자치 강조
② 성장 : 성종 때 김종직과 문인들이 중앙 정계(3사)에 진출, 훈구 세력 비판
③ **사림의 세력 기반** : 유향소, 향약, 서원
④ 사화의 발생 : 훈구와 사림의 대립으로 인한 사림의 피해

(3) 사화의 발생

① **무오사화**(연산군) : 김종직의 『조의제문』을 제자 김일손이 사초에 올린 것이 배경
② 갑자사화(연산군) : 폐비윤씨 사건을 계기로 사화 발생
③ **기묘사화**(중종) : 조광조의 개혁정치(소학 보급, 현량과 실시, 향약 실시, 소격서 폐지, 위훈 삭제)에 대한 훈구세력의 반발
④ 을사사화(명종) : 왕실의 외척 간 권력 투쟁, 대윤(윤임)vs소윤(윤원형)의 정권 다툼

CHAPTER 01 조선 전기의 정치

사료 확인

1. _____ 사화

김종직은 초야의 미천한 선비로 세조 시기 과거에 급제하였다. 성종 시기에 발탁되어 경연에 두어 오랫동안 시종의 자리에 있었다. 형조 판서에 이르러서는 은총이 온 조정을 기울게 하였다. 병으로 물러나게 되자 성종은 소재지 관리로 하여금 특별히 미곡을 내려 주도록 하였다. 지금 김종직의 제자 김일손이 찬수한 사초에 부도한 말로써 선왕조의 일을 거짓으로 기록하고, 스승 김종직의 '조의제문'을 실었도다.
— 『연산군일기』 —

2. 조광조의 _____ 실시 건의

경연에서 조광조가 중종에게 아뢰기를, "국가에서 사람을 등용할 때 과거 시험에 합격한 사람을 중요하게 여깁니다. 그러나 매우 현명한 사람이 있다면 어찌 꼭 과거 시험에만 국한하여 등용할 수 있겠습니까. 중국 한나라를 본받아 이 제도를 실시하여 덕행이 있는 사람을 천거하여 인재를 찾으십시오."라고 하였다.
— 『중종실록』 —

정답 1. 무오 2. 현량과

빈출 선지 체크

1. 외척 간의 대립으로 윤임이 제거되었다. (관련 사건)
2. 조의제문이 발단이 되어 김일손 등이 화를 입었다. (관련 사건)
3. 폐비 윤씨 사사 사건의 전말이 알려져 김굉필 등이 처형되었다. (관련 사건)
4. 지방의 사림 세력이 주로 설립하였다. (기구)
5. 조광조를 비롯한 사림의 건의로 혁파되었다. (기구)
6. 위훈 삭제에 대한 훈구 세력의 반발이 원인이었다. (관련 사건)

정답 1. 을사사화 2. 무오사화 3. 갑자사화 4. 서원 5. 소격서 6. 기묘사화

여기서 잠깐

1. 성종 때 _____ 은/는 대거 정계에 진출하여 주사 언관직에 등용되었다.
2. _____ (인물)은/는 현량과 실시, 위훈 삭제, 소격서 폐지를 주장하였다.
3. 사림들은 _____ (장소)에서 선현에 대한 제사와 후학 양성을 담당하였다.

정답 1. 사림 2. 조광조 3. 서원

01 기출문제

01
다음 상황이 나타난 시기를 연표에서 옳게 고른 것은?

45회 고급 23

> 정도전, 남은, 심효생 등이 여러 왕자를 해치려 꾀하다가 성공하지 못하고 참형을 당하였다. … 이에 정안군이 도당(都堂)으로 하여금 백관을 거느리고 소를 올리게 하였다. "후계자를 세울 때에 장자로 하는 것은 만세의 상도(常道)인데, 전하께서 장자를 버리고 어린 아들을 세웠으며, 정도전 등이 세자를 감싸고서 여러 왕자를 해치고자 하니 화를 예측할 수 없었습니다. 다행히 천지와 종사의 신령에 힘입게 되어 난신(亂臣)이 참형을 당하였으니, 원컨대 전하께서는 적장자인 영안군을 세워 세자로 삼으십시오."라고 하였다.

1374	1392	1418	1453	1485	1519
(가)	(나)	(다)	(라)	(마)	
우왕 즉위	조선 건국	세종 즉위	계유 정난	경국대전 반포	기묘 사화

① (가) ② (나) ③ (다) ④ (라) ⑤ (마)

1) 위 사건? _____

02
밑줄 그은 '왕'의 재위 기간에 있었던 사실로 옳은 것은?

51회 심화 19

역사 신문
제△△호 ○○○○년 ○○월 ○○일

육조 직계제 부활하다

계유년에 황보인 등을 제거하고 권력을 장악한 이후 즉위한 왕은 강력한 왕권을 행사하고자 육조 직계제를 부활시켰다. 이번 조치는 형조의 사형수 판결을 제외한 육조의 서무를 직접 왕에게 보고하도록 한 것이다. 따라서 이전보다 더욱 강력한 육조 직계제가 시행될 것으로 예상된다.

① 주자소가 설치되어 계미자가 주조되었다.
② 조의제문이 발단이 되어 무오사화가 일어났다.
③ 통치 체제를 정비하기 위해 대전회통이 편찬되었다.
④ 제한된 범위의 무역을 허용한 계해약조가 체결되었다.
⑤ 현직 관리에게만 수조지를 지급하는 직전법이 시행되었다.

1) 관련 국왕? _____

2)
① 관련 국왕? _____ ② 관련 국왕? _____
③ 관련 인물? _____ ④ 관련 국왕? _____
⑤ 관련 국왕? _____

ANSWER

01. ②
이성계의 다섯째 아들 이방원은 아버지가 방석을 세자로 세우고자 하는 것에 반발하여, 1차 왕자의 난을 일으켜 세자 방석을 죽이고 정도전도 함께 제거하였다. 이후 정종이 2대 왕이 되었으므로 적절한 시기는 (나)에 해당한다.

02. ⑤
세조는 계유정난을 일으켜 왕위에 오른 후, 강력한 왕권을 행사하기 위해 통치 체제를 6조 직계제로 고쳤다. 또한 경제적으로는 ⑤ 과전법에서 직전법으로 바꾸어 현직 관리에게만 수조권을 지급하였다.
[오답] ① 태종은 주자소를 설립하고 계미자를 주조하였다. ② 연산군 시기 김종직이 쓴 조의제문으로 인해 무오사화가 일어났다. ③ 흥선 대원군은 통치 체제를 정비하기 위하여 법전인 대전회통을 편찬하였다. ④ 세종은 일본과 계해약조를 체결하여 제한된 범위 내에서 교역을 하였다.

01 기출문제

03

다음 정책을 추진한 왕의 업적으로 옳은 것은?

49회 심화 15

> - 왕은 우리나라에 서적이 대단히 적어서 유생들이 널리 볼 수 없는 것을 염려하고 주자소를 설치하고 구리로 글자 자형을 떠서 활자를 만드는 대로 인출(印出)하게 하였다.
> - 왕이 시경·서경·좌전의 고주본(古註本)을 자본(字本)으로 삼아 이직 등에게 십만 자를 주조하게 하였는데, 이것이 계미자이다.

① 경국대전을 완성하여 법령을 정비하였다.
② 청과 국경을 정하는 백두산 정계비를 세웠다.
③ 문하부 낭사를 분리하여 사간원으로 독립시켰다.
④ 신해통공을 실시하여 시전상인의 특권을 축소하였다.
⑤ 함길도 토착 세력이 일으킨 이시애의 난을 진압하였다.

04

(가)~(다)를 일어난 순서대로 옳게 나열한 것은?

47회 심화 18

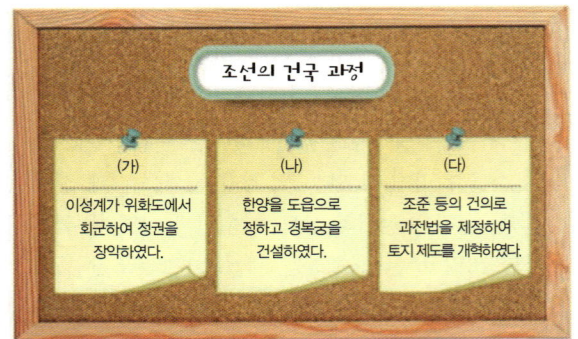

① (가) - (나) - (다) ② (가) - (다) - (나)
③ (나) - (가) - (다) ④ (나) - (다) - (가)
⑤ (다) - (나) - (가)

---

1) 관련 국왕? _____

2)
① 관련 국왕? _____ ② 관련 국왕? _____
③ 관련 국왕? _____ ④ 관련 국왕? _____
⑤ 관련 국왕? _____

3) 위 ①~⑤를 순서대로 나열하시오.
___ - ___ - ___ - ___ - ___

 **ANSWER**

03. ③
태종은 활자 주조를 담당하는 주자소를 설립하고 계미자를 주조시켰다. 또한 ③ 낭사를 사간원으로 독립시켰다.
[오답] ① 성종은 조선의 기본 법전인 경국대전을 완성 및 반포하였다. ② 숙종은 간도 지역을 놓고 청과 분쟁이 일어나자 청과 국경을 정하는 백두산정계비를 세웠다. ④ 정조는 육의전을 제외한 시전상인의 금난전권을 폐지시켜 상업을 진흥시켰다. ⑤ 세조는 함길도 지역의 이시애가 난을 일으키자 이를 진압하였다.
[순서 나열] ③-⑤-①-②-④

04. ②
(가) 고려 말 최영과 이성계는 요동 정벌을 단행하던 중 이성계가 위화도에서 회군하여 최영을 제거한 뒤 군사적 실권을 장악하였다. (다) 이성계와 급진 개화파는 공양왕을 왕으로 세운 후 조준 등의 건의로 과전법을 제정하여 토지 제도를 개혁하였다. (나) 태조 이성계는 한양으로 천도하고 경복궁을 비롯하여 종묘, 사직 등을 건설하였다.

05

(가) 기구에 대한 설명으로 옳은 것은? 51회 심화 21

> 교활한 아전이 여러 가지로 폐단을 일으키는 것은 수령이 듣고 보는 것으로써 다 감찰할 수가 없습니다. 그러나 중앙의 경재소와 지방의 ___(가)___ 이/가 서로 들은 대로 규찰하여 교활한 아전을 억제시키고 향촌의 풍속을 유지시킨다면 풍속을 좋은 방향으로 개선하는 데 도움이 될 것입니다.
> – 『성종실록』 –

① 좌수와 별감을 선발하여 운영되었다.
② 지방의 행정·사법·군사권을 행사하였다.
③ 5품 이하의 관원에 대한 서경권을 가졌다.
④ 조광조를 비롯한 사림의 건의로 혁파되었다.
⑤ 중앙에서 교관인 교수나 훈도가 파견되었다.

06

(가) 교육 기관에 대한 설명으로 옳은 것은? 50회 심화 26

> **그림으로 보는 조선 국왕의 일생** [교육]
>
> 이 그림은 효명 세자가 ___(가)___ 에 입학하는 의식을 그린 『왕세자 입학도첩』 중 「입학도」이다. 효명 세자는 이 날 궁을 나와 ___(가)___ 에 도착하여 먼저 대성전의 공자 신위에 술을 올린 후, 명륜당에 가서 스승에게 교육을 받았다.

① 전문 강좌인 7재가 운영되었다.
② 전국의 부·목·군·현에 하나씩 설립되었다.
③ 중앙에서 교관인 교수나 훈도가 파견되었다.
④ 생원시나 진사시의 합격자에게 입학 자격이 부여되었다.
⑤ 한어(漢語), 왜어(倭語), 여진어 등 외국어 교육을 담당하였다.

---

1)
(가) 기구? _____

2)
① 관련 기구? _____
② 관련 직책? _____
③ 관련 기구? _____, _____
④ 관련 기구? _____
⑤ 관련 기구? _____

1)
관련 기관? _____

2)
① 관련 기관? _____ ② 관련 기관? _____
③ 관련 기관? _____ ④ 관련 기관? _____
⑤ 관련 기관? _____

📢 ANSWER

05. ①
조선은 중앙에 경재소를, 지방에는 유향소를 두었다. 유향소는 수령을 보좌하고 향리를 감찰하여 향촌 사회를 바로잡기 위한 기구이며 ① 좌수, 별감 등을 선발하여 운영되었다.
[오답] ② 수령은 지방의 행정, 사법, 군사권을 가지고 있었다. ③ 사헌부와 사간원은 대간을 이루어 5품 이하의 관원에 대한 서경권을 가졌다. ④ 중종 시기 조광조 등의 사림 세력들의 건의로 소격서가 폐지되었다. ⑤ 향교는 부·목·군·현에 설립되었고 중앙에서 교수와 훈도를 파견하였다.

06. ④
성균관은 조선 최고 교육기관으로 ④ 생원시나 진사시의 합격자에게 입학 자격이 부여되었다.
[오답] ① 고려 중기에 최충의 문헌공도를 비롯한 사학 12도가 융성하자, 고려 예종은 관학 진흥을 위해 국자감을 재정비하여 전문 강좌 7재를 설치하였다. ②, ③ 향교는 부·목·군·현에 하나씩 설립되었고 중앙에서 교수와 훈도를 파견하였다. ⑤ 사역원은 통역과 한어, 왜어, 여진어 등의 외국어 교육을 담당하였다.

01 기출문제

07

(가) 기구에 대한 설명으로 옳은 것은? 49회 심화 18

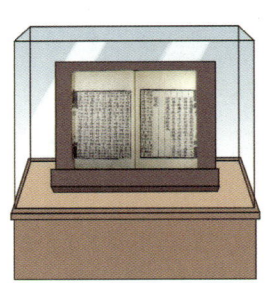

이것은 악장가사에 실린 상대별곡(霜臺別曲)으로 '상대'는 관리를 감찰하고 풍속을 바로잡는 임무를 맡은 (가) 을/를 의미합니다. (가) 의 대사헌을 역임한 권근은 이 가사에서 관원들이 일을 끝내고 연회를 즐기는 장면 등을 흥미롭게 묘사하였습니다.

① 은대(銀臺)라고도 불렸다.
② 집현전의 학문 연구 기능을 계승하였다.
③ 서얼 출신 학자들이 검서관에 등용되었다.
④ 임진왜란을 거치면서 국정 최고 기구로 성장하였다.
⑤ 5품 이하의 관리 임명 과정에서 서경권을 행사하였다.

1) 관련 기구? _____

2)
① 관련 기구? _____ ② 관련 기구? _____
③ 관련 기구? _____ ④ 관련 기구? _____
⑤ 관련 기구? _____

08

밑줄 그은 '이 사건'에 대한 설명으로 옳은 것은? 49회 심화 19

이것은 능주 목사 민여로가 건립한 정암 선생 적려유허비입니다. 정암 선생은 소격서 폐지, 현량과 실시 등을 추진하다가 이 사건으로 능주에 유배되었습니다.

① 김종직의 조의제문이 빌미가 되었다.
② 서인이 정권을 장악하는 계기가 되었다.
③ 윤임 일파가 제거되는 결과를 가져왔다.
④ 상왕의 복위를 목적으로 성삼문 등이 일으켰다.
⑤ 위훈 삭제에 대한 훈구 세력의 반발이 원인이었다.

1) 이 사건? _____

2)
① 관련 사건? _____ ② 관련 사건? _____
③ 관련 사건? _____ ④ 관련 사건? _____
⑤ 관련 사건? _____

3) 위 ①~⑤를 순서대로 나열하시오.
___ - ___ - ___ - ___ - ___

🔊 ANSWER

07. ⑤
제시된 자료에서 '관리를 감찰'하는 임무 '대사헌'등의 키워드를 통해 (가)기구가 사헌부 임을 알 수 있다. ⑤ 또한 사헌부는 사간원과 대간을 이루어 5품 이하의 관원에 대한 서경권을 가졌다.
[오답] ① 왕명출납을 담당한 승정원은 은대 또는 후원이라 불렸다. ② 성종 시기 집현전을 계승하여 홍문관을 설치하였다. ③ 정조는 서얼 출신 학자들을 규장각의 검서관에 등용시켰다. ④ 중종 시기 임시 회의 기구로 처음 설치된 비변사는 임진왜란을 거치면서 국정 최고 기구로 성장하였다.

08. ⑤
정암 조광조는 ⑤ 위훈 삭제, 소격서 폐지 등을 추진하였지만 훈구 세력의 반발로 조광조를 비롯한 사림 세력 대부분이 제거되었다(기묘사화).
[오답] ① 김종직의 조의제문을 빌미로 무오사화가 일어났다. ② 인조는 서인들과 함께 인조반정을 일으켜 광해군을 폐위시키고 정권을 장악하였다. ③ 명종 시기 발생한 을사사화에 대한 설명이다. ④ 세조 시기 성삼문 등의 집현전 학자들이 단종의 복위를 꾀하다가 발각되어 처형당했다.
[순서 나열] ④-①-⑤-③-②

09

(가)~(라) 사건을 일어난 순서대로 옳게 나열한 것은?

48회 심화 21

> (가) 갑자년 봄에, 임금은 어머니가 비명에 죽은 것을 분하게 여겨 그 당시 논의에 참여하고 명을 수행한 신하를 모두 대역죄로 추죄(追罪)하여 팔촌까지 연좌시켰다.
>
> (나) 정문형, 한치례 등이 의논하기를, "지금 김종직의 조의제문을 보니 차마 읽을 수도 볼 수도 없습니다. … 마땅히 대역의 죄로 논단하고 부관참시해서 그 죄를 분명히 밝혀 신하들과 백성들의 분을 씻는 것이 사리에 맞는 일이옵니다."라고 하였다.
>
> (다) 정유년 이후부터 조정 신하들 사이에는 대윤이니 소윤이니 하는 말들이 있었다. … 자전(慈殿)*은 밀지를 윤원형에게 내렸다. 이에 이기, 임백령 등이 고변하여 큰 화를 만들어 냈다.
>
> (라) 언문으로 쓴 밀지에 이르기를, "조광조가 현량과를 설치하자고 청한 것도 처음에는 인재를 얻기 위해서라고 생각했더니 … 경들은 먼저 그를 없앤 뒤에 보고하라."라고 하였다.
>
> *자전(慈殿) : 임금의 어머니

① (가) – (나) – (다) – (라) ② (가) – (나) – (라) – (다)
③ (나) – (가) – (라) – (다) ④ (나) – (다) – (가) – (라)
⑤ (다) – (라) – (나) – (가)

10

(가), (나) 사이의 시기에 있었던 사실로 옳은 것은?

47회 심화 21

> (가) 유자광이 하루는 소매 속에서 책자 한 권을 내놓으니, 바로 김종직의 문집이었다. 그 문집 가운데서 조의제문을 지적하여 여러 추관(推官)에게 두루 보이며 말하기를, "이것은 다 세조를 지목한 것이다. 김일손의 죄악은 모두 김종직이 가르쳐서 이루어진 것이다."라고 하고, 알기 쉽게 글귀마다 주석을 달아 왕에게 아뢰었다.
>
> (나) 조광조가 아뢰기를, "정국공신은 이미 10년이 지난 오래된 일이지만 허위가 많았습니다. … 사람은 다 부귀를 꾀하는 마음이 있는데 이익의 근원이 크게 열렸으니, 이때에 그 근원을 분명히 끊지 않으면 누구인들 부귀를 꾀하려는 마음을 갖지 않겠습니까? 지금 신속히 고치지 않으면 뒤에는 개정할 수 있는 날이 없을 것입니다."라고 하였다.

① 양재역 벽서 사건이 일어났다.
② 사림이 동인과 서인으로 나뉘었다.
③ 중종반정으로 연산군이 폐위되었다.
④ 성삼문 등이 상왕의 복위를 꾀하다가 처형되었다.
⑤ 공신 책봉에 불만을 품고 이괄이 난을 일으켰다.

ANSWER

09. ③
(나) 연산군 재위 시기 김종직의 『조의제문』을 훈구 세력이 문제 삼아 김일손 등의 사림파가 처형당했다(무오사화). (가) 연산군의 모친인 폐비 윤씨 사사 사건을 둘러싸고 갑자사화가 발생하였다. (라) 중종 시기 조광조의 개혁을 훈구 세력이 반대하면서 조광조 등의 사림들이 처형되었다(기묘사화). (다) 명종 시기 왕위 계승을 놓고 소윤과 대윤간의 권력 싸움이 일어났고 윤임 등의 사림이 처형 당하였다(을사사화).

10. ③
(가) 연산군 시기 김종직의 조의제문을 빌미로 무오사화가 일어났다. ③ 이후 연산군은 폭압정치를 단행하다가 결국 중종반정으로 폐위되었다. (나) 중종 시기 조광조가 위훈 삭제 등의 급진적 개혁을 추진하려 하자 훈구 세력이 반발하여 조광조를 비롯한 사림 세력이 제거되었다(기묘사화).
[오답] ① 을사사화 이후 양재역 벽서사건이 일어났고 이 때 대윤의 잔당을 숙청하는 과정에서 사림들이 피해를 입었다. ② 사림 세력은 이조전랑의 임명 문제로 동인과 서인으로 분열되었다. ④ 세조 시기 성삼문이 단종의 복위를 꾀하다 발각되어 처형 당하였다. ⑤ 인조 반정에 가장 큰 공을 세운 이괄은 2등 공신으로 봉해지자 불만을 품고 난을 일으켰다.
[순서 나열] ④-(가)-③-(나)-①-②-⑤

CHAPTER 02 조선 후기의 정치

01 붕당의 형성

(1) 붕당 정치의 개요

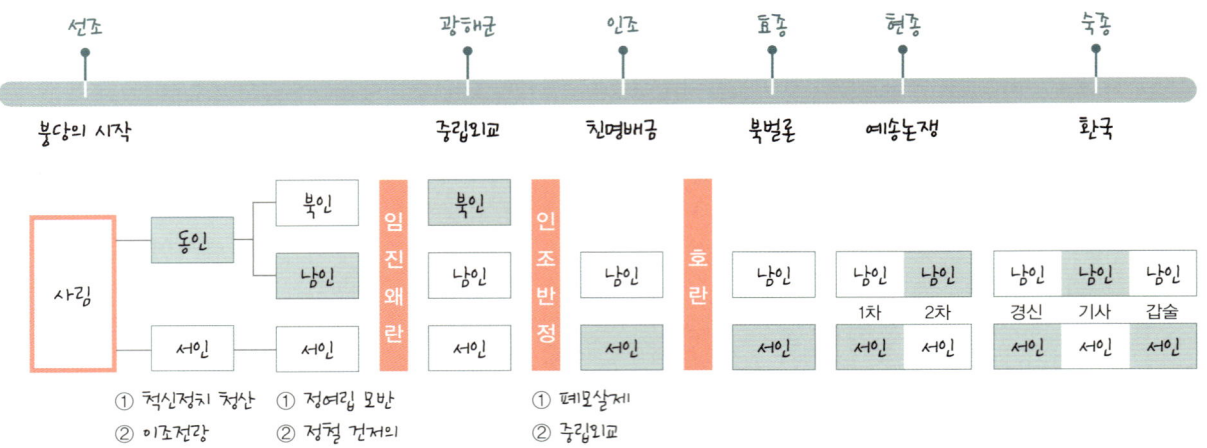

(2) 붕당의 형성
① 동·서 분당 : 척신정치 처리 문제와 이조 전랑 임명 문제를 두고 분당
- 동인 : 신진사림, 이황·조식·서경덕 학파, 척신정치 배척에 적극적, 영남 지방
- 서인 : 기성사림, 이이·성혼 학파, 척신정치 배척에 소극적, 기호 지방

② 특징 : 학파적 성격과 정파적 성격을 동시에 지니며 상호 견제와 비판

(3) 붕당 정치의 전개
① 선조 : 붕당의 시작
- 동·서 분당 이후 동인이 우세한 가운데 정국 운영
- 정여립 모반 사건(1589)과 정철의 건저의 사건(1591)을 계기로 남인(온건파)과 북인(급진파)으로 나뉨

② 광해군 : 임진왜란 이후 북인 집권, 중립외교 → 인조반정으로 몰락

③ 인조 : 서인 세력 주도, 남인과 연합 → 상호 비판적인 공존 체제

④ 효종 : 서인의 집권

⑤ 현종 : 효종의 정통성과 관련해 예송 논쟁 발발
- 1차(기해) 예송 : 효종 死, 자의대비의 복제를 두고 서인(1년), 남인(3년)의 대립 → 서인 승
- 2차(갑인) 예송 : 효종비 死, 자의대비의 복제를 두고 서인(9개월), 남인(1년)의 대립 → 남인 승

02 정쟁의 격화와 탕평 정치

(1) 붕당의 변질

① 숙종 : 붕당의 변질(환국)
- 탕평론 제시 but 편당적인 인사 관리로 환국 발생(=일당 전제화, 특정 붕당이 권력 독점)
- 경신환국 : 허적(남인)의 유악 사건 → 남인 축출 및 서인 정권 장악
  → 이 때 서인이 남인의 처벌을 둘러싸고 소론(온건파)과 노론(강경파)으로 분열됨
- 기사환국 : 희빈 장씨 아들의 원자 책봉에 서인(노론, 소론)이 반대 vs 남인 찬성
  → 서인 축출 및 남인 집권, 인현왕후 폐비 되고 희빈 장씨가 중전이 됨
- 갑술환국 : 일부 서인들이 인현왕후 복위 운동 → 남인의 반대 → 숙종의 남인 축출 및 서인 등용, 인현왕후 복위 및 장씨 "희빈"으로 강등
- 무고의 옥 : 인현왕후 사후, 희빈 장씨가 신당을 설치하여 민비를 저주하고 자신의 중궁 복위 기도
  → 희빈 장씨 사약 死
- 금위영 설치
- 안용복이 일본에 건너가 독도가 우리 땅임을 확인, 백두산정계비 세움(1712)

② 경종
- 경종의 소론 등용
- 신임옥사(신축옥사, 임인옥사) : 연잉군(훗날 영조)을 왕세제로 책봉하고, 대리청정하자는 노론의 주장에, 소론이 경종 시해 음모론을 만들어 노론의 대신들을 숙청

(2) 탕평 정치

① 영조의 탕평 정치
- 즉위 초 탕평교서 발표 → 이인좌의 난(소론 강경파 및 남인 일부가 경종 죽음에 영조와 노론이 관계되었다며 일으킨 반란)
- **탕평파** 중심 운영 : 왕의 논리에 동의하는 자만 등용하여 탕평파 육성, 탕평비 건립
- 붕당의 약화 노력 : **서원 정리**, 산림의 존재 부정, 이조전랑의 권한 약화
- 개혁 정책 : **균역법** 실시(1750), 가혹한 형벌 폐지, 노비종모법 실시, 신문고 부활, 청계천 준설(준천사 신설)
- 편찬 : **『속대전』**(법전), 『동국문헌비고』(한국학 백과사전), 『속오례의』(의례서)

② 정조의 탕평 정치
- 적극적인 탕평책 : 붕당에 관계 없이 능력있는 사람을 고루 등용
- **규장각** 설치 : 왕실 도서관, 서얼 출신 규장각 검서관에 등용(4검서), 초계문신제 실시
- **장용영** 설치 : 국왕의 친위 부대, 군권 장악
- **화성** 축조 : 정치·군사 기능 부여, 정약용의 거중기 사용
- 수령의 권한 강화 : 수령의 향약 직접 주관, 지방 사족의 권한 약화
- 신해통공 정책 : 육의전을 제외한 시전상인의 금난전권 폐지, 자유로운 상행위 허락
- 편찬 : **『대전통편』**(법전), 『동문휘고』(외교문서집), 『무예도보통지』(병법서)

③ 탕평 정치의 의의와 한계
- 의의 : 영·정조의 탕평 정치는 붕당 간의 정쟁을 완화하여 왕권 강화에 도움, 이를 바탕으로 영·정조는 일련의 개혁을 추진해 민생을 안정시킬 수 있었음
- 한계 : 탕평책은 붕당 자체를 없앤 것이 아니라, 강력한 왕권을 바탕으로 붕당 간의 정쟁을 조정한 미봉책에 불과, 정조 사후 세도정치 초래

CHAPTER 02 조선 후기의 정치

03 세도 정치의 폐단과 농민 봉기

(1) 세도 정치
- ① 배경 : 정조 사후 나이 어린 순조가 즉위해 왕권이 약해지자 붕당 간의 정치 균형이 깨지며 세도 정치가 초래
- ② 특징
  - 순조 · 헌종 · 철종 3대 동안 안동 김씨, 풍양 조씨 등 집권
  - 세도 가문의 비변사 요직 독점, ==비변사 권력 집중==(의정부, 6조 유명무실)
- ③ 폐단
  - 과거 시험 부정, 매관매직 풍조 만연 → 탐관오리의 농민 수탈
  - 삼정의 문란, 자연 재해, 기근과 질병 → 인구 감소, 조세 부담 가중 → 농민 반란

(2) 농민의 저항
- ① 원인 : 삼정의 문란, 농민 의식 확대, 벽서(괘서) · 소청, 항조 · 거세 등 소극적 형태 → 농민 봉기로 발달
- ② 홍경래의 난(1811)
  - 배경 : 세도 정치의 모순 + 평안도(관서) 지역 차별이 원인
  - 평안도 잔반 홍경래(평서대원수) + 영세 농민, 중소 상인, 광산 노동자
  - 가산에서 봉기 → 청천강 이북 평정, 5개월 만에 진압
- ③ 임술 농민 봉기(1862)
  - 배경 : 삼정의 문란, 경상우병사 백낙신의 수탈
  - 몰락 양반 유계춘의 주도로 진주 중심으로 확산 → 안핵사 박규수 파견 → 전국적 항쟁으로 발전(제주~함흥)
  - 삼정이정청 설치

사료 확인

붕당정치의 전개도

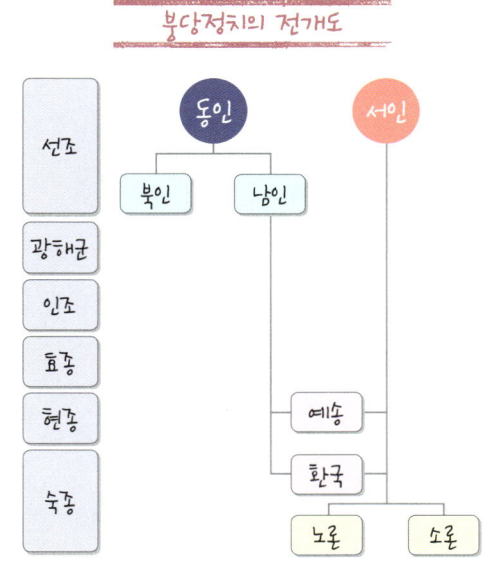

영조의 탕평비

"원만해 편벽되지 않음은 곧 군자의 공정한 마음이고, 편벽해 원만하지 않음은 바로 소인의 사사로운 마음이다."
영조가 탕평책의 의지를 알리기 위해 성균관 앞에 세운 비이다.

수원 화성

19세기 농민 봉기

CHAPTER 02 조선 후기의 정치

빈출 선지 체크

1. 자의대비 복상 문제로 예송이 전개되었다. (국왕)
2. 정여립 모반 사건을 계기로 동인이 피해를 입었다. (국왕)
3. 인현왕후가 폐위되고 남인이 권력을 장악하였다. (국왕)(관련 사건)
4. 국왕의 친위부대인 장용영을 설치하였다. (국왕)
5. 이인좌를 중심으로 소론 세력 등이 난을 일으켰다. (국왕)
6. 성균관에 탕평비 건립을 명하였다. (국왕)
7. 삼정이정청이 설치되었다. (국왕)(관련 사건)
8. 희빈 장씨 소생의 원자 책봉 문제로 환국이 발생하였다. (국왕)(관련 사건)
9. 서인이 반정을 일으켜 정권을 장악하였다. (국왕)(관련 사건)
10. 허적과 윤휴 등 남인들이 대거 축출되었다. (국왕)(관련 사건)
11. 홍경래가 주도하여 봉기하였다. (국왕)(관련 사건)
12. 박규수가 안핵사로 파견되었다. (관련 사건)
13. 서북인에 대한 차별에 반발하여 일어났다. (관련 사건)
14. 역대 문물을 정리한 동국문헌비고를 편찬하였다. (국왕)

정답 1. 현종 2. 선조 3. 숙종 / 기사환국 4. 정조 5. 영조 6. 영조 7. 철종 / 임술농민봉기 8. 숙종 / 기사환국
9. 인조 / 인조반정 10. 숙종 / 경신환국 11. 순조 / 홍경래의 난 12. 임술 농민 봉기 13. 홍경래의 난 14. 영조

 사료 확인

1. _____ 자리를 둘러싼 _____ (세력)의 대립

심의겸이 이조 참의로 있을 때 예전의 잘못을 들어 김효원이 전랑이 되는 것에 반대했지만, 뒤에 김효원은 전랑이 되었다. 그 후 어떤 사람이 심의겸의 동생 심충겸을 전랑으로 천거하자, 김효원이 "이조의 관직이 외척의 물건인가? 심씨 집안에서 차지하려 한단 말이냐?"라고 반대하였다. …… 동인과 서인이라는 말이 여기서 비롯되었으니, 김효원의 집이 동쪽 건천동에 있고 심의겸의 집은 서쪽 정동에 있기 때문이었다.

2. 인목대비의 _____ (국왕) 비판

"내가 비록 부덕하더라도 일국의 국모 노릇을 한 지 여러 해가 되었다. 그는 선왕의 아들이니 나를 어미로 여기지 않을 수 없는데도 내 부모를 죽이고 품 속의 어린 자식을 빼앗아 죽였으며, 나를 유폐하여 곤욕을 치르게 했다. 어디 그뿐인가. 중국이 우리나라를 다시 일으켜 준 은혜를 저버리고, 속으로 다른 뜻을 품고 오랑캐에게 성의를 베풀었다."

3. _____ 논쟁

서인과 남인은 효종이 죽자 새 어머니(인조 계비)가 상복을 얼마나 입어야 하는지를 둘러싸고 논쟁하였다. 문제는 효종(봉림대군)이 인조의 둘째 아들이라는 점이다. _____(붕당)은 "주자가례"에 따라 왕도 사대부의 예법에 따라야 하므로 차남에 해당하는 1년 상복을 입어야 한다고 했다. 그러나 _____(붕당)은 "주례"나 "예기"등을 근거로 제시하면서 왕은 사대부와 달리 최고의 예우를 해야 하므로 장남과 마찬가지로 3년 상복을 입어야 한다고 주장하였다. 이는 왕실과 사대부에 적용하는 예가 똑같아야 하는지 아닌지에 대한 문제이었다. 동시에 왕위 계승에 있어서 효종을 정통으로 보느냐 아니냐에 관계된 것이었다.

4. _____

급격한 정치적 변동을 뜻하는 말로, 조선 후기에는 여러 차례 발생하였다. 서인이 남인을 역모로 몰아 정권을 독점한 경신환국(1680) 이후 서인은 _____과 _____으로 나뉘었다. 집권 노론은 기사환국(1689)으로 축출되고 남인이 정권을 잡았으나, 남인은 갑술환국(1694)으로 축출되고 다시 노론과 소론이 재집권하였다.

5. 영조의 _____ 정치

붕당의 폐단이 요즈음보다 심한 적이 없었다. 처음에는 사문 문제로 소란을 일으키더니, 지금에는 한편 사람을 모조리 역당으로 몰고 있다. …… 요즈음에 이르러서는 사람을 임용할 때 같은 붕당의 인사들만 등용하고자 하니, 이와 같이 하고도 천리의 공(公)에 합하고 온 세상의 마음을 복종시킬 수 있겠는가? …… 귀양 간 사람들은 의금부로 하여금 그 경중을 참작해 대신과 더불어 임금에게 아뢰어 죄를 풀어 주고, 관리의 임용을 담당하는 관서에서는 탕평하게 그들을 등용하도록 하라. - 『영조실록』 -

6. 정조 - _____을/를 _____으로 등용하다

"아! 저 서류(庶流)들도 나의 신하인데, 그들이 제자리를 얻지 못하고 포부도 펴지 못한다면, 이 또한 과인의 허물인 것이다."
- 『정조실록』 -

정답 1. 이조전랑 / 사림 2. 광해군 3. 예송 / 서인 / 남인
4. 환국 / 노론 / 소론 5. 탕평 6. 서얼 / 규장각 검서관

02 기출문제

01
(가), (나) 사이의 시기에 있었던 사실로 옳은 것은?

52회 심화 19

> (가) 대사헌 등이 아뢰기를, "정국공신은 책봉된 지 오래 되었지만 폐주(廢主)의 총신(寵臣)도 많이 선정되었을 뿐 아니라, 그 중에는 반정 때 뚜렷한 공을 세우지 못한 사람도 많습니다. 지금이라도 이런 폐단을 고치지 않는다면 나라가 바로 서지 않을 것이니 삭훈해야 마땅합니다."라고 하였다.
>
> (나) 김효원과 심의겸의 두 당이 원수처럼 서로 공격하였다. 당초 심의겸이 김효원을 비방하자 김효원도 심의겸을 비난하여 각기 붕당이 나뉘어 대립하였다.

① 외척 간의 대립으로 윤임이 제거되었다.
② 조의제문이 발단이 되어 김일손 등이 화를 입었다.
③ 붕당의 폐해를 경계하기 위한 탕평비가 건립되었다.
④ 희빈 장씨 소생의 원자 책봉 문제로 환국이 발생하였다.
⑤ 폐비 윤씨 사사 사건의 전말이 알려져 김굉필 등이 처형되었다.

---

1)
(가) _____(국왕) 당시 _____(사건)
(나) _____(국왕) 시기 발생

2)
① 관련 국왕? _____ ② 관련 국왕? _____
③ 관련 국왕? _____ ④ 관련 국왕? _____
⑤ 관련 국왕? _____

3) 위 ①~⑤를 아래 표에 순서대로 나열하시오.

	(가)		(나)	

02
(가), (나) 사이 시기에 있었던 사실로 옳은 것은?

51회 심화 24

> (가) 양사(兩司)가 합계하기를, "영창 대군 이의(李瓘)를 왕으로 옹립하기로 했다는 설이 이미 역적의 입에서 나왔는데 이에 대해 자복(自服)한 역적만도 한두 명에 그치지 않습니다. …… 왕법은 지극히 엄한 만큼 결코 용서해주기 어려우니 유사로 하여금 법대로 적용하여 처리하게 하소서."라고 하였다.
>
> (나) 앞서 왕에게 이괄 부자가 역적의 우두머리라고 고해바친 자가 있었다. 하지만 임금은 "필시 반역은 아닐 것이다."라고 하면서도, 이괄의 아들인 이전을 잡아오라고 명하였다. 이전은 그때 이괄의 군영에 있었고 이괄은 결국 금부도사 등을 죽이고 여러 장수들을 위협하여 난을 일으켰다.
> – 『영조실록』 –

① 국왕의 친위 부대인 장용영이 조직되었다.
② 서인이 반정을 일으켜 정권을 장악하였다.
③ 정여립 모반 사건으로 옥사가 발생하였다.
④ 허적과 윤휴 등 남인들이 대거 축출되었다.
⑤ 자의 대비의 복상 문제로 예송이 전개되었다.

---

1)
(가) 당시 국왕? _____
(나) 당시 국왕? _____

2)
① 관련 국왕? _____ ② 관련 국왕? _____
③ 관련 국왕? _____ ④ 관련 국왕? _____
⑤ 관련 국왕? _____

3) 위 ①~⑤를 아래 표에 순서대로 나열하시오.

	(가)		(나)	

📢 ANSWER

01. ①
(가) 중종 시기 조광조가 위훈 삭제, 소격서 폐지 등의 개혁을 주장하자 반정공신들의 반발로 조광조를 비롯한 사림 세력이 제거되었다(기묘사화). ① 명종 재위 시기에는 윤임 등이 외척 간의 권력 다툼으로 제거되었다. (나) 이후 사림 세력은 꾸준히 세력을 확대해 나갔으나 이조 전랑의 임명 문제로 인해 서인과 동인으로 분열되었다.
[오답] ② 연산군(무오사화) ③ 영조 ④ 숙종(기사환국) ⑤ 연산군(갑자사화)
[순서 나열] ②-⑤-(가)-①-(나)-④-③

02. ②
(가) 광해군과 북인 정권은 영창대군을 죽이고 인목대비를 유폐시키는 등의 유교 윤리에 어긋나는 정치를 펼쳤다. ② 이를 빌미로 서인이 인조 반정을 일으키면서 광해군이 폐위되었다. (나) 인조반정에서 큰 공을 세운 이괄이 2등공신에 봉해지자 난을 일으켰다.
[오답] ① 정조 ③ 선조 ④ 숙종(경신환국) ⑤ 현종
[순서 나열] ③-(가)-②-(나)-⑤-④-①

03

(가) 시기에 있었던 사실로 옳은 것은? 49회 심화 24

> Ⓐ 이항 등이 "지금 왕자의 명호를 원자(元子)로 정하는 것은 간사한 마음을 품은 자가 아니라면 다른 말이 없어야 마땅합니다. 송시열은 방자하게도 상소를 올려 민심을 어지럽혔으니, 멀리 유배 보내소서."라고 상소하였다.

↓

(가)

↓

> Ⓑ 임금이 "기사년 송시열의 상소는 한때의 실수였을 뿐 그가 어찌 다른 뜻을 가졌겠는가. 이제 그동안 잘못된 일이 다 해결되었으니 특별히 그의 관직을 회복하고 제사를 지내게 하라."라고 하교하였다.

① 자의 대비의 복상 문제로 예송이 전개되었다.
② 공신 책봉에 불만을 품고 이괄이 반란을 일으켰다.
③ 정여립 모반 사건으로 인해 기축옥사가 발생하였다.
④ 붕당의 폐해를 경계하기 위해 탕평비가 건립되었다.
⑤ 남인이 권력을 장악하고 희빈 장씨가 왕비로 책봉되었다.

04

(가) 왕의 재위 기간에 있었던 사실로 옳은 것은? 46회 고급 26

통정공 무신일기

이 책은 이승원이 무신난(戊申亂)의 전개 과정을 기록한 일기로, 경상도 거창에서 반란군을 이끌던 정희량 세력의 활동 내용 등이 기록되어 있다. 무신난은 이인좌, 정희량 등이 세제(世弟)였던 ___(가)___ 의 즉위 과정에 의혹을 제기하며 일으킨 반란이다.

① 허적과 윤휴 등 남인들이 대거 축출되었다.
② 박규수의 건의로 삼정이정청이 설치되었다.
③ 자의대비의 복상 문제로 예송이 전개되었다.
④ 붕당의 폐해를 경계하기 위한 탕평비가 건립되었다.
⑤ 왕조의 통치 규범을 재정비한 대전통편이 편찬되었다.

ANSWER

03. ⑤
Ⓐ는 기사환국 당시의 사건이다. 당시 숙종이 장씨를 희빈으로 삼고 그의 아들을 원자로 책봉하려 하자 남인들은 숙종의 주장을 지지하였으나 서인은 반대하였다. 이때 서인의 영수인 송시열이 숙종을 비판하자, 그를 삭탈관작하고 귀양보냈다. ⑤ 결국 인현왕후가 폐출되고 희빈 장씨가 왕비로 책봉되었다. Ⓑ 이후 일부 서인들이 인현왕후 복위 운동을 벌였고, 숙종이 남인을 축출하고 서인을 등용하면서 송시열의 관직이 복구되고 인현왕후가 복위하였다(갑술환국).
[오답] ① 현종 시기 효종과 효종비의 국상에서 자의대비의 복상 기간을 두고 예송 논쟁이 전개되었다. ② 인조 반정 과정에서 공이 가장 큰 이괄이 2등 공신으로 봉해지자 난을 일으켰다. ③ 선조 시기 동인은 정여립 모반 사건으로 인해 정철(서인)이 주도한 기축옥사에서 크게 탄압받았다. ④ 영조는 탕평책을 널리 알리기 위해 탕평비를 세웠다.
[순서 나열] ③-②-①-⑤-④

04. ④
이인좌의 난은 무신년(1728)에 일어난 반란이라 하여 무신란(戊申亂)이라 한다. 영조가 경종의 죽음에 관계되었다며 그를 제거하고자 난을 일으켰다. 따라서 (가)에 들어갈 국왕은 영조이다. 영조는 즉위 이후 탕평책을 추진하였는데, ④ 이에 대한 의지를 표현하기 위해 성균관에 탕평비를 세웠다.
[오답] ① 허적 등의 남인 세력의 유악 사건을 빌미로 서인이 남인을 몰아내고 집권하였다(경신환국). ② 철종 시기 임술농민봉기를 진압하고 삼정의 문란을 바로잡고자 박규수의 건의에 따라 삼정이정청을 설치하였다. ③ 현종 시기 효종과 효종비의 국상에서 자의대비의 복상 기간을 두고 예송 논쟁이 전개되었다. ⑤ 정조는 왕조의 통치 규범을 재정비하기 위해 대전통편을 편찬하였다.
[순서 나열] ③-①-④-⑤-②

기출문제

05
다음 사건에 대한 설명으로 옳은 것은?　　　48회 심화 23

사건 일지

2월 7일	수곡 도회(都會) 주모자 유계춘을 병영에 감금
2월 13일	집안 제사 참석을 요청한 유계춘을 임시 석방
2월 14일	덕천 장시 등에서 농민 시위 전개
2월 18일	목사 홍병원이 사족(士族) 이명윤에게 농민 시위 무마를 부탁하며 정해진 액수 이상으로 세금을 징수하지 않겠다는 문서 전달
2월 19일	우병사 백낙신이 시위를 해산하려 하자 성난 농민들이 그를 포위하여 감금

① 남접과 북접이 연합하여 전개되었다.
② 정부와 약조를 맺고 집강소를 설치하였다.
③ 상황 수습을 위해 박규수가 안핵사로 파견되었다.
④ 지역 차별에 반발한 홍경래가 주도하여 봉기하였다.
⑤ 함경도와 황해도에 방곡령이 선포되는 결과를 가져왔다.

06
(가) 붕당에 대한 설명으로 옳은 것은?　　　44회 고급 28

> 홍문관에서 아뢰기를, "윤국형은 우성전과 유성룡의 심복이며 또한 이성중과 한 집안 사람입니다. 당초 신묘 연간에 양사에서 정철을 탄핵할 때 옥당은 여러 날 동안이나 거론하지 않았습니다. … 유성룡이 다시 재상이 되자 윤국형 등이 선비들을 구별하여 자기들에게 붙는 자를 ___(가)___ (이)라 하고, 뜻을 달리하는 자를 북인이라 하여 결국 당쟁의 실마리를 크게 열어 놓았습니다. 이처럼 유성룡이 사당(私黨)을 키우고 사류(士類)를 배척하는 데에 모두 윤국형 등이 도왔던 것입니다." 라고 하였다.

① 광해군 시기에 국정을 이끌었다.
② 경신환국으로 정권을 장악하였다.
③ 이언적과 이황의 제자들이 주류를 이루었다.
④ 기해 예송에서 자의 대비의 기년복을 주장하였다.
⑤ 정여립 모반 사건을 내세워 기축옥사를 주도하였다.

ANSWER

05. ③
세도정치 시기 철종 때에 농민봉기가 가장 심하게 일어났는데 진주에서 일어난 농민봉기는 우병사 백낙신의 횡포에 맞서, 몰락한 양반 출신인 유계춘 등을 중심으로 일어났다(임술농민봉기). ③ 안핵사로 파견된 박규수가 봉기의 원인이 삼정의 문란에 있다고 보아 삼정이정청을 설치하였다.
[오답] ① 동학농민운동 2차 봉기는 남접과 북접의 농민군이 연합 부대를 형성하였다. ② 동학농민운동 1차 봉기 이후 농민군은 정부와 전주 화약을 맺고 집강소를 설치하였다. ④ 순조 시기 서북민들에 대한 차별에 반발해 홍경래의 난이 일어났다. ⑤ 조선은 흉작으로 인해 식량이 부족해지자 조·일 통상 장정의 규정에 따라 방곡령을 내렸으나 일본의 반발로 오히려 배상금을 물었다(1889~1890).
[순서 나열] ④-③-⑤-②-①

06. ③
사림 세력은 선조 시기 동인과 서인으로 붕당이 시작되었다. 이후 세자건저 문제로 서인이 몰락(1591)하자 서인에 대한 처벌을 놓고 동인은 북인과 남인으로 나뉘었다. 따라서 (가)에 들어갈 붕당은 남인이다. ③ 남인에는 이언적과 이황의 제자인 유성룡 등이 있었다.
[오답] ① 광해군 집권 시기에는 북인이 정국을 주도하였다. ② 서인은 남인을 역모로 몰아 정권을 독점하였다(경신환국). ④ 현종 시기 효종과 효종비의 국상에서 자의대비의 복상 기간을 두고 서인은 기년복(1년)을 주장하였다. ⑤ 선조 시기 동인은 정여립 모반 사건으로 인해 정철(서인)이 주도한 기축옥사에서 크게 탄압받았다.

07

(가)에 대한 설명으로 옳은 것은? 43회 고급 26

현종 때 일어난 (가) 에 대해 말씀해 주십시오.

(가) 은/는 효종 사후 인조의 계비인 자의 대비의 복상 기간을 두고 벌어진 논쟁입니다.

① 사림과 훈구의 갈등이 원인이 되었다.
② 서인과 남인 사이에 발생한 전례 문제이다.
③ 북인이 정국을 주도하던 시기에 전개되었다.
④ 외척 세력인 대윤과 소윤의 대립으로 일어났다.
⑤ 동인이 남인과 북인으로 분열되는 결과를 가져왔다.

08

(가), (나) 사이의 시기에 있었던 사실로 옳은 것은? 53회 심화 28

(가) 평안 감사가 "이달 19일에 관군이 정주성을 수복하고 두목 홍경래 등을 죽이거나 사로잡았습니다."라고 임금께 보고하였다.
(나) 경상도 안핵사 박규수는 "이번 진주의 백성들이 난을 일으킨 것은 오로지 전 우병사 백낙신이 탐욕을 부려 포학스럽게 행동한 까닭에서 연유한 것이었습니다."라고 임금께 보고하였다.

① 최제우가 동학을 창시하였다.
② 정약종 등이 희생된 신유박해가 일어났다.
③ 오페르트가 남연군 묘 도굴을 시도하였다.
④ 공신 책봉 문제로 이괄이 반란을 일으켰다.
⑤ 이인좌를 중심으로 소론 세력 등이 난을 일으켰다.

1)
(가) 사건? _____

2)
① 관련 사건? _____ ② 관련 사건? _____
③ 당시 국왕? _____
④ 관련 사건? _____ (국왕) 시기 일어난 _____
⑤ 관련 사건? _____, _____

1)
(가) 사건? _____ 년에 일어난 _____
(나) 사건? _____ 년에 일어난 _____

2)
① 관련 연도? _____ 년
② 당시 국왕? _____ ③ 당시 국왕? _____
④ 당시 국왕? _____ ⑤ 당시 국왕? _____

3) 위 ①~⑤를 순서대로 나열한 것은?
___ - ___ - ___ - ___ - ___

📢 ANSWER

07. ②
예송 논쟁은 현종 때 효종과 효종비의 국상에서 자의대비의 복상 기간을 두고 두 차례 전개되었다. ② 서인은 1년(기해예송)과 9개월(갑인예송)을 주장하였고 남인은 3년(기해예송), 1년(갑인예송)을 주장하여 서인과 남인이 대립하였다.
[오답] ① 성종 이후 성장한 사림 세력은 훈구 세력과의 갈등 속에서 네 차례의 사화로 인해 큰 타격을 받았다. ③ 북인이 집권한 시기는 광해군 때이다. ④ 명종 때 왕위 계승을 놓고 외척인 소윤과 대윤 간의 권력싸움에 사림이 연루되어 을사사화가 일어났다. ⑤ 선조 시기 일어난 정여립 모반 사건과 정철의 건저의 사건 등으로 동인이 남인과 북인으로 분화되었다.

08. ①
(가) 순조 시기 서북민들에 대한 차별에 반발해 홍경래의 난이 일어났다(홍경래의 난, 1811). ① 1860년 경주 출신 몰락 양반 최제우는 인내천 사상을 주장하는 동학을 창시하였다. (나) 철종 때에 농민봉기가 가장 심하게 일어났는데 진주에서 일어난 농민봉기는 몰락한 양반 출신인 유계춘 등을 중심으로 일어났다(임술농민봉기, 1862).
[오답] ② 순조 시기 신유박해(1801)로 천주교 신도들이 처형당하고 정약용 등이 유배를 당하였다. ③ 병인양요 이후 독일 상인 오페르트는 흥선 대원군의 아버지인 남연군의 묘를 도굴하려는 사건을 일으켰다(1868). ④ 인조반정 과정에서 공이 가장 컸던 이괄이 2등 공신으로 봉해지자 불만을 품고 난을 일으켰다(1624). ⑤ 영조 시기 즉위 과정에 의혹을 제기하며 이인좌를 중심으로 소론 세력 등이 난을 일으켰다.
[순서 나열] ④-⑤-②-①-③

03 조선의 대외관계

01 조선 초기의 대외관계

(1) 사대교린

① 명 : 사대
- 정도전의 요동정벌 추진 → 태종 이후 사대
- 조공과 책봉 체제, 공무역의 실리

② 여진 : 교린
- 강경책 : 세종 때 4군 6진 개척(압록강~두만강 국경선), 사민 정책(삼남 지방의 일부 주민 → 북방으로 이주)
- 회유책 : 경원과 경성에 무역소 설치(태종), 귀순 장려, 토관 제도

③ 일본 : 교린
- 강경책 : 세종 때 왜구의 근거지인 쓰시마섬 정벌(이종무)
- 회유책 : 3포 개항 – 부산포, 염포(울산), 제포(창원), 계해약조(1443) 체결 → 제한 무역

④ 기타
- 시암(태국), 자와(인도네시아), 유구(오키나와) 등 동남아시아와의 여러 나라와도 교역
- 조공과 진상 형식의 물자 교류

 사료 확인

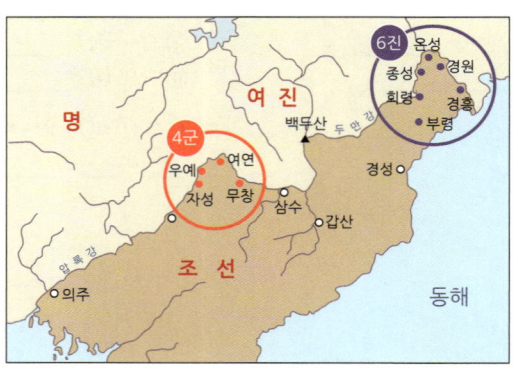

4군 6진

1. _____ (나라)에 많은 사절을 파견한 조선

   황제께서 후하게 대우하고, "너희 나라 사신의 행차가 왕래하는 데 길이 멀어서 비용이 많이 드니, 지금부터는 3년 만에 한 번 조회하라."라고 명령하였습니다.
   - 『태조실록』 -

   정답 1. 명

🌸 빈출 선지 체크

1. 염포의 왜관에서 교역하였다. (시기)
2. 정도전을 중심으로 요동 정벌을 추진하였다. (관련 국가)
3. 이종무가 적의 근거지인 쓰시마를 정벌하였다. (시기)
4. 계해약조가 체결되었다. (시기)
5. 한성에 동평관을 두어 무역을 허용하였다. (관련 국가)

정답 **1.** 조선 전기 **2.** 명 **3.** 조선 전기(세종) **4.** 조선 전기(세종) **5.** 일본

02 양 난의 극복

(1) 왜란

① **왜와의 충돌** : 일본의 무역 요구 증가, 조선의 통제 강화
- 3포 왜란(1510, 중종) → 3포 폐쇄, 군사 문제를 전담하는 임시기구인 비변사 설치
- 을묘 왜변(1555, 명종) → 비변사 상설 기구화

② **배경**
- 도요토미 히데요시의 전국시대 통일(日)
- 방군수포의 성행으로 국방력 약화(鮮)
- 1592년 4월, 일본 내 불만 세력의 관심을 밖으로 돌리고 대륙 침략의 야욕을 실현하기 위해 정명가도(征明假道)를 구실로 조선을 침략

③ **임진왜란(1592)**
- 육군 패전(부산진, 동래성) → 충주 탄금대(신립) → 선조 의주 피난, 명에 지원군 요청
- 수군의 활약 : 옥포해전(첫 승), 사천해전(거북선 첫 사용), 한산도 대첩(학익진 전법) → 왜군의 수륙 병진 작전 좌절
- 의병의 활약 : 향토 지리에 밝은 이점을 활용, 정인홍·곽재우(북인) 등
- 전세 회복 : 조·명 연합군 결성 → 평양성 탈환, 행주 대첩(권율)

④ **휴전**
- 일본이 명에게 휴전 제의 → 휴전 회담 진행
- 훈련도감 설치(포수·사수·살수의 삼수병), 무기개량(조총), 속오법 실시, 진관 복구 등

⑤ **정유재란(1597)**
- 배경 : 3년에 걸친 휴전회담 결렬 → 일본의 재 침입
- 경과 : 직산 전투(조·명 연합군), 명량대첩(이순신, 울돌목), 노량 해전(이순신 전사)

CHAPTER 03 조선의 대외관계

⑥ 왜란의 영향
- 조선
  : 양안과 호적 소실로 국가재정 황폐화(→ 공명첩 발급 → 신분제 문란)
  : 문화재(경복궁 등 궁궐, 불국사, 사고) 소실
  : ==비변사 기능 강화==
- 일본
  : 도요토미 히데요시 사후 도쿠가와 이에야스가 권력을 잡은 에도막부 성립
  : 일본의 문화발전(약탈, 포로 납치 – 활자, 서적, 성리학, 도자기 기술)
  : 통신사 파견(1607~1811) – 일본의 요청으로 조선의 선진문화를 일본에 전파
  : 기유약조(1609) 체결로 국교 정상화
- 중국
  : 파병으로 명의 국력 약화
  : 여진의 급속 성장 → 명 · 청 교체 야기

(2) 광해군의 중립 외교
① 전후 복구 : 양안, 호적 작성, 경기도에 대동법 시행, 동의보감(허준), 사고 건축
② ==중립외교== : 여진족의 후금 건국(1616), 명에 선전포고, 명의 원군 요청 → 강홍립이 이끄는 군대 파견 → 후금에 항복
③ 인조반정(1623) : 폐모살제, 중립외교를 구실로 광해군 몰아내고 인조 즉위

(3) 호란
① 정묘호란(1627)
  - 배경 : 서인의 친명배금 정책, 모문룡 가도 사건, 이괄의 난
  - 전개 : 광해군의 원수를 갚는다는 명분으로 후금 침입 → 인조 강화도 피난, 의병(정봉수, 이립)의 활약
  - 결과 : 후금과 형제 관계 체결 후 화의
② ==병자호란(1636)==
  - 배경 : 후금이 국호를 청으로 바꾸고 군신 관계 요구 → 주전론(윤집) vs 주화론(최명길)
  - 전개 : 주전론 우세 → 군신관계 거절로 청 침략 → 인조 남한산성 피난 → 주화론 대두
  - 결과 : 삼전도의 굴욕 → 군신관계 체결, 소현세자와 봉림대군 인질

03 양 난 이후 대외관계

(1) 북벌론(효종)
   ① 배경 : 서인 정권의 의리명분론(송시열, 송준길, 이완)
   ② 경과 : 무기 개량, 군대 양성 등, 청의 강성으로 현실적 어려움, 효종 병사로 중단

(2) 나선정벌 : 남하하는 러시아 세력을 격퇴하고자 청이 조선에 원병 요청 → 두 차례에 걸쳐 조총 부대 파견

(3) 북학론(18c)
   ① 배경 : 호란 이후 청에 연행사 파견 → 청 문물을 국내에 소개, 청의 국력 신장
   ② 내용 : 북학파 실학자들 중심으로 청의 앞선 문물을 수용해야 한다는 입장

여기서 잠깐

1. 임진왜란 당시 선조는 _____(으)로, 병자호란 당시 인조는 _____(으)로 피난하였다.
2. 임진왜란 [이전 / 중 / 이후]에 설치된 _____은/는 국방 문제를 담당하는 임시 기구로 설치되었으나 조선 후기 최고 정무 기관으로 위상이 높아졌다.

정답 1. 의주 / 남한산성   2. 이전 / 비변사

빈출 선지 체크

1. 나선정벌에 조총부대가 동원되었다. (국왕)
2. 권율이 행주산성에서 적군을 격퇴하였다. (국왕)(관련사건)
3. 정봉수와 이립이 용골산성에서 항쟁하였다. (국왕)(관련사건)
4. 외적의 침입에 대비하고자 비변사가 처음 설치되었다. (국왕)
5. 공신 책봉 문제로 이괄이 반란을 일으켰다. (국왕)
6. 삼수병으로 구성된 훈련도감을 창설하였다. (국왕)(관련사건)
7. 신립이 배수의 진을 치고 왜군과 맞서 싸웠다. (국왕)(관련사건)

정답 1. 효종   2. 선조 / 임진왜란   3. 인조 / 정묘호란   4. 중종   5. 인조   6. 선조 / 임진왜란   7. 선조 / 임진왜란

CHAPTER 03 조선의 대외관계

사료 확인

왜란의 전개 과정

호란의 전개 과정

삼전도비

조선이 청에 항복한 후 청의 요구로 세워졌다. 청 황제의 덕을 칭송하는 내용이 새겨져 있다.

통신사 파견

조선에서는 1607년부터 1811년까지 열두 차례에 걸쳐 일본에 통신사를 파견하였다. 통신사 일행은 보통 300~500명 정도였으며, 일본에서는 이들을 국빈으로 대우하였다. 일본은 통신사를 통해 조선의 선진 학문과 기술을 수용하였다. 통신사는 단순한 외교 사절의 의미를 넘어 일본에 문화를 전파하는 역할도 담당하였다.

 사료 확인

1. _____의 기능 확대

이 기구를 설치한 이유는 …… 변방의 방비에 대한 긴급한 일 등이 있을 경우 대신과 변방 일을 잘 아는 재상들이 한자리에 모여 계책을 세우기 위해 설치한 것입니다. 그런데 지금은 8도와 6조의 공사(公事)가 거의 모두 이곳으로 들어갑니다.

― 『선조실록』 ―

2. 임진왜란에서 _____의 활약

대개 왜적은 본시 수륙이 합세하여 서쪽으로 쳐내려 오려고 하였는데 이 한 번의 해전(한산도 대첩)에 의해 마침내 그 한 팔이 끊어져 버린 것과 다름없이 되고 말았다. 따라서 고니시 유키나가가 비록 평양을 빼앗았다고 하나 그 형세가 외롭게 되어 감히 더 전진하지 못하였다. 이로 인하여 국가에서 전라·충청도를 보전하였고, 나아가서 황해도와 평안도의 연해 지역 일대까지 보전할 수 있었으며, 군량을 조달하고 호령을 전달할 수 있었기 때문에 국가 중흥이 이룩될 수 있었다.

― 류성룡, 『징비록』 ―

3. _____ 대첩을 앞둔 _____(인물)의 상소

임진년 이후 적이 감히 우리 서해안에 오지 못한 것은 수군이 그 길을 막았기 때문입니다. 신(臣)에게는 아직 전선 열두 척이 있으니 사력을 다하여 맞서 싸우면 될 것입니다.

4. _____(국왕)의 _____(대외정책)

국왕이 도원수 강홍립에게 지시하였다. "원정군 가운데 1만은 조선의 정예병만을 선발하여 훈련했다. 이제 장수와 병사들이 서로 숙달하게 되었노라. 그러니 그대는 명군 장수들의 명령을 그대로 따르지만 말고 신중하게 처신하여 오직 패하지 않는 전투가 되도록 최선을 다하라."

― 『광해군 일기』 ―

명 조정에서 우리나라에 군사를 파견하기를 청하였는데 …… 명의 장수 교일기는 우리나라 군사 만여 명을 독촉하여 원수 강홍립 등을 거느리고 그 뒤쪽을 쳤다. …… 한 오랑캐(여진인)가 진 앞에 와서 연달아 통역관을 부르자, 강홍립이 곧 통역관 황연해를 시켜 나가서 응접하게 하고 말하기를, "우리나라가 너희들과 본래 원수진 일이 없는데 무엇 때문에 서로 싸우겠느냐. 지금 여기 들어온 것은 부득이한 것임을 너희 나라에서는 모르느냐."라고 하니, 드디어 적과 왕래하면서 강화를 의논하였다.

― 『연려실기술』 ―

5. _____(사건)의 배경

우리나라가 중국 조정을 섬겨 온 것이 2백여 년이다. 의리로는 군신이며, 은혜로는 부자와 같다. 임진년에 입은 은혜는 만세토록 잊을 수 없는 것이다. 선조께서 40년 동안 재위하시면서 지극한 정성으로 섬기어 평생에 서쪽을 등지고 앉지도 않았다. 광해군은 배은망덕하여 천명을 두려워하지 않고, 속으로 다른 뜻을 품고 오랑캐에게 성의를 베풀었다. 기미년(1619) 오랑캐를 정벌할 때에는 은밀히 장수를 시켜 동태를 보아 행동하게 하였다. 끝내 전군이 오랑캐에게 투항함으로써 추한 소문이 사해에 펼쳐지게 하였다. 중국 사신이 왔을 때 구속하여 욕에 가두듯이 하였다. 뿐만 아니라 황제가 자주 칙서를 내려도 구원병을 파견할 생각을 하지 않았다. 예의의 나라인 삼한이 오랑캐와 금수가 됨을 면치 못하였다. 어찌 그 통분함을 이루 다 말할 수 있겠는가?

― 『인조실록』 ―

CHAPTER 03 조선의 대외관계

6. 윤집의 _____ 론

화의가 나라를 망친 것은 어제 오늘의 일이 아닙니다. 옛날부터 그러하였으나 오늘날처럼 심한 적은 없었습니다. 명은 우리나라에게는 부모의 나라입니다. 형제의 의를 맺고 부모의 은혜를 저버릴 수 있겠습니까 하물며 임진왜란의 일은 터럭만 한 것도 황제의 힘이어서 우리나라가 살아 숨 쉬는 한 잊기 어렵습니다. … 차라리 나라가 없어질지라도 의리는 저버릴 수 없습니다. … 또한 어찌 차마 이런 시기에 다시 화의를 주장하는 것입니까. — 『인조실록』 —

7. 최명길의 _____ 론

"화친을 맺어 국가를 보존하는 것보다 차라리 의를 지켜 망하는 것이 옳다고 하였으나 이것은 신하가 절개를 지키는 데 쓰이는 말입니다. 주화 두 글자가 신의 일평생에 허물이 될 줄 압니다. 그러나 신은 아직도 오늘날 화친하려는 일이 그르다고 생각하지 않습니다. 자기의 힘을 헤아리지 아니하고 경망하게 큰소리를 쳐서 오랑캐들의 노여움을 도발, 마침내는 백성이 도탄에 빠지고 종묘와 사직에 제사 지내지 못하게 된다면 그 허물이 이보다 클 수 있겠습니까. …… 늘 생각해 보아도 우리의 국력은 현재 바닥나 있고 오랑캐의 병력은 강성합니다. 정묘년(1627)의 맹약을 아직 지켜서 몇 년이라도 화를 늦추시고, 그동안을 이용하여 인정을 베풀어서 민심을 수습하고 성을 쌓으며, 군량을 저축하여 방어를 더욱 튼튼하게 하되 군사를 집합시켜 일사불란하게 하여 적의 허점을 노리는 것이 우리로서는 최상의 계책일 것입니다." 이 때 진행 과정에서 김상헌(金尙憲)이 조선 측의 강화문서를 찢고 통곡하니, 이를 주워 모으면서 "조정에 이 문서를 찢어버리는 사람이 반드시 있어야 하고, 또한 나 같은 자도 없어서는 안 된다."라고 말하였다. — 『지천집』 —

8. _____ 론

병자·정축의 일로 말하면 하늘이 우리를 돌보지 않아 금수에게 치욕을 당한 것이었는데, 그때 인조 대왕께서는 종묘사직과 만백성을 위해 한번 죽고 싶은 것도 참고 수치를 견디셨습니다. …… 임진년의 왜란으로 팔도 백성들이 도마 위의 고기 신세가 되었을 때에 명 신종께서 군대를 동원하여 우리를 구출하여 편하게 만들어 주셨습니다. …… 우리나라는 정예한 병력과 화포가 있으니 군대를 더 선발하고 무기를 갖춘 후 노련한 장수를 임명하여 북으로 연경을 향해 진군하면 그들을 정벌할 수 있습니다.

9. _____ 론

모르는 것이 있으면 길 가는 사람이라도 붙들고 물어야 한다. …… 만일 배우려 한다면 중국을 두고 어디에 묻겠는가. 그러나 "지금의 중국을 차지하고 있는 주인은 오랑캐들이다."라고 하면서 배우기를 꺼려하며, 중국의 옛 법마저 다 함께 얕잡아 무시해 버린다. …… 우리는 저들과 비교하여 한 치도 나은 점이 없다. 그럼에도 머리를 깎지 않고 상투를 틀고 있는 것만 가지고 스스로 천하제일이라고 하면서 "지금의 중국은 옛날의 중국이 아니다."라고 하면서 …… 중국 고유의 훌륭한 법과 제도마저 배척해 버리고 만다. 그렇다면 장차 어디에서 본받아 행하겠는가. — 박지원, 『북학의』 서문 —

정답 1. 비변사 2. 수군(이순신) 3. 명량 / 이순신 4. 광해군 / 중립외교
5. 인조반정 6. 척화론(= 주전론) 7. 주화론 8. 북벌론 9. 북학론

03 기출문제

01

(가)~(다)를 일어난 순서대로 옳게 나열한 것은?

52회 심화 21

> (가) 왕은 군사를 일으켜 왕대비를 받들어 복위시킨 뒤 경운궁에서 즉위하였다. 광해군을 폐위시켜 강화로 내쫓고 이이첨 등을 처형한 다음 전국에 대사령을 내렸다.
>
> (나) 용골대 등이 왕을 인도하여 들어가 단 아래에 북쪽을 향해 자리를 마련하고 왕에게 자리로 나아가기를 청하였다. 왕이 세 번 절하고 아홉 번 머리를 조아리는 예를 행하였다.
>
> (다) 왕은 김상용에게 도성의 일을 맡기고 종묘사직의 신주를 받들어 강화로 피난해 들어갔다. 이에 김류, 이귀, 최명길, 김자점 등의 신하들이 모두 따라갔다.

① (가) – (나) – (다) ② (가) – (다) – (나)
③ (나) – (가) – (다) ④ (나) – (다) – (가)
⑤ (다) – (가) – (나)

02

(가)~(다) 학생이 발표한 내용을 일어난 순서대로 옳게 나열한 것은?

49회 심화 21

① (가) – (나) – (다) ② (가) – (다) – (나)
③ (나) – (가) – (다) ④ (나) – (다) – (가)
⑤ (다) – (가) – (나)

ANSWER

01. ②
(가) 광해군의 폐모살제를 빌미로 서인들은 인조반정을 일으켜 광해군을 몰아내고 정권을 장악하였다(인조반정, 1623). (다) 서인은 광해군의 중립 외교 정책을 비난하고 친명 배금 정책을 추진하여 후금을 자극하였다. 이에 후금은 광해군을 위해 보복한다는 명분으로 조선에 쳐들어왔다(정묘호란, 1627). (나) 후금은 국호를 청으로 바꾸고 조선에 군신 관계를 요구하였다. 조선이 이를 거부하자 청은 조선에 다시 쳐들어왔다(병자호란, 1636). 인조는 신하들과 함께 남한산성에서 항전하였으나 결국 청의 요구를 받아들여 삼전도에서 굴욕적인 강화를 맺었다.

02. ①
(가) 이순신은 임진왜란이 일어나자 옥포에서 일본 수군과 첫 해전을 벌여 26척의 적선을 격파하였다(옥포대첩, 1592). (나) 같은 해에 적선을 한산도로 유인하여 학익진 전술을 사용해 적선 70척을 대파하였다(한산도 대첩, 1592). (다) 1597년 정유재란 이후 13척의 함선으로 명량에서 적군과 대결하였지만 대승을 거두었다(명량대첩, 1597).

03 기출문제

03
(가) 전쟁 이후에 있었던 사실로 옳은 것은? 49회 심화 25

이것은 (가) 의 결과 심양에 볼모로 잡혀간 봉림 대군이 쓴 한글 편지입니다. 편지에는 척화론을 내세우다 끌려와 함께 있던 김상헌에 대한 염려가 담겨 있습니다.

① 국경 지역에 4군 6진이 개척되었다.
② 나선 정벌에 조총 부대가 동원되었다.
③ 강홍립 부대가 사르후 전투에 참전하였다.
④ 정봉수와 이립이 용골산성에서 항전하였다.
⑤ 제한된 무역을 허용한 기유약조가 체결되었다.

04
다음 상황이 전개된 이후의 사실로 옳은 것은?
35회 고급 26

> 고금천하의 법 중에 군율보다 엄격한 것은 없습니다. 그런데 강홍립, 김경서 등은 중국 군대와 함께 적지에 깊숙이 들어가서 힘껏 싸우다 죽지 않고 도리어 투항을 청하여 적의 뜰에 무릎을 꿇었으니, 신하의 대의가 땅을 쓸 듯이 완전히 없어졌습니다. … 청컨대 강홍립·김경서의 가족들을 모조리 잡아서 구금하라고 명하심으로써 군율을 변경할 수 없다는 것을 분명히 보이소서.

① 김종서가 여진을 몰아내고 6진을 개척하였다.
② 조·명 연합군이 평양성 전투에서 승리하였다.
③ 정여립 모반 사건을 계기로 기축옥사가 일어났다.
④ 인조반정으로 서인이 정국의 주도권을 장악하였다.
⑤ 제한된 범위의 무역을 허용한 계해약조가 체결되었다.

---

1)
(가) 전쟁? _____ (국왕) 시기 일어난 _____

2)
① 관련 국왕? _____ ② 관련 국왕? _____
③ 관련 국왕? _____ ④ 관련 국왕? _____
⑤ 관련 국왕? _____

1)
당시 국왕? _____

2)
① 관련 국왕? _____ ② 관련 국왕? _____
③ 관련 국왕? _____ ④ 관련 국왕? _____
⑤ 관련 국왕? _____

ANSWER

03. ②
병자호란으로 조선은 청과 군신관계를 체결했으며, 인조의 아들인 소현세자와 봉림대군이 청에 인질로 끌려갔다. 이후 봉림대군이 효종으로 즉위하고 북벌 정책을 추진하였는데, 어영청을 중심으로 북벌 군대를 양성하던 중 러시아의 남하로 청이 조선에 원병을 요청하였고 ② 조선은 두 차례에 걸쳐 나선 정벌에 군대를 파견하였다.
[오답] ① 세종 때 4군 6진을 설치하여 오늘날과 같은 국경선을 확정하였다. ③ 광해군 때 명의 요청으로 강홍립 군대를 파견하였다. ④ 정묘호란 때 의병을 일으켜 관군과 합세한 정봉수와 이립 등은 용골산성에서 큰 전과를 거두었다. ⑤ 광해군 때 일본과 기유약조를 체결하여 교역을 허락하였다.

04. ④
광해군은 명과 후금 사이에서 중립적인 외교를 펼쳤다. 명의 요청으로 후금을 토벌하기 위해 강홍립 군대를 파견하였으나 적당히 싸우다 항복하는 중립외교를 펼쳤다. 광해군은 중립 외교와 폐모살제 등을 빌미로 ④ 서인이 일으킨 인조반정에 의해 폐위되었다.
[오답] ① 세종 때 4군 6진을 설치하여 오늘날과 같은 국경선을 확정하였다. ② 선조 시기 일어난 임진왜란 당시, 평양성에서 조·명 연합군이 크게 승리하였다. ③ 선조 때의 기축옥사로 인해 서인이 일시적으로 집권하게 되었다. ⑤ 세종 때 일본과 계해약조를 체결하여 제한된 범위 내에서만 교역을 허락하였다.

05

밑줄 그은 '이 왕'의 재위 기간에 있었던 사실로 옳은 것은?

46회 심화 19

이만주 정벌도

> 그림은 이 왕의 명을 받은 최윤덕 장군부대가 올라산성에서 여진족을 정벌하는 장면입니다. 그 결과 조선은 압록강 유역을 개척하고 여연·자성·무창·우예 등 4군을 설치하였습니다.

① 어영청을 중심으로 북벌이 추진되었다.
② 국왕의 친위부대인 장용영이 설치되었다.
③ 강홍립 부대가 사르후 전투에 참전하였다.
④ 에도 막부의 요청에 따라 통신사가 파견되었다.
⑤ 제한된 범위의 무역을 허용한 계해약조가 체결되었다.

06

지도에 표시된 지역을 개척한 국왕의 대외 정책으로 옳은 것은?

26회 고급 24

① 박위를 파견하여 대마도를 정벌하였다.
② 세견선에 관한 계해약조를 체결하였다.
③ 북벌 정책을 추진하기 위해 어영청을 확대하였다.
④ 박권을 보내 국경을 확정하는 백두산 정계비를 세웠다.
⑤ 여진과의 무역을 위해 경원에 무역소를 처음 설치하였다.

---

1) 이 왕? _____

2) ① 관련 국왕? _____ ② 관련 국왕? _____
   ③ 관련 국왕? _____ ④ 관련 국왕? _____
   ⑤ 관련 국왕? _____

1) 관련 국왕? _____

2) ① 관련 국왕? _____ ② 관련 국왕? _____
   ③ 관련 국왕? _____ ④ 관련 국왕? _____
   ⑤ 관련 국왕? _____

📢 ANSWER

05. ⑤
세종 때 압록강과 두만강을 경계로 하는 오늘날의 국경선을 확보하고 4군 6진을 설치하였다. ⑤ 또한 일본과 계해약조를 체결하여 제한된 범위 내에서만 교역을 허락하였다.
[오답] ① 효종은 어영청을 중심으로 북벌 군대를 양성하였다. ② 정조는 친위 부대인 장용영을 설치하였다. ③ 광해군은 명과 후금 사이에서 중립 외교를 펼쳤다. ④ 임진왜란 이후 조선은 에도 막부의 요청으로 조선통신사를 파견하였다.

06. ②
세종 때 압록강과 두만강을 경계로 하는 오늘날의 국경선을 확보하고 4군 6진을 설치하였다. ② 또한 일본과 계해약조를 체결하여 제한된 범위 내에서만 교역을 허락하였다.
[오답] ① 고려 말 창왕 시기 박위를 파견하여 쓰시마섬(대마도)를 정벌하였다. ③ 효종은 병자호란의 치욕을 갚고자 어영청을 중심으로 북벌 군대를 양성하였다. ④ 숙종 시기 박권을 보내 백두산 일대를 답사하고 국경을 확정하여 백두산 정계비를 세웠다. ⑤ 태종 시기 국경 지역인 경성과 경원에 무역소를 두고 국경 무역을 허용하였다.

CHAPTER 04 조선의 경제·사회·문화

01 조선의 경제

(1) 토지제도
  ① 과전법(공양왕)
    • 경기도 한정, 전·현직 관리에게 수조권 지급(1/10세)
    • 세습 불가가 원칙, 예외 세습(수신전, 휼양전)
  ② 직전법(세조)
    • 지급할 토지 부족으로 현직 관리에게만 수조권 지급
    • 세습 토지(수신전, 휼양전) 폐지
  ③ 관수관급제(성종)
    • 현직 관리의 수조권 남용으로 국가가 조를 거두어 관리에게 지급
    • 국가의 토지 지배권 강화
  ④ 직전법 폐지(명종)
    • 수조권 지급 제도 소멸, 녹봉만 지급
    • 양반의 토지 사적 소유 증가(지주전호제 확산)

(2) 수취제도 - 조세(전세)
  ① 전기(토지)
    • 과전법 : 수확량의 1/10세 징수(최대 300두 생산, 최대 30두 징수), 답험손실법(풍흉 조사 후 손실 등급에 따라 세금 감면)
    • 공법(세종) : 연분9등법(풍흉에 따라 1결당 4~20두 징수), 전분6등법(비옥도에 따라 토지를 6등급으로 구분)
  ② 후기(토지)
    • 영정법(인조)
      : 풍흉에 관계없이 1결당 4~6두 징수
      : 전세율은 낮아졌으나, 각종 부가세 징수로 농민의 부담은 오히려 증가

(3) 수취제도 - 공납
  ① 전기(집)
    • 토산물을 현물로 징수
    • 군현에 물품과 액수 할당 → 군현에서 가호에 할당
    • 상공(정기적), 별공(비정기적), 전세보다 더 큰 부담
    • 방납의 폐단 발생
  ② 후기(토지)
    • 대동법(광해군)
      : 토지 기준 1결당 12두(공납의 전세화), 쌀·동전·삼베 등으로 징수
      : 경기도에 처음 실시 → 양반 지주의 반대로 전국 실시에 100년 걸림(숙종)
      : 공인 등장(상품 화폐 경제의 발달)

(4) 수취제도 – 역(정남)

① 전기(16~60세 미만 정남)
- 군역(정군과 보인, 양반·향리·학생 등은 면제), 요역(토목 공사에 동원)
- 방군수포제·대립제 성행 → 군포 징수제 확산(중종)
- 납속, 공명첩으로 군역 재원 감소 → 남은 농민의 부담 증가

② 후기
- **균역법**(영조)
  : 군포 2필 → 1필
  : 결작 1결당 2두, 선무군관포, 어염세, 선박세 등으로 부족분 보충
  : 농민의 부담 일시 감소 but 결작을 농민에게 전가

 사료 확인

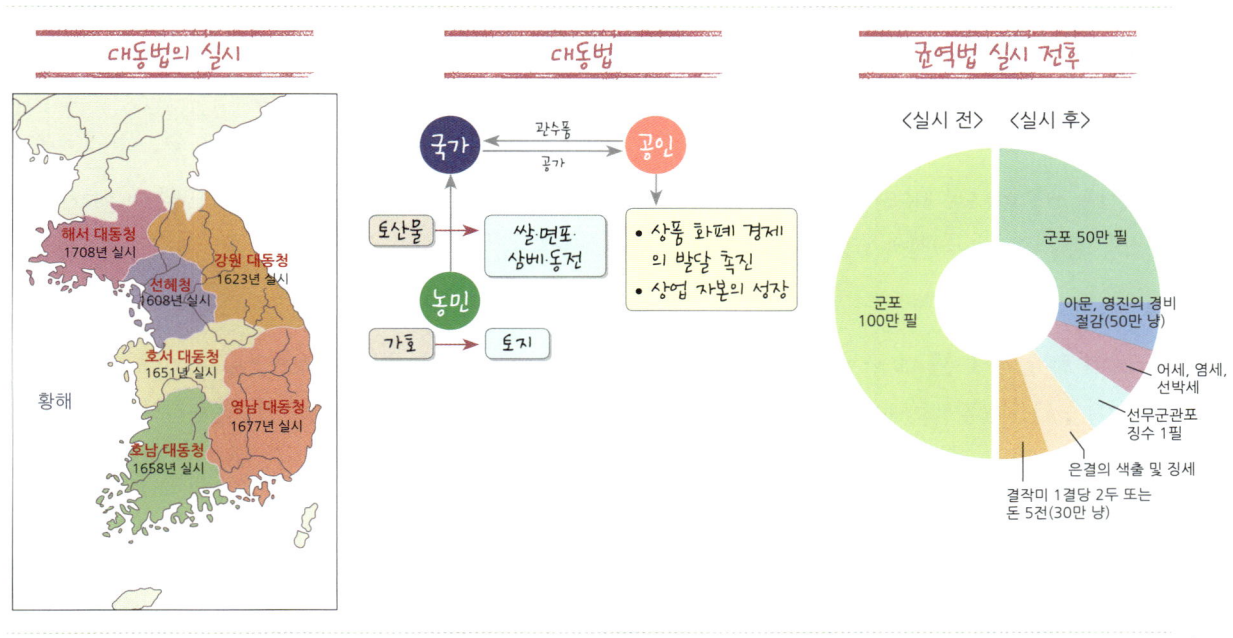

여기서 잠깐

1. 조선 후기 방납의 폐단을 막기 위해 시행된 _____(제도)은/는 토산물로 내던 공납을 전세화 한 것이다.
2. 대동법 실시에 따라 등장한 _____(상인)은/는 각 관청이 필요로 하는 물품을 납품하는 역할을 맡았다.
3. 균역법 실시 후 일부 상류층 자제에게 _____(이)라는 칭호를 주고 군포 1필을 납부하게 하였다.

정답 1. 대동법 2. 공인 3. 선무군관

CHAPTER 04 조선의 경제·사회·문화

빈출 선지 체크

1. 풍흉에 관계없이 전세 부담액을 고정하였다. (국왕)(제도)
2. 현직 관리에게만 토지의 수조권을 지급하였다. (국왕)(제도)
3. 관리에게 녹봉을 지급하고 수조권을 폐지하였다. (국왕)
4. 군역의 부담을 줄이기 위해 균역법을 제정하였다. (국왕)
5. 과전법에 따라 토지를 지급받았다. (국가)
6. 관청에 물품을 조달하는 공인이 활동하였다. (제도)

정답 1. 인조 / 영정법   2. 세조 / 직전법   3. 명종   4. 영조   5. 조선   6. 대동법

사료 확인

1. 공법

전세를 거둘 때 토지 비옥도에 따라 6단계로 나누어 면적을 달리하고(_____), 해마다 풍흉에 따라 거둘 양을 9등급으로 나누어 1결에 최고 20두에서 최하 4두까지 거두었다(_____).

2. _____(제도)의 제정 배경

국가의 토지는 여섯 등급으로 나누는 법(전분6등)이 있고, 세를 거둘 때에는 아홉 등급의 제도(연분9등)가 있다. …… 그런데 토지의 등급을 나누고 세를 내게 할 때 모두 하하(下下)를 따른다. 중상(中上)의 법이 있음을 알지 못하고 되풀이하여 답습하다 보니 마침내 일상적인 규정이 되어 버렸다.

― 『선조실록』 ―

3. _____(제도)의 시행 배경

선혜청을 설치하였다. 처음에 영의정 이원익이 제의하기를 "각 고을의 진상과 공물이 각급 관청의 방납인에 의해 저지되어, 한 물건의 값이 3, 4배 혹은 수십 배까지 되어 그 폐해가 극심하고, 특히 경기 지방이 그러합니다. 지금 마땅히 별도로 1청을 설치하여 매년 봄, 가을로 쌀을 거두되, 토지 1결마다 2번에 걸쳐 8두씩을 거두어 본청에 수납하게 하고 본청은 그때의 시세를 보아 방납인에게 쌀을 지급하여 물건을 구입하게 하십시오."라고 하니 임금이 이에 따랐다. 이때 왕의 교지 중에 '선혜'라는 말이 있어 이로써 청의 이름을 삼았다.

― 『광해군일기』 ―

4. _____(제도)의 시행

양역을 절반으로 줄이라고 명하였다. 왕이 명정전에 나아가 여러 신하들을 불러 양역의 변통에 대한 대책을 물었다. 왕이 말하였다. "구전(口錢)은 한 집안에서 거둘 때 주인과 노비의 명분이 문란해지고, 결포는 이미 정해진 세율이 있어 더 부과하기 어렵다. 호포가 조금 나을 것 같아 1필을 줄이고 호전을 걷기로 하였으나 마음은 매우 불편하다. …… 호포나 결포나 모두 문제점이 있다. 이제는 1필로 줄이는 것으로 온전히 돌아갈 것이니, 경들은 1필을 줄였을 때 생기는 세입 감소분을 보충할 방법을 강구하라."

― 『영조실록』 ―

5. _____(제도)의 실시 반대와 찬성

- 지방에서 온 사람이 "백성이 모두 한꺼번에 납부하는 것을 고통스럽게 여긴다."라고 하였습니다. 대체로 먼 지방은 경기와 달라 부자들이 가진 땅이 많습니다. 10결을 소유한 자는 10석을 내고 20결을 소유한 자는 20석을 내야 합니다. 이렇게 하면 땅이 많으면 많을수록 더욱 고통스럽게 여길 것은 당연합니다. …… 대가(大家)와 거족(巨族)이 불편하게 여기며 원망을 한다면, 어려운 시기에 심히 걱정스러운 일이라 할 것입니다.
— 『인조실록』 —

- 부자는 전결이 많으므로 내야 할 양도 많아 한꺼번에 준비하기가 어렵다고 하는데, 그렇지 않습니다. 무릇 부자는 수확이 많고 노동력이 많은데, 가난한 사람들도 여태껏 그럭저럭 납부해 온 것을 왜 못 내겠습니까?
— 『포저집』 —

6. _____(제도)의 확대 시행 논의

좌의정 조익, 연양군 이시백은 모두 행하는 것이 편리하다고 하고, 호조 판서 이기조, 호군 정세규는 모두 불편하다고 한다. 왕이 물었다. "이 제도를 시행하면 부자(대호)가 원망하고, 시행하지 않으면 가난한 농민(소민)이 원망한다고 한다. 어느 쪽의 원망이 더 큰가?" 여러 신하들이 하나같이 대답하였다. "소민의 원망이 큽니다." 왕이 말하였다 "그렇게 시행하라."
— 『효종실록』 —

7. _____(제도)의 시행 배경

현재 10여 만 호로써 50만 호가 져야 할 양역을 감당해야 합니다. 한 집안에 비록 남자가 4, 5명 있어도 모두 균역에서 벗어나지 못합니다. 균포를 마련할 길이 없어 마침내 죽거나 도망을 가게 되고, 이러한 자의 몫을 채우기 위해 백골징포, 황구첨정의 폐단이 생겨나는 것입니다.
— 『영조실록』 —

8. _____의 폐단 – _____(제도)의 시행 배경

각 고을에서 공물을 상납하려 할 때 각 관청의 사주인(방납인)들이 여러 가지로 농간을 부려 좋은 것도 불합격 처리하기 때문에 바칠 수가 없습니다. 이리하여 사주인은 자기가 갖고 있는 물품으로 관청에 대신 내고 그 고을 농민들에게는 자기가 낸 물건 값을 턱없이 높게 쳐서 열 배의 이득을 취하니 이것은 백성의 피땀을 짜내는 것입니다.
— 『선조실록』 —

> 정답 1. 전분6등법 / 연분9등법   2. 영정법   3. 대동법   4. 균역법
> 5. 대동법   6. 대동법   7. 균역법   8. 방납 / 대동법

CHAPTER 04 조선의 경제·사회·문화

(5) 농업
- ① 전기
  - 중농정책 : 토지 개간 장려, 수리 시설 확충
  - 농서 : 『농사직설』(세종), 『금양잡록』(성종) 등 간행
  - 밭농사 : 2년 3작의 윤작법 확대
  - 논농사 : 남부 지방에 이앙법(모내기) 확대 보급 → 이모작 시작
  - 시비법의 발달 → 휴경지 소멸 → 연작 가능
  - 목화 재배 확대 → 의생활 개선
- ② 후기
  - 지대 납부 방식의 변화 : 타조법(정률제, 병작반수) → 도조법(정액제)
  - 논농사 : 이앙법 전국 확대 실시(광작 가능, 이모작) → 농민의 계층분화
  - 밭농사 : 농종법 → 견종법 확대
  - 상품 작물 재배 : 쌀, 담배, 인삼 등
  - 구황 작물 재배 : 고구마, 감자, 고추, 호박

(6) 수공업
- ① 전기
  - 관영 수공업 : 장인을 공장안에 등록해 각 관청에 소속시키고 물품 제작
- ② 후기
  - 민영 수공업 : 장인세 납부하고 자유롭게 활동
  - 선대제 성행 : 자본이 부족한 수공업자가 상인으로부터 자금과 원료를 미리 받아 생산 → 독립 수공업 (18c 후반)

(7) 광업
- ① 전기
  - 관영 광산 : 정부에서 독점 채굴, 농민의 부역 동원
- ② 후기
  - 청과의 무역 성행 → 은 수요 多 → 은광 개발 활발
  - 민영 광산 : 설점수세제(민간인에게 광산 채굴 허용 및 세금 징수), 잠채 성행
  - 덕대(경영)가 물주로부터 자본을 조달받아 혈주(채굴업자)를 고용하여 생산 → 분업과 협업

(8) 상업
- ① 전기
  - 중농억상, 화폐(저화, 조선통보 등) 유통 부진
  - 시전상인 : 왕실이나 관청에 물품 공급하는 대신 특정 상품에 대한 독점 판매권 부여
  - 경시서 설치(상행위 통제) → 세조 때 평시서로 개칭
  - 장시 : 15c 후반부터 지방에 장시 등장 → 보부상 활동
- ② 후기
  - 상품 작물 재배, 대동법 실시로 상품 화폐 경제 발달 등으로 상업 발달
  - 공인(국가에 관수품 조달) → 도고(매점매석하여 가격 상승을 노리는 상인)로 성장

- 사상의 성장
  : 임진왜란 이후 도성 안에서 정부의 허락 없이 상업 활동을 하는 사상이 늘어남
  : 종루, 배오개(이현), 칠패 등을 근거지로 삼아 활동하며 시전상인의 상권 위협
  : 정부가 사상의 성장을 막지 못함 → 결국 육의전을 제외한 ==시전상인의 금난전권 철폐==(신해통공 정책)
- 사상의 종류
  : 보부상 – 장시는 주로 5일장, 장시를 하나의 유통망으로 연결하는 역할
  : 객주, 여각 – 포구에서 활동상품의 매매를 중개, 보관, 숙박, 금융, 운송업도 담당
  : 선상 – 포구에서 활발히 활동
  : 거점상인 – 만상(의주), 내상(동래), 송상(개성), 유상(평양)
- 대외무역
  : 정부가 공식으로 허용한 개시무역, 사상들에 의해 사적으로 이루어지는 후시무역
  : 청 – 비단·약재·문방구(수입), 은·종이·무명·인삼(수출), 만상(의주) 주도
  : 일본 – 왜관에서 이루어짐, 은·구리·유황·후추(수입), 인삼·쌀·무명(수출), 내상(동래) 활동
  : 중계 – 송상(개성)은 일본·청 무역 중계, 전국에 지점 설치(송방)
- 화폐 유통
  : ==상평통보== – 상공업 발달, 조세·지대 금납화로 전국적 유통
  : 전황 – 화폐 축적으로 유통 화폐 부족 → 물가 하락
  : 환, 어음 – 거래규모가 커지자 동전의 사용이 불편하여 환·어음 등의 신용화폐 등장

사료 확인

보부상

대외무역의 발달

상평통보

CHAPTER 04 조선의 경제·사회·문화

여기서 잠깐

1. 벼 모종을 옮겨 심는 _____(으)로 노동력이 절감되어 광작이 가능하였다.
2. 조선 후기 일부 지방에서 지대 납부 방식이 _____법에서 _____법으로 바뀌는 경향이 나타났다.
3. 수공업자가 상인이나 물주에게 자금과 원료를 미리 받아 주문 생산하는 방식을 _____(이)라 한다.
4. 대규모 자본을 바탕으로 상품의 매점매석을 통해 이윤을 극대화하던 상인을 _____(이)라 한다.
5. 장시나 포구에서 상품의 매매를 중개, 운송, 보관, 숙박, 금융업에 종사하던 상인을 _____ 또는 _____(이)라 한다.
6. 조선 후기 발행된 _____(화폐)은/는 전국적으로 유통되었다.

정답 1. 이앙법(모내기법) 2. 타조법 / 도조법 3. 선대제 수공업 4. 도고 5. 객주 / 여각 6. 상평통보

빈출 선지 체크

1. 면화, 고추 등이 상품작물로 재배되었다. (시기)
2. 송상이 전국 각지에 송방을 설치하였다. (시기)
3. 육의전을 제외한 시전상인의 금난전권을 폐지하였다. (국왕)(정책)
4. 정초, 변효문 등이 우리 풍토에 맞는 농법을 종합하여 편찬하였다. (국왕)(책)
5. 물주의 자금으로 덕대가 광산을 경영하였다. (시기)
6. 감자, 고구마 등이 구황 작물로 재배되었다. (시기)
7. 모내기법이 전국적으로 확산되었다. (시기)

정답 1. 조선 후기 2. 조선 후기 3. 정조 / 신해 통공 정책 4. 세종 / 농사직설 5. 조선 후기 6. 조선 후기 7. 조선 후기

 사료 확인

1. 지대 납부 방식의 변화

_____은 수확의 일정 비율을 소작료로 내는 것이고, _____은 수확의 일정액을 소작료로 내는 것이다. _____에서 _____으로 바뀌면서 소작농의 부담이 줄어들었다.

2. _____의 재배

도회지 주변의 파밭, 마늘밭, 배추밭, 오이밭 등에서는 4마지기 밭에서 많은 수입을 올린다. 특히 서도 지방의 담배밭, 북도 지방의 삼밭, 한산의 모시밭, 전주의 생강밭, 강진의 고구마밭, 황주의 지황밭에서의 수확은 모두 상상등전(上上等田)의 논에서 나는 수확보다 그 이익이 10배에 이른다.

- 『경세유표』 -

3. 조선 후기 _____의 개발

황해도 관찰사 이의준의 보고에 따르면, 수안군의 금광은 다섯 곳이 있었는데, 그중 두 곳의 금맥은 이미 바닥이 나서 철폐하는 상황이고, 세 곳의 금맥은 풍성합니다. 올여름에 새로 판 금혈이 39곳이고, 비가 와서 채굴을 중지한 금광이 99곳입니다. 현재 광꾼은 550여 명인데, 도내의 무뢰배들이 농사를 그만두고 들어왔을 뿐만 아니라 사방에서 이익을 탐하는 무리들이 소문을 듣고 몰려 왔습니다. 이번 여름 장마로 대부분이 흩어졌는데도 현재 남아 있는 막사가 아직도 700여 곳이 되고, 그 인구 또한 1,500명 남짓입니다.

- 『비변사등록』 -

4. _____의 활동

그(허생)는 안성의 한 주막에 자리 잡고서 밤, 대추, 감, 배, 귤 등의 과일을 모두 사들였다. 허생이 과일을 도거리로 사 두자, 온 나라가 잔치나 제사를 치르지 못할 지경에 이르렀다. 따라서 과일값은 크게 폭등하였다. 허생은 이에 10배의 값으로 과일을 되팔았다. 이어서 허생은 그 돈으로 곧 칼, 호미, 삼베, 명주 등을 사 가지고 제주도로 들어가 말총을 모두 사들였다. 말총은 망건의 재료였다. 얼마 되지 않아 망건 값이 10배나 올랐다. 이렇게 하여 허생은 50만 냥에 이르는 큰돈을 벌었다.

- 「허생전」 -

5. _____ 정책 – _____(상인)의 _____ 폐지

평시서로 하여금 30년 이내에 새로 설립된 시전을 모두 없애고 형조와 한성부로 하여금 육의전 이외에는 난전을 금할 수 없게 할 뿐만 아니라 이를 어기는 자는 벌 주도록 해야 한다.

- 『비변사등록』 -

정답 **1.** 타조법 / 도조법 / 타조법 / 도조법 **2.** 상품작물 **3.** 민영 광산 **4.** 도고 **5.** (신해)통공 / 시전상인 / 금난전권

CHAPTER 04 조선의 경제·사회·문화

02 조선의 사회

(1) 조선 전기의 사회

① 양천제와 반상제
- 양천제 : 법제적으로 양인(자유민)과 천인(비자유민)으로 구분
- 반상제 : 점차 지배층인 양반과 피지배층인 상민을 구별하는 반상제의 일반화

양	반	양반	본래 문·무 관리 지칭, 이후 가족까지 확대
			각종 국역 면제, 과거·음서·천거를 통한 관직 진출
		중인	기술관(역관/의관/율관 등), 향리 등 전문 기술과 행정 실무 담당
			기술이나 행정 실무 능력의 전문성으로 직역 세습, 같은 신분끼리 혼인
			서얼 : 문과 응시 금지, 무과나 잡과 응시 가능
	상	상민	농민, 수공업자, 상인 등, 조세와 국역의 의무
			→ 법적으로 과거 응시 가능하나 사실상 어려움
			신량역천(칠반천역) : 양인 중 천역을 담당하는 계층(수군, 조례, 나장, 봉수, 역졸 등)
천		천민	대부분 노비(공노비/사노비), 백정, 광대, 무당
			노비는 재산으로 취급되어 매매, 상속, 증여의 대상

(2) 조선 후기의 사회 변동 – 신분제의 동요

① 양반 중심 신분 질서의 동요
- 양반의 분화 : 권반(중앙의 정치 권력 차지), 향반(향촌 사회에서 위세 유지), 잔반
- ==양반 수 증가== : 돈을 번 중인과 상민들은 공명첩 구입, 납속, 족보 위조 등으로 양반이 됨

② 중인층의 신분상승 움직임
- 왜란 후 시행된 납속책과 공명첩을 이용해 관직 진출
- ==서얼 차별 완화== : 규장각 검서관 등용(유득공, 이덕무, 박제가)
- 철종 때 기술직 중인의 대규모 소청운동 → 실패

③ 노비 해방
- 군공이나 납속으로 상민으로 신분 상승 또는 도망
- ==노비종모법==(영조), 공노비 해방(순조) → 국가 재정 확충

④ 향촌 질서의 변화
- 양난 이후 양반의 수 ↑, 몰락 양반의 수 ↑ → 향촌 사회의 양반의 권위 ↓
- 양반의 지위 유지 노력
  : 군현단위 농민지배 불가 → 촌락 단위 동약 실시
  : 사족은 서원과 사우를 세우고 동족 마을 형성하여 지위 유지하고자 노력
  : 청금록(서원 및 향교에 출입하는 양반들의 명단)과 향안(지방 사족의 명단)으로 신분 과시하는 명단 제작
- 신향의 등장
  : 부를 축적해 새롭게 양반으로 상승한 부농층
  : 관권과 결탁 → 향회 장악, 향임직 진출 (향전 발생)
  : 하지만 신향은 향촌 사회를 완전히 장악하지 못함
- 수령의 권한 강화 : 부농층과 결탁(납속, 매향) → 수령과 향리의 농민 수탈 극심

(3) 조선의 사회 제도
  ① 곡식 대여 : 의창, 상평창 설치, 사창제(양반이 자치적 실시)
  ② 의료 시설
    • 동·서 활인서(← 동·서 대비원) 도성 부근 서민 환자의 치료, 유랑자의 수용 및 구휼
    • 혜민서(← 혜민국) 약재 담당
  ③ 법률 제도 : 『경국대전』과 대명률 적용, 반역제와 강상죄 엄벌(연좌제 적용), 5종(태/장/도/유/사) 형벌 시행
  ④ 가족 윤리
    • 조선 후기에 점차 부계 중심의 가족 제도 강화
    • 재산 상속과 제사는 장자를 중심, 아들이 없는 경우 양자를 들임, 일부일처제 but 첩을 들일 수 있음
    • 여성의 정절을 중시해서 열녀 표창 제도 시행
  ⑤ 천주교 전파
    • 17c경 베이징을 왕래하던 사신에 의해 서양 문물의 하나로 소개
    • 18c 후반 남인 계열의 일부 실학자에 의해 점차 신앙으로 받아들여짐
    • 인간 평등 및 내세의 영생, 제사 거부 → 정부의 박해
    • 신유박해(1801, 순조) : 노론 강경파가 천주교 신자 처형, 황사영 백서 사건으로 박해가 더욱 심화
  ⑥ 동학의 확산
    • 1860년 경주 출신 몰락 양반 최제우가 창시
    • 유+불+선+천주교 일부 교리+민간 신앙
    • 시천주, 인내천 사상(인간 평등) → 정부의 탄압, 혹세무민 죄로 최제우 사형
    • 2대 교주 최시형이 교리 정비(동경대전, 용담유사), 교단 조직 정비(포접제)

 사료 확인

공명첩

받는 사람의 이름 쓰는 곳이 비어 있는 관직 임명장이다. 국가 재정을 보충하기 위해 곡식을 바친 사람에게 실제 관직이 아닌 명예직을 주었다.

CHAPTER 04 조선의 경제·사회·문화

여기서 잠깐

1. 영조 때 양인의 수를 늘리기 위해 _____(제도)을/를 시행하였다.
2. 순조 때 공노비 해방으로 신분제가 철폐되었다. (   )

정답 1. 노비종모법   2. ×

빈출 선지 체크

1. 최제우가 동학을 창시하였다. (시기)
2. 신유박해가 일어났다. (국왕)
3. 서얼 출신 학자들이 검서관에 등용되었다. (국왕)

정답 1. 조선 후기(1860년)   2. 순조   3. 정조

사료 확인

1. _____의 관직 진출 제한

양반 사대부의 자식으로서 다만 외가가 미천하다는 이유만으로 대대로 금고하여 비록 훌륭한 재주와 능력이 있어도 끝내 머리를 숙이고 시골에서 그대로 죽어 향리나 수군만도 못하니 참으로 가련하다.   — 어숙권, 『패관잡기』 —

2. _____

…… 무릇 벼슬에는 높고 낮은 것이 있고 직책에는 가볍고 무거운 것이 있습니다. 의관, 약사, 통역관은 사대부의 반열에 낄 수 없습니다. 의관, 역관 무리는 모두 미천한 계급 출신으로 사족이 아닙니다.   — 『성종실록』 —

몰락한 양반의 모습

정선 고을에 한 양반이 살고 있었다. 그는 어질고 글 읽기를 매우 좋아하였다. …… 하지만 그는 매우 가난하여 환곡을 타 먹은 지 여러 해가 되어 천 섬의 빚을 지게 되어 옥에 갇히게 되었다. …… 때마침 그 동네에 부자가 이 소문을 듣고 가족끼리 비밀 회의를 열어 말하였다. "…… 이제 저 양반이 환곡을 갚을 길이 없어서 곤란한 모양이니 그 양반 자리를 더 유지할 수 없을 것이다. 이 기회에 내가 양반 신분을 사서 가지는 것이 어떨까?"   — 박지원, 「양반전」 —

3. 조선 [전기 / 후기] _____ 제의 동요

옷차림은 신분의 귀천을 나타내는 것이다. 그런데 어찌된 까닭인지 근래 이것이 문란해져 상민과 천민이 갓을 쓰고 도포를 입는 것이 마치 조정의 관리나 선비와 같이 한다. 진실로 한심스럽기 짝이 없다. 심지어는 시전 상인들이나 군역을 지는 상민들까지도 서로 양반이라 부른다.
— 『일성록』 —

4. _____ (제도)

판부사 송시열이 아뢰었다. "이경억이 충청감사로 있을 때 상소하여 공·사노비가 양인 처를 맞이하여 낳은 자녀는 한결같이 어미의 역을 따르도록 청했습니다. 이는 일찍이 이이가 주장한 것인데, 당시 조정에서 막아 시행하지 못했습니다. 지금 양민이 날로 줄어드는 것은 이 법을 시행하지 않기 때문입니다. 빨리 제도를 만들어 실시하소서."
— 『현종실록』 —

5. _____ (신분)의 통청운동

오래도록 막혀 있으면 반드시 터놓아야 하고, 원한이 쌓이면 반드시 풀어야 하는 것이 하늘의 이치이다. 중인, 서얼의 벼슬길이 막힌 일은 우리나라의 편벽된 일로 원통하고 답답함을 품은 지 이에 몇 백 년이 되었다. 서얼은 다행히 조정의 허락 나위 없이 정당한 성덕을 입어 문관은 승문원, 무관은 선전관에 임용되고 있는데, 우리들 중인 홀로 함께 은혜를 입지 못하니 어찌 탄식조차 없겠는가? 이제 바야흐로 의논을 모아 글을 써서 원통함을 호소하고자 먼저 통문을 발하노니 이달 29일 마동에 있는 홍현보의 집에 모여 상의하고자 한다.
— 『상원과방』 —

6. 조선 [전기 / 후기] _____ 의 발생

영덕의 구향은 사족이며, 소위 신향은 모두 향리와 서리의 자식입니다. 근래 신향들이 향교를 주관하면서 구향들과 서로 마찰을 빚고 있습니다.
— 『승정원일기』 —

7. 조선 [전기 / 후기] 재산 상속

우리 집안은 일찍이 제사의 기본 방침을 정한 지 오래되었고 사위와 외손자가 제사를 지내지 않는 것을 정식으로 삼아 따르게 하였다. 정으로 본다면 아들과 딸은 차이가 없으나 딸은 부모 봉양과 제사가 없으니 어찌 재산을 아들과 똑같이 나눌 수 있겠는가? 딸은 삼분지 일만 주어도 되니 ……
— 부안 김씨 우반 고문서 —

8. _____ 에 대한 _____ (종교)의 입장

죽은 사람 앞에 술과 음식을 차려 놓는 것은 이 종교에서 금하는 바입니다. 살아 있는 동안에도 영혼은 술과 밥을 받아먹을 수 없거늘, 하물며 죽은 뒤에 영혼이 어떻게 하겠습니까? …… 사람의 자식이 되어 어찌 허위와 가식의 예로써 이미 돌아가신 부모를 섬기겠습니까?
— 『상재상서』 —

9. _____ (종교)의 _____ 사상

사람이 곧 하늘이라. 그러므로 사람은 평등하며 차별이 없나니 사람이 마음대로 귀천을 나눔은 하늘을 거스르는 것이다. 우리 도인은 차별을 없애고 선사의 뜻을 받들어 생활하기를 바라노라.

정답 1. 서얼 2. 중인 3. 후기 / 신분 4. 노비종모법 5. 기술직 중인
     6. 후기 / 향전 7. 후기 8. 제사 / 천주교 9. 동학 / 인내천

CHAPTER 04 조선의 경제·사회·문화

03 조선의 문화

(1) 학문

① 15c
- 훈구 → 성리학 + α, 민족 문화 발달
- 훈민정음 창제(세종) : 『용비어천가』(세종, 왕조의 정통성 강조), 하급 관리 채용 시 한글 시험 실시

② 16c
- 사림 → only 성리학, 사상의 발달
- 이기론 연구 : 서경덕(주기론), 이언적(주리론)
- **이황**(주리론)
  : 영남학파, 이기이원론 → 이기호발설
  : 『주자서절요』, 『성학십도』 저술
  : 예안 향약(안동), 소수서원, 도산서원
  : 일본 성리학 발달에 영향
- **이이**(주기론)
  : 기호학파, 일원론적 이기이원론, 이통기국론
  : 『동호문답』, 『성학집요』 저술
  : 서원 향약(청주) · 해주 향약, 자운서원
  : 수미법, 십만양병설 등 현실적, 개혁적 성향

③ 17c
- 성리학 절대화 : 서인(송시열), 주자의 학설만을 진리로 받아들임
  ↔ 윤휴, 박세당(『사변록』, 주자의 경전 해석을 비판) : 유교 경전에 대한 독자적 해석 시도 → 노론에 의해 윤휴와 박세당을 사문난적으로 몰음

④ 18c
- 호락 논쟁 : 인간과 사물의 본성이 다르다는 인물성이론(호론) vs 인간과 사물의 본성이 같다는 인물성동론(낙론)
- 양명학
  : 18c 초 본격적 연구
  : 지행합일의 실천성 강조(성리학의 선지후행 비판) : 정제두에 의해 강화학파 형성
- 실학
  : 17~18c 사회 · 경제적 변동에 따른 해결책 구상 과정에서 등장
  : 실사구시(實事求是)의 성격 → 실용적 · 개혁적
  : 선구자 – 이수광(『지봉유설』, 최초 백과사전), 한백겸(『동국지리지』)
  : 발전 – 중농학파(=경세치용학파), 중상학파(=이용후생학파)

계열	인물	저서	내용
중농학파 (경세치용)	유형원(반계)	『반계수록』	• 균전론 : 신분에 따른 차등 토지 분배 주장
	이익(성호)	『성호사설』 『곽우록』	• 한전론 : 영업전의 매매 금지, 토지 소유 하한선 설정 • 6좀제 비판, 폐전론
	정약용(다산)	『목민심서』 『경세유표』	• 여전론 : 마을 단위 토지 공동 소유 및 경작 • 정전(井田)론 주장
중상학파 (이용후생)	유수원(농암)	『우서』	• 사농공상의 직업적 평등화와 전문화 주장
	홍대용(담헌)	『의산문답』 『담헌서』	• 『의산문답』에서 지전설 주장 : 중국 중심 세계관 비판 • 『담헌서』 內 『임하경륜』에서 성인 남자에게 토지 2결 지급하는 균전제 주장
	박지원(연암)	『열하일기』 『과농소초』	• 상공업 진흥 강조, 수레와 선박의 이용, 화폐 유통의 필요성 주장 • 한전제 : 토지 소유 상한선 설정 주장
	박제가(초정)	『북학의』	• 상공업 진흥, 수레와 선박의 이용 주장 • 소비를 우물물에 비유, 서얼 출신으로 정조 때 규장각 검서관에 등용

빈출 선지 체크

1. 양명학을 연구하여 강화학파를 형성하였다. (인물)
2. 예안 향약을 시행하여 향촌 교화를 위해 노력하였다. (인물)
3. 성학십도에서 군주의 도를 도식으로 설명하였다. (인물)
4. 다양한 개혁 방안을 담은 동호문답을 저술하였다. (인물)
5. 북학의에서 절약보다 소비를 권장하였다. (인물)
6. 우서에서 사농공상의 직업적 평등을 주장하였다. (인물)
7. 유학 경전을 주자와 달리 해석한 사변록을 저술하였다. (인물)
8. 의산문답에서 무한 우주론을 주장하였다. (인물)

정답 1. 정제두 2. 이황 3. 이황 4. 이이 5. 박제가 6. 유수원 7. 박세당 8. 홍대용

04 조선의 경제·사회·문화

사료 확인

1. _____(인물)의 _____론

무엇을 여전(閭田)이라 하는가. 산골짜기와 하천의 형세를 가지고 경계를 그어 만들고는, 그 경계의 안을 '여(閭)'라 이름하고 …… 여에는 '여장(閭長)'을 두고, 무릇 1여(閭)의 전지는 1여의 사람들로 하여금 다 함께 그 전지의 일을 다스리되, 피차의 경계가 없이 하고 오직 여장의 명령만을 따르도록 한다. 일할 때마다 여장은 그 일수를 장부에 기록하여 둔다. 추수 때에는 곡물을 모두 여장의 집에 운반하여 그 양곡을 나눈다. 이때 먼저 국가에 바치는 세금을 제하고, 그 다음은 여장의 봉급을 제하고, 그 나머지를 가지고 장부에 의거하여 일한 양에 따라 여민에게 분배한다. — 『여유당전서』 —

2. _____(인물)의 _____론

국가는 마땅히 한 집의 생활에 맞추어 재산을 계산해서 토지 몇 부를 한 집의 영업전으로 하여 당의 제도처럼 한다. 땅이 많은 자는 빼앗아 줄이지 않고 모자라는 자도 더 주지 않는다. 돈이 있어 사고자 하는 자는 비록 1,000결이라도 허락해 준다. …… 오직 영업전 몇 부 안에서 사고파는 것만을 철저히 살핀다. — 『곽우록』 —

3. _____(인물)의 주장

지금 양반이 명분상으로 상공업에 종사하는 것을 부끄러워하지만 그들의 비루한 행동은 상공업자보다 심한 자가 많다. …… 상공업을 두고 천한 직업이라 하지만 본래 부정하거나 비루한 일이 아니다. 그것은 스스로 재간 없고 덕망이 없어 관직에 나갈 수 없음을 안 사람이 관직에 나가지 않고 스스로의 노력으로 물품 교역에 종사하면서 남에게서 얻지 않고 자기 힘으로 먹고사는 것이다. 어찌 천하거나 더러운 일이겠는가. — 『우서』 —

4. _____(인물)의 _____ 강조

재물은 비유하자면 샘과 같은 것이다. 우물물은 퍼내면 차고, 버려두면 말라 버린다. 그러므로 비단옷을 입지 않아서 나라에 비단 짜는 사람이 없게 되면 여공이 쇠퇴하며, 찌그러진 그릇을 싫어하지 않고 기교를 숭상하지 않아서 공장(수공업자)이 기술을 익히지 않게 되면 기예가 사라지게 된다. 심지어 농사가 황폐해져서 농사짓는 법을 잊고, 상업은 이익이 적어서 생업을 잃게 된다. 그리하여 사·농·공·상의 사민이 모두 곤궁해져서 서로 도울 수 없게 된다. — 『북학의』 —

> 정답 **1.** 정약용 / 여전 **2.** 이익 / 한전 **3.** 유수원 **4.** 박제가 / 소비

(2) 역사서

① 건국 초
- 왕조의 정통성에 대한 명분 밝힘
- **『조선왕조실록』**(태조~철종) : 편년체 역사서, 사초와 시정기 등을 바탕으로 실록청에서 편찬

② 15c
- **『고려사』**(김종서 · 정인지, 세종~문종(완성)) : 기전체
- **『동국통감』**(서거정, 성종) : 단군 ~ 고려말까지 기록한 편년체 통사

③ 18c
- 실학자는 중국 중심 세계관을 비판하고, 국학을 적극 연구
- **『동사강목』(안정복)**
  : 중국 중심의 사관에서 벗어나 민족사의 정통성 내세움, 고조선~고려 말까지의 통사
  : 정통 국가(기자 → 마한 → 통일신라 → 고려), 삼국시대는 정통 국가가 없는 시대로 봄
- 『해동역사』(한치윤)
  : 500여 종의 중국 및 일본 자료 참고 → 민족사 인식의 폭 확대
  : 고조선~고려까지의 역사를 실증적으로 서술, 기전체의 통사
- 『연려실기술』(이긍익) : 조선시대의 정치와 문화를 실증적 · 객관적으로 서술한 야사
- 『동사』(이종휘)
  : 고조선~고려 말까지의 통사, 발해의 고구려 계승 인정, 고구려사 강조
  : 고대사 연구의 시야를 만주 지방까지 확대
- 『발해고』(유득공) : 최초로 "남북국 시대" 용어 사용, 발해사 연구
- 『금석과안록』(김정희) : 북한산비가 진흥왕 순수비임을 고증

(3) 지도 · 지리서

1) 지도
  ① 전기
  - **〈혼일강리역대국도지도〉**(태종) : 현존 동양 최고(最古) 세계 지도(日에 현존)
  - 〈팔도도〉(태종, 세종) : 전국 지도
  ② 후기
  - 〈동국지도〉(정상기, 영조) : 최초 100리 척 사용
  - 〈대동여지도〉(김정호, 철종) : 10리마다 눈금 표시, 산맥 · 하천 · 포구 · 도로망 표시 정밀, 목판 인쇄

2) 지리서
  ① 전기
  - 『동국여지승람』(성종) : 각 도의 지리, 풍속, 인물 등을 자세하게 기록
  ② 후기
  - 『동국지리지』(한백겸, 광해군) : 역사 지리서, 고구려 중심지가 만주 지방임을 최초 고증
  - 『아방강역고』(정약용, 순조) : 역사 지리서, 우리나라 강역에 대해 고증
  - 『택리지』(이중환, 영조) : 인문 지리서, 각 지방의 자연환경, 풍속, 인물 등을 자세히 수록

CHAPTER 04 조선의 경제·사회·문화

(4) 윤리 · 의례서

① 전기
- 『삼강행실도』(세종) : 충신 · 열녀 · 효자 등 행적을 그림으로 그리고 설명 붙임
- 『국조오례의』(성종)
  : 국가와 왕실의 행사를 유교의 예법에 맞게 정함
  : 길례(제사), 가례(혼례, 관례), 빈례(사신 접대), 군례(군사), 흉례(장례)

빈출 선지 체크

1. 남북국이라는 용어를 처음 사용하였다. (책)
2. 정상기가 100리 척을 사용하여 제작하였다. (지도)
3. 목판으로 인쇄되었으며 10리마다 눈금이 표시되어 있다. (지도)
4. 북한산비가 진흥왕 순수비임을 고증하였다. (인물)
5. 사초와 시정기를 바탕으로 편찬하였다. (책)

정답 1. 유득공의 『발해고』 2. 동국지도 3. 대동여지도 4. 김정희 5. 『조선왕조실록』

사료 확인

1. _____ 의 편찬

왕께서 집현전 부제학 신(臣) 설순에게 명하여 편찬하는 일을 맡게 하였습니다. 이에 중국에서부터 우리나라에 이르기까지, 동방 고금의 서적에 기록되어 있는 것을 모아 열람하지 않은 것이 없습니다. 그중에서 효자, 충신, 열녀로서 우뚝이 높아서 기술할 만한 자를 각각 백십 인을 찾아내어, 앞에는 형용을 그림으로 그리고 뒤에는 사실을 기록하였으며, 모두 시를 붙였습니다.

― 『세종실록』 ―

정답 1. 삼강행실도

(5) 과학 기술 발달

① 전기
- 천체 관측 : 혼의 · 간의(세종)
- 시간 측정 : 앙부일구, 자격루(세종)
- 강우량 측정 : 측우기(세종)
- 천문도 : 〈천상열차분야지도〉(태조, 고구려 천문도 각석)
- 역법 : ==『칠정산』==(세종, 한양 기준 역법서)
- 의학 : 『향약집성방』(세종, 우리 풍토에 맞는 약재와 치료법), 『의방유취』(세종, 의학 백과사전)
- 활자 : 주자소 설치 → 계미자(태종), 갑인자 주조(세종)
- 농서 : ==『농사직설』==(세종, 우리나라 최초의 농서), 『금양잡록』(성종, 경기도 시흥 지방의 농법 소개), 『구황촬요』(명종, 흉년에 대처하기 위한 구황방법 설명)

② 후기
- 천문학 : 지전설 주장(김석문, 홍대용) → 중국 중심 세계관 비판
- 의학 : 『동의보감』(허준, 광해군, 우리의 전통 한의학 정리), 『마과회통』(정약용, 정조, 마진(홍역) 연구), 『동의수세보원』(이제마, 고종, 사상의학 확립)
- 기술 : 정약용이 『기기도설』 참고하여 거중기 제작, 정약용이 정조의 화성 행차를 위해 배다리 설계
- 농서 : 『농가집성』(신속, 효종) 등, 『색경』(박세당), 『임원경제지』(서유구)
- 지도 : 〈곤여만국전도〉 전래(마테오리치가 그린 세계 지도)

(6) 문학

① 15c
- 『동문선』(서거정, 성종) : 우리나라 역대 시와 산문 중 뛰어난 작품을 모아 편찬
- 『금오신화』(김시습) : 우리나라 최초 한문소설

② 16c
- 『관동별곡』, 『사미인곡』, 『속미인곡』(정철)

③ 후기
- 중인들의 시사 조직
- 한문학 : 정약용의 한시 : 박지원의 한문 소설 『양반전』, 『허생전』, 『호질』
- 문화의 새 경향 : 상공업 발달, 농업 생산력 증대, 서민의 경제력 향상 및 서당 교육 확대 → 양반의 비리 풍자, 판소리, 탈춤, 한글 소설, 사설시조 등

(7) 건축 및 공예

① 15c
- 건축 : 궁궐, 관아, 성곽, 학교 중심, 합천 해인사 장경판전(팔만대장경 보관), 원각사지 10층 석탑(세조)
- 공예 : 분청사기(고려 말~조선 초)
- 그림 : 〈몽유도원도〉(안견, 안평대군이 꿈꾼 내용을 그림), 〈고사관수도〉(강희안, 문인화)
- 음악 : 여민락(악곡), 정간보(악보) 제작(세종), 『악학궤범』(성현, 성종, 음악 백과사전)

② 16c
- 건축 : 서원 건축 중심
- 공예 : 백자
- 그림 : 〈묵죽도〉(이정) 등 사군자 유행

CHAPTER 04 조선의 경제·사회·문화

③ 후기
- 건축 : 양반 지주층의 지원, 거대 규모, 외형은 다층이나 내부는 하나로 통함, 금산사 미륵전, 화엄사 각황전, 법주사 팔상전, 수원 화성(정조)
- 공예 : 청화백자
- 그림 : 진경산수화(정선의 〈인왕제색도〉, 〈금강전도〉), 풍속화(김홍도, 신윤복 등), 민화(민중의 소원을 기원 및 생활 장식)
- 음악 : 향유층 확대, 서민(민요)

빈출 선지 체크

1. 한양을 기준으로 한 역법서인 칠정산이 편찬되었다. (시기)
2. 국산 약재와 치료법을 소개한 향약집성방이 편찬되었다. (시기)
3. 장시에서 농민들이 판소리를 구경하였다. (시기)

정답 1. 조선 전기   2. 조선 전기   3. 조선 후기

사료 확인

고사관수도	몽유도원도	성학십도
		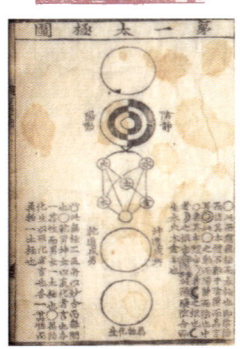

혼일강리역대국도지도	천상열차분야지도	자격루	앙부일구
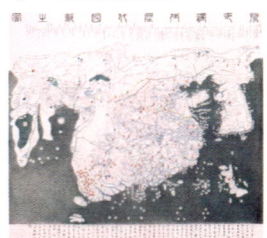			

측우기	묵죽도(이정)	초충도(신사임당)	추사체
분청사기	백자	청화백자	법주사 팔상전
인왕제색도(정선)	서당도(김홍도)	단오풍정(신윤복)	민화

04 기출문제

01
밑줄 그은 '이 제도'에 대한 설명으로 옳은 것은?

53회 심화 19

#3. 궁궐 안

성종이 경연에서 신하들과 토지 제도 개혁을 논의하고 있다.

성종 : 그대들의 의견을 말해 보도록 하라.
김유 : 우리나라의 수신전, 휼양전 등은 진실로 아름다운 것이지만 오히려 일이 없는 자가 앉아서 그 이익을 누린다고 하여 선조께서 과전을 없애고 <u>이 제도</u>를 만드셨습니다.

① 전지와 시지를 등급에 따라 지급하였다.
② 풍흉에 관계없이 전세 부담액을 고정하였다.
③ 현직 관리에게만 토지의 수조권을 지급하였다.
④ 관리에게 녹봉을 지급하고 수조권을 폐지하였다.
⑤ 개국 공신에게 인성, 공로를 기준으로 토지를 지급하였다.

1) 이 제도? _____

2)
① 관련 제도? _____(국가)의 _____
② 관련 제도? _____(국왕)이 도입한 _____
③ 관련 제도? _____(국왕)이 도입한 _____
④ 관련 국왕? _____
⑤ 관련 제도? _____(국왕)이 도입한 _____

02
다음 상황이 나타난 시기에 볼 수 있는 모습으로 적절하지 않은 것은?

49회 심화 22

사행(使行)이 책문을 출입할 때에는 만상과 송상 등이 은과 인삼을 몰래 가지고 인부나 말 속에 섞여 들여 물건을 팔아 이익을 꾀하였다. 되돌아올 때는 수레를 일부러 천천히 가게하고 사신을 먼저 책문으로 나가게 하여 거리낄 것 없이 한 뒤에 저희 마음대로 매매하고 돌아오는데 이것을 책문 후시라 한다.

① 장시에서 책을 읽어주는 전기수
② 벽란도에서 교역하는 송의 상인
③ 시사(詩社)에서 시를 낭송하는 중인
④ 관청에 필요한 물품을 납품하는 공인
⑤ 물주의 자금으로 광산을 경영하는 덕대

1) 위 시기? _____(국가)의 _____

2) 위에서 틀린 것은 ___번이며, 이는 _____(시대)에 해당한다.

ANSWER

01. ③
밑줄 친 '이 제도'는 직전법이다. 전·현직 관리에게 수조권을 지급하였던 과전법에서, 세조 시기 ③ 현직 관리에게만 수조권을 지급하는 직전법으로 바꾸었다.
[오답] ① 고려는 관료를 18등급으로 나누어 전시와 시지를 지급하는 전시과 제도를 운영하였다. ② 인조는 풍흉과 관계 없이 토지 1결당 쌀 4~6두로 고정시켰다(영정법). ④ 명종 시기 관리에게 녹봉을 지급하고 직전법을 폐지하였다. ⑤ 고려 태조 왕건은 인품·행실·공로를 기준으로 역분전을 차등 지급하였다.

02. ②
조선 후기에는 무역이 활발해지면서 국경 지대를 중심으로 허용된 무역인 개시와 사무역인 후시가 이루어졌다. ① 이 시기에는 소설이 유행하며 대중화가 되었는데, 이 때 소설을 읽어주고 보수를 받는 전기수가 등장하였다. ③ 또한 하급 관리들과 평민들은 시사를 조직하여 문학 활동을 전개하였다. ④ 대동법이 시행되면서 관청에서 공가를 미리 받아 필요한 물품을 사서 납부하는 공인이 등장하였다. ⑤ 조선 후기의 광산 경영은 경영 전문가인 덕대가 자본을 조달받아 채굴업자를 고용하고 광물을 채굴하여 생산하였다.
[오답] ② 고려 시대에는 송, 요 등과 무역이 활발해지면서 예성강의 벽란도가 국제 무역항으로 번성하였다.

기출문제

03

다음 상황이 나타난 시기에 볼 수 있는 모습으로 적절한 것을 〈보기〉에서 고른 것은?   47회 심화 25

> 경상도 영덕의 오래되고 유력한 가문은 모두 남인이고, 이른바 신향(新鄉)은 서인이라고 자칭하는 자들입니다. 요즘 서인이 향교를 장악하면서 구향(舊鄉)과 마찰을 빚고 있던 중, 주자의 초상화가 비에 젖자 신향들은 자신들이 비난을 받을까봐 책임을 전가시킬 계획을 꾸몄습니다. 그래서 주자의 초상화와 함께 송시열의 초상화도 숨기고 남인이 훔쳐갔다는 말을 퍼뜨렸습니다.

| 보기 |
ㄱ. 염포의 왜관에서 교역하는 상인
ㄴ. 시사(詩社)에서 문예 활동을 하는 역관
ㄷ. 시전의 상행위를 감독하는 경시서의 관리
ㄹ. 장시에서 상평통보로 물건값을 치르는 농민

① ㄱ, ㄴ ② ㄱ, ㄷ ③ ㄴ, ㄷ ④ ㄴ, ㄹ ⑤ ㄷ, ㄹ

1) 위 시기? _____

2) ㄱ 관련 시기? _____   ㄴ 관련 시기? _____
   ㄷ 관련 시기? _____   ㄹ 관련 시기? _____

04

(가) 제도에 대한 설명으로 옳은 것은?   46회 고급 25

> 이 비는 김육의 건의로 ___(가)___ 이/가 호서 지방에 시행된 것을 기념하고 널리 알리기 위해 삼남지방으로 통하는 길목에 세워졌다. 김육은 경기도에서 처음 시행된 ___(가)___ 을/를 호서 지방에도 실시하여 방납의 폐단으로 고통 받는 백성의 부담을 줄이고자 하였다.

① 양반에게도 군포를 부과하였다.
② 토지 소유자에게 결작을 거두었다.
③ 풍흉에 따라 전세를 9등급으로 차등 과세하였다.
④ 관청에 물품을 조달하는 공인이 등장하는 배경이 되었다.
⑤ 부족한 재정을 보충하기 위해 선무군관포를 징수하였다.

1) (가) 제도? _____   관련 국왕? _____

2) ① 관련 제도? _____   관련 인물? _____
   ② 관련 제도? _____   관련 인물? _____
   ③ 관련 제도? _____   관련 인물? _____
   ④ 관련 제도? _____   관련 인물? _____
   ⑤ 관련 제도? _____   관련 인물? _____

ANSWER

03. ④
조선 후기에는 향촌 사회에 부농층이 지위를 확보해 나가면서 구향과 신향 사이의 갈등이 발생하였다(향전). 이 시기에는 ㄴ 중인층과 서민층의 문학 창작 활동이 활발해지면서 시사가 조직되었으며, ㄹ 상평통보가 전국적으로 유통되었다.
[오답] ㄱ 조선 초기 세종은 부산포, 제포, 염포의 3포에 왜관을 설치하였다. ㄷ 고려부터 조선 초기까지 경시서를 두어 시전의 상행위를 감독하였다.

04. ④
조선 후기 광해군은 방납의 폐단을 개선하고자 (가) 대동법을 경기도에 처음으로 시행하였다. ④ 대동법이 시행되면서 관청에서 공가를 미리 받아 필요한 물품을 사서 납부하는 공인이 등장하였다.
[오답] ① 흥선 대원군은 호포법을 실시하여 양반에게도 군포를 징수하였다. ②, ⑤ 영조는 균역법의 시행으로 감소된 재정을 채우기 위해 지주에게 결작을 거두었으며 일부 상류층에게 선무군관이라는 칭호를 주고 군포를 납부하게 하는 선무군관포를 거두었다. ③ 세종 시기 공법을 마련하여 풍흉의 정도에 따라 전분 6등급과 연분 9등법을 실시하였다.

04 기출문제

05

다음 왕에 대한 설명으로 옳은 것은?   52회 심화 25

> 왕은 늘 양역의 폐단을 염려하여 군포 한 필을 감하고 균역청을 설치하여 각 도의 어염·은결의 세를 걷어 보충하니, 그 은택을 입은 백성들은 서로 기뻐하였다. 이런 시책으로 화기(和氣)를 끌어 올려 대명(大命)을 이을 만하였다.

① 준천사를 신설하여 홍수에 대비하였다.
② 대외 관계를 정리한 동문휘고를 간행하였다.
③ 전제상정소를 두어 전분 6등법을 제정하였다.
④ 총융청과 수어청을 창설하여 도성을 방어하였다.
⑤ 삼정의 문란을 해결하기 위해 삼정이정청을 두었다.

1)
관련 국왕? _____ 관련 제도? _____

2)
① 관련 국왕? _____ ② 관련 국왕? _____
③ 관련 국왕? _____ ④ 관련 국왕? _____
⑤ 관련 국왕? _____

06

밑줄 그은 '이들'에 대한 설명으로 옳은 것을 <보기>에서 고른 것은?   30회 심화 27

이 책은 1858년 유림 단체인 달서정사에서 펴낸 것입니다. 책 이름의 '규(葵)'자는 해바라기를 뜻합니다. '해바라기가 해를 향하는 데는 본가지나 곁가지가 다름이 없듯이 이들의 충성심도 적자(嫡子)와 다를 바 없다'는 선조(宣祖)의 말에서 따온 것이라고 합니다.

규사

| 보기 |
ㄱ. 신량역천으로 분류되었다.
ㄴ. 통청 운동을 전개하였다.
ㄷ. 장례원을 통해 국가의 관리를 받았다.
ㄹ. 규장각 검서관에 등용되기도 하였다.

① ㄱ, ㄴ ② ㄱ, ㄷ ③ ㄴ, ㄷ ④ ㄴ, ㄹ ⑤ ㄷ, ㄹ

1)
밑줄 친 이들? _____

2)
ㄴ 관련 세력? _____
ㄷ 관련 세력? _____
ㄹ 관련 세력? _____

ANSWER

05. ①
영조는 균역법의 실시로 부족한 재정을 결작, 선무군관포, 어염세 등으로 충족시켰다. 영조는 법전을 새로 만들고 신문고를 부활시켰으며 ① 준천사를 설립하고 청계천을 준설하여 수해를 방지하고자 하였다.
[오답] ② 정조는 대외 관계를 정리한 동문휘고를 간행하였다. ③ 세종은 비옥도에 따라 토지를 구분하여 조세의 기준을 달리하는 전분 6등법을 제정하였다. ④ 인조는 국방력을 강화하기 위해 어영청과 총융청, 수어청을 설치하였다. ⑤ 철종 때 발생한 임술농민봉기의 원인이었던 삼정의 문란을 해결하기 위해 삼정이정청을 설치하였다.

06. ④
서얼은 중인과 같은 신분적 처우를 받았으며 문과 응시가 금지되었다. 임진왜란 이후 서얼에 대한 차별이 완화되면서 공명첩 등을 통해 관직을 나아갈 수 있게 되었다. ㄴ 영·정조 시기에 서얼을 등용하기 시작하자 수차례에 걸쳐 청요직 진출을 허용해 줄 것을 요구하는 통청 운동이 일어났고 ㄹ 정조 때에는 유득공, 박제가 등 서얼 출신들이 규장각 검서관으로 등용되었다.
[오답] ㄱ 고려와 조선 시대에는 양인 중에서도 천역을 담당하는 계층을 신량역천이라 하였다. ㄷ 장례원은 노비에 관련된 문제를 처리하는 국가 기관으로, 노비들은 이 곳을 통해 국가의 관리를 받았다.

07

(가) 인물의 작품으로 옳은 것은?   51회 심화 27

혜원 특별전

이 그림은 조선 후기 풍속 화가 (가) 이/가 그린 미인도인가요?

맞아요. (가) 은/는 이 그림 외에도 양반들의 풍류와 남녀 사이의 애정을 소재로 한 작품을 많이 남겼어요.

① 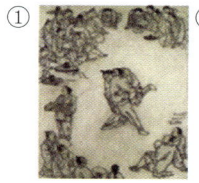   ②    ③

④    ⑤

1)
① 관련 인물? _____
② 관련 인물? _____
④ 관련 인물? _____

08

다음 글을 쓴 인물에 대한 설명으로 옳은 것은?   43회 고급 28

> 중국의 재산이 풍족할뿐더러 한 곳에 지체되지 않고 골고루 유통함은 모두 수레를 쓴 이익일 것이다. … 평안도 사람들은 감과 귤을 분간하지 못하며, 바닷가 사람들은 멸치를 거름으로 밭에 내건만 서울에서는 한 웅큼에 한 푼씩 하니 이렇게 귀함은 무슨 까닭인가. … 사방이 겨우 몇천 리 밖에 안 되는 나라에 백성의 살림 살이가 이다지 가난함은 한 마디로 표현한다면 수레가 국내에 다니지 못한 까닭이라 하겠다.
> – 『열하일기』 –

① 양반전에서 양반의 위선과 무능을 풍자하였다.
② 북학의에서 절약보다 적절한 소비를 강조하였다.
③ 곽우록에서 토지 매매를 제한하는 한전론을 제시하였다.
④ 우서에서 사농공상의 직업적 평등과 전문화를 주장하였다.
⑤ 색경에서 담배, 수박 등의 상품 작물 재배법을 소개하였다.

1)
위 인물? _____

2)
① 관련 인물? _____ ② 관련 인물? _____
③ 관련 인물? _____ ④ 관련 인물? _____
⑤ 관련 인물? _____

ANSWER

07. ④
신윤복은 조선 후기 풍속 화가로 주로 양반과 부녀자의 생활과 남녀 사이의 애정 등을 묘사하였다. 대표 작품으로는 미인도, ④ 월하정인 등이 유명하다.
[오답] ① 씨름도, 김홍도(조선 후기) ② 고사관수도, 강희안(조선 전기) ③ 파적도, 김득신(조선 후기) ⑤ 영통동구, 강세황(조선 후기)

08. ①
박지원은 청에 다녀와 '열하일기'를 저술하여 상공업의 진흥을 강조하면서 수레와 선박의 이용을 주장하였다. ① 또한 허생전, 양반전 등의 소설을 통해 양반의 위선과 무능을 풍자하였다.
[오답] ② 박제가는 청에 다녀온 후 '북학의'를 저술하여 절약보다 소비를 강조하였다. ③ 이익은 곽우록에서 영업전의 매매를 제한하는 한전론을 주장하였다. ④ 유수원은 '우서'를 저술하여 사농공상의 직업 평등과 전문화를 주장하였다. ⑤ 박세당은 '색경'을 지어 담배, 채소, 과수 등의 재배법을 소개하였다.

04 기출문제

09

밑줄 그은 '이 왕'의 재위 기간에 있었던 사실로 옳은 것은?

43회 고급 20

이 서사시는 조선의 건국 시조들을 찬양하고 왕조의 창업을 합리화한 것으로, 이 왕이 정인지, 권제 등에게 명하여 훈민정음으로 편찬하도록 하였습니다.

제1장
해동의 여섯 용이 나시어서
그 행동하신 일마다 모두 하늘이 내리신 복이시니
그러므로 옛날의 성인의 하신 일들과 부절을 합친 것처럼 꼭 맞으시니.

제2장
뿌리가 깊은 나무는 아무리 센 바람에도 움직이지 아니하므로, 꽃이 좋고 열매도 많으니
……

① 훈련 교범인 무예도보통지가 편찬되었다.
② 전통 한의학을 정리한 동의보감이 간행되었다.
③ 최초로 100리 척을 사용한 동국지도가 제작되었다.
④ 우리 풍토에 맞는 농법을 소개한 농사직설이 간행되었다.
⑤ 각 도의 지리, 풍속 등이 수록된 동국여지승람이 편찬되었다.

1) 이 왕? _____

2)
① 관련 국왕? _____ ② 관련 국왕? _____
③ 관련 국왕? _____ 제작 인물? _____
④ 관련 국왕? _____
⑤ 관련 국왕? _____

10

다음 검색창에 들어갈 인물의 활동으로 옳은 것은?

43회 고급 23

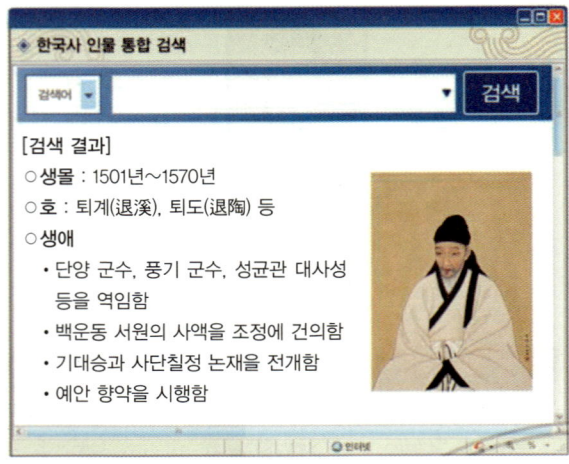

◆ 한국사 인물 통합 검색

[검색 결과]
○ 생몰 : 1501년~1570년
○ 호 : 퇴계(退溪), 퇴도(退陶) 등
○ 생애
 • 단양 군수, 풍기 군수, 성균관 대사성 등을 역임함
 • 백운동 서원의 사액을 조정에 건의함
 • 기대승과 사단칠정 논쟁을 전개함
 • 예안 향약을 시행함

① 양명학을 연구하여 강화 학파를 형성하였다.
② 명에 대한 의리를 내세워 기축봉사를 올렸다.
③ 군주의 도를 도식으로 설명한 성학십도를 지었다.
④ 다양한 개혁 방안을 제시한 동호문답을 저술하였다.
⑤ 재상 중심의 정치를 강조한 조선경국전을 편찬하였다.

1) 위 인물? _____

2)
① 관련 인물? _____ ② 관련 인물? _____
③ 관련 인물? _____ ④ 관련 인물? _____
⑤ 관련 인물? _____

ANSWER

09. ④
세종은 훈민정음을 창제하여 반포하였다. 또한 한글을 보급시키기 위해 용비어천가를 지어 한글로 간행하였으며, ④ 농업을 중시하여 우리나라 풍토에 맞는 농법을 소개한 『농사직설』을 간행하였다.
[오답] ① 정조는 무예도보통지를 편찬하여 병법을 정리하였다. ② 광해군 시기 허준이 동의보감을 간행하여 전통 의학을 정리하였다. ③ 영조 대에 정상기는 100리 척을 사용한 동국지도를 제작하였다. ⑤ 성종 대에 인문 지리서인 동국여지승람이 편찬되었다.

10. ③
제시된 인물은 퇴계 이황이다. 이황은 백운동 서원의 사액을 건의하여 '소수서원'으로 사액받았다. ③ 이황은 선조가 성군이 되기를 바라는 뜻에서 군주의 도를 도식으로 설명한 <성학집도>를 지어 올렸다.
[오답] ① 정제두는 양명학을 연구하여 강화 학파를 형성하였다. ② 송시열은 효종 대에 기축봉사를 올려 명에 대한 의리를 내세우며 북벌 운동을 주장하였다. ④ 이이는 동호문답을 저술하여 통치 체제와 수취 제도 등 다양한 개혁 방안을 제시하였다. ⑤ 조선 초기 정도전은 유교적 통치 규범을 담은 법전인 『조선경국전』을 편찬하였으며 재상 중심의 정치를 주장하였다.

기출문제

11
(가)에 들어갈 내용으로 옳지 않은 것은?   53회 심화 18

<역사 다큐멘터리 제작 기획안>
15세기 조선, 과학을 꽃피우다
1. 기획 의도 : 조선 초, 부국강병과 민생 안정을 위해 과학 기술 분야에서 노력한 모습을 살펴본다.
2. 구성
   1부 태양의 그림자로 시간을 보는 앙부일구
   2부 _____(가)_____
   3부 외적의 침입에 대비한 신무기, 신기전과 화차

① 기기도설을 참고하여 설계한 거중기
② 국산 약재와 치료법을 소개한 향약집성방
③ 한양을 기준으로 한 역법서인 칠정산 내편
④ 활판 인쇄술의 발달을 가져온 계미자와 갑인자
⑤ 우리나라 실정에 맞는 농법을 소개한 농사직설

1)
위 시기는 _____(이)며, 위에서 틀린 ____번은 _____(시기)에 대한 설명이다.

12
(가)에 대한 설명으로 옳은 것은?   52회 심화 17

□□신문
제△△호   ○○○○년 ○○월 ○○일
(가), 보물로 지정

문화재청은 (가) 을/를 고려 시대를 다룬 역사로서는 처음으로 보물로 지정하였다. 고려의 역사를 파악하는 데 가장 중요한 원사료로서 객관성과 신뢰성이 뛰어나다는 점 등이 높게 평가되었다.
이 책은 앞 왕조의 역사를 교훈으로 삼을 목적으로 조선 초부터 편찬하기 시작해 문종 대에 완성되었다. 정인지 등이 쓴 서문에서는 사마천이 저술한 사기의 범례를 본받아 편찬하였다고 밝히고 있다.

① 남북국이라는 용어를 처음 사용하였다.
② 세가, 열전, 지, 연표 등의 체제로 구성되었다.
③ 고구려 건국 시조의 일대기를 서사시로 표현하였다.
④ 불교사를 중심으로 고대의 민간 설화를 수록하였다.
⑤ 단군 조선부터 고려 말까지의 역사를 다룬 통사이다.

1)
(가) 역사서? _____
2)
① 관련 역사서? _____ (인물)의 _____
② 서술 방식? _____ 체
③ 관련 역사서? _____ (인물)의 _____
④ 관련 역사서? _____ (인물)의 _____
⑤ 관련 역사서? _____ (인물)의 _____

📢 ANSWER

11. ①
15세기 조선은 과학 기술이 발전하였는데 ② 의학에서는 우리 풍토에 맞는 약재와 치료법을 정리하여 향약집성방을 편찬하였고 ③ 세종 시기 한양을 기준으로 천체 운동을 계산한 역법서인 칠정산 내편을 만들어졌다. ④ 또한 태종 대에 계미자, 세종 대에 갑인자를 만들면서 활판 인쇄술이 발달하였다. ⑤ 세종 대에 우리나라 풍토에 맞는 농법을 소개한 농사직설이 편찬되었다.
[오답] ① 조선 후기 정조 대에 정약용은 기기도설을 참고하여 거중기를 만들어 수원 화성 축조에 큰 도움이 되었다.

12. ②
『고려사』는 조선 초기부터 문종에 이르기까지 만들고 수정한 고려 시대 역사서로 ② 사마천의 사기의 범례인 기전체(세가, 열전, 지, 표) 형식으로 구성되었다.
[오답] ① 유득공은 『발해고』를 저술하였고 여기에서 남북국이라는 용어를 처음 사용하였다. ③ 고려 시대 이규보의 『동명왕편』은 고구려 건국 시조의 일대기를 영웅 서사시로 표현하였다. ④ 고려 후기 일연이 쓴 『삼국유사』는 불교사를 중심으로 고대의 민간 설화를 수록하였으며 단군의 건국 이야기를 수록하였다. ⑤ 성종 대에 서거정은 고조선부터 고려 말까지의 역사를 편년체로 정리한 『동국통감』을 편찬하였다.

04 기출문제

13

(가)에 들어갈 내용으로 옳은 것은? 50회 심화 25

① 청으로부터 시헌력 도입을 건의했어.
② 기기도설을 참고하여 거중기를 설계했어.
③ 무오사화의 발단이 된 조의제문을 작성했어.
④ 천체의 운행과 위치를 측정하는 혼천의를 제작했어.
⑤ 유학 경전을 주자와 달리 해석한 사변론을 저술했어.

1)
관련 인물? _____

2)
① 관련 인물? _____   ② 관련 인물? _____
③ 관련 인물? _____   ④ 관련 인물? _____
⑤ 관련 인물? _____

14

(가) 인물에 대한 설명으로 옳은 것은? 47회 심화 26

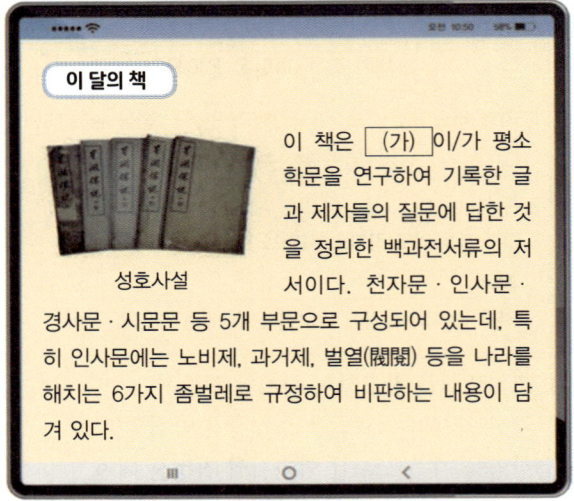

① 북경에 다녀온 후 연행록을 남겼다.
② 양명학을 연구하여 강화학파를 형성하였다.
③ 북한산비가 진흥왕 순수비임을 고증하였다.
④ 토지 매매를 제한하는 한전론을 제시하였다.
⑤ 북학의를 저술하여 절약보다 소비를 권장하였다.

1)
(가) 인물? _____

2)
① 관련 인물? _____   ② 관련 인물? _____
③ 관련 인물? _____   ④ 관련 인물? _____
⑤ 관련 인물? _____

📢 ANSWER

13. ⑤
인조반정 이후 송시열을 중심으로 한 서인은 성리학을 절대화하였으나 윤휴와 박세당은 성리학을 상대화하여 당시 서인의 공격을 받아 사문난적으로 몰렸다. ⑤ 박세당은 저서 『사변록』에서 주자의 학설을 비판하였다.
[오답] ① 김육은 청으로부터 시헌력 도입을 건의하여 채택하도록 하였다. ② 정약용은 기기도설을 참고하여 거중기를 설계하였다. ③ 김종직의 조의제문은 그가 죽은 후 연산군 시기 무오사화의 발단이 되었다. ④ 홍대용은 혼천의를 제작하여 천체를 관측하였다.

14. ④
제시문은 성호 이익이 주장한 내용으로, 나라를 좀먹는 6가지 폐단을 지적하였다. 또한 그는 ④ 영업전의 매매를 제한하는 한전론을 제시하였다.
[오답] ① 홍대용, 박지원 등이 청에 다녀온 후 연행록을 남겼다. ② 정제두는 양명학을 체계적으로 연구하여 강화학파를 형성하였다. ③ 김정희는 '금석과안록'을 지어 북한산비가 진흥왕 순수비임을 고증하였다. ⑤ 박제가는 청에 다녀온 후 북학의를 저술하였으며, 우물론을 통해 절약보다 적절한 소비를 강조하였다.

15

(가) 종교에 대한 설명으로 옳은 것은? 42회 고급 28

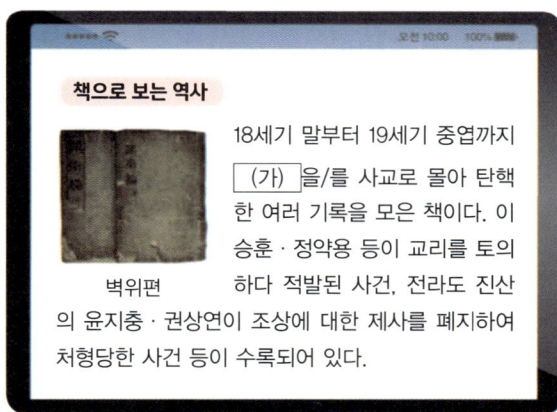

① 단군 숭배 사상을 전파하였다.
② 하늘에 제사 지내는 초제를 거행하였다.
③ 동경대전과 용담유사를 경전으로 삼았다.
④ 청을 다녀온 사신들에 의해 서학으로 소개되었다.
⑤ 유·불·선을 바탕으로 민간 신앙의 요소까지 포함하였다.

16

(가)에 해당하는 문화유산으로 옳은 것은? 53회 심화 21

1)
(가) 종교? _____

2)
① 관련 종교? _____ 창시자? _____
② 관련 종교? _____
③ 관련 종교? _____ 창시자? _____
④ 관련 종교? _____
⑤ 관련 종교? _____

1)
(가) 도자기? _____

2)
① _____ (시대) 유행한 _____
② _____ (시대) 유행한 _____
③ _____ (시대) 유행한 _____
④ _____ (시대) 유행한 _____

ANSWER

15. ④
(가)는 천주교이다. ④ 천주교는 17세기에 청에 의해 서학으로 소개되었고, 이후 종교로 발전하게 되면서 순조 시기에 대탄압이 가해졌다(신유박해). 이 박해로 인해 300여 명의 신도가 처형당하고 정약용 등이 유배를 당하였다.
[오답] ① 나철, 오기호 등은 1909년에 단군 신앙을 숭배하는 대종교를 창시하였다. ② 고려~조선 전기의 도교 의식 중 하나로 하늘에 제사를 지내는 초제가 성행하였다. ③, ⑤ 동학은 최제우가 창시하였으며 유·불·선을 바탕으로 민간신앙을 포함하여 창시하였다. 2대 교주 최시형은 교세를 확대하면서 동경대전과 용담유사를 펴내어 경전으로 삼았다.

16. ④
분청사기는 청자에 백토의 분을 칠한 것으로, 조선 전기에 많이 제작되었다.
[오답] ① 고려 상감 청자 ② 조선 후기 청화백자 ③ 고려 순청자 ⑤ 발해 삼채 향료

한지우
한국사능력검정시험 <심화>
개념완성

IV

국제 질서의 변동과 근대 국가 수립 운동

01 외세의 침략적 접근과 개항
02 개화 정책 추진과 저항
03 근대 국가 수립 운동의 전개
04 일제의 국권 침탈과 국권 수호 운동
05 개항 이후의 경제·사회·문화의 변화

CHAPTER 01 외세의 침략적 접근과 개항

01 흥선대원군의 대내적 개혁

(1) 흥선대원군의 집권(1863~1873)
① 국내 : 정치의 파탄
- 세도 정치, 탐관오리의 횡포, 삼정의 문란, 농민 봉기, 동학과 천주교의 확산

② 국외 : 제국주의 열강의 접근
- 이양선 출몰, 서양 세력의 통상 요구, 베이징조약(1860) - 러시아의 연해주 획득

(2) 흥선대원군의 개혁정치
① 통치 체제 재정비
- 세도정치 폐단 제거 : 안동 김씨를 비롯한 세도 가문 축출, 당파와 관계없이 능력에 따른 인재 등용
- 비변사 축소 및 폐지 : 의정부와 삼군부의 기능 부활
- 법전정비 : 『대전회통』, 『육전조례』 편찬

② 경복궁 중건
- 목적 : 실추된 왕실의 권위 회복
- 재원 마련 : 원납전 징수, 당백전 발행(물가 폭등), 통행세 징수
- 과정 : 백성 강제 부역 동원, 묘지림 벌목
- 결과 : 무리한 경복궁 중건으로 양반과 백성의 불만 고조

③ 서원 철폐
- 배경 : 서원은 각종 면세와 면역의 특권을 누리고, 선현에 대한 제사를 명목으로 백성을 수탈하여 원성
- 전개
  : 만동묘 철폐를 시작으로 전국의 600여개 서원 중 47개의 사액 서원만 남기고 모두 철폐
  : 철폐된 서원 소유의 토지 · 노비 몰수
- 결과 : 국가 재정 확충, 민생 안정, 백성은 환영하였으나 양반들의 강력한 반발

④ 삼정의 문란 해결 노력
- 전정의 문란 해결 노력 : 양전 사업을 통해 은결 색출 → 국가 재정 확충
- 군정의 문란 해결 노력 : 호포제 시행 → 양반에게도 군포 부과
- 환정(환곡)의 문란 해결 노력 : 사창제 실시(지역민이 자치적으로 운영)

⑤ 의의와 한계
- 의의 : 국가 기강 확립에 기여, 민생 안정에 일부 기여
- 한계 : 근대화를 위한 개혁이 아닌 전통적 왕조 체제 내에서 전제 왕권 강화가 목적, 양반과 백성의 불만

사료 확인

흥선대원군

당백전

법정 가치는 당시 통용되던 상평통보의 100배였으나, 실제 가치는 5~6배에 불과하였다. 이 때문에 심각한 물가 폭등이 일어나는 등 사회·경제적 폐단이 발생하자, 6개월가량 발행되다가 중단되었다.

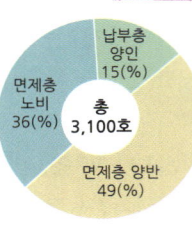
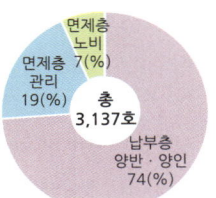
호포제 실시 전후

(좌) 총 3,100호 — 면제층 노비 36(%), 면제층 양반 49(%), 납부층 양인 15(%)
(우) 총 3,137호 — 면제층 노비 7(%), 면제층 관리 19(%), 납부층 양반·양인 74(%)

여기서 잠깐

1. 흥선대원군은 삼정의 문란을 해결하기 위해 _____ 사업을 통하여 _____을/를 색출하였고, 양반에게도 균포를 징수하는 _____을/를 실시하였으며, 환정의 문제를 해결하기 위해 _____을/를 실시하였다.

2. 흥선대원군은 경복궁 중건 비용을 대기 위하여 _____을/를 발행하였다.

3. 흥선대원군 집권기 비변사의 기능이 축소, 폐지되며 _____와/과 _____의 기능이 부활되었다.

정답 1. 양전 / 은결 / 호포제 / 사창제 2. 당백전 3. 의정부 / 삼군부

사료 확인

1. _____ 철폐

대원군은 만동묘를 철폐하고 폐단이 큰 ○○을 철폐하도록 명령을 내렸다. 선비들 수만 명이 대궐 앞에 모여 만동묘와 ○○을 다시 설립할 것을 청하니 대원군이 크게 노하여 병졸로 하여금 한강 밖으로 몰아내도록 하였다. - 『대한계년사』 -

2. _____ 실시

대원군은 동포(洞布)라는 법을 제정하였다. 가령 한 동리에 200호가 있으면 매호에 더부살이 호가 약간씩 있는 것을 정밀하게 밝혀내어 계산하고, 균포를 부과하여 고르게 징수하였다. 이 때문에 예전에는 면제되던 자라도 균포를 바치지 않을 수 없게 되었다. - 『근세조선정감』 -

⇨ 흥선 대원군은 마을마다 할당량을 정해 양반도 균포를 내게 하는 동포제를 실시하였다. 그러나 양반들이 여러 방법으로 빠져나가자 이를 곧 집집마다 내는 _____제로 고쳐 실시하였다.

CHAPTER 01 외세의 침략적 접근과 개항

3. _____ 실시 반대 상소문

근래에 호포가 한번 나오면서 등급이 문란해졌습니다. 벼슬아치나 선비, 하인, 천인들이 똑같이 취급되고 상하의 구별이 없어졌으니 한탄스럽습니다. 단지 어린아이에 불과한 황구(黃口)나 죽은 사람인 백골(白骨)만 불쌍히 여겨 귀천에 관계없이 고르게 분배하려는 뜻에서 나온 것이라고 합니다. 그렇지만 명분이 한번 무너지면 이 나라는 앞으로 어떻게 다스리겠습니까? 호포를 혁파하여 명분을 바로잡고 균액을 바르게 하여 뜻하지 않는 사변에 대비하십시오.

4. _____ 철폐

진실로 백성에게 해가 되는 것이 있으면, 비록 공자가 다시 살아난다 하더라도 나는 용서하지 않겠다. 하물며 서원은 우리나라에서 존경받는 유학자를 제사하는 곳인데, 지금은 도둑의 소굴이 되어 버렸으니 말할 것도 없다. - 『근세조선정감』 -

5. _____ 의 인재 등용

그가 집권한 뒤 어느 공회 석상에서 음성을 높여 여러 대신을 향해 말하기를, "나는 천리를 끌어다 지척으로 삼겠으며 태산을 깎아 내려 평지로 만들고, 또한 남대문을 3층으로 높이려 하는데 여러 공들은 어떻게 생각하오?"라고 하였다. 대개 천리지척이라는 말은 종친을 높인다는 뜻이요, 남대문 3층이라는 말은 남인을 천거하겠다는 뜻이요, 태산을 평지로 만들겠다는 말은 노론을 억압하겠다는 의사였다. - 『매천야록』 -

6. _____ 중건을 위한 _____ 징수

재정이 메말라 일을 할 수 없게 되자 8도의 부자 명단을 뽑아서 돈을 거두어들였다. 그리하여 파산자가 잇달았다. 이때 거두어들인 돈을 원납전이라 했는데, 백성들은 입을 비쭉거리면서 이렇게 말했다. "원납전(願納錢, 스스로 내는 돈)이 아니라 원납전(怨納錢, 원망하며 바친 돈)이다." - 『매천야록』 -

7. _____ 실시

사창에는 관장할 사람이 없어서는 안 되니 반드시 면민 중에서 근면 성실하고 넉넉한 자를 택하여 관에 보고한 뒤 뽑는다. 또한 관에서 강제로 정하지 말고 그를 '사수(社首)'라 하여 환곡을 나누어 주고 수납하는 때를 맡아서 검사한다. …… 사수로 하여금 바로잡게 하며, 창고지기 1명도 사수로 하여금 지역민 중에 잘 선택하여 맡아서 지키고 출납하고 용량을 재게 하는 등 모든 것을 해당 지역의 백성에게 맡긴다. - 『일성록』 -

정답 1. 서원 2. 호포제 3. 호포제 4. 서원 5. 흥선대원군 6. 경복궁 / 원납전 7. 사창제

02 흥선대원군의 대외적 개혁

(1) 통상 수교 거부 정책과 양요

① 병인박해(1866)
- 러시아의 연해주 획득으로 조선과 국경 마주하자 위기감 고조 → 비밀리에 프랑스 세력 끌어들여 러시아 남하 추진하려다 실패
- 프랑스 선교사 9명과 천주교 신자 8,000여 명 처형

② 제너럴셔먼호 사건(1866)
- 미국 상선 제너럴셔먼호가 평양에 들어와 통상 요구 → 거절하자 제너럴셔먼호가 대포·총 발사
- 평안도 관찰사 박규수와 평양 관민에 의해 제너럴셔먼호 불태워 침몰

③ **병인양요**(1866)
- 병인박해를 구실로 양요 발생, 강화도 점령
- 한성근 부대(문수산성), 양헌수 부대(정족산성)의 활약
- 외규장각의 의궤를 비롯한 각종 도서와 재물 약탈

④ 오페르트 도굴 시도 사건(1868)
- 독일 상인 오페르트가 두 차례에 걸쳐 통상 요구 → 조선의 거절
- 남연군 묘(덕산 묘지) 도굴 시도 → 통상 거부 정책 강화

⑤ **신미양요**(1871)
- 제너럴셔먼호 사건을 구실로 통상 조약 체결 요구 → 조선의 거절
- 강화도로 침략 → 광성보 공격, 어재연 장군의 활약 → 수(帥)자기 약탈

⑥ 전국 각지에 **척화비** 건립(1871)
- "서양 오랑캐가 침범하는데 싸우지 않으면 화친하는 것이요, 화친을 주장하는 것은 나라를 파는 것이다."
- "병인년에 짓고 신미년에 세운다."

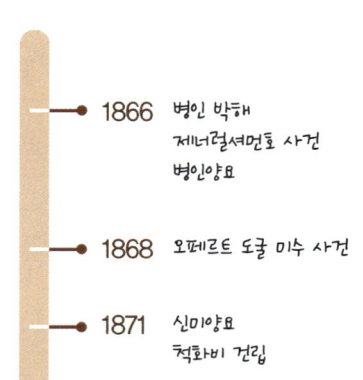

(2) 흥선대원군의 하야

① 배경
- 서원 철폐 및 호포제 시행에 따른 유생들의 반발
- 경복궁 중건 과정에서 강제 부역 동원에 따른 민심 이탈

② 과정 : **최익현**의 상소(고종의 친정 요구)

③ 영향 : 고종의 친정, 민씨 정권이 성립되어 개화 정책 추구

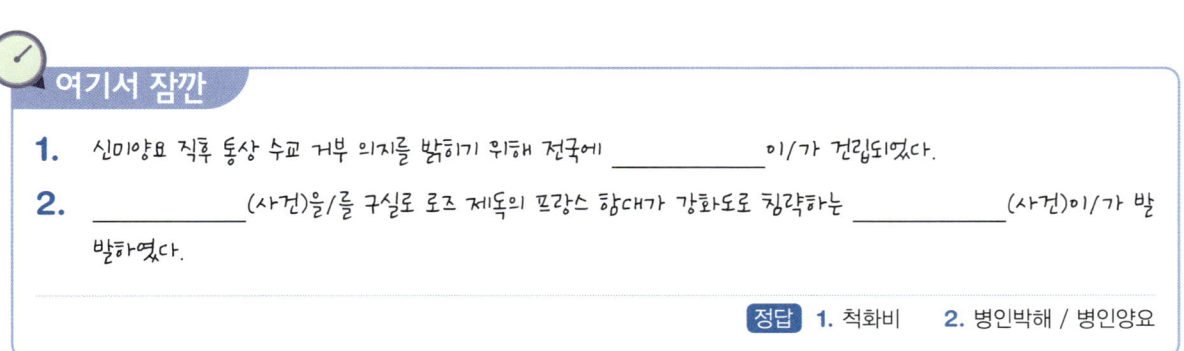

여기서 잠깐

1. 신미양요 직후 통상 수교 거부 의지를 밝히기 위해 전국에 _____ 이/가 건립되었다.
2. _____ (사건)을/를 구실로 로즈 제독의 프랑스 함대가 강화도로 침략하는 _____ (사건)이/가 발발하였다.

정답 1. 척화비 2. 병인박해 / 병인양요

CHAPTER 01 외세의 침략적 접근과 개항

빈출 선지 체크

1. 종로와 전국 각지에 척화비를 세웠다. (인물)
2. 평양 관민이 제너럴셔먼호를 불태웠다. (시기)
3. 어재연 부대가 광성보에서 항전하였다. (관련 사건)
4. 로즈 제독 함대가 강화도를 침입하는 빌미가 되었다. (배경 사건)
5. 오페르트가 남연군 묘 도굴을 시도하였다. (시기)
6. 조선 정부가 프랑스인 선교사들을 처형하였다. (관련 사건)
7. 외규장각 건물이 불타고 의궤가 약탈당하였다. (관련 사건)
8. 양헌수 부대가 적군을 물리쳤다. (관련 사건)

정답 1. 흥선대원군 2. 1860년대 3. 신미양요 4. 병인박해 5. 1860년대 6. 병인박해 7. 병인양요 8. 병인양요

사료 확인

척화비

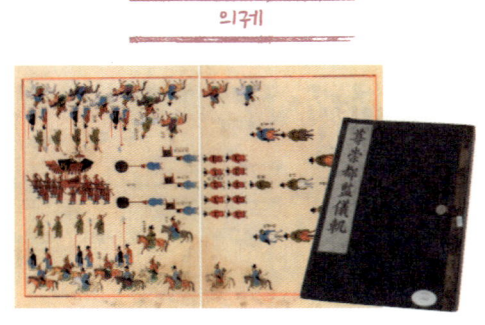

의궤

미국군이 수탈한 수자기

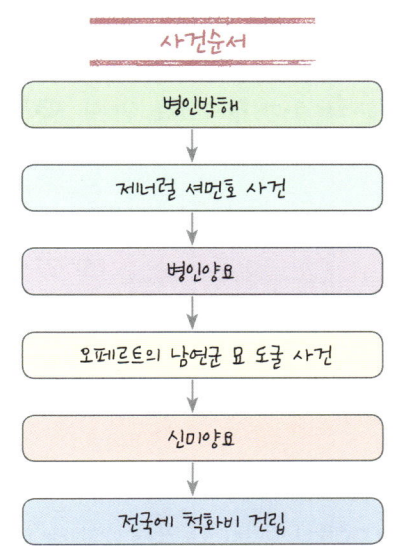

사건순서

병인박해 → 제너럴 셔먼호 사건 → 병인양요 → 오페르트의 남연군 묘 도굴 사건 → 신미양요 → 전국에 척화비 건립

사료 확인

1. _____ 반대

대체로 우리나라에 몰래 잠입하여 사학(邪學: 천주교)을 널리 전파하는 것은 자기의 패거리들을 늘려서 안팎에서 서로 호응함으로써 우리나라의 형편을 탐지하여 군사를 거느리고 쳐들어와 우리의 문물제도를 어지럽히고 우리나라의 재물과 여자들을 약탈함으로써 그 끝없는 욕심을 채우려고 하는 데 있습니다.
— '이항로의 상소', 『고종실록』 —

2. _____ (사건)

그들은 창과 검으로 공격했다. 무기도 없이 맨주먹으로 싸울 때는, 모래를 뿌려 침략군의 눈을 멀게 하려 했다. 그들은 끝까지 항전하였고, 수십 명이 탄환에 맞아 강물 속으로 뒹굴었다. 부상자의 대부분은 물에 빠져 익사했고, 어떤 사람들은 물속에 뛰어들면서 목을 찔러 자살하였다.
— 미 해군 슐레이 회고록 —

3. _____ 건립

대원군은 서양인을 가볍게 여겨 저들이 견고한 배와 우수한 무기는 있지만 병사는 약하여 두려워할 것이 못 된다고 하면서 "서양 오랑캐가 침범하는데 싸우지 않으면 화친하는 것이요, 화친을 주장하는 것은 나라를 파는 것이다. 우리들의 자손만대에게 경고하노라."라는 돌비석을 새긴 뒤 경성을 비롯하여 전국 각지에 세우게 하였다.
— 『한국통사』 —

4. _____ (사건)

늠름한 충성과 용기가 마치 그 사람들을 직접 눈으로 보는 듯하다. 몸소 칼날을 무릅써 흉악한 적들을 격살하다 수많은 총알을 고슴도치의 털처럼 맞아서 마침내 순직하였으니, 그 혁혁한 절개는 적의 간담을 떨어뜨릴 만하고 군사들의 마음을 고무할 만하다. 그러므로 죽은 진무중군 어재연에게 특별히 병조판서와 지삼군부사를 추증하고 …… 의논하여 시호를 정하도록 하라.
— 『고종실록』 —

CHAPTER 01 외세의 침략적 접근과 개항

5. _____ (사건)

너희 나라와 우리나라 사이에는 원래 왕래도 없었고, 은혜를 입거나 원수를 진 일도 없다. 이번 덕산 묘지에서 저지른 사건은 사람으로서 차마 할 수 없는 일이다. 또한, 무기를 빼앗고 백성의 재물을 강탈하는 것도 사리로 볼 때 용납할 수 없다. 따라서 우리나라 신하와 백성은 있는 힘을 다하여 한 마음으로 네놈들과 같은 하늘을 이고 살 수 없다는 것을 다짐할 뿐이다.

- 『고종실록』 -

6. ㉠ - _____ (사건) / ㉡ - _____ (사건)

㉠ 조선 국왕이 프랑스 주교 2인과 선교사 9인 그리고 신도 다수를 살해했다고 한다. …… 조선 국왕이 프랑스 신부를 잔살(殘殺)하는 날은 곧 조선국 최후 멸망의 날이 될 것이다. ㉡ 수일 내로 조선 정복을 위해 출정할 것이다. 조선을 정복해서 국왕을 책립하는 문제는 프랑스 황제의 명령에 따라 시행할 것이다.

- 벨로네 서한 -

7. _____ (사건)

지난번에 그대들의 선박이 포를 쏘아 대치하는 일이 있었는데, 호의라고 운운하면서 이런 일을 일으키니 심히 개탄스럽다. 조정에서는 귀국 함대와 관련한 불상사가 일어나지 않도록 엄히 명하였다. 그러나 귀국의 배들이 우리 영토로 침범해서 들어오니, 수비와 방어를 담당하고 있는 군민들이 어찌 좌시하고만 있겠는가? 따라서 지난번의 사건은 그대들이 자초한 일이다.

- 『고종실록』 -

> **정답** 1. 통상 수교 2. 신미양요 3. 척화비 4. 신미양요 5. 오페르트 도굴 시도 사건
> 6. ㉠ 병인박해 / ㉡ 병인양요 7. 제너럴셔먼호 사건

03 개항과 근대 조약의 체결

(1) 개화파의 형성
　① 개화파의 형성
　　• 북학파 실학사상 계승
　　• 청의 양무운동과 일본의 문명 개화론의 영향
　② 초기 개화 사상가
　　• 박규수 : 박지원의 손자, 청에 사신으로 다녀오며 청의 문호 개방 과정과 양무운동을 직접 목격, 조선의 부국강병을 위해 개국 통상이 필요하다 느낌
　　• 오경석 : 역관, 청에 왕래하며 『해국도지』, 『영환지략』 등의 서적을 가져와 서양의 기술과 문물 소개
　　• 유홍기 : 오경석과 교류하며 문호 개방이 필요하다 주장
　③ 개화파의 형성
　　• 김옥균, 박영효, 김윤식, 김홍집 등
　　• 개항 이후 정부가 개화 정책을 추진하는 과정에서 핵심 실무 관료로 활동

(2) **강화도 조약**(1876, 개항) ↔ **왜양일체론(최익현)**
　① 배경
　　• 고종의 친정, 통상 개화론 대두(鮮)
　　• 서계 문제 발생 : 조선의 외교 문서 접수 거부, 일본에서 정한론(征韓論) 대두
　　• **운요호 사건**(1875) : 함포 외교, 초지진 공격하고 영종도에 상륙하여 살상을 저지르며 개항 강요
　② 조·일 수호 조규(1876)
　　• 우리나라가 외국과 체결한 최초의 근대적 조약
　　• 청의 간섭 배제, 부산 외 2개 항구(원산, 인천) 개항, 해안 측량권, 영사 재판권(치외법권) 인정

> **조·일 수호 조규**
>
> 제1관 조선은 자주국이며 일본국과 평등한 권리를 가진다.
> 제4관 조선 정부는 부산과 … 두 항구를 개방하고 일본인이 자유롭게 왕래하면서 통상할 수 있게 한다.
> 제7관 조선국 연해의 섬과 암초는 극히 위험하므로 일본국의 항해자가 자유롭게 해안을 측량하도록 허가한다.
> 제10관 일본국 국민이 조선국이 지정한 각 항구에 머무르는 동안 죄를 범한 것이 조선국 국민에게 관계되는 사건일 때는 모두 일본국 관원이 심판한다.

CHAPTER 01 외세의 침략적 접근과 개항

③ 조·일 무역 규칙(1876)
- 양곡의 무제한 유출, 무관세, 무항세
- 이후 조·일 통상 장정으로 개정(1883)

> **조·일 무역 규칙**
> 제6칙 조선국 항구에 거주하는 일본인은 쌀과 잡곡을 수출할 수 있다.
> 제7칙 일본국 소속의 선박은 항세를 납부하지 않으며, 수출입 상품에도 관세를 부과하지 않는다.

④ 조·일 수호 조규 부록(1876)
- 일본 화폐의 유통, 간행이정 10리 설정(거류지무역)

> **조·일 수호 조규 부록**
> 제4관 부산에서 일본인의 간행리정(間行里程)을 10리로 한정한다.
> 제7관 일본국 국민은 본국에서 사용되는 화폐로 조선국 국민이 보유하고 있는 물자와 마음대로 교환할 수 있다.

(3) 서구 열강과의 조약

① 조·미 수호 통상 조약(1882.5)
- 배경 : 2차 수신사 김홍집이 황쭌셴(황준헌)의 『조선책략』 유포 ↔ 영남만인소(이만손)
- 청의 알선 : 러시아와 일본 견제, 조선에 대한 종주권 확인 목적
- 서양과 맺은 최초의 근대적인 조약
- 내용 : 거중조정, 최혜국 대우, 치외법권, 관세부과
- 결과 : 미국 공사 부임에 대한 답례로 보빙사 파견(1883)

> **조·미 수호 통상 조약**
> 제1조 조선과 미국 인민은 각각 영원히 화평 우호를 지키되 만약 타국이 불경하는 일이 있게 되면 일차 조사를 거친 뒤에 서로 도와 잘 조처함으로써 그 우의를 표시한다.
> 제4조 미국 인민이 상선, 해안에서 모욕하거나 소란을 피워 조선 인민의 생명과 재산에 손해를 주는 등의 일이 있을 때에는 미국 영사관이나 혹은 미국에서 파견한 관원에게 넘겨 미국 법률에 따라 조사하고 체포하여 처벌한다.
> 제5조 조선에 오는 미국 상인과 상선은 모든 수출입 상품에 대해 관세를 지불해야 한다.
> 제14조 조약을 체결한 뒤에 통상 무역 상호 교류 등에서 본 조약에 부여되지 않은 어떠한 권리나 특혜를 다른 나라에 허가할 때에는 자동적으로 미국 관민에게도 똑같이 주어진다.

② 열강들과의 조약
- 영국(1883), 독일(1883) : 개화 세력의 주선으로 불평등 조약
- 러시아(1884) : 청의 알선 없이 수교, 중립화론 대두
- 프랑스(1886) : 천주교 박해 문제로 지연, 천주교 포교 허용

여기서 잠깐

1. 강화도 조약을 통해 조선은 _____, _____, _____의 3개 항구를 개항하였다.
2. 조·미 수호 통상 조약은 외국과 체결한 최초의 근대적 조약이다. (   )
3. 보빙사 파견의 결과 미국과의 조약이 체결되었다. (   )
4. 강화도 조약과 조·미 수호 통상 조약에서 공통으로 들어 있는 내용은 _____(이)다.
5. 조선의 _____(인물), 오경석, 유홍기 등은 통상 개화를 주장하였다.
6. 한 나라가 어떤 외국에 부여하고 있는 가장 유리한 대우를 조약 상대국에도 부여하는 것을 _____(이)라고 하며, 조선은 _____(국가)에 최초로 이 규정을 처음 부여하였다.

정답 1. 부산/원산/인천   2. ×   3. ×   4. 치외법권   5. 박규수   6. 최혜국 대우 / 미국

빈출 선지 체크

1. 일본 군함 운요호가 영종도를 공격하였다. (관련 사건)
2. 연무당에서 일본과 조약이 체결되었다. (관련 조약)
3. 부산 외 2개 항구를 개항한다는 내용을 포함하였다. (관련 조약)
4. 거중 조정 조항을 포함한 조약이 체결되었다. (관련 조약)
5. 천주교 포교를 허용하는 조항이 들어있다. (관련 조약)

정답 1. 운요호 사건   2. 강화도 조약   3. 강화도 조약   4. 조·미 수호 통상 조약   5. 조·불 수호 통상 조약

CHAPTER 01 외세의 침략적 접근과 개항

사료 확인

1. _____ (인물)의 5불가소 - ㉠ _____

1) 우리가 약점이 있어서 강화를 서두르는 것이라면, 주도권이 저들에게 있는 것으로 저들이 도리어 우리를 제어할 것입니다.
2) 우리의 유한한 농산물과 저들의 무한한 공산품을 교역하면 결국 우리의 땅과 집을 보존할 수 없을 것입니다.
3) 장차 저들은 우리 땅에 거주하려고 할 것이며, 그리되면 재물이나 비단을 마음대로 빼앗고, 부녀자를 겁탈할 것입니다.
4) 왜적들은 한갓 재화와 여색만 알고 조금도 사람의 도리를 모르는 금수들일 뿐입니다.
5) 저들이 비록 ㉠ 왜인이라고 하나 본질적으로 서양 오랑캐와 다를 바가 없습니다. 강화가 이루어지면 사악한 서적과 천주교가 다시 들어와 사악한 기운이 온 나라를 덮게 될 것입니다.

2. _____ (인물)의 _____ - 주장하는 내용?

조선의 땅은 실로 아시아의 요충을 차지하고 있어 형세가 반드시 다투게 마련이며, 조선이 위태로우면 중국도 위급해질 것이다. 러시아가 영토를 넓히려고 한다면 반드시 조선으로부터 시작할 것이다. …… 그렇다면 오늘날 조선의 책략은 러시아를 막는 일보다 더 급한 것이 없을 것이다. 러시아를 막는 책략은 무엇인가? 중국과 친하고(親中國), 일본과 맺고(結日本), 미국과 이어짐(聯美邦)으로써 자강을 도모해야 한다. …… 미국을 끌어들여 우방으로 하면 도움을 얻고 화를 풀 수 있을 것이다. 이것이 바로 미국과 이어져야 하는 까닭이다.

3. _____ (상소) - ㉠ _____

수신사 김홍집이 가져와 유포한 ㉠ 황준헌의 사사로운 책자를 보노라면, 어느새 털끝이 일어서고 쓸개가 떨리며 울음이 북받치고 눈물이 흐릅니다. 러시아는 본래 우리와 혐의가 없는 나라입니다. …… 러시아·미국·일본은 같은 오랑캐입니다. 그들 사이에 누구는 후하게 대하고 누구는 박하게 대하기는 어려운 일입니다.

- 『일성록』 -

정답 1. 최익현 / ㉠ 왜양일체론 2. 황준헌 / 조선책략 / 미국과의 조약 체결 주장 3. 영남만인소 / ㉠ 『조선책략』

01 기출문제

01

(가) 인물에 대한 설명으로 옳은 것은? 50회 심화 29

> 신(臣) 병창이 __(가)__ 앞에 나아가 품의했더니, 이르기를 '성묘(聖廟) 동서무(東西廡)에 배향된 제현 및 충절과 대의가 매우 빛나 영원토록 높이 받들기에 합당한 47곳의 서원 외에는 모두 향사(享祀)를 중단하고 사액을 철폐하라'고 하였습니다. 지시를 받들어 이미 사액된 서원 중 앞으로 계속 보존할 곳 47개를 별단에 써서 들였습니다. 계하(啓下)*하시면 각 도에 알리겠습니다. - 『승정원일기』 -
>
> * 계하(啓下): 국왕의 재가

① 종로와 전국 각지에 척화비를 건립하였다.
② 나선 정벌을 위하여 조총 부대를 파견하였다.
③ 각 궁방과 중앙 관서의 공노비를 해방하였다.
④ 도성을 정비하기 위하여 총융청을 설치하였다.
⑤ 통치 체제를 정비하기 위하여 경국대전을 편찬하였다.

1)
(가) 인물? _____

2)
① 관련 인물? _____ ② 관련 국왕? _____
③ 관련 국왕? _____ ④ 관련 국왕? _____
⑤ 관련 국왕? _____

02

다음 상황이 나타난 시기를 연표에서 옳게 고른 것은? 49회 심화 29

> 의정부에서 아뢰기를, "서양 오랑캐가 광성진을 침범하였을 때 진무 중군 어재연의 생사는 자세히 알 수 없었습니다. 하지만 지방 수령이 대신할 진무 중군을 임명해 달라고 이미 청한 것을 보면 절개를 지켜 싸우다 전사한 것 같습니다."라고 하였다.
> - 『고종실록』 -

1863	1866	1868	1873	1876	1882
	(가)	(나)	(다)	(라)	(마)
고종 즉위	병인 박해	오페르트 도굴사건	고종 친정	강화도 조약	조미수호 통상조약

① (가) ② (나) ③ (다) ④ (라) ⑤ (마)

1)
위와 관련된 사건? _____ 년에 일어난 _____

ANSWER

01. ①
흥선 대원군은 붕당의 근거지인 서원을 47개소만 남기고 모두 철폐하여 민생을 안정시키려고 하였다. 대외적으로는 ① 통상수교거부 정책을 펼쳐 전국에 척화비를 세웠다.
[오답] ② 효종 때 러시아가 청을 침공하자 청은 조선에 원병을 요청하여 조선은 두 차례에 걸쳐 조총 부대를 파견하였다(나선 정벌). ③ 순조는 각 궁방과 중앙 관서의 노비 6만여 명을 해방시켰다. ④ 인조 때 후금과의 관계에 대비해 총융청을 설치하였다. ⑤ 성종은 세조 때부터 편찬을 시작한 경국대전을 마무리하여 반포하였다.

02. ③
흥선 대원군 집권 시기 미국의 제너럴 셔먼호가 평양으로 들어와 통상을 요구하였다. 조선은 이를 거부하자 이들은 민가를 약탈하고 행패를 부렸다. 이에 분노한 평양 관민은 제너럴 셔먼호를 불태웠다(1866). ③ 이 사실을 알게 된 미국 함대가 강화도에 침입하였고(1871, 신미양요), 이 때 어재연이 이끈 군대가 광성보에서 분전하였다.

기출문제

03

(가), (나) 사이의 시기에 있었던 사실로 옳은 것은?

47회 심화 30

> (가) 왕이 창덕궁 인정전에서 즉위하였다. 그때 나이가 12살이었기 때문에 [신정]익왕후가 수렴첨정을 하였다. 친아버지인 흥선군을 높여 대원군으로 삼아 모든 정사에 참여하게 하고 신하의 예와는 달리 대우하였다.
>
> (나) 최익현이 상소를 올려 대원군의 잘못을 탄핵하기를, "만약 그 자리가 아닌데도 국정에 관여하는 자는 단지 그 지위와 자리의 녹을 중요하게 여기기 때문입니다."라고 하였다. 왕이 너그러운 비답을 내려 특별히 그를 호조 참판에 발탁하고 총애하였다. … 대원군이 분노하여 양주 직곡으로 물러나자 권력은 모두 민씨의 손아귀에 들어갔다.　　－『대한계년사』－

① 사창제가 실시되었다.　② 속대전이 편찬되었다.
③ 장용영이 설치되었다.　④ 계해약조가 체결되었다.
⑤ 백두산 정계비가 건립되었다.

1)
① 관련 인물? ＿＿＿＿　② 관련 국왕? ＿＿＿＿
③ 관련 국왕? ＿＿＿＿　④ 관련 국왕? ＿＿＿＿
⑤ 관련 국왕? ＿＿＿＿

2)
위 ①~⑤를 아래 표에 순서대로 나열하시오.

	(가)		(나)	

04

다음 서신이 교환된 이후에 전개된 사실로 옳은 것은?

46회 고급 31

> **대원군 귀하**
> 남의 무덤을 파는 것은 예의가 없는 행동이지만 무력을 동원하여 백성을 도탄에 빠뜨리는 것보다 낫기 때문에 하는 수 없이 그렇게 하였소. …… 귀국의 안위가 귀하의 처리에 달려 있으니 놓은 대책을 강구하는 것이 어떻겠소.

> **영종 첨사 화답**
> 너희들이 이번 덕산 묘소에서 저지른 변고야말로 어찌 인간의 도리상 차마 할 수 있는 일이겠는가? …… 따라서 우리나라 신하와 백성은 있는 힘을 다하여 너희와는 같은 하늘을 이고 살 수 없다는 것을 맹세한다.

① 어재연 부대가 광성보에서 항전하였다.
② 외규장각의 의궤가 국외로 약탈되었다.
③ 평양 관민이 제너럴 셔먼호를 불태웠다.
④ 로즈 제독의 함대가 양화진을 침입하였다.
⑤ 양헌수 부대가 정족산성에서 프랑스군을 격퇴하였다.

1)
위 사건? ＿＿＿＿＿

2)
위 ①~⑤를 순서대로 나열하시오.
＿－＿－＿－＿－＿

ANSWER

03. ①
(가) 흥선 대원군은 고종의 즉위와 함께 수렴첨정을 맡은 신정왕후의 위임을 받아 여러 개혁을 단행하였다. ① 흥선 대원군은 민생을 안정시키기 위해 은결을 색출하여 전정을 바로잡고, 호포제를 실시하여 양반에게도 군포를 부과하였으며 사창제를 실시하여 환곡을 개혁하였다. 하지만 흥선 대원군의 개혁에 양반들이 불만을 가졌고, (나) 결국 최익현이 탄핵 상소를 올려 물러나게 되었다.
[오답] ② 영조 ③ 정조 ④ 세종 ⑤ 숙종
[순서 나열] ④-⑤-②-③-(가)-①-(나)

04. ①
독일 상인 오페르트는 흥선 대원군의 아버지인 남연군의 묘를 도굴하려다 실패하여 달아나는 사건이 발생하였다(1868). ① 이후 제너럴 셔먼호 사건을 구실로 미국 함대가 강화도에 침입하였고(1871, 신미양요) 이 때 어재연이 이끈 군대가 광성보에서 항전하였다. 미군은 조선군의 저항에 버티지 못하고 결국 물러났다.
[오답] ② 프랑스군은 전투(1866, 병인양요)에서 물러나면서 외규장각에 소장된 의궤 등을 약탈해갔다. ③ 미국 상선이 평양으로 와 통상을 요구하자 조선은 이를 거부하였다. 그러자 이들은 민가를 약탈하고 행패를 부렸고 이에 평양 관민들이 제너럴 셔먼호를 불태웠다. ④ 병인박해를 구실로 로즈 제독이 이끄는 프랑스군 함대가 양화진으로 침입하였다(1866, 병인양요). ⑤ 병인양요가 일어나자 양헌수 부대가 정족산성에서 프랑스군을 격퇴하였다.
[순서 나열] ③-④-⑤-②-①

기출문제

05

(가), (나) 문서가 작성된 사이의 시기에 있었던 사실로 옳은 것은?　50회 심화 27

> (가) 저들이 비록 왜인이라고는 하나 실은 양적(洋賊)입니다. 화친이 한번 이루어지면 사학(邪學)의 서책과 천주의 초상이 교역하는 속에 섞여 들어오게 되고, 조금 지나면 전도사와 신도가 전수하여 사학이 온 나라에 두루 가득 차게 될 것입니다.　- 지부복궐척화의소 -
>
> (나) 지금 조정에서는 어찌 백해무익한 일을 하여 러시아가 없는 마음을 먹게 하고, 미국이 의도하지 않았던 일을 만들어 오랑캐를 끌어들이려 하십니까? 저 황준헌이라는 자는 스스로 중국에서 태어났다고 하면서도, 일본을 위해 말하고 예수를 좋은 신이라 하며, 난적의 앞잡이가 되어 스스로 짐승과 같은 무리가 되었습니다. 고금천하에 어찌 이런 이치가 있겠습니까?　- 영남만인소 -

① 김기수가 수신사로 일본에 파견되었다.
② 영국이 거문도를 불법으로 점령하였다.
③ 평양 관민이 제너럴 셔먼호를 불태웠다.
④ 거중 조정 조항을 포함한 조약이 체결되었다.
⑤ 양헌수 부대가 정족산성에서 프랑스군을 격퇴하였다.

06

(가), (나) 조약에 대한 설명으로 옳은 것은?　45회 고급 31

> (가) 제7관 일본국 인민은 본국의 현행 여러 화폐로 조선국 인민이 소유한 물품과 교환할 수 있으며, 조선국 인민은 그 교환한 일본국의 여러 화폐로 일본국에서 생산한 여러 가지 상품을 살 수 있다.
>
> (나) 제6칙 조선국 항구에 거주하는 일본 인민은 양미와 잡곡을 수출, 수입할 수 있다.

① (가) - 임오군란을 계기로 체결되었다.
② (가) - 최혜국 대우를 처음으로 규정하였다.
③ (나) - 조선책략의 영향으로 체결되었다.
④ (나) - 거중조정에 대한 내용을 포함하였다.
⑤ (가), (나) - 조·일 수호 조규의 후속 조치로 체결되었다.

ANSWER

05. ①
(가) 최익현은 강화도 조약 당시 왜양일체론을 주장하며 위정척사 운동을 전개하였다. ① 강화도 조약 체결 직후 정부는 일본에 1차 수신사 김기수를 파견하였다(1876). 이후 (나) 2차 수신사 김홍집이 『조선책략』을 국내에 들여와 미국, 일본과의 연대를 주장하자 이만손 등은 영남 만인소(1881)를 올려 이에 저항하였다.
[오답] ② 갑신정변 이후 영국이 러시아의 남하를 막는다는 구실로 거문도를 불법 점령하였다(1885). ③ 통상을 요구하러 평양에 온 미국 상선 제너럴 셔먼호는 통상을 거절당하자 민가를 약탈하였고 이에 평양 관민들이 제너럴 셔먼호를 불태웠다(1866). ④ 조·미 수호 통상 조약(1882)에 거중 조정의 조항이 포함되어 있다. ⑤ 병인양요에 대한 설명이다(1866).
[순서 나열] ③-⑤-(가)-①-(나)-④-②

06. ⑤
(가)는 조·일 수호 조규 부록, (나)는 조·일 무역 규칙이다. ⑤ 두 조약 모두 조·일 수호 조규(강화도 조약)에 이은 후속 조약에 해당한다.
[오답] ① 임오군란을 계기로 청과 조·청 상민 수륙 무역 장정, 일본과 제물포 조약이 체결되었다. ②, ③, ④ 조·미 수호 통상 조약은 2차 수신사인 김홍집이 들여온 『조선책략』으로 인해 체결하였으며 최혜국 대우와 거중 조정에 대한 내용이 포함되어 있다.

기출문제

07

(가), (나) 사이의 시기에 있었던 사실로 옳은 것은?

41회 고급 31

> (가) 지난 달 조선에서 국왕의 명령에 의해, 선교 중이던 프랑스인 주교 2명과 선교사 9명, 조선인 사제 7명과 무수히 많은 남녀노소 ㉠천주교도들이 학살되었습니다. … 며칠 내로 우리 군대가 조선을 정복하기 위해 출발할 것입니다. … 이제 우리는 중국 정부의 조선 왕국에 대한 어떤 영향력도 인정하지 않을 것임을 선언합니다.
> – 『베이징 주재 프랑스 대리공사 벨로네의 서한』 –
>
> (나) 이때에 이르러서는 돌을 캐어 종로에 ㉡비석을 세웠다. 그 비면에 글을 써서 이르기를, "서양 오랑캐가 침범하는데 싸우지 않으면 즉 화친하는 것이요, 화친을 주장함은 나라를 팔아먹는 짓이다."라고 하였다. – 『대한계년사』 –

① 오페르트가 남연군 묘 도굴을 시도하였다.
② 일본 군함 운요호가 영종도를 공격하였다.
③ 영국군이 러시아를 견제하기 위해 거문도를 점령하였다.
④ 조선이 프랑스와 조약을 체결하고 천주교 포교를 허용하였다.
⑤ 조선책략 유포에 반발하여 이만손 등이 영남 만인소를 올렸다.

1) ㉠ 관련 사건? _____
   ㉡ 이 비석? _____
2) 위 ①~⑤를 아래 표에 순서대로 나열하시오.

	(가)		(나)	

08

다음 조약에 대한 설명으로 옳은 것은?

41회 고급 32

> 제1관 사후 대조선국 군주와 대미국 대통령과 아울러 그 인민은 각각 모두 영원히 화평하고 우호를 다진다. 만약 타국이 어떤 불공평하게 하고 경시하는 일이 있으면 통지를 거쳐 반드시 서로 도와주며 중간에서 잘 조정해 두터운 우의와 관심을 보여준다.
> …
> 제14관 현재 양국이 의논해 정한 이후 대조선국 군주가 어떤 혜택·은전의 이익을 타국 혹은 그 나라 상인에게 베풀면 … 미국과 그 상인이 종래 점유하지 않고 이 조약에 없는 것 또한 미국 관민이 일체 균점하도록 승인한다.

① 양곡의 무제한 유출 조항을 포함하고 있다.
② 외국 상인의 내지 통상권을 최초로 규정하였다.
③ 청의 알선으로 서양 국가와 맺은 최초의 조약이다.
④ 스티븐스가 외교 고문으로 부임하는 계기가 되었다.
⑤ 부산, 원산, 인천에 개항장이 설치되는 결과를 가져왔다.

1) 위 조약? _____년에 체결된 _____
   제1관의 의미? _____
   제14관의 의미? _____
2) ① 관련 조약? _____
   ② 관련 조약? _____
   ③ 관련 조약? _____
   ④ 관련 조약? _____
   ⑤ 관련 조약? _____

📢 ANSWER

07. ①
1866년 천주교에 대한 탄압으로 프랑스 선교사들이 처형당하는 ㉠ 병인박해가 일어났다. (가) 이를 구실로 프랑스군이 조선을 침략하였다(병인양요). ① 병인양요(1866) 후 독일 상인 오페르트가 흥선 대원군의 아버지 남연군의 묘를 도굴하려다 실패하고 달아난 사건이 일어났다(1868). (나) 두 차례의 양요 이후 조선 정부는 서양과의 통상수교를 거부한다는 의지를 널리 알리기 위해 전국 각지에 척화비를 세웠다(1871).
[오답] ② 운요호 사건(1875) ③ 거문도 사건(1885) ④ 조·불 수호 통상 조약(1886) ⑤ 영남만인소(1881)
[순서 나열] (가)-①-(나)-②-⑤-③-④

08. ③
위 조약은 거중 조정(1관)과 치외 법권(14관) 등의 내용이 포함된 조·미 수호 통상 조약이다. ③ 청은 러시아의 남하와 일본의 확장을 견제하기 위해 조선과 미국의 수교를 적극 알선하였고 이에 조·미 수호 통상 조약이 체결되었다(1882).
[오답] ① 조·일 무역 규칙(1876)에는 무관세, 무항세, 양곡의 무제한 유출의 내용이 포함되어 있다. ② 임오군란 이후 청과 체결한 조·청 상민 수륙 무역 장정(1882)으로 청 상인의 내지 통상이 허용되었다. ④ 러·일 전쟁 중 체결된 1차 한·일 협약으로 외교 고문 스티븐스가 부임되었다. ⑤ 강화도 조약(1876)으로 부산, 원산, 인천이 개항되었다.

02 개화 정책 추진과 저항

01 개화 정책의 추진

(1) 개화 정책의 추진

① **통리기무아문**(1880) 설치 : 그 아래 12사를 두고 업무 담당
② 구식군대 축소 : 구식군대인 5군영을 2영(무위영·장어영)으로 축소
③ 신식군대 창설 : **별기군**(1881) 창설, 일본인 교관 초빙, 근대식 훈련 실시
④ 근대 시설 설치
  - 기기창 : (1883) 근대적 무기 공장
  - 박문국 : (1883) 근대적 인쇄 시설, 한성순보 발간
  - 전환국 : (1883) 근대 화폐 발행
  - 우정총국 : (1884) 근대 우편 사무

(2) 사절단 파견

① 영선사 (청, 1881)
  - 김윤식 외 유학생과 기술자 파견
  - 무기·화약·기계 제조법 습득
  - 재정 부족으로 조기 귀국 → 기기창 설치
② 조사시찰단 (일, 1881)
  - 비공식, 비밀리에 박정양 등 파견
  - 개화 정책에 필요한 정보 수집 위해
  - 일본의 근대 시설을 시찰한 뒤 보고서를 올림
③ 수신사 (일)
  - 1차 : (1876) 김기수
  - 2차 : (1880) 김홍집, 황쭌셴의 『조선책략』 유포
  - 3차 : (1882) 박영효, 임오군란의 사후 수습을 위해
④ 보빙사 (미, 1883) : 미국의 공사 파견에 대한 답례(민영익, 유길준)

(3) 위정척사 운동

① 정의 : 성리학적 질서(정)를 지키고 서양 문물과 사상(사학)을 배척하자는 움직임, 보수 **유생** 중심으로 전개
② 전개
  - 1860년대 : 통상반대운동, 이항로·기정진 등 척화주전론, 흥선대원군의 쇄국 정책 지지
  - 1870년대 : 개항반대운동, **최익현**(5불가소, 왜양일체론), 강화도 조약 체결(개항) 반대
  - 1880년대 : 개화반대운동, **이만손**(영남만인소)·홍재학(만언척사소), 미국과의 수교(개화) 반대
  - 1890년대 : 항일 의병 운동으로 계승

CHAPTER 02 개화 정책 추진과 저항

사료 확인

별기군

보빙사 (유길준, 홍영식, 민영익, 서광범)

❋ 빈출 선지 체크

1. 김기수가 수신사로 파견되는 결과를 가져왔다. (배경 조약)
2. 별기군이 창설되었다. (연도)
3. 조선책략을 처음으로 소개하였다. (사절단)(인물)
4. 민영익, 홍영식, 서광범 등이 참여하였다. (사절단)
5. 개화정책 추진기구로 그 아래 12사를 설치하였다. (기구)
6. 무기 제조 공장이 설립되었다. (기구)
7. 기기국에서 무기 제조 기술을 습득하고 돌아왔다. (사절단)

정답 1. 강화도 조약 2. 1881년 3. 2차 수신사 김홍집 4. 보빙사 5. 통리기무아문 6. 기기창 7. 영선사

 ## 사료 확인

1. _____ (사절단)

동래부 암행어사 이헌영은 열어보아라. 일인(日人)의 조정 의론, 국세 형편, 풍속, 인물, 교빙, 통상 등의 대략을 다시 한번 염탐하는 것이 좋겠다. 그러니 그대는 반드시 이 점을 염두해 두고 일본 배를 빌려타고 그 나라로 건너가 해관(海關)이 관장하는 사무를 비롯한 그 밖의 크고 작은 일들을 보고 듣되, 이에 필요한 날짜의 길고 짧음에 구애받지 말고 낱낱이 탐지해서 뒤에 이를 별도의 문서로 조용하게 보고하라. － 고종 봉서 －

2. 이항로의 _____ 론 (18___년대)

양이의 화가 금일에 이르러 홍수나 맹수의 해로움보다도 더 심합니다. 전하께서는 …… 안으로 관리들로 하여금 사학의 무리를 잡아 베게 하시고, 밖으로 장병들로 하여금 바다를 건너오는 적을 정벌하게 하소서. － 『화서집』 －

3. 최익현의 _____ 반대 상소 (18___년대) － ㉠ _____ ㉡ _____

일단 강화를 맺고 나면 저 적들의 욕심은 물화를 교역하는 데 있습니다. …… ㉠피와 살이 되어 백성의 목숨이 달려 있는 유한한 물화를 가지고 ㉡저들의 사치스럽고 기이하며 심성을 좀먹고 풍속을 무너뜨리는 물화와 교역을 한다면, 그 양은 틀림없이 1년에도 수만에 달할 것입니다. 그렇게 되면 몇 년 지나지 않아 땅과 집이 모두 황폐해져 다시 보존하지 못하게 될 것이고 나라 또한 망할 것입니다. － 『면암집』 －

4. _____ (상소) (18___년대)

수신사 김홍집이 가져와 유포한 황준헌의 사사로운 책자를 보노라면, 어느새 털끝이 일어서고 쓸개가 떨리며 울음이 북받치고 눈물이 흐릅니다. 러시아는 본래 우리와 혐의가 없는 나라입니다. …… 러시아·미국·일본은 같은 오랑캐입니다. 그들 사이에 누구는 후하게 대하고 누구는 박하게 대하기는 어려운 일입니다. － 『일성록』 －

> 정답 1. 조사시찰단 2. 척화주전론(1860년대) 3. 개항 반대(1870년대) / ㉠ 쌀 / ㉡ 면 4. 영남만인소(1880년대)

CHAPTER 02 개화 정책 추진과 저항

02 개화 정책에 대한 반발

(1) 임오군란(1882)
  ① 배경
   • 5군영을 2영으로 축소 및 별기군(신식군대) 창설로 많은 구식 군인 실직
   • 구식군인에 대한 차별대우, 13개월 치 급료 미지급
   • 개항 이후 일본의 경제 침탈로 인한 곡물 가격 폭등(빈민의 불만)
  ② 전개
   • 밀린 급료에 모래와 겨를 섞어 지급, 구식 군인 분노 폭발 → 선혜청 당상관 민겸호 살해
   • 일본 공사관 습격 : 일본인 교관 호리모토 사살
   • 궁궐 습격 : 민씨 도주
   • <mark>흥선대원군의 재집권</mark> : 개화 정책 중단(통리기무아문 폐지, 별기군 폐지, 2영 → 5군영)
   • 민씨 일파가 청에 파병 요청 → 청군에 의한 진압 → 흥선대원군 압송
  ③ 결과
   • 민씨의 재집권, 친청보수화
   • 청의 내정간섭 강화 : 고문(마젠창, 묄렌도르프) 파견, 군사권 장악(위안 스카이 파견)
   • <mark>조·청 상민 수륙 무역 장정</mark>(조-청, 1882) : 내지통상권, 치외법권
   • <mark>제물포 조약</mark>(조-일, 1882) : 배상금, 일본 공사관에 경비병 주둔 허용

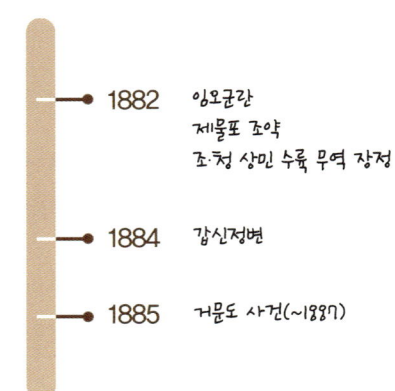

1882 임오군란
     제물포 조약
     조·청 상민 수륙 무역 장정

1884 갑신정변

1885 거문도 사건(~1887)

(2) 개화파의 분화
  ① 배경 : 임오군란을 전후로 온건·급진 개화파로 분화, 갑신정변으로 갈등
  ② 특징

구분	온건개화파(= 수구당, = 사대당)	급진개화파(= 개화당, = 독립당)
인물	김홍집, 김윤식, 어윤중	김옥균, 박영효, 홍영식, 서광범
정치적 입장	친청적 민씨 정권과 결탁 집권세력 일부, 청과의 우호 관계 중시	반청친일적, 임오군란 이후 청의 간섭과 정부의 사대 정책에 대해 반대
개혁 방안	동도서기론	문명개화론
개혁 모델	청의 양무운동	일본의 메이지 유신
개혁 속도	점진적 개혁	급진적 개혁

(3) 갑신정변(1884)

① 배경
- 국가 재정 악화 문제에 대한 대립
- 정부의 당오전 발행 vs 개화당의 차관 도입 시도(실패)
- **청의 간섭 심화** : 정부의 친청 보수화 → 개화당 탄압
- 청·프 전쟁으로 조선 주둔 청군 일부 철수, 일본 공사의 군사·재정적 지원 약속

② 전개
- ==우정총국 개국 축하연에서 거사== → 개화당 정부 수립
- **14개조 정강 발표** : 청에 대한 사대관계 청산, 입헌군주제 추구, ==신분제 폐지==, 지조법 개혁, 재정 일원화 등을 주장
- 청군 개입 → 개화당 정권 붕괴, 일본으로 망명(삼일 천하)

③ 결과
- 청의 내정간섭 심화, 민씨 정권의 친청 보수화 → 개화 세력 도태
- **한성조약**(조-일, 1885.1) : 배상금 지급, 공사관 신축비 부담
- **톈진조약**(청-일, 1885.4) : 청·일 양군 철수 및 향후 조선 파병 시 상호 통보

④ 의의 및 한계
- 의의 : 근대 국민국가 건설을 위한 최초의 정치 개혁 운동
- 한계 : 토지 개혁에 소홀, 민중의 지지 결여, 외세(일본) 의존적

(4) 열강의 대립 격화와 중립화론

① 갑신정변 이후 상황
- 갑신정변 이후 청의 내정간섭 심화 → 조·러 비밀 협약 추진
- 러시아의 남하를 견제 한다는 명분으로 ==영국이 거문도를 불법 점령==(1885~1887) → 청의 중재로 영국군 철수

② 조선 중립화론
- 조선이 열강의 각축장이 된 상황에서 긴장 관계 해소를 위해 제시
- 조선 주재 독일 부영사 부들러와 유길준이 중립화 방안 제시

CHAPTER 02 개화 정책 추진과 저항

사료 확인

갑신정변의 주역들

왼쪽부터 박영효, 서광범, 서재필, 김옥균이다. 갑신정변 실패 이후 일본으로 망명하였으나, 일본 정부의 냉대로 김옥균을 제외한 세 사람은 미국으로 건너갔다.

갑신정변

갑신정변 진행 상황도
→ 10월 17일
→ 10월 18일
→ 10월 19일

① 우정총국 개국 축하연을 틈타 정변을 일으킴
② 고종과 왕비를 경우궁으로 옮김.
③ 김옥균 등 내각 구성
④ 고종과 왕비 다시 환궁
⑤ 김옥균 등 개혁 정강 발표
⑥ 청군 공격
⑦ 김옥균, 박영효 등 일본으로 망명

한반도를 둘러싼 열강의 각축

조선(COREE)이라는 물고기를 낚기 위해 청과 일본이 경쟁하는 가운데, 러시아가 기회를 노리고 있는 모습을 풍자한 것이다.

유길준

개화 사상가이며 최초의 국비유학생으로, 1883년 보빙사 일행이 미국으로 갔을 때 미국에 머물러 유학하였다. "서유견문"을 집필하여 서양의 근대 문물을 소개하면서 조선의 실정에 맞는 개화를 하자는 자신의 개화사상을 주장하였다.

여기서 잠깐

1. 임오군란과 갑신정변은 _____ (나라)에 의해 진압되었다.
2. 갑신정변의 결과 _____ (조약)와/과 _____ (조약)이/가 체결되었다.
3. 조선은 임오군란의 결과, 조선이 청의 속방임을 명시한 _____ (조약)을/를 체결하였다.
4. 갑신정변의 주도자들은 _____ (으)로 재정을 일원화하고자 하였다.

정답 1. 청   2. 한성조약 / 톈진조약   3. 조 · 청 상민 수륙 무역 장정   4. 호조

빈출 선지 체크

1. 정부가 청군의 출병을 요구하는 계기가 되었다. (관련 사건)
2. 조청 상민 수륙 무역 장정이 체결되었다. (배경 사건)
3. 갑신정변의 영향으로 체결되었다. (관련 조약 2개)
4. 일본 공사관에 경비병이 주둔하는 계기가 되었다. (관련 조약)(배경 사건)
5. 선혜청과 일본 공사관을 공격하였다. (관련 사건)
6. 김옥균 등 개화 세력이 정변을 일으켰다. (관련 사건)
7. 영국이 러시아를 견제하기 위해 불법 점령하였다. (지역)
8. 한성조약이 체결되는 결과를 가져왔다. (관련 사건)

정답 1. 임오군란 2. 임오군란 3. 한성조약 / 톈진조약 4. 제물포 조약 / 임오군란 5. 임오군란 6. 갑신정변 7. 거문도 8. 갑신정변

사료 확인

1. _____ (조약)

제2조 조선의 개항장에서 청의 상무위원이 청 상인에 대한 재판권을 행사한다.
제4조 베이징과 한성, 양화진에서 상점을 열어 무역을 허락하되, 양국 상민의 내지 행상을 금한다. 다만 내지 행상이 필요할 경우 지방관의 허가서를 받아야 한다.

2. _____ (조약)

제1조 금일부터 20일 안에 조선국은 흉도를 체포하고 그 괴수를 엄중히 취조하여 중죄에 처한다. 일본국은 관리를 보내 입회 처단케 한다. 만일 그 기일안에 체포하지 못할 때는 응당 일본국이 처리한다.
제3조 조선은 5만 원을 내 피해를 입은 일본 관리들의 유족 및 부상자에게 지급한다.
제4조 흉도의 폭거로 일본이 받은 피해 및 공사를 호위한 육해군 경비 중에서 50만 원은 조선이 채워 준다. 매년 10만 원씩 5년 동안 완납한다.
제5조 일본 공사관에 군인 약간을 두어 경비한다. 그 비용은 조선이 부담한다.

3. _____ 개화파의 주장

서양에서 유행하고 있는 천주교가 우리나라에 유포되는 것은 금지해야 합니다. 우리가 부족한 것은 기술뿐이기 때문에 그 기술만을 받아들이면 됩니다. 과학 기술 문명은 인간의 도리에 해롭지 않고 백성들이 살아가는 데 도움이 되기 때문에 이를 배워야 합니다. 서양에서 들여온 서적에 과학 기술 문명에 대한 설명이 나와 있는데, 이것을 오늘날 우리가 구하여 활용해야 합니다.

CHAPTER 02 개화 정책 추진과 저항

4. _____ 개화파의 주장

조선이 이전부터 스스로를 청의 속방으로 여겨 온 것은 참으로 부끄럽다. 나라가 발전할 희망이 없는 것은 여기에 원인이 있다. 이에 첫째로 해야 할 일은 독립하여 완전한 자주국을 수립하는 것이다. 독립하려면 정치와 외교를 자수자강(自修自强)해야 한다. 그러나 청을 섬기는 현재의 정부로서는 불가능하다.

5. _____ 개화파의 주장

군신, 부자, 부부, 장유, 붕우 간의 윤리는 하늘로부터 얻어서 본성에 부여된 것인데, 천지에 통하고 만고에 뻗치도록 변하지 않는 이치로서 위에서 도(道)가 되었습니다. 수레, 배, 군사, 농업, 기계 등은 백성에게 편하고 나라에 이로운 것으로 밖에 드러나 기(器)가 되니, 제가 바꾸고자 하는 것은 기(器)이지 도(道)가 아닙니다. ― 윤선학의 상소 ―

6. _____ 개화파의 주장

오늘날의 급선무는 반드시 인재를 등용하며 국가 재정을 절약하고 사치를 억제하며, 문호를 개방하고 이웃국들과 친선을 도모하는 데 있다고 한다. 그러나 나의 생각에는 실사구시하는 것이 제일이라고 여겨진다. …… 일본은 법을 변경(변법)한 이후로 모든 것을 경장했다고 들었다. ― 『치도약론』 ―

7. _____ (사건)의 배경

일본 공사가 김옥균 등을 꾀어 말하였다. "청은 이제 조선을 돌아볼 틈이 없다. 청을 물리치고 독립할 기회는 바로 이때다. 기회를 놓치지 말라." 밤마다 은밀히 모여 논의를 하였다. 일본군의 힘을 빌려 청국인을 방어하고 자객을 길러 청당(淸黨)을 제거하려 하였다. 일본 정부로부터 군함을 보내 후원해준다는 밀약까지 받게 되었다. ― 박은식, 『한국통사』 ―

8. 밑줄 친 '나'는? _____ 파 / ㉠ 사건?

나는 임오군란 때 청병을 따라 귀국하였다. 이때부터 청국은 우리 국사를 자주 간섭하고, 나는 청국당으로 지목되었다. 김옥균 등은 청국이 우리 자주권을 침해하는 데 분노하여 마침내 일본 공사와 같이 ㉠_____ 을/를 일으켰다. 마침내 일본당으로 지목되고 일이 허사로 돌아가자, 세간에서는 그를 역적으로 규탄하였다. ― 『속음청사』 ―

9. _____ (사건)을 보는 백성의 인식

전에는 …… 개화당을 꾸짖는 자도 많이 있었으나, 개화가 이롭다는 것을 말하면 듣는 사람들도 감히 크게 반대하지는 않았다. 그런데 정변을 겪은 뒤부터 조정과 민간에서 모두 "이른바 개화당이라고 하는 자들은 충의를 모르고 외국인과 연결하여 나라를 팔고 겨레를 배반하였다."라고 말하고 있다. ― 『윤치호 일기』 ―

10. _____

1. 대원군을 가까운 시일 안으로 나라에 돌아오게 하도록 할 것.
2. 문벌을 폐지함으로써 인민 평등권을 제정하고 능력에 따라 관리를 등용할 것.
3. 전국에 걸쳐 지조법(地租法)을 개혁하여 간사한 관리를 뿌리 뽑고 백성을 보호하며 동시에 국가 재정을 넉넉하게 할 것.
9. 혜상공국(보부상 조직)을 혁파할 것.
12. 재정은 모두 호조에서 관할케 하고, 다른 재무 관청은 폐지할 것.
13. 대신과 참찬은 합문(閤門) 안의 의정부에서 회의 결정하고 정령을 공포해서 시행할 것.

→ 개화당 정부는 _____ (나라)에 대한 사대 관계를 폐지하여 자주적인 정치를 하려 하였으며, 인민 평등의 권리를 확립하고 능력에 따라 인재를 등용하여 정치 참여의 기회를 확대하려 하였다.

11. 박은식의 _____ (사건)에 대한 평가

개화당의 실패는 우리에게 매우 애석한 일이다. 내 친구 중에 ○○○○의 내용을 상세히 알고 있는 사람이 있다. 그는 일류 수재들이 일본인에게 이용당해 그처럼 크나큰 착오를 저질렀으니 참으로 애석한 일이라고 하였다. 어찌 일본인이 진심으로 김옥균을 성공하게 하고, 성의 있게 조선의 운명을 위해 노력하겠는가? … 일본이 이를 이용하여 청으로부터의 독립을 권하고 원조까지 약속하였지만, 사실은 조선과 청의 악감정을 도발하여 그 속에서 이익을 얻으려는 속셈이었다.

— 박은식, 『한국통사』 —

→ 박은식은 김옥균 일행이 _____ (나라)의 힘을 빌려 개혁을 시도한 것은 그들의 침략적 본질을 제대로 이해하지 못한 행위로 보았다.

12. _____ (조약)

제1조 조선국은 국서를 일본에 보내어 사의를 표명한다.
제2조 해를 당한 일본국 인민의 유족 및 부상자를 구휼하고 상인의 화물이 훼손, 약탈된 것을 보전하여 조선국에서 10만원을 지불한다.
제4조 일본 공관을 신기지로 이축함을 요하는 바 조선국은 마땅히 기지 방옥을 교부하여 공관 및 영사관으로 사용하도록 할 것이며, 그 수축·증건에 있어서는 조선국이 다시 2만원을 지불하여 공사비에 충용하도록 한다.
제5조 일본 호위병의 영사는 공관 부지를 택하여 정하고, 제물포조약 제5관에 비추어 시행한다.

13. _____ (조약)

제1조 청국은 조선에 주둔한 군대를 철수한다. 일본국은 공사관 호위를 위해 조선에 주재한 병력을 철수한다.
제3조 앞으로 만약 조선에 변란이나 중대 사건이 일어나 청, 일 두 나라나 어떤 한 나라가 파병을 하려고 할 때에는 마땅히 그에 앞서 쌍방이 문서로서 알려야 한다. 그 사건이 진정된 뒤에는 즉시 병력을 전부 철수시키며 잔류시키지 못한다.

14. _____ (인물)의 _____ 론

우리나라가 아시아의 목구멍에 처해있는 지리적 위치는 유럽의 벨기에와 같고 중국에 조공하던 처지는 터키에 조공하던 불가리아와 같다. … 대저 우리나라가 아시아의 중립국이 된다면 러시아를 방어하는 큰 기틀이 될 것이고, 또한 아시아의 여러 대국들이 서로 보전하는 정략도 될 것이다. 오직 중립만이 우리나라를 지키는 방책인데, 우리 스스로가 제창할 수 없으니 중국에 청하여 처리해야 할 것이다. 중국이 맹주가 되어 영국, 프랑스, 일본, 러시아 같은 아시아에 관계있는 여러 나라들과 회합하고 우리나라를 참석시켜 중립 조약을 체결토록 해야 될 것이다. 이것은 비단 우리나라만을 위한 것이 아니라 중국의 이익도 될 것이고, 여러 나라가 서로 보전하는 전략도 될 것이다.

정답 1. 조·청 상민 수륙 무역 장정 2. 제물포조약 3. 온건 4. 급진 5. 온건 6. 급진
7. 갑신정변 8. 온건 개화 / ㉠ 갑신정변 9. 갑신정변 10. 14개조 개혁 정강 / 청
11. 갑신정변 / 일본 12. 한성조약 13. 톈진조약 14. 유길준 / 중립

기출문제

01

(가) 사절단에 대한 설명으로 옳은 것은? 51회 심화 31

한국사 동영상 제작 계획안

(가), 서양의 근대 문물을 직접 목격하다

◆ 기획 의도
　미국 공사의 부임에 대한 답례로 파견된 (가) 의 발자취를 통해 근대 문물을 시찰한 과정을 살펴본다.

◆ 장면별 구성
　#1. 대륙 횡단 열차를 타고 워싱턴에 도착하다
　#2. 뉴욕에서 미국 대통령 아서를 접견하다
　#3. 보스턴 미국 박람회를 참관하다
　#4. 병원, 전신 회사, 우체국 등을 시찰하다

① 수신사라는 이름으로 보내졌다.
② 조선책략을 들여와 국내에 소개하였다.
③ 기기국에서 무기 제조 기술을 배우고 돌아왔다.
④ 개화 반대 여론을 의식하여 비밀리에 파견되었다.
⑤ 전권대신 민영익과 부대신 홍영식 등으로 구성되었다.

02

(가), (나) 사절단에 대한 설명으로 옳은 것은? 43회 고급 35

㉠나는 ___(가)___(으)로서 학생과 기술자를 인솔하여 청으로 가서 전기, 화학 등 선진 과학 기술을 배우게 하고, 우리나라와 미국과의 조약 체결에 관한 일을 이홍장과 협의하였습니다.

㉡나는 미국 공사의 부임에 대한 답례와 양국의 친선을 위해 파견된 ___(나)___의 전권대신으로 홍영식, 서광범 등과 미국 대통령 아서를 접견하고 국서와 신임장을 제출하였습니다.

① (가) – 귀국할 때 조선책략을 가지고 들어왔다.
② (가) – 무기 제조 공장인 기기창 설립의 계기를 마련하였다.
③ (나) – 보고 들은 내용을 해동제국기로 남겼다.
④ (나) – 해국도지, 영환지략을 들여와 국내에 소개하였다.
⑤ (가), (나) – 암행어사 형태로 비밀리에 파견되었다.

1)
(가) 사절단? _____ 년에 파견된 _____

2)
② 관련 인물? ___차 _____ (사절단) _____ (인물)
③ 관련 사절단? _____
④ 관련 사절단? _____
⑤ 관련 사절단? _____

1)
㉠ 밑줄 친 '나'? _____ (가) 사절단? _____
㉡ 밑줄 친 '나'? _____ (나) 사절단? _____

2)
① 관련 사절단? _____ 관련 인물? _____
② 관련 사절단? _____
③ 관련 인물? _____
④ 관련 인물? _____
⑤ 관련 사절단? _____

🔊 ANSWER

01. ⑤
조·미 수호 통상 조약 체결(1882)에 따라 조선 주재 미국 공사가 파견되자 정부는 미국에 ⑤ 전권대신 민영익, 부대신 홍영식 등을 보빙사로 구성해 파견하였다.(1883)
[오답] ① 강화도 조약 체결 이후 일본에 수신사가 파견되었다. ② 2차 수신사 김홍집은 귀국하면서 『조선책략』을 들여와 국내에 소개하였다. ③ 김윤식은 영선사로 청에 파견되어 기기국에서 서양식 근대 무기 제조 기술 등을 배워왔다. ④ 박정양, 어윤중 등으로 구성된 조사 시찰단은 당시 개화 반대 여론으로 인해 비밀리에 일본에 파견되었다.

02. ②
(가)는 영선사 ㉠김윤식, (나)는 보빙사 ㉡민영익이다. ② 영선사 김윤식은 38명의 학생과 기술자들과 함께 기기국에서 서양식 근대 무기 제조 기술과 군사 훈련법을 배워와, 기기창 설립을 주도하였다.
[오답] ① 2차 수신사인 김홍집은 귀국하면서 『조선책략』을 들여와 국내에 소개하였다. ③ 세종 시기 통신사 신숙주는 일본에 대한 정보를 담은 해동제국기를 저술하여 성종 때 간행하였다. ④ 오경석은 통역관으로 청을 왕래하면서 '해국도지', '영환지략'을 국내에 들여와 서양 문물을 소개하였다. ⑤ 박정양, 어윤중 등으로 구성된 조사 시찰단은 당시 개화 반대 여론으로 인해 비밀리에 일본에 파견되었다.

03

밑줄 그은 '이 사건'에 대한 설명으로 옳은 것은?

51회 심화 32

① 김옥균, 박영효 등이 주도하였다.
② 입헌 군주제 수립을 목표로 전개되었다.
③ 통리기무아문이 설치되는 배경이 되었다.
④ 일본 공사관에 경비병이 주둔하는 계기가 되었다.
⑤ 전국 각지에 척화비가 건립되는 결과를 초래하였다.

04

다음 자료에 나타난 사건에 대한 설명으로 옳은 것은?

46회 심화 32

> 난군(亂軍)이 궐을 침범하였다는 소식을 들었다. 이때에 나라 재정이 고갈되어 각 영이 군인에게 지급할 봉급을 몇 개월 동안 지급하지 못하였다. 영에 소속된 군인이 어느 날 밤에 부대를 조직하고 갑자기 궐내로 진입하여 멋대로 난리를 일으켰다. 중전의 국상(國喪)이 공포되자 선생은 가평 관아로 달려가 망곡례를 행하였다. 얼마 후 국상이 와전되어 사실이 아님을 알고, 군중과는 달리 상복을 입지 않고 집 밖으로 나가지 않았다.
> – 『성재집』 –

① 통감부의 방해와 탄압으로 실패하였다.
② 통리기무아문이 설치되는 배경이 되었다.
③ 홍범 14조를 개혁의 기본 방향으로 제시하였다.
④ 일본 공사관에 경비병이 주둔하는 계기가 되었다.
⑤ 김기수가 수신사로 일본에 파견되는 결과를 가져왔다.

---

1)
이 사건? ____년에 일어난 _____

2)
① 관련 사건? _____
③ 설치 연도? ____년
④ 관련 사건? _____ 관련 조약? _____
⑤ 관련 시대? _____ (인물) 집권기

1)
위 사건? ____년에 일어난 _____

2)
① 통감부 설치 배경? _____ (조약) 체결의 결과
② 설치 연도? ____년
④ 배경 사건? _____
⑤ 배경 사건? _____

📢 ANSWER

03. ④
개화 정책으로 조선은 구식 군대를 5군영에서 2영으로 축소시키고 별기군을 창설하였다. 신식 군대인 별기군에 비해 구식 군대에 대한 차별이 심해지자 구식 군인들은 임오군란을 일으켰다(1882). 이들은 정부 고관들의 집과 일본 공사관을 습격하고 나아가 궁궐에까지 침입하였다. 이후 일본은 ④ 일본 공사관 습격에 대한 책임을 물어 제물포 조약을 체결하였고, 이에 따라 일본 공사관에 군대가 주둔하게 되었다.
[오답] ①, ② 김옥균, 박영효 등의 급진개화파는 일본의 메이지유신을 본받아 입헌 군주제 수립을 목표로 갑신정변을 일으켰다(1884). ③ 조선 정부는 개화 정책 추진 기구로 통리기무아문을 설치하였다(1880). ⑤ 흥선 대원군은 두 차례의 양요 이후 서양과의 통상 수교 반대 의지를 널리 알리기 위해 전국 각지에 척화비를 세웠다(1871).

04. ④
개화 정책으로 군대를 5군영에서 2영으로 축소시키고 별기군을 창설하여, 구식 군대에 대한 차별이 심해지자 구식 군인들은 임오군란을 일으켰다(1882). 이들은 정부 고관들의 집과 일본 공사관을 습격하고 나아가 궁궐에까지 침입하였고 ④ 이에 대해 일본과 제물포 조약을 체결하여 일본 공사관에 군대가 주둔하게 되었다.
[오답] ① 통감부의 탄압으로 실패한 운동은 국채보상운동(1907) 등이 있다. ② 강화도 조약 체결 후 개화 정책을 총괄하는 기구로 통리기무아문을 설치하였다(1880). ③ 2차 갑오개혁 당시 홍범 14조가 개혁의 기본 방향으로 제시되었다. ⑤ 강화도 조약 체결 후 김기수를 일본에 수신사로 파견하였다.

02 기출문제

05

(가) 사건의 결과로 옳은 것은?   49회 심화 31

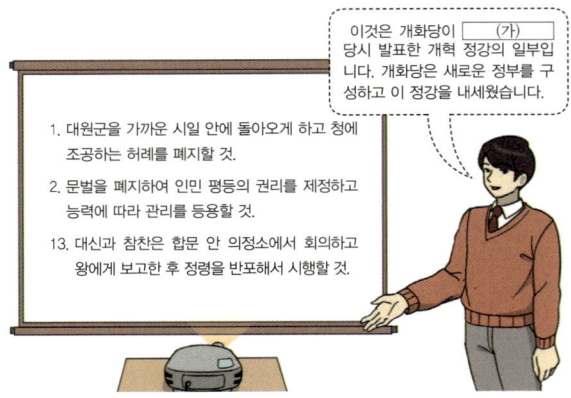

이것은 개화당이 (가) 당시 발표한 개혁 정강의 일부입니다. 개화당은 새로운 정부를 구성하고 이 정강을 내세웠습니다.

1. 대원군을 가까운 시일 안에 돌아오게 하고 청에 조공하는 허례를 폐지할 것.
2. 문벌을 폐지하여 인민 평등의 권리를 제정하고 능력에 따라 관리를 등용할 것.
13. 대과과 참찬은 합문 안 의정소에서 회의하고 왕에게 보고한 후 정령을 반포해서 시행할 것.

① 한성 조약이 체결되었다.
② 신식 군대인 별기군이 창설되었다.
③ 부산 외 두 곳의 항구가 개항되었다.
④ 김윤식이 청에 영선사로 파견되었다.
⑤ 개화 정책을 총괄하는 통리기무아문이 설치되었다.

06

밑줄 그은 '개혁'에 대한 설명으로 옳은 것을 <보기>에서 고른 것은?   44회 고급 32

> 외무성 아시아국장 카프니스트 백작님께,
>
> 요즘 상하이에 거주하는 유럽인들이 조선인 망명자 살해 사건으로 들썩이고 있습니다. ㉠그는 일본인들의 협력을 기반으로 새로운 질서를 마련하기 위해 청프 전쟁이 벌어진 틈을 타서 자기의 뜻을 펼치기 시작하였습니다. 이에 [㉡정변을 일으켜] 기존의 대신들을 대부분 몰아내고, 스스로 참판에 오르는 등 새로운 관료 조직을 구성하였습니다. 그러나 일본에 대한 뿌리 깊은 증오심으로 조선 민중은 일본인들의 협력을 전제로 한 그의 개혁에 적대감을 갖게 되었습니다. …
>
> – 베이징 주재 러시아 공사 보르 –

보기
ㄱ. 집강소를 중심으로 시행되었다.
ㄴ. 토지의 균등 분배를 추진하였다.
ㄷ. 청의 군사 개입으로 실패하였다.
ㄹ. 국가 재정을 호조로 일원화하고자 하였다.

① ㄱ, ㄴ ② ㄱ, ㄷ ③ ㄴ, ㄷ ④ ㄴ, ㄹ ⑤ ㄷ, ㄹ

---

1)
(가) 사건? _____년에 일어난 _____

2)
① 관련 사건? _____
② 창설 연도? _____년
③ 관련 사건? _____
④ 파견 연도? _____년
⑤ 설치 연도? _____년

---

1)
㉠ 밑줄 친 '그'? _____
㉡ 밑줄 친 '정변'? _____

2)
ㄱ 관련 사건? _____
ㄴ 관련 사건? _____
ㄷ 관련 사건? _____
ㄹ 관련 사건? _____

📢 ANSWER

05. ①
김옥균, 박영효 등의 급진 개화파는 일본의 메이지 유신을 본받아 입헌 군주제를 주장하며 정변을 일으켰다(갑신정변, 1884). 그러나 갑신정변은 3일 만에 진압되었고 ① 정변 때 피해를 입은 일본이 보상을 요구하여 이에 조선은 일본과 한성 조약을 체결하였다.
[오답] 조선 정부는 1876년 일본과 강화도 조약을 체결하여 ③ 부산, 원산, 인천이 개항되었다. 1880년대에는 개화 정책을 추진하며, 담당 기구로 ⑤ 통리기무아문을 설치(1880)하였고, ④ 영선사(1881)를 비롯한 사절단을 여러 나라에 파견하였다. ② 또한 신식군대로 별기군(1881)을 창설하였다.

06. ⑤
상하이에서 살해된 이는 ㉡ 갑신정변의 주역인 ㉠ 김옥균이다. 갑신정변은 김옥균, 박영효 등의 급진 개화파가 일본의 메이지 유신을 본받아 입헌 군주제를 주장하며 일으킨 정변으로, 14개조 개혁 안에서 ㄹ 호조로 국가 재정을 일원화, 지조법 개혁 등의 내용을 담고 있었다. ㄷ 그러나 이들은 청군의 개입으로 인해 3일 만에 진압되었다.
[오답] ㄱ, ㄴ 동학농민운동 1차 봉기 이후 정부와 체결한 전주화약을 통해 토지 균등 분배 등의 폐정개혁안을 제시하였고, 농민군은 집강소를 중심으로 개혁을 추진하였다.

07

다음 글이 쓰인 배경으로 옳은 것은? 31회 심화 35

> 대저 우리나라가 아시아의 중립국이 된다면 러시아를 방어하는 큰 기틀이 될 것이고, 또한 아시아의 여러 대국들이 서로 보전하는 전략도 될 것이다. …… 이는 비단 우리나라만을 위한 것이 아니라 중국의 이익도 될 것이고 여러 나라가 서로 보전하는 대책도 될 것이니 무엇이 두려워서 하지 않겠는가.
> – 중립론 –

① 제1차 영·일 동맹이 체결되었다.
② 러시아가 삼국 간섭을 주도하였다.
③ 청·일 전쟁에서 일본이 승리하였다.
④ 영국군이 거문도를 불법으로 점령하였다.
⑤ 고종이 러시아 공사관으로 거처를 옮겼다.

08

(가)~(다) 주장에 대한 설명으로 옳지 않은 것은? 31회 심화 34

> (가) 지금 국론이 두 가지 주장으로 맞서 있습니다. 서양의 적을 공격하는 것이 옳다고 말하는 것은 우리나라 쪽 사람의 주장 이고, 서양의 적과 화친하는 것이 옳다고 말하는 것은 적국 쪽 사람의 주장입니다. 전자를 따르면 나라 안의 전통이 보전되고, 후자를 따르면 인류가 금수의 지경에 빠질 것입니다.
> (나) 저들이 비록 왜인이라고 하지만 본질적으로 서양 오랑캐와 다를 것이 없습니다. 강화가 이루어지면 사악한 서적과 천주교가 다시 들어와 사악한 기운이 온 나라를 덮게 될 것입니다.
> (다) 미국으로 말하면 우리가 원래 잘 모르던 나라 입니다. …… 만일 그들이 우리나라의 허점을 알고서 우리가 힘이 약한 것을 업신여겨 따르기 어려운 요구를 강요하고 비용을 떠맡긴다면 장차 어떻게 응대하겠습니까?

① (가) – 이항로와 기정진 등이 대표적인 인물이다.
② (가) – 흥선 대원군의 통상 수교 거부 정책을 뒷받침하였다.
③ (나) – 강화도 조약의 체결에 반대하였다.
④ (나) – 단발령과 을미사변을 계기로 제기되었다.
⑤ (다) – 조선책략의 유포로 인해 일어났다.

ANSWER

07. ④
갑신정변 이후 조선을 둘러싸고 여러 나라들이 각축을 벌이면서 국제적 긴장감이 높아졌다. ④ 영국은 러시아의 남하를 막는다는 구실로 거문도를 불법 점령하였다.
[오답] ① 러시아의 만주 진출을 저지하기 위해 영국과 일본이 1차 영·일 동맹을 체결하였다. ②, ③ 청·일 전쟁에서 일본이 승리하면서 일본은 청과 시모노세키 조약을 체결하여 일본이 요동 반도를 차지하였으나 러시아, 프랑스, 독일의 삼국 간섭으로 인해 청에 요동 반도를 반환하였다. ⑤ 을미사변 이후 고종은 러시아 공사관으로 피신하였다(아관파천).

08. ④
위 주장은 위정척사운동의 주장들이다. (가)는 1860년대 통상 반대 운동으로 대표 인물은 기정진, 이항로 등이다. (나)는 1870년대 개항 반대 운동으로 대표 인물은 최익현 등이며, (다)는 1880년대 개화 반대 운동으로 대표 인물은 이만손이다. ④ 1880년대 이후 을미사변과 단발령 실시에 항거하여 유인석, 이소응 등이 을미의병을 일으켰다.
[오답] ① 1860년대 통상수교 반대운동 ② 1860년대 위정척사운동은 흥선대원군의 통상수교 거부 정책을 뒷받침하였다. ③ 1870년대 위정척사운동은 통상을 반대하며 강화도 조약 체결에 반대하였다. ⑤ 1880년대 2차 수신사 김홍집이 들여온 『조선책략』으로 정부가 미국과 통상 조약을 제결하려 하자 영남 유생들이 만인소를 올려 상소 운동을 전개하였다.

CHAPTER 03 근대 국가 수립 운동의 전개

01 동학 농민 운동과 갑오개혁

(1) 동학 농민 운동
  ① 농민의 동요와 동학의 확산
    • 개화 정책 추진으로 경비 지출, 배상금 지불 등으로 국가 재정 악화 → 농민 수탈
    • 동학의 확산 : 혹세무민 죄로 최제우 처형, 최시형 교리 정비(『동경대전』, 『용담유사』 간행), 포접제
  ② 교조 신원 운동
    • 억울하게 죽은 교조 최제우의 누명을 벗기고 포교의 자유를 얻고자 하는 운동
    • 전개 : 삼례 집회(1892) → 서울 복합 상소(1893) → 보은집회(1893)
    • 보은집회 : 탐관오리 처벌, 외세 배척 등 정치적 요구도 제기
  ③ 고부 농민 봉기
    • 배경 : 고부 군수 조병갑의 수탈(만석보 사건)
    • 전개 : 전봉준이 사발통문을 돌려 봉기 호소
    • 결과 : 정부가 안핵사 이용태 파견, 후임 군수 박원명의 회유로 자진 해산
  ④ 1차 봉기
    • 배경 : 안핵사 이용태의 실정
    • 구호 : 제폭구민(除暴救民), 보국안민(輔國安民)
    • 전개
      : 백산 봉기(4대 강령, 격문 발표) → 황토현·황룡촌 전투에서 정부군 격파 → 전주성 점령
      : 정부의 청군 파병 요청(일본군 파병 by 톈진조약) → 전주 화약 체결(5.7)
      : 동학의 폐정개혁안 12개조 제시 → 집강소(농민)·교정청(정부) 설치
  ⑤ 2차 봉기(반봉건〈반외세)
    • 배경 : 일본의 경복궁 점령(6.21), 청·일 전쟁 발발(6.23), 군국기무처 설치(6.25)
    • 남·북접 연합(논산) → 공주 우금치 전투에서 관군과 일본군 연합부대에 패배
  ⑥ 의의
    • 반봉건·반외세의 민중 운동
    • 아래로부터의 개혁(신분제 폐지, 토지 개혁 주장)
    • 반봉건 → 갑오개혁(신분제 폐지)에 반영, 반외세 → 항일 의병운동으로 계승
  ⑦ 한계 : 근대 사회 건설을 위한 구체적 방안을 제시하지 못함

여기서 잠깐

1. _____ 운동은 최제우의 억울함을 풀고 동학 포교의 자유를 얻기 위해 동학 교도들이 벌인 운동이다.
2. 동학 농민군은 전주 화약 이후 전라도 각지에 자치 개혁 기구인 _____ 을/를 설치하였다.
3. 일본군이 _____ (장소)을/를 무력으로 점령하고 내정 간섭을 하자 2차 동학 농민 운동이 일어났다.

정답 1. 교조 신원 운동   2. 집강소   3. 경복궁

✸ 빈출 선지 체크

1. 동학 농민군이 정부와 화해하는 약조를 맺었다. (관련 봉기)
2. 사태 수습을 위해 이용태가 안핵사로 파견되었다. (관련 봉기)
3. 남접과 북접이 연합하여 조직적으로 전개되었다. (관련 봉기)
4. 농민군이 백산에서 4대 강령을 발표하였다. (관련 봉기)
5. 폐정 개혁안 실천을 위해 집강소를 설치하였다. (관련 봉기)
6. 동학의 2대 교주로 교조 신원 운동을 주도하였다. (관련 인물)
7. 동학 농민군이 우금치에서 관군 및 일본군에 맞서 싸웠다. (관련 봉기)

정답 1. 1차 봉기 2. 고부민란 3. 2차 봉기 4. 1차 봉기 5. 1차 봉기 6. 최시형 7. 2차 봉기

사료 확인

사발통문

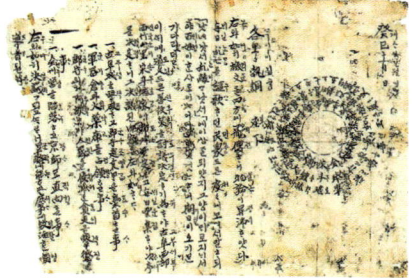

고부 봉기의 준비 과정을 기록한 문서이다. 오른쪽에 봉기 주모자들이 서명한 부분이 보인다. 주동자를 알 수 없게 둥글게 서명하였다.

동학 농민 운동

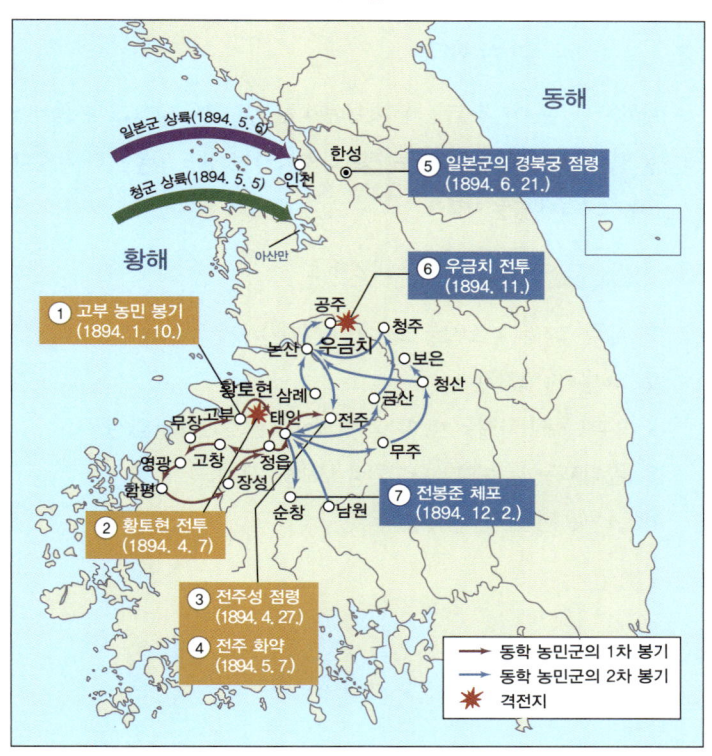

CHAPTER 03 근대 국가 수립 운동의 전개

사료 확인

1. _____ (운동)

우리들의 뜻은 선사(최제우)의 지극한 억울함을 풀고자 함입니다. 선사의 가르침은 오직, 유불선이 도를 합하여 충효효친하며 지성사대함에 있습니다. 이러한 것을 이단이라고 하고 이와 반대되는 것을 정학이라고 하는 이유를 우리들은 모르겠습니다. 지금 각 지방에서 지목하는 폐폐는 물보다 깊으며 불보다 사납습니다. 수령부터 이서, 균교, 향간, 토호까지 우리들의 가산을 탈취하여 자기 재산처럼 여기며, 살상, 구타, 능멸, 학대함에 거리낌이 없습니다.
— 『천도교 창건사』 —

동학 농민군의 4대 강령

첫 째, 사람을 함부로 죽이지 말고 가축을 잡아먹지 말라.
둘 째, 충효를 다하여 세상을 구하고 백성을 편안케 하라.
셋 째, 일본 오랑캐를 몰아내고 나라의 정치를 바로 잡는다.
넷 째, 군사를 몰아 서울로 쳐들어가 권신 귀족을 모두 제거한다.
— 『대한계년사』 —

동학군의 격문

우리가 의로운 깃발을 들어 이곳에 이르름은 그 뜻이 결코 다른 데 있지 아니하고 창생을 도탄 속에서 건지고 국가를 반석 위에 두고자 함이다. 안으로 탐학한 관리의 목을 베고 밖으로 횡포한 강적의 무리를 내쫓고자 함이다. 양반과 부호의 앞에서 고통을 받고 있는 민중들과 방백과 수령 밑에서 굴욕을 받고 있는 하급 관리들은 우리와 같이 원한이 깊은 자이라. 조금도 주저하지 말고 이 시각으로 일어서라. 만일, 기회를 잃으면 후회하여도 미치지 못하리라.
— 『동학사』 —

2. _____ 차 봉기의 배경

안핵사 이용태가 부임해서는 박원명이 한 일을 모두 뒤집고 백성들에게 반역죄를 적용하여 죽이려고 하였다. 또한 부자들을 얽어매어 난을 일으켰다는 혐의로 협박하며 많은 뇌물을 요구하였다. 감사 김문현과도 흉계를 꾸며 감영 감옥으로 이송되는 죄수들이 줄을 이었다.
— 『매천야록』 —

3. _____ 12개조

2. 탐관 오리는 그 죄상을 조사하여 엄징할 사.
5. 노비문서를 소각할 사.
6. 7종의 천인 차별을 개선하고 백정이 쓰는 평량갓을 없앨 사.
9. 관리채용에는 지벌을 타파하고 인재를 등용할 사.
12. 토지는 평균하여 분작할 사.

4. 전봉준의 재판 기록 ㉠ _____ / ㉡ _____ / ㉢ _____

문〉 ㉠ 작년(1894년) 1월 고부 등지에서 민중을 크게 모았다 하는데 무슨 사연으로 그리하였는가?

답〉 그때 고부 군수가 정액 이외에 가혹하게 수탈한 것이 수만 냥인 고로 민심이 억울하고 통한스러워 의거를 하였다.

문〉 고부에서 봉기할 때 동학이 많았는가? 농민이 많았는가?

답〉 동학과 농민이 합세하였으나, 동학은 적었고 농민이 많았다.

문〉 ㉡ 흩어져 돌아간 후에는 무슨 일로 다시 봉기하였는가?

답〉 그 후에 장흥 부사 이용태가 안핵사로 본 읍에 와서, 의거한 인민을 동학도로 통칭하고 체포하여 그 집을 불태우며, 당사자가 없으면 처자를 체포하여 살육을 행하였기 때문에 다시 일어났다.

문〉 ㉢ 1894년 9월 다시 봉기한 것은 무슨 이유인가?

답〉 일본이 개화라 칭하며 군대를 거느리고 우리 서울에 들어와 밤중에 왕궁을 공격하여 임금을 놀라게 하였다. 이에 초야의 선비와 백성들이 충군애국의 마음으로 의병을 규합하고 일본인과 접전하여 그 책임을 묻고자 함이었다.

- 『동학란기록』 -

5. _____ (기구)의 설치

우리 정부는 왕명을 받들어 ○○○을 설치하고 당상관 15명을 두어 먼저 폐정 몇 가지를 개혁했는데, 모두 동학당이 사정을 하소연한 일이었다. 자주적 개혁을 추진함으로써 일본인들의 요구와 끼어듦을 막고자 하였다.

- 『속음청사』 -

정답 **1.** 교조 신원 운동 **2.** 1차 **3.** 폐정개혁안 **4.** ㉠ 고부민란 / ㉡ 1차 봉기 / ㉢ 2차 봉기 **5.** 교정청

CHAPTER 03 근대 국가 수립 운동의 전개

(2) 갑오 · 을미개혁

① 배경
- 대내적 : 동학농민군의 폐정개혁안 12개조 수용 → 교정청 설치
- 대외적 : 일본의 내정 개혁 강요, 침략 기반 조성

② 1차 갑오개혁(1894. 6~1894. 11)
- 경과 : 일본군의 경복궁 무력 점령 → 흥선대원군을 섭정으로 하는 김홍집 내각 수립, 교정청 폐지, 군국기무처 설치
- 개혁 추진 : 청 · 일 전쟁 발발로 일본의 간섭이 약한 상황에서 군국기무처 주도로 개혁 진행
- 내용

정치	'개국' 연호, 왕실 · 국정 사무 분리(궁내부 신설), 6조 → 80아문, 과거제 폐지, 경무청 신설
경제	탁지아문으로 재정일원화, 은본위 화폐 제도, 조세 금납화, 도량형 통일
사회	신분제 폐지(공 · 사노비 제도 폐지), 연좌제 폐지, 조혼 폐지, 과부 재가 허용

③ 2차 갑오개혁(1894. 11~1895. 5)
- 배경 : 청 · 일 전쟁에서 승기를 잡은 일본의 개혁 간섭 → 흥선대원군 퇴진, 2차 내각(김홍집 · 박영효의 연립 내각) 구성, 군국기무처 폐지
- 전개 : 고종이 종묘에 나가 독립서고문을 바치고 홍범 14조 반포
- 내용

정치	의정부 → 내각, 80아문 → 7부, 8도 → 23부, 지방관의 사법권 · 군사권 배제, 재판소 설치
군사	훈련대 · 시위대 설치
교육	교육 입국 조서 발표, 한성 사범학교 설치

④ 3차 갑오개혁(=을미개혁, 1895.8 ~ 1896.2)
- 배경 : 청 · 일 전쟁 종결(1895) → 시모노세키 조약 체결 → 삼국 간섭(러시아 · 독일 · 프랑스)으로 일본의 랴오둥 반도 점령 무산 → 3차 내각(친러 내각) 수립 → 을미사변 발발(1895.8) → 4차 내각(친일 내각) 수립
- 내용

정치	'건양' 연호
사회	태양력 사용, 단발령 실시, 종두법 시행, 우체사 설치 (우편 사무 재개)
교육	소학교 설치
군사	친위대 · 진위대 설치

- 중단 : 아관파천(1896.2)으로 개혁 중단

⑤ 의의와 한계
- 의의 : 갑신정변과 동학 농민 운동 등에서 제기된 개혁 요구 일부 반영(신분제 폐지), 근대적 개혁, 자율적 · 내재적 개혁 의지 반영
- 한계 : 일본의 강요에 의해 추진, 군제 개혁의 소홀, 민중의 지지 결여(토지 개혁 미실시)

사료 확인

군국기무처 회의 모습

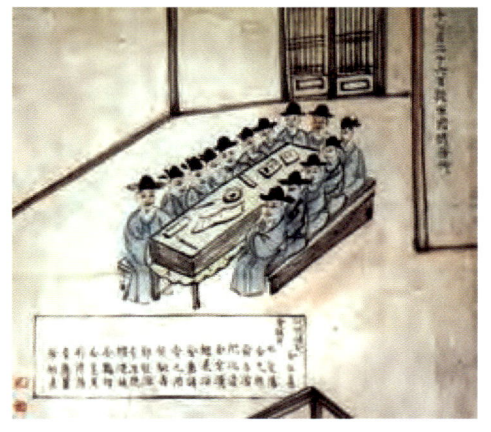

군국기무처는 김홍집, 박정양, 김윤식 등으로 구성되어 제1차 갑오개혁을 주도하였다. 최고 정책 결정 기구로서 3개월 동안 약 210건의 안건을 처리하였다.

1·2차 갑오개혁 당시 정부 기구

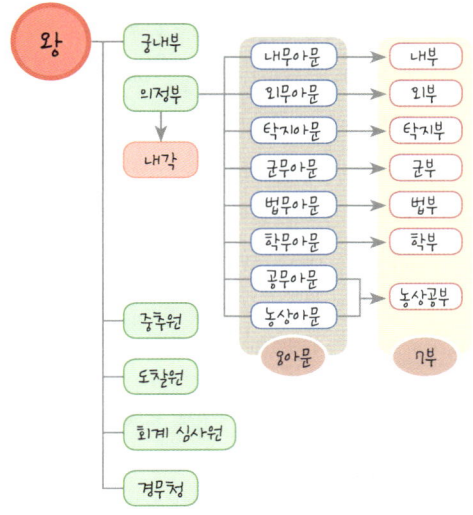

빈출 선지 체크

1. 교육 입국 조서가 반포되었다. (관련 개혁)
2. 지방 행정 구역을 8도에서 23부로 개편하였다. (관련 개혁)
3. 공사 노비법을 혁파하고 과부의 재가를 허용하였다. (관련 개혁)
4. 6조에서 8아문으로 개편하고 과거제를 폐지하였다. (관련 개혁)
5. 건양이라는 연호를 제정하였다. (관련 개혁)
6. 홍범 14조를 반포하였다. (관련 개혁)
7. 근대적 개혁 추진을 위해 군국기무처가 설치되었다. (관련 개혁)

정답 1. 2차 갑오개혁 2. 2차 갑오개혁 3. 1차 갑오개혁 4. 1차 갑오개혁
5. 3차 갑오개혁(을미개혁) 6. 2차 갑오개혁 7. 1차 갑오개혁

CHAPTER 03 근대 국가 수립 운동의 전개

사료 확인

1. ___차 갑오개혁

1. 지금부터 국내외 공사(公私) 문서에 개국 기원을 사용한다.
2. 문벌과 양반·상민 등의 계급을 타파하여 귀천에 구애됨이 없이 인재를 뽑아 쓴다.
4. 죄인 자신 이외 일체의 연좌율을 폐지한다.
6. 남자 20세, 여자 16세 이하의 조혼을 금지한다.
7. 과부의 재혼은 귀천을 막론하고 자유에 맡긴다.
8. 공사 노비법을 혁파하고 인신매매를 금지한다.
20. 각 도의 각종 세금은 화폐로 내게 한다.

2. _____

"짐은 어린 나이로 조종(祖宗)의 큰 왕업을 지켜온 지 31년이 되는 동안 우리 조종들의 제도를 그대로 지켜 어려운 형편을 여러 번 겪으면서도 그 남긴 위업을 그르치지 않았습니다. … 이제부터는 다른 나라를 의지하지 않으며 나라의 발걸음을 넓히고 백성의 복리를 증진하여 자주 독립의 터전을 공고하게 할 것입니다. … 내정을 개혁하여 오래 쌓인 폐단을 바로잡을 것입니다. 짐은 이에 14개 조목의 규범을 하늘에 있는 우리 조종의 신령 앞에 고하면서 조종이 남긴 업적을 우러러 능히 공적을 이룩하고 감히 어기지 않을 것이니 밝은 신령은 굽어 살피시기 바랍니다."

3. _____ - ___차 갑오개혁 당시 발표

1. 청에 의존하는 생각을 버리고 자주독립의 기초를 세운다.
2. 왕위 계승의 법칙과 종친·외척과의 구별을 명확히 한다.
4. 왕실 사무와 국정 사무를 나누어 서로 혼동하지 않는다.
7. 조세의 징수와 경비 지출은 모두 탁지아문에서 관할한다.
14. 문벌을 가리지 않고 인재 등용의 길을 넓힌다.
— 『고종실록』 —

4. _____ 개혁 - _____ 에 반대하다

- 우리나라는 단군과 기자 이래로 편발(編髮)의 풍속이 점차 상투의 풍속으로 변하였으며 머리칼을 아끼는 것을 큰일처럼 여겼습니다. 이제 만약 하루아침에 깎아버린다면, 4천 년 동안 굳어진 풍습은 변화시키기 어렵고 억만 백성의 흉흉해 하는 심정을 헤아릴 수 없을 것이니, 어찌 격동시켜 변란의 계기가 되지 않을 줄을 알겠습니까? — 『고종실록』 —
- 모든 남자는 상투를 자르고 서양식으로 머리를 깎으라는 시행령을 선포하였다. 성문마다 파수꾼과 군졸들이 배치되었다. …… 남자들의 갓은 예외 없이 벗겨지고 가위가 나와 상투를 잘랐다. — 『구한말 비록』 —

5. _____

짐(고종)은 정부에 명하여 널리 학교를 세우고 인재를 양성하여 너희들 신민의 학식으로써 국가 중흥의 큰 공을 세우고자 하노니, 너희들 신민은 충군하고 위국하는 마음으로 너희의 덕(德)과 체(體)와 지(智)를 기를지어다. 왕실의 안전이 너희들 신민의 교육에 있고, 또 국가의 부강도 너희들 신민의 교육에 있도다. 세계의 형세를 보건대, 부하고 강하며 독립하여 웅시하는 제국은 다 인민의 지식이 개명하였도다. 지식의 개명은 교육으로 되었으니, 교육은 실로 국가를 보전하는 근본이다. - 『고종실록』 -

> **정답** 1. 1차 2. 독립서고문 3. 홍범 14조 / 2차 4. 을미 / 단발령 5. 교육입국조서

02 독립협회와 대한제국

(1) 독립협회

① 배경 : 아관파천 이후 러시아를 비롯한 열강의 이권 침탈 심화
② 조직 : **서재필** 중심의 개화 지식인과 개혁적 관료들이 조직(1896.7.)
③ 초기 활동
  - 정부의 지원을 받아 **독립신문** 창간(1896.4.)
  - 독립문 건립 : 건립 기금을 내면 누구나 회원이 될 수 있음
  - 독립관에서 강연회·토론회 개최하여 민중 계몽
  - 기관지『대조선 독립협회 회보』간행
④ 자주 국권 운동
  - 고종의 환궁 요구
  - **만민공동회** 개최 : 열강의 내정간섭과 이권 침탈에 반대
  - 러시아의 이권 침탈 저지 : 러시아 군사 교관·재정 고문 철수, 한·러 은행 폐쇄, **절영도 조차 요구 저지**
⑤ 자유 민권 운동
  - 법률과 재판에 의한 신체의 자유권과 재산권 보호
  - 언론·출판·집회·결사의 자유 확보 노력
  - 국민 참정권 운동 : 민의를 국정에 반영하는 방향의 개혁 시도
⑥ 자강 개혁 운동
  - **관민 공동회** 개최 : **헌의 6조** 결의 → 황제의 재가를 얻음
  - 의회 설립 운동 : 정부와 협상하여 **중추원 관제** 반포
⑦ 해체
  - 보수 세력의 모함 : 독립협회가 공화정 추진하려 한다고 모함
  - 정부가 황국협회와 군대를 동원하여 강제 해산
⑧ 의의와 한계
  - 의의 : 국권 수호, 민권 신장, 민중에 바탕(갑신정변·갑오개혁의 한계 극복)
  - 한계 : 이권 수호 운동에 있어 미국, 일본 등에 있어서는 우호적(그들의 침략 의도를 간파하지 못함)

CHAPTER 03 근대 국가 수립 운동의 전개

(2) 대한제국
① 대한제국의 수립
- 독립협회, 열강들의 환궁 요구 → 고종의 환궁(경운궁), 관리들의 칭제건원 제의
- 즉위 : 환구단에서 황제 즉위(1897), 칭제건원, 연호 '광무(光武)', 국호 '대한제국'

② 광무개혁
- 원칙 : 구본신참(舊本新參), 점진적 개혁
- 정치 : 대한국 국제(1899) 발표(독립협회 해산 이후 반포, 전제 황권 강화), 이범윤을 간도 관리사로 파견
- 군사 : 원수부 설치(황제의 육해군 통솔), 시위대·진위대 증강, 장교 육성을 위한 무관 학교 설립
- 경제
  : 양전 사업 실시(양지아문, 지계아문 설치) → 지계 발급으로 조세 수입 증가
  : 식산 흥업정책으로 근대적 공장·회사 설립, 근대 시설 확충(전화, 철도, 전차)
  : 한·청 통상 조약 체결(1899)
- 교육 : 실업학교 및 각종 기술 교육 기관 설립

③ 의의와 한계
- 의의 : 국가의 자주 독립과 근대화 지향, 외세의 간섭을 배제한 자주적 개혁
- 한계 : 황제 중심의 정치, 복고적·시대착오적, 민권 보장 개혁에 소홀

여기서 잠깐

1. 독립협회는 관민공동회에서 _____ 을/를 결의하고 황제의 재가를 얻었다.
2. 고종은 _____ (장소)에서 황제 즉위식을 거행하고 대한제국을 선포하였으며, _____ 라는 연호를 제정하였다.
3. 고종은 독립협회를 해산 시킨 후 _____ (문서)을/를 반포하여 황제의 무한한 군주권을 규정하였다.
4. 광무개혁에서는 _____ 의 원칙에 따른 [점진적 / 급진적] 개혁이 추진되었다.
5. 광무개혁 당시 양전사업을 통해 토지 소유자에게 토지 소유권을 증명하는 문서인 _____ 을/를 발급하였다.

정답 1. 헌의 6조   2. 환구단 / 광무   3. 대한국 국제   4. 구본신참 / 점진적   5. 지계

빈출 선지 체크

1. 원수부가 설치되었다. (관련 개혁)
2. 관민 공동회가 개최되어 헌의 6조를 결의하였다. (관련 단체)
3. 구본신참에 입각하여 개혁이 추진되었다. (관련 개혁)
4. 독립문을 건립하였다. (관련 단체)
5. 양전 사업을 실시하여 지계를 발급하였다. (관련 개혁)
6. 만민 공동회를 열어 민권 신장을 추구하였다. (관련 단체)

정답 1. 광무개혁 2. 독립협회 3. 광무개혁 4. 독립협회 5. 광무개혁 6. 독립협회

사료 확인

독립협회

독립신문

독립문

대한제국

황궁우와 환구단

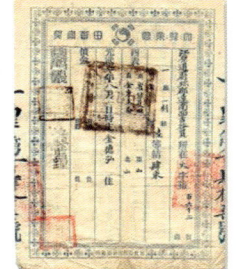
지계

주요 내용 비교

구분	갑신정변	동학농민운동	갑오개혁	헌의 6조
신분제	문벌 폐지, 인민 평등	노비 문서 소각	신분·노비제 폐지	
재정의 일원화	호조 일원화		탁지아문 일원화	탁지부 일원화
토지 제도		토지 평균 분작		

근대 국가 수립 운동의 전개

 사료 확인

1. _____

제1조 외국인에게 기대지 아니하고 관민이 협력하여 전제 황권을 견고케 할 것
제2조 모든 조약 건은 정부 대신과 중추원 의장이 합동 날인하여 시행할 것
제3조 재정은 모두 탁지부에서 관장하고 예산과 결산을 인민에게 공표할 것
제4조 중대한 범죄는 공판하고, 피고의 인권을 존중할 것
제5조 칙임관은 정부에 그 뜻을 물어 과반수가 동의하면 임명할 것
제6조 정해진 규정을 실천할 것

2. _____ (집회)에서 백정 출신 박성춘의 연설

나는 대한의 가장 천한 사람이고 배운 것도 없습니다. 그러나 충군애국의 뜻은 대강 알고 있습니다. 이에 나라를 이롭게 하고 국민을 편안하게 하려면 관민이 합심해야 한다고 생각합니다. 저 차일에 비유하건대, 한 개의 장대로 받치면 역부족이나, 많은 장대를 합하면 그 힘이 공고합니다.
- 『대한계년사』 -

3. _____

제1조 대한국은 세계 만국이 공인한 자주 독립 제국이다.
제2조 대한국의 정치는 만세 불변의 전제 정치이다.
제3조 대한국 대황제는 무한한 군권을 누린다.
제5조 대한국 대황제는 육해군을 통솔한다.
제6조 대한국 대황제는 법률을 제정하여 그 반포와 집행을 명한다.
제9조 대한국 대황제는 각 조약 체결국에 사신을 파견하고, 선전, 강화 및 제반 조약을 체결한다.

정답 1. 헌의 6조   2. 관민공동회   3. 대한국 국제

03 기출문제

01

(가)에 들어갈 내용으로 가장 적절한 것은? 47회 심화 34

한국사 동영상 제작 계획안

제목 : 떨어진 녹두꽃

○학년 ○반 ○모둠

◆ 제작 의도
동학 농민 운동의 전개 과정을 시간 순으로 살펴보면서 그들이 추구한 사회의 모습을 알아본다.

◆ 장면별 구성 내용
#1. 고부 농민들, 폭정에 항거하여 봉기하다
#2. 황토현에서 관군을 물리치다
#3. 동학 농민군이 정부와 전주 화약을 체결하다
#4. ____(가)____
#5. 동학 농민군의 지도자, 전봉준이 체포되다

① 최시형이 동학의 2대 교주가 되다.
② 백산에서 집결하여 4대 강령을 발표하다.
③ 우금치에서 관군과 일본군에 맞서 싸우다.
④ 황룡촌 전투에서 장태를 이용하여 승리하다.
⑤ 서울에서 교조 신원을 위한 복합 상소를 올리다.

1)
위 ①~⑤를 순서대로 나열하시오.
___ - ___ - ___ - ___ - ___

02

밑줄 그은 '그들'에 대한 설명으로 옳은 것은? 29회 고급 34

그들의 통문에는 대개 "벌레같은 왜적들이 날뛰어 수도를 침범하고, 임금의 위태로움이 눈앞에 이르렀으니, … 어찌 한심스럽지 않겠습니까? 그러므로 각 접(接)들은 힘을 합하여 왜적을 쳐야겠습니다."라고 적혀 있습니다. 그리고 녹두라고 불리는 자가 전라도 병력 수십만 명을 이끌고 공주 삼리에 이르러 진을 치고 보은의 병력과 서로 호응하고 있으므로 그 기세가 갑자기 확대되었습니다.

① 탁지부에서 국가 재정을 전담할 것을 주장하였다.
② 유계춘을 중심으로 봉기하여 진주성을 점령하였다.
③ 일본의 황무지 개간권 요구 반대 운동을 전개하였다.
④ 홍경래의 주도로 난을 일으켜 선천, 정주 등을 장악하였다.
⑤ 보국안민을 내세우며 우금치에서 관군 및 일본군에 맞서 싸웠다.

1)
관련 사건? _____

2)
① 관련 단체? _____
② 관련 사건? _____
③ 관련 단체? _____
④ 관련 사건? _____
⑤ 관련 사건? _____

 ANSWER

01. ③
동학농민운동 1차 봉기 이후 정부와 농민군은 전주 화약을 체결하여 개혁을 실천하였다. 그러나 일본군이 경복궁을 무력 점령하여 내정을 간섭하자 전봉준이 이끄는 농민군이 다시 봉기하여 남접과 북접이 연합하였다. ③ 그러나 이들은 공주 우금치에서 일본군에게 패하였고 전봉준은 체포되었다.
[오답] ① 동학을 창시한 최제우가 처형당하자 최시형이 2대 교주가 되었다. ② 안핵사 이용태의 실정으로 농민군은 백산에서 4대 강령과 격문을 발표하였고 동학농민운동 1차 봉기가 시작되었다. ④ 백산봉기 이후 농민군은 황토현 전투와 황룡촌 전투에서 승리하며 전주성을 점령하였다. ⑤ 동학 교조 최제우의 누명을 풀기 위해 서울에서 교조 신원을 위한 복합 상소를 올렸다.
[순서 나열] ①-⑤-②-④-③

02. ⑤
동학농민운동은 고부 민란 이후 파견된 안핵사 이용태의 실정으로 1차 봉기가 일어났다. 농민군은 백산에서 4대 강령과 함께 제폭구민과 보국안민의 내용이 담긴 격문을 발표하고 황토현 전투와 황룡촌 전투에서 승리하였으나 정부와 전주 화약을 체결하고 봉기를 멈추었다. ⑤ 그러나 일본군이 경복궁을 무력 점령하여 내정을 간섭하자 남접과 북접의 농민군이 연합하여 2차 봉기를 일으켰고, 우금치 전투에서 일본과 맞서 싸웠으나 패하였다.
[오답] ① 독립협회의 관민공동회에서 결의한 헌의 6조에는 탁지부에 의한 재정 일원화의 내용이 포함되어 있다. ② 임술농민봉기 때에 진주에서는 유계춘이 봉기를 일으켰다. ③ 보안회는 일본의 황무지 개간권 요구 반대 운동을 전개하였다. ④ 조선 후기 서북지역 차별로 인해 홍경래의 난이 발생하였다.

03 기출문제

03
(가)~(다)를 발표된 순서대로 옳게 나열한 것은?

51회 심화 34

> (가) 1. 문벌, 양반과 상인들의 등급을 없애고 귀천에 관계없이 인재를 선발하여 등용한다.
> 1. 공노비와 사노비에 관한 법을 일체 혁파하고 사람을 사고파는 일을 금지한다.
> (나) 1. 청나라에 의존하는 생각을 끊어 버리고 자주 독립의 기초를 튼튼히 세운다.
> 1. 왕실 사무와 국정 사무는 반드시 분리시켜 서로 뒤섞지 않는다.
> (다) 대군주 폐하께서 내리신 조칙에서 "짐이 신민(臣民)에 앞서 머리카락을 자르니, 너희들은 짐의 뜻을 잘 본받아 만국과 나란히 서는 대업을 이루라."라고 하셨다.

① (가) - (나) - (다)
② (가) - (다) - (나)
③ (나) - (가) - (다)
④ (나) - (다) - (가)
⑤ (다) - (나) - (가)

04
(가)~(다)를 일어난 순서대로 옳게 나열한 것은?

47회 심화 35

> (가) 왕이 경복궁을 나오니 이범진, 이윤용 등이 러시아 공사관으로 옮기게 하였다. 김홍집 등이 군중에게 잡혀 살해되자 유길준, 장박 등은 도주하였다.
> (나) 오늘 대군주 폐하께서 내리신 조칙에서 "짐이 신민(臣民)에 앞서 머리카락을 자르니, 너희들은 짐의 뜻을 잘 본받아 만국과 나란히 서는 대업(大業)을 이루라"라고 하셨다.
> (다) 광화문을 통해 들어온 일본 병사들은 건청궁으로 침입하였다. … 일본 장교는 흉악한 일본 자객들이 왕후를 수색하는 것을 도왔다. 자객들은 여러 방을 샅샅이 뒤졌고 마침내 왕후를 찾아내어 시해하였다.

① (가) - (나) - (다)
② (가) - (다) - (나)
③ (나) - (가) - (다)
④ (나) - (다) - (가)
⑤ (다) - (나) - (가)

---

1)
(가) 관련 개혁? _____
(나) 관련 개혁? _____
(다) 관련 개혁? _____

1)
(가) 사건? _____
(나) 사건? _____
(다) 사건? _____

📣 **ANSWER**

03. ①
(가) 1차 갑오개혁 (나) 2차 갑오개혁 홍범 14조 (다) 을미개혁

04. ⑤
(다) 삼국간섭 이후 명성황후는 러시아와 연결하여 일본을 견제하려 하자 일본이 경복궁 건청궁으로 침입하여 명성황후를 시해하였다(1895, 을미사변). (나) 을미개혁 당시 '건양' 연호를 사용하고 단발령을 실시하였다. (가) 고종은 을미사변 이후 신변에 위협을 느껴 러시아 공사관으로 피신하였다(1896, 아관파천).

기출문제

05
(가)에 들어갈 기사 제목으로 적절한 것은? 18회 고급 33

역사신문

제△△호   ○○○○년 ○○월 ○○일

(가)

주요 내용은 다음과 같다.
- 청에 의존하는 생각을 버리고 자주 독립의 기초를 세운다.
- 왕실 사무와 국정 사무를 나누어 서로 혼동하지 않는다.
- 조세의 징수와 경비 지출은 모두 탁지아문이 관할한다.
- 민법, 형법을 제정하여 국민의 생명과 재산을 보전한다.
- 문벌을 가리지 않고 인재 등용의 길을 넓힌다.

① 고종, 홍범 14조를 선포하다.
② 관민 공동회, 헌의 6조를 바치다.
③ 농민군, 폐정 개혁안을 제출하다.
④ 광무 황제, 대한국 국제를 반포하다.
⑤ 급진 개화파, 개혁 정강 14조를 내세우다.

1)
① 관련 개혁? _____
② 관련 단체? _____
③ 관련 사건? _____
④ 관련 국가? _____
⑤ 관련 사건? _____

2)
위 ①~⑤를 순서대로 나열하시오.
___-___-___-___-___

06
(가), (나) 사이의 시기에 있었던 사실로 옳은 것은? 34회 고급 36

(가) 우리 정부는 왕명을 받들어 교정청을 설치하여 당상관 15명을 두고 먼저 폐정 몇 가지를 개혁하니, 이는 모두 동학당[東黨]이 호소한 일이다. 자주 개혁을 점진적으로 추진하여 일본인들의 개입을 막고자 하였다. … 6월 16일 교정청에서 혁폐 조목을 의정하였다.

(나) 공사관은 즉시 베베르 공사가 묵고 있던 건물에 딸린 방 두 개를 왕에게 제공하였다. 그리고 왕의 위임을 받은 공사관 측은 조선 내의 모든 외국 대표들에게, 조선의 국왕이 현 정세가 불안하여 궁궐에 머무는 것이 자신의 생명에 위험하다고 판단하여 세자와 함께 러시아 공사관에 피신하기로 결정하였다고 알렸다.

① 조·미 수호 통상 조약이 체결되었다.
② 명성황후가 일본에 의해 시해되었다.
③ 영국이 거문도를 불법으로 점령하였다.
④ 13도 창의군이 서울 진공 작전을 전개하였다.
⑤ 고종이 환구단에서 황제 즉위식을 거행하였다.

1)
위 ①~⑤를 아래 표에 순서대로 나열하시오.

(가)	(나)

ANSWER

05. ①
제시문은 2차 갑오개혁 당시 발표된 홍범 14조에 해당한다.
[오답] ② 독립협회(관민공동회) 헌의 6조 ③ 동학농민운동 1차 봉기 ④ 대한제국 ⑤ 갑신정변 14개조 개혁 정강
[순서 나열] ⑤-③-①-②-④

06. ②
(가) 동학농민운동 1차 봉기 이후 정부와 농민군은 전주 화약을 체결하고 정부는 교정청을 설치하여 정치 개혁을 실시하고자 하였다(1894). ② 삼국간섭 이후 명성황후는 러시아와 연결하여 일본을 견제하려 하자 일본이 경복궁 건청궁으로 침입하여 명성황후를 시해하였다(1895). (나) 을미사변 이후 신변에 위협을 느낀 고종은 러시아 공사관으로 피신하였다(1896).
[오답] ① 2차 수신사 김홍집은 조선책략을 국내에 들여왔고 이에 조선은 미국과 조·미 수호 통상 조약을 체결하였다(1882). ③ 갑신정변 이후 영국은 러시아의 남하를 막는다는 구실로 거문도를 불법 점령하였다(1885~87). ④ 정미의병은 유생 의병장들을 중심으로 13도 창의군을 결성하여 서울 진공 작전을 추진하였다. ⑤ 고종은 러시아 공사관으로 피신한지 1년만에 경운궁으로 돌아와 대한 제국을 선포하였다(1897).
[순서 나열] ①-③-(가)-②-(나)-⑤-④

PART Ⅳ. 국제 질서의 변동과 근대 국가 수립 운동

03 기출문제

07

(가) 기구에 대한 설명으로 옳은 것은?   44회 고급 36

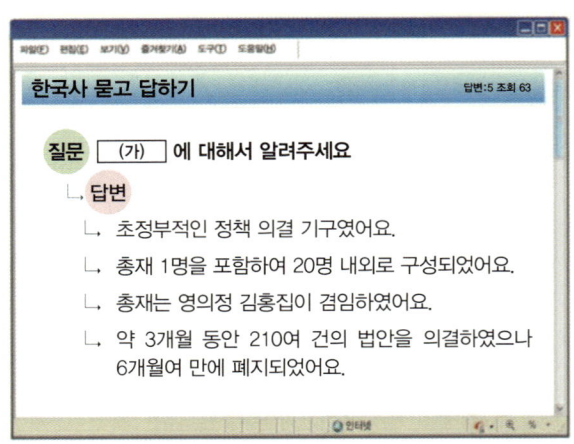

① 공사 노비법의 폐지를 결정하였다.
② 임술 농민 봉기를 계기로 설치되었다.
③ 조광조를 비롯한 사림의 건의로 혁파되었다.
④ 임진왜란을 거치면서 국정 최고 기구로 자리잡았다.
⑤ 소속 부서로 교린사, 군무사, 통상사 등의 12사를 두었다.

1)
(가) 기구? _____

2)
① 관련 기구? _____ ② 관련 기구? _____
③ 관련 기구? _____ ④ 관련 기구? _____
⑤ 관련 기구? _____

08

다음 자료를 활용한 탐구 활동으로 가장 적절한 것은?
51회 심화 36

> 제1조 중추원은 아래에 열거한 사항을 심사하고 의정(議定)하는 곳으로 할 것이다.
> 1. 법률, 칙령의 제정과 폐지 혹은 개정하는 것에 관한 사항
> 2. 의정부에서 토의를 거쳐 임금에게 상주(上奏)하는 일체 사항
> 제3조 의장은 대황제 폐하가 글로 칙수(勅授)하고, 부의장은 중추원에서 공천에 따라 폐하가 칙수하며, 의관은 그 절반은 정부에서 나라에 공로가 있었던 사람을 회의에서 상주하여 추천하고 그 절반은 인민협회(人民協會) 중에서 27세 이상 되는 사람이 정치, 법률, 학식에 통달한 자를 투표해서 선거할 것이다.

① 105인 사건의 영향을 알아본다.
② 사창제 실시의 배경을 파악한다.
③ 13도 창의군의 활동을 검색한다.
④ 헤이그에 특사를 파견한 목적을 조사한다.
⑤ 관민 공동회에서 결의한 헌의 6조 내용을 분석한다.

1)
① 관련 단체? _____
② 관련 인물? _____
③ 관련 사건? _____
④ 배경 사건? _____
⑤ 관련 단체? _____

ANSWER

07. ①
1차 갑오개혁을 주도한 군국기무처는 총재 김홍집, 부총재 박정양으로 구성되었으며 탁지아문으로 재정을 일원화하고 과거제와 ① 신분제를 폐지하는 등의 개혁을 추진하였다.
[오답] ② 임술농민봉기로 삼정이정청이 설치되었다. ③ 조광조는 위훈 삭제, 소격서 폐지 등을 주장하였고 이에 기묘사화가 발생하였다. ④ 비변사는 원래 3포왜란 때 설치된 임시기구였으나 임진왜란을 거치면서 국정 최고 기구로 자리 잡았다. ⑤ 강화도 조약 체결 후 개화 정책 추진을 총괄하는 통리기무아문을 설치하였으며, 그 아래 12사를 두었다.

08. ⑤
독립협회는 관민공동회를 개최하여 헌의 6조를 결의하고 고종이 이를 받아들여 중추원을 의회식으로 개편하는 관제를 반포하였다.
[오답] ① 신민회는 일제가 조작한 105인 사건으로 인해 해체되었다. ② 흥선 대원군은 환곡제를 폐지하고 사창제를 실시하였다. ③ 정미의병은 13도 창의군을 결성하여 서울진공작전을 추진하였다. ④ 고종은 을사늑약의 부당함을 알리기 위해 헤이그에 이상설, 이준, 이위종을 특사로 파견하였다.

기출문제

09

(가) 단체의 활동으로 옳은 것은?   43회 고급 38

> 11월 4일 밤, 조병식 등은 건의소청 및 도약소의 잡배들로 하여금 광화문 밖 내국 조방 및 큰길가에 익명서를 붙이도록 하였다. … 익명서는 " (가) 이/가 11월 5일 본관에서 대회를 열고, 박정양을 대통령으로, 윤치호를 부통령으로, 이상재를 내부대신으로 … 임명하여 나라의 체제를 공화정치 체제로 바꾸려 한다."라고 꾸며서 폐하께 모함하고자 한 것이다.
> ― 『대한계년사』 ―

① 일본의 황무지 개간권 요구를 저지하였다.
② 러시아의 절영도 조차 요구에 반대하였다.
③ 고종의 강제 퇴위 반대 운동을 전개하였다.
④ 계몽 서적 출판을 위해 태극 서관을 설립하였다.
⑤ 일본에게 진 빚을 갚자는 국채 보상 운동을 전개하였다.

10

밑줄 그은 '개혁'에 대한 설명으로 옳은 것은?   49회 심화 37

① 과거제를 폐지하였다.
② 홍범 14조를 반포하였다.
③ 공사 노비법을 혁파하였다.
④ 전국 8도를 23부로 개편하였다.
⑤ 황제 직속의 원수부를 설치하였다.

---

1) (가) 단체? _____

2)
① 관련 단체? _____ ② 관련 단체? _____
③ 관련 단체? _____ ④ 관련 단체? _____
⑤ 관련 단체? _____

---

1) 관련 개혁? _____

2)
① 관련 개혁? _____ ② 관련 개혁? _____
③ 관련 개혁? _____ ④ 관련 개혁? _____
⑤ 관련 개혁? _____

🔊 ANSWER

09. ②
독립협회는 의회의 설립과 입헌군주제를 목표로 활동하였으나 조병식 등의 보수 세력이 독립협회가 공화제를 추진한다는 모함을 하여 정부에 의해 해산되었다. ② 독립협회는 러시아의 절영도 조차 요구 저지하는 등 자주 국권 확립을 위해 노력하였으며 만민공동회와 관민공동회를 개최하였다.
[오답] ① 보안회는 일본의 황무지 개간권 요구를 저지하였다. ③ 대한자강회는 고종 퇴위 반대 운동을 주도하다가 해산되었다. ④ 신민회는 자기회사와 태극서관 등을 설립하였다. ⑤ 국채보상운동은 일본에게 진 빚을 갚기 위해 일어났다(1907).

10. ⑤
대한제국은 구본신참의 원칙 아래 점진적인 개혁을 추구하였는데(광무개혁) ⑤ 원수부를 설치하여 황제가 군사권을 장악하였으며 양전 사업과 지계 발급을 통해 국가 재정을 늘리고 근대적 토지 소유권을 확립하고자 하였다.
[오답] ①, ③ 1차 갑오개혁 때 과거제와 신분제가 폐지되었다. ②, ④ 2차 갑오개혁 때 홍범 14조를 반포하고 8도를 23부로 개편하였다.

기출문제

11
다음 조서가 반포된 이후 추진된 정책으로 옳은 것은?

47회 심화 36

> 여러 신하와 온 백성이 수십 차례나 글을 올려 한 목소리로 반드시 황제의 칭호로 높이라고 간청하였다. 나는 여러 번 사양했지만 끝내 거절할 수 없어 … 백악산 남쪽에서 하늘과 땅에 제사를 지내고 황제의 자리에 올랐다. 나라 이름을 '대한'이라고 정하고 올해를 광무 원년으로 삼는다.

① 신식 군대인 별기군을 창설하였다.
② 청에 영선사로 김윤식을 파견하였다.
③ 군 통수권 장악을 위하여 원수부를 설치하였다.
④ 서양식 근대 교육 기관인 육영공원을 설립하였다.
⑤ 개화 정책을 담당하는 통리기무아문을 신설하였다.

12
(가), (나) 시기 사이에 있었던 일을 〈보기〉에서 고른 것은?

21회 고급 36

> (가) 시모노세키 조약을 통해 일본이 요동 반도와 타이완을 차지하자 러시아가 독일, 프랑스를 끌어들여 일본을 압박하였고, 일본은 이에 굴복하여 요동 반도를 청에 반환하였다.
> (나) 일본의 통제 하에 있던 중앙군 일부가 의병 진압을 위해 지방으로 출동하자, 고종은 이를 틈타 경복궁에서 러시아 공사관으로 처소를 옮겼다.

| 보기 |
ㄱ. 군국기무처가 설치되었다.
ㄴ. 일본이 명성황후를 시해하였다.
ㄷ. 친위대와 진위대가 설치되었다.
ㄹ. 고종이 국외 중립을 선언하였다.

① ㄱ, ㄴ ② ㄱ, ㄷ ③ ㄴ, ㄷ ④ ㄴ, ㄹ ⑤ ㄷ, ㄹ

---

1)
① 창설 연도? _____년
② 파견 연도? _____년
③ 관련 국가? _____
④ 설립 연도? _____년
⑤ 관련 국가? _____

1)
위 ㄱ~ㄹ을 아래 표에 순서대로 나열하시오.

	(가)		(나)	

ANSWER

11. ③
아관 파천 이후 고종은 1년 만에 경운궁으로 돌아와 연호를 광무라 고치고 황제 즉위식을 통해 대한 제국을 선포하였다. 대한제국은 구본신참을 원칙 아래 점진적인 개혁을 진행하였고(광무개혁) ③ 고종은 원수부를 설치하여 군사권을 장악하였으며 재정 확보를 위해 양전 사업과 지계 발급을 실시하였다. 또한 상공업 진흥에 힘썼다.
[오답] 개항 이후 ⑤ 개화 정책을 담당하는 통리기무아문이 설치(1880)되고 ① 신식 군대인 별기군을 창설하였다(1881). ② 외국 문물을 습득하기 위해 사절단을 파견하였는데 대표적으로 김윤식이 청에 영선사로 파견되었다(1881). ④ 근대적 교육을 위해 외국어 학교인 동문학에 이어 육영공원을 세웠다(1886).

12. ③
(가) 청일전쟁에서 승리한 일본은 시모노세키 조약으로 요동 반도를 차지하였으나 삼국간섭으로 인해 요동반도를 반환하였다. ㄴ 삼국간섭 이후 명성황후가 러시아와 연결하여 일본을 견제하려 하자 일본은 을미사변을 일으켰다(1895). ㄷ 3차 갑오개혁(을미개혁) 때 군제 개편으로 중앙에는 친위대, 지방에는 진위대를 설치하였다. (가) 을미사변 이후 신변에 위협을 느낀 고종은 러시아 공사관으로 피신하였다(1896, 아관파천).
[오답] ㄱ 1차 갑오개혁 때 군국기무처가 설치되어 개혁을 추진하였다(1894). ㄹ 러일전쟁 발발 직전 고종은 국외 중립 선언을 하였다.
[순서 나열] ㄱ-(가)-ㄴ-ㄷ-(나)-ㄹ

CHAPTER 04 일제의 국권 침탈과 국권 수호 운동

01 국권 피탈의 과정

(1) 러·일 전쟁의 발발과 일제의 침략
  ① 러시아의 세력 확장
    • 삼국간섭 이후 한반도를 둘러싼 러시아와 일본의 대립 심화
    • 일본은 조선에 대한 영향력 위축, 을미사변, 아관파천 등으로 더 불리해짐
  ② 제1차 영·일 동맹(1902) : 러시아를 견제하기 위해 영국과 일본이 동맹 체결
  ③ 대한제국의 국외 중립 선언(1904) : 러·일 간 전쟁 분위기가 고조되자 국외 중립을 선언
  ④ 러·일 전쟁(1904. 02) : 일본은 한국을 분할하여 차지하자는 러시아의 제안을 거절하고 전쟁 일으킴

(2) 일제의 국권 침탈 과정
  ① 한·일 의정서(1904.02)
    • 전쟁 수행에 필요한 군사 전략상 요지 임의 점령 가능
  ② 제1차 한·일 협약(1904.08)
    • 고문정치, 외교(스티븐스), 재정(메가타) 파견하여 조선에 대한 내정간섭 강화
  ③ 열강의 묵인
    • 가쓰라·태프트 밀약(1905.7) : (미-일) 미국의 필리핀 지배와 일본의 조선 지배 인정
    • 제2차 영·일 동맹(1905.8) : (영-일) 조선에 대한 일본의 독점적 지배권 인정
    • 포츠머스 조약(1905.9) : (러-일) 러·일 전쟁의 결과, 일본의 조선 지배권 인정
  ④ 제2차 한·일 협약(1905.11)
    • 을사조약(=을사늑약), 외교권 박탈, 통감 정치(이토 히로부미), 통감부 설치(1906)
    • 저항 : 안중근(이토히로부미 사살), 나철·오기호(오적암살단), 장지연(시일야방성대곡, 황성신문), 민영환 자결, 을사의병, 헤이그 특사 파견
  ⑤ 고종의 강제 퇴위 : 헤이그 특사 파견 구실 → 순종 즉위(융희)
  ⑥ 한·일 신협약(1907.7)
    • 정미7조약, 차관 정치, 이후 군대 해산(1907.8) → 의병 합류(정미의병)
  ⑦ 정치·사회적 탄압 : 일제는 식민지 체제를 구축하고 반일 민족 운동을 억누르기 위해 대한제국 정부에 각종 법령을 강제로 제정, 반포하게 함. 신문지법(1907), 보안법(1907), 학회령(1908), 출판법(1909) 등을 통해 탄압
  ⑧ 기유각서(1909) : 사법권 박탈
  ⑨ 경찰권 박탈(1910. 6)
  ⑩ 한·일 병합 조약(1910.8.22.)
    • 경술국치, 총독 정치(데라우치), 총독부 설치, 국권 강탈

CHAPTER 04 일제의 국권 침탈과 국권 수호 운동

📖 사료 확인

을사조약의 명칭

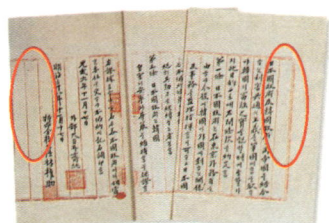

'늑약'이란 무력을 앞세운 협박 아래 강제로 체결된 조약이라는 뜻이다. 을사조약에는 이름이 없다. 외무대신 박제순의 도장이 있지만 고종의 위임을 받지 않고 찍은 것이다. 외국과 조약 체결권을 가진 고종의 도장과 서명도 없다. 황제의 재가를 받지 않은 이 조약은 원천 무효이다.

헤이그 특사

왼쪽부터 이준, 이상설, 이위종이다. 고종은 을사조약이 자신의 의사와 상관없이 강제로 이루어졌다는 것을 국제 사회에 알리기 위해 1907년 네덜란드의 헤이그에서 열리는 제2차 만국 평화 회의에 이준, 이상설, 이위종을 특사로 파견하였다.

의열투쟁의 전개

- 장인환·전명운 : 스티븐스 사살(샌프란시스코, 1908)
- 안중근 : 이토히로부미 사살(하얼빈, 1909), 동양평화론
- 이재명 : 이완용 습격, 실패(명동성당 앞, 1909)

⏱ 여기서 잠깐

1. 을사조약에 한국 정부는 일본 정부가 추천하는 외국인 1명을 외교 고문으로 초빙한다는 내용이 포함되어 있다. (   )
2. 이완용과 통감 데라우치가 조인한 조약 체결의 불법성을 알리기 위해 헤이그 특사가 파견되었다. (   )

정답 1. ×   2. ×

✱ 빈출 선지 체크

1. 일본인 재정 고문을 두도록 하는 조항을 담고 있다.   (관련 조약)
2. 하얼빈역에서 이토 히로부미를 사살하였다.   (인물)
3. 고종이 헤이그에서 열린 만국 평화 회의에 특사를 파견하였다.   (배경 조약)
4. 외교권이 강탈되고 통감부가 설치되었다.   (배경 조약)
5. 고종이 강제로 퇴위되었다.   (배경 사건)
6. 친일파 이완용을 습격하여 중상을 입혔다.   (인물)

정답 1. 제1차 한·일 협약   2. 안중근   3. 제2차 한·일 협약(을사늑약)   4. 을사늑약   5. 헤이그 특사 파견   6. 이재명

사료 확인

1. _____

제4조 제국의 침해나 혹은 내란으로 인하여 대한제국 황실의 안녕과 영토의 보전에 위험이 있을 경우에는 일본제국 정부는 속히 정황에 따라 필요한 조치를 취할 수 있다. 그러나 대한제국 정부는 위 일본제국의 행동을 용이하게 하기 위하여 충분한 편의를 제공한다. 일본제국 정부는 군사 전략상 필요한 지점을 정황에 따라 차지하여 이용할 수 있다.

2. _____

제1조 한국 정부는 일본 정부가 추천한 일본인 1명을 재정 고문으로 삼아 한국 정부에 용빙하고, 재무에 관한 사항은 일체 그 의견을 물어 시행할 것.

제2조 한국정부는 일본정부가 추천하는 외국인 1명을 외교고문으로 하여 외부에 용빙하고, 외교에 관한 중요한 사무는 일체 그의 의견을 물어서 시행해야 한다.

3. _____

제2조 일본 정부는 한국과 타국 간에 현존하는 조약의 실행을 완수하는 임무를 담당하고 한국 정부는 지금부터 일본 정부의 중개를 거치지 않고서는 국제적 성질을 가진 어떤 조약이나 약속을 맺지 않을 것을 서로 약속한다.

제3조 일본 정부는 그 대표자로 한국 황제 폐하 밑에 1명의 통감을 두되, 통감은 오로지 외교에 관한 사항을 관리하기 위하여 경성에 주재하고, 친히 한국 황제 폐하를 만날 수 있는 권리를 가진다.

4. _____

제1조 한국 정부는 시정 개선에 관하여 통감의 지도를 받을 것.

제2조 한국 정부의 법령 제정 및 중요한 행정상의 처분은 미리 통감의 승인을 거칠 것.

제4조 한국 고등 관리의 임면은 통감의 동의로써 이를 행할 것.

제5조 한국 정부는 통감이 추천한 일본인을 한국 관리로 임명할 것.

5. _____

제1조 한국 황제 폐하는 한국 정부에 관한 일체 통치권을 완전히 또 영구히 일본 황제 폐하에게 양여한다.

제2조 일본국 황제 폐하는 제1조에 게재한 양여를 수락하고, 또 완전히 한국을 일본 제국에 병합하는 것을 승낙한다.

6. _____ (인물)의 _____

저 개돼지만도 못한 소위 우리 정부의 대신이란 자들은 자기 일신의 영달과 이익이나 바라면서 위협에 겁먹어 머뭇대거나 벌벌 떨며 나라를 팔아먹는 도적이 되기를 감수했던 것이다. 아, 4천 년의 강토와 5백 년의 종사(종묘사직)를 남에게 들어 바치고 2천만 생령들로 하여금 남의 노예 되게 하였으니, 저 개돼지보다 못한 외부대신 박제순과 각 대신들이야 깊이 꾸짖을 것도 없으려니와 명색이 참정대신이란 자는 정부의 수석임에도 단지 부(否)자로써 책임을 면하여 이름거리나 장만하려 했더란 말이냐.

— 황성신문 —

> **정답** 1. 한·일 의정서 2. 제1차 한·일 협약 3. 제2차 한·일 협약(=을사늑약)
> 4. 한·일 신협약 5. 한·일 병합 조약 6. 장지연 / 시일야방성대곡

일제의 국권 침탈과 국권 수호 운동

02 간도와 독도

(1) 간도
- 백두산 정계비(숙종, 1712) : "서쪽은 압록강, 동쪽은 토문강으로"
- 간도 귀속 분쟁(19c 말) : 토문강의 위치를 두고 백두산 정계비 해석 문제 발생 → 청과 영유권 갈등 발생
- 대한제국의 정책 : 간도관리사 이범윤 파견, 함경도 행정구역으로 편입
- 간도협약(청-일, 1909) : 일본이 만주 철도 부설권을 획득한 대가로 간도를 청의 영토로 인정

(2) 독도
- 삼국 시대 이래 우리 영토(이사부의 우산국 정벌)
- 『세종실록지리지』, 『신증동국여지승람』 등에 독도 관련 기록
- 조선 : 숙종 시기, 안용복이 일본에 건너가 독도가 우리 영토임을 확인
- 메이지 정부의 인식 : 일본 최고 행정 기관인 태정관이 독도와 울릉도가 자국의 영토가 아님을 명심하라는 지시를 내림(1877)
- 대한제국 : 1900년 칙령 41호 통해 울릉도를 군으로 승격시켜 독도 관할
- 일제의 독도강탈 : 러·일 전쟁 중 '무주지 선점'을 주장하며 시마네현 고시 제40호를 통해 독도를 불법적으로 자국 영토에 편입(1905)

 사료 확인

간도 협약이 체결되기 전 대한 제국 지도에는 두만강 건너 간도가 한국 땅으로 표시되어 있다.

사료 확인

1. _____

우라총관 목극등이 황제의 뜻을 받들어 변경을 답사해 이곳에 와서 살펴보니 서쪽은 압록강이 되고 동쪽은 토문강이 되므로 그 분수령 위에 돌을 새겨 기록한다.

2. _____

제1조 일·청 양국 정부는 도문강(圖們江, 두만강)을 청국과 한국의 국경으로 하고 강 원천지에 있는 정계비를 기점으로 하여 석을수(石乙水, 두만강 지류)를 두 나라의 경계로 함을 밝힌다.

제6조 청 정부는 앞으로 길장(지린~창춘) 철도를 연길 이남으로 연장하여 한국의 회령에서 한국의 철도와 연결할 수 있다.

3. _____

제1조 울릉도를 울도로 개칭하여 강원도에 부속하고 도감을 군수로 개정하여 관제 중에 편입하고 군등(郡等)은 5등으로 할 것.

제2조 군청 위치는 태하동으로 정하고 구역은 울릉 전도(全島)와 죽도(竹島), 석도(石島, 독도)를 관할할 것.

> 정답 **1.** 백두산 정계비 **2.** 간도 협약 **3.** 대한제국 칙령 제41호

03 항일 의병 운동과 애국 계몽 운동

- 1895 을미사변, 단발령 시행
- 1905 을사늑약
- 1907 고종의 강제 퇴위, 대한 제국 군대 해산
- 1908 13도창의군, 서울 진공 작전

(1) 항일 의병 운동

① 특징 : 위정척사 운동의 반외세, 반침략 계승

② 전개

시기	배경	주도 인물	특징
을미의병 (1895)	을미사변 단발령	유인석(제천) 이소응(춘천)	양반 유생층 주도, 아관파천 이후 단발령 철회 고종의 해산 명령
을사의병 (1905)	을사늑약	최익현(순창) 신돌석(울진)	유생 의병장(민종식, 최익현), 평민 의병장(신돌석) 활동 최익현 쓰시마 섬에서 순절
정미의병 (1907)	고종의 강제퇴위 군대해산	이인영(홍성) 홍범도(갑산)	해산 군인 가담으로 의병전쟁으로 발전 13도 연합 의병 구성, 서울 진공 작전 의병을 국제법상 교전단체로 인정할 것을 요구

③ 탄압
- 1909년 9월부터 2개월 간 이른바 '남한 대토벌' 작전을 전개하여 수많은 의병을 체포·학살
- 활동이 어려워진 의병은 만주나 연해주로 이동하여 독립운동의 근거지 건설 및 독립군이 되어 대일항쟁 전개

④ 한계 : 양반 출신 의병장의 봉건적 신분 의식

CHAPTER 04 일제의 국권 침탈과 국권 수호 운동

(2) 애국 계몽 운동
① 의미 : 국권피탈기 전개된 국권 회복 위한 계몽활동을 통칭
② 특징 : 사회 진화론 기반, 실력 양성을 통한 국권 수호, 독립협회를 계승한 개화 자강계열의 운동
③ 주요 애국 계몽 운동 단체
 • 보안회(1904) : 일제의 황무지 개간권 요구 반대 운동 → 철회 성공
 • 헌정연구회(1905) : 독립협회 계승, 입헌 군주제 수립을 목적으로 활동, 친일 단체 일진회의 반민족 행위 규탄
 • 대한자강회(1906) : 헌정연구회 계승, 교육과 산업 진흥을 위한 실력양성 강조, 전국에 지회 설치, 월보 발행, 고종의 강제퇴위 반대하다 해산
 • 신민회(1907)
  : 설립 – 안창호, 양기탁, 신채호 등 각계각층의 애국지사 참여
  : 특징 – 비밀결사, 실력양성 통한 국권 회복과 공화정체의 국민 국가 건설
  : 교육 – 대성학교(평양, 안창호), 오산학교(정주, 이승훈) 설립
  : 산업 – 태극서관, 자기회사 설립 등을 통한 민족 산업 육성
  : 군사 – 남만주 삼원보에 독립 운동 기지 건설, 신흥강습소(이후 신흥 무관 학교) 설립
  : 기관지 – 『대한매일신보』를 기관지로 삼음
  : 해체 – 일제가 날조한 105인 사건(1911)에 의해 와해
  : 의의 – 애국계몽운동과 무장투쟁을 전개한 의병 부대의 연대 계기
④ 교육과 언론을 통한 국권 수호
 • 학회 : 서북학회, 기호흥학회 등 기관지 발행으로 민중 계몽
 • 사립학교 설립 : 관료, 지식인 등 주도, 근대 문물 학습
 • 언론 : 대한매일신보 → 의병 투쟁 소식 전달, 국민 계몽, 애국심 고취 ↔ 신문지법(1907)
⑤ 의의와 한계
 • 의의 : 국권 회복과 근대적 국민 국가 건설을 제시
 • 한계 : 사회 진화론 바탕으로 열강의 침략을 현실로 인정, 실력 양성에만 주력, 의병 투쟁을 비판

- 1904 보안회 조직
- 1905 헌정 연구회 조직
- 1906 대한 자강회 조직
- 1907 신민회 조직

사료 확인

정미의병

대한자강회 월보

105인 사건

안중근의 사촌 안명근이 황해도 일원에서 독립 자금을 모금하다가 적발되었다. 일제는 이를 빌미로 항일 기독교 세력과 신민회를 탄압하기 위해 총독 암살 미수 사건을 날조하여 수백 명의 애국지사를 검거하여 그 중 105인을 구속하였다.

❊ 빈출 선지 체크

1. 고종의 강제 퇴위 반대 운동을 전개하였다. (관련 단체)
2. 일제가 조작한 105인 사건으로 와해되었다. (관련 단체)
3. 13도 창의군이 서울 진공 작전을 전개하였다. (관련 사건)
4. 오산 학교와 대성 학교를 세워 민족 교육을 전개하였다. (관련 단체)
5. 단발령 시행에 반발하여 일어났다. (관련 사건)
6. 독립군 양성을 위해 신흥 강습소를 세웠다. (관련 단체)

정답 1. 대한자강회 2. 신민회 3. 정미의병 4. 신민회 5. 을미의병 6. 신민회

사료 확인

1. _____ 의병

우리 국모의 원수를 생각하며 이미 이를 갈았는데, 참혹한 일이 더하여 우리 부모에게서 받은 머리털을 풀 베듯이 베어 버리니 이 무슨 변고란 말인가. …… 이에 감히 의병을 일으켜 마침내 이 뜻을 세상에 포고하노니, 위로는 공경에서 아래로는 서민까지 어느 누가 애통하고 절박하지 않으리.

2. _____ 의병

오호라. 작년 10월에 저들이 한 행위는 만고에 일찍이 없었던 일로서, 억압으로 한 조각의 종이에 조인하여 5백 년 전해 오던 종묘사직이 드디어 하룻밤 사이에 망했으니, 천지신명도 놀라고 조종의 영혼도 슬퍼하였다. 우리 의병 군사의 올바름을 믿고 적의 강대함을 두려워하지 말자. 이에 격문을 돌리니 의연히 일어나라.

3. _____ 의병

순간 5, 6명의 의병이 뜰에 나타났다. 그들의 나이는 대략 18세에서 26세 사이였고, 그중 하나는 구식 군대의 제복을 입고 있었다. 나머지는 모두 한복 차림이었다. 그들은 각기 다른 종류의 총을 들고 있었다. "일본을 이길 수 있다고 생각 합니까?" 하고 물었다. "이기기 힘들다는 것을 잘 알고 있습니다. 우리는 어차피 싸우다 죽겠지요. 하지만 좋습니다. 일본의 노예가 되어 사느니 차라리 자유민으로 싸우다 죽는 것이 훨씬 낫습니다." 하고 그들은 대답하였다. - 매켄지, 『자유를 향한 한국의 투쟁』 -

4. _____ 작전

군사장(허위)은 미리 군비를 신속히 정돈하여 철통과 같이 함에 한 방울도 물 샐 틈이 없는지라. 이에 전군에 명령을 내려 일제히 진군을 재촉하여 동대문 밖으로 진군하였다. 대군은 장사(長蛇)의 세(勢)로 천천히 전진하게 하고, 군사장 허위가 300명을 인솔하고 선두에 서서 동대문 밖 삼십 리 부근에 나아가고, 전군이 오기를 기다려 일거에 서울을 공격하여 들어오기로 계획하였다. 전군이 모여드는 시기가 어긋나고 일본군이 갑자기 진격하는지라. … 이때에 사기를 고무하여 서울 진공의 영을 발하니, 그 목적은 서울로 들어가 통감부를 쳐부수고 성하(城下)의 맹(盟)을 이루어 저들의 소위 신협약 등을 파기하여 대대적 활동을 기도함이라. - 대한 매일 신보 -

CHAPTER 04 일제의 국권 침탈과 국권 수호 운동

5. _____(단체) 취지문

무릇 우리나라의 독립은 오직 자강의 여하에 있을 따름이다. …… 자강의 방법은 다름 아니라 교육을 진작함과 식산흥업에 있다. 무릇 교육이 일어나지 못하면 민중의 슬기가 열리지 못하고 산업이 발전하지 못하면 국부가 증가하지 못한다. 그러한 즉 민중의 슬기를 계발하고 국력을 기르는 길은 무엇보다도 교육과 산업의 발달에 있지 않겠는가. 이는 교육과 산업의 발달이 하나 뿐인 자강의 방법임을 알려 주는 것이다.

6. _____(단체)의 설립 목적

이 단체의 목적은 한국의 부패한 사상과 습관을 혁신할 국민을 유신(維新)케 하며, 쇠퇴한 발육과 산업을 개량하여 사업을 유신케하며, 유신한 국민이 통일 연합하여 유신한 자유 문명국을 성립케 한다고 말하는 것으로서, 그 깊은 뜻은 열국 보호하에 공화 정체의 독립국으로 함에 목적이 있다고 함.

7. _____(단체)의 독립 운동 기지 건설

…… 남만주로 집단 이주하려고 기도하고, 조선 본토에서 상당한 재력이 있는 사람들을 그곳에 이주시켜 토지를 사들이고 촌락을 세워 새 영토로 삼고, 다수의 청년 동지를 모집·파견하여 한인 단체를 일으키며, 학교를 세워 민족 교육을 실시하고, 나아가 무관 학교를 설립하여 문무를 겸하는 교육을 실시하면서, 기회를 엿보아 독립 전쟁을 일으켜 구한국의 국권을 회복하려고 하였다. ……

8. _____(운동)

전술을 알지 못하는 유생이나 무기도 없는 농민이 순국을 각오하고 맨손과 맨주먹으로 적과 싸워 뼈를 들판에 파묻을지언정 조금도 후회하지 않았으니, 이것이야말로 오랜 역사적 전통 가운데 배양된 민족정신의 발로였다. - 『한국독립운동지혈사』 -

9. _____(운동)

나라가 기울어 가는데 그저 앉아만 있을 수 없다. 이 아름다운 강산, 조상이 지켜온 강토를 원수인 일본인에게 내맡길 수 있겠는가? 총을 드는 사람, 칼을 드는 사람도 있어야 할 것이다. 하지만 그보다도 더 중요한 것은 백성을 개우치는 일이다. …… 내가 오늘 이 학교를 세우는 것도 후손을 가르쳐 만분의 일이라도 나라의 도움이 되기를 원하기 때문이다.

10. 애국계몽운동은 의병투쟁보다 _____을/를 더 중시했다.

의병 제군의 오늘 이러한 행동이 …… 실은 도리어 동포를 해치고 조국을 상하게 할 뿐이요, 털끝만치도 실효가 없을지니, …… 국권을 되찾으려고 한다면 눈앞의 치욕을 참고 국가의 원대한 계획을 도모하여 모두 병기를 버리고 각자 고향으로 돌아가, 농부는 농업을 열심히 하고 공장(工匠)은 공업을 열심히 해야 한다. - 황성신문 -

> 정답 1. 을미 2. 을사 3. 정미 4. 서울 진공 5. 대한자강회 6. 신민회
> 7. 신민회 8. 의병운동 9. 애국계몽운동 10. 실력 양성

04 기출문제

01

(가), (나) 조약 사이의 시기에 있었던 사실로 옳은 것은? 53회 심화 37

> (가) 제2조 일본국 정부는 한국과 타국 사이에 현존하는 조약의 실행을 완수하는 책임을 지며 한국 정부는 금후 일본국 정부의 중개를 거치지 않고서는 국제적 성질을 가진 어떤 조약이나 약속을 맺지 않을 것을 약속한다.
> 제3조 일본국 정부는 그 대표자로서 한국 황제 폐하의 아래에 1명의 통감을 두되, 통감은 오로지 외교에 관한 사항을 관리하기 위하여 서울에 주재하고 직접 한국 황제 폐하를 궁중에서 알현할 권리를 가진다.
>
> (나) 제2조 한국 정부의 법령 제정 및 중요한 행정상의 처분은 미리 통감의 승인을 거친다.
> 제4조 한국 고등 관리를 임명하고 해임시키는 것은 통감의 동의에 의하여 집행한다.
> 제5조 한국 정부는 통감이 추천한 일본인을 한국 관리로 임명한다.

① 13도 창의군이 서울 진공 작전을 전개하였다.
② 관민 공동회가 개최되어 헌의 6조를 결의하였다.
③ 동학 농민군이 우금치에서 관군 및 일본군에 맞서 싸웠다.
④ 영국이 러시아를 견제하기 위해 거문도를 불법 점령하였다.
⑤ 고종이 헤이그에서 열린 만국 평화 회의에 특사를 파견하였다.

1)
(가) 조약? _____년에 체결한 _____
(나) 조약? _____년에 체결한 _____
2) 위 ①~⑤를 아래 표에 순서대로 나열하시오.

	(가)		(나)	

02

다음 사건이 전개된 결과로 옳은 것은? 50회 심화 34

> 사건 일지
> 11월 10일 이토, 고종에게 일왕의 친서 전달
> 11월 15일 이토, 고종을 접견하고 협상 초안 제출
> 11월 16일 이토, 대한제국 대신들에게 조약 체결 강요
> 11월 17일 일본군을 동원한 강압적 분위기 속에서 조약 체결 진행
> 11월 18일 이토, 외부인(外部印)을 탈취하여 고종의 윤허 없이 조인

① 대한국 국제가 반포되었다.
② 별기군 교관으로 일본인이 임명되었다.
③ 외교권이 박탈되고 통감부가 설치되었다.
④ 고종이 러시아 공사관으로 거처를 옮겼다.
⑤ 제물포에서 러시아 함대가 일본 해군에게 격침되었다.

1)
위 ①~⑤를 순서대로 나열하시오.
___ - ___ - ___ - ___ - ___

ANSWER

01. ⑤
(가) 러·일전쟁 이후 일본과 강제로 을사늑약(제2차 한·일 협약)을 체결하였다(1905). ⑤ 이 조약의 부당함을 알리기 위해 고종은 헤이그에 이준, 이상설, 이위종을 파견하였다(1907). (나) 이에 일본은 고종을 강제 퇴위시키고 한·일 신협약(1907)을 체결하여 차관을 두고 군대도 해산하였다.
[오답] ① 정미의병 당시 13도 창의군을 결성하여 서울 진공 작전을 전개하였다. ② 독립협회는 관민 공동회를 개최하여 헌의 6조를 결의하였다. ③ 동학농민운동 2차 봉기는 일본의 경복궁 무력 점령으로 인해 남접과 북접이 연합하여 일어났으며 이들은 우금치 전투에서 일본에 패하였다. ④ 갑신정변 이후 러시아의 남하를 빌미로 영국이 거문도를 불법 점령하였다.
[순서 나열] ④-③-②-(가)-⑤-(나)-①

02. ③
일본은 러일전쟁 이후 덕수궁에서 고종과 대신들을 위협하여 을사늑약(제2차 한·일 협약)을 체결을 강요하였다(1905). ③ 이에 일본은 대한제국의 외교권을 박탈시키고 통감부를 설치하였다.
[오답] ① 대한제국은 대한국 국제를 제정(1899)하였다. ② 개화 정책의 일환으로 신식 군대인 별기군을 설치하였다(1881). ④ 을미사변으로 신변에 위협을 느낀 고종은 러시아 공사관으로 피신하였다(1896). ⑤ 일본은 제물포항의 러시아 함대를 공격하여 러일전쟁이 시작되었다(1904).
[순서 나열] ②-④-①-⑤-③

04 기출문제

03
다음 조약이 체결된 이후의 사실로 옳은 것은?

35회 고급 40

> 제1조 한국 정부는 시정 개선에 관해 통감의 지도를 받을 것.
> 제2조 한국 정부의 법령 제정 및 중요한 행정상 처분은 미리 통감의 승인을 거칠 것.
> …
> 제5조 한국 정부는 통감이 추천하는 일본인을 한국 관리에 임명할 것.

① 이만손 등이 영남 만인소를 올렸다.
② 최익현이 태인에서 의병을 일으켰다.
③ 독립협회가 만민 공동회를 개최하였다.
④ 민영환이 조약 체결에 항거하여 순국하였다.
⑤ 13도 연합 의병이 서울 진공 작전을 전개하였다.

04
다음 사건이 일어난 시기를 연표에서 옳게 고른 것은?

31회 고급 41

> 군사장(허위)은 미리 군비를 신속하여 정돈하여 철통과 같이 함에 한 방울의 물도 샐 틈이 없는지라. 이에 전군에 명령을 전하여 일제히 진군을 재촉하여 동대문 밖으로 진군하였다. 대군은 긴 뱀의 형세로 천천히 전진하게 하고, 3백 명을 인솔하고 선두에 서서 동대문 밖 삼십 리 되는 곳에 나아가 전군이 모이기를 기다려 일거에 서울을 공격하여 들어가기로 계획하였다. 전군이 모여드는 시기가 어긋나고 일본군이 갑자기 진격하는지라. 여러 시간을 격렬히 사격하다가 후원군이 이르지 않으므로 그대로 퇴진하였더라.

1894		1899		1904		1905		1907		1910
	(가)		(나)		(다)		(라)		(마)	
갑오개혁		대한국 국제반포		한·일 의정서		을사늑약		정미 7조약		국권피탈

① (가) ② (나) ③ (다) ④ (라) ⑤ (마)

ANSWER

03. ⑤
위 조약은 1907년에 체결된 한·일 신협약이다. 이 조약으로 인해 차관 정치가 시작되었고 대한제국의 군대가 해산되었다. ⑤ 그러자 해산된 군인들이 모여 정미의병이 일어났고 이들은 13도 창의군을 결성하여 서울 진공 작전을 전개하였다.
[오답] ① 이만손 등의 영남 유생들은 조선책략으로 인해 미국과의 수교하려는 움직임을 반대하는 만인소를 올렸다. ② 을사늑약이 체결되자 전국 각지에서 의병 항쟁이 일어났고 태인에서는 최익현, 울진에서는 신돌석 등이 활약하였다. ③ 아관파천 이후 러시아의 이권 침탈이 심해지자 독립협회는 만민공동회를 개최하여 자주 국권 운동을 전개하였다. ④ 을사늑약 체결 이후 민영환은 이에 항거하여 순국하였다.

04. ⑤
1907년 헤이그 특사 파견을 구실로 일본은 고종을 강제 퇴위시키고 한·일 신협약을 체결하여 대한제국의 군대를 해산하였다. ⑤ 그러자 해산된 군인들이 모여 정미의병이 일어났고 이들은 13도 창의군을 결성하여 서울 진공 작전(1908)을 전개하였다.

05

다음 자료의 인물이 주도한 의병에 대한 설명으로 옳은 것은?

22회 고급 32

이 비는 쓰시마 섬 수선사에 있는 항일 의병장의 순국비이다. 그는 제자들과 함께 전라북도 태인에서 의병을 일으켜 정읍·순창 일대를 장악하기도 하였으나, 체포되어 쓰시마 섬으로 끌려왔다. 그는 적(敵)이 주는 음식을 거절하고 단식을 계속하다가 순국하였다고 전해진다.

① 고종의 해산 권고 조칙으로 해산되었다.
② 외교권을 박탈한 조약에 항의하여 일어났다.
③ 해산 군인이 가담하면서 전투력이 강화되었다.
④ 국제법상 교전 단체로 승인해 줄 것을 요구하였다.
⑤ 13도 창의군을 결성하여 서울 진공 작전을 전개하였다.

06

(가) 단체에 대한 설명으로 옳은 것은?

45회 고급 33

___(가)___ 은/는 안창호, 양기탁, 이승훈이 중심이 되어 조직한 비밀 결사 단체로, 국권을 회복한 뒤 공화 정체의 국가를 수립하고자 하였다. 이를 위해서는 실력 양성에 온 힘을 쏟아야 한다고 규정하고 무엇보다 국민을 새롭게 할 것을 주장하였다.

① 연통제를 통해 독립운동 자금을 모았다.
② 일제의 황무지 개간권 요구를 저지하였다.
③ 중추원 개편을 통해 의회 설립을 추진하였다.
④ 복벽주의를 내세우며 의병 전쟁을 준비하였다.
⑤ 남만주 삼원보에 독립 운동 기지를 건설하였다.

---

1) 위 인물? _____ 관련 의병? _____

2) ① 관련 의병? _____ ② 관련 의병? _____
③ 관련 의병? _____ ④ 관련 의병? _____
⑤ 관련 의병? _____

1) (가) 단체? _____

2) ① 관련 단체? _____ ② 관련 단체? _____
③ 관련 단체? _____ ④ 관련 단체? _____
⑤ 관련 단체? _____

📢 ANSWER

05. ②
을사늑약 체결로 외교권이 박탈되자 전국 각지에서 의병활동이 전개되었고 최익현은 전라도 태인에서 의병을 일으켰다. 그러나 최익현은 체포되어 쓰시마 섬에서 순절하였다.
[오답] ① 을미의병은 고종의 해산 권고에 따라 자진 해산하였다. ③, ④, ⑤ 정미의병은 한·일 신협약으로 해산된 군인들이 가담하면서 조직력이 강화되었다. 정미의병은 13도 창의군을 결성하여 서울 진공 작전을 추진하였으며, 각국 공사관에 국제법상 교전 단체로 인정해 줄 것을 요구하였다.

06. ⑤
신민회는 안창호, 양기탁 등으로 구성된 비밀 결사 애국계몽운동 단체이다. 신민회는 ⑤ 남만주 삼원보에 독립 운동 기지를 건설하였다.
[오답] ① 임시정부는 국내외 연결망인 연통제와 교통국을 통해 군자금을 전달받아 재정적 운영이 가능하였다. ② 보안회는 일본의 황무지 개간권 요구를 저지하였다. ③ 독립협회는 관민공동회를 개최하여 중추원을 의회식으로 개편하는 헌의 6조를 건의하였다. ④ 독립의군부는 복벽주의를 내세우며 의병 전쟁을 준비하였다.

CHAPTER 05 개항 이후의 경제·사회·문화의 변화

01 열강의 경제 침탈

(1) 열강의 경제 침탈 개요

1876	강화도조약	• 일본 상인 독점 진출 • 거류지 무역 → 중개 상인 부 축적
1882	조·청 상민 수륙 무역 장정	• 청 상인 내지 침투 • 조·일 통상 장정(83) : 관세, 방곡령, 최혜국 대우 ↔ 상권수호 운동 : 상회사 설립, 황국 중앙 총상회(1898) 조직
1889	방곡령 사건	• 함경도·황해도 방곡령 사건 : 방곡령을 철회하고 배상금 지급
1894	청·일 전쟁	• 일본 승리, 청 세력 약화 • 일본 상인 상권 독점
1896	아관파천	• 열강의 이권 침탈 심화 ↔ 독립협회
1905	화폐 정리 사업	• 메가타 주도, 백동화 → 제일은행권 • 국내 상공업자 타격, 일본에 경제적 예속
1907	국채 보상 운동	• 대구(서상돈), 서울(국채 보상 기성회) • 대한매일신보 등 언론기관의 지원 • 전국적 모금 운동 전개(금주, 단연) • 통감부의 탄압으로 실패

(2) 개항기 경제 침탈

① 개항 초기(1876-1882)
- 일본 상인의 독점적 진출 : 거류지 무역(10리), 중계무역(미·면 교환 체제, 영국산 면제품 수입 → 국내 면방직 수공업 타격)
- 국내 일부 중개 상인(객주, 여각, 보부상 등)도 부를 축적

② 임오군란 이후(1882-1894)
- 조·청 상민 수륙 무역 장정(1882) 이후 청 상인의 내지 침투
- 조·일 통상 장정(1883)으로 관세 설정, 방곡령 선포, 최혜국 대우 포함
- 일본과 청 상인의 경쟁 심화, 중개 상인의 몰락, 서울 상인의 상권 위협

③ 청·일 전쟁 이후
- 청 상인의 세력 약화, 일본 상인이 조선 시장 독점적 지배
- 일본산 면직물 판매 비중 증가로 조선의 면방직 수공업 쇠퇴

(3) 열강의 경제 침탈

① 아관파천(1896)이후 최혜국 대우 조항을 근거로 이권 침탈 심화
- 광산 채굴권 : 미국(운산 금광 채굴권), 러시아·영국·독일 등도 가담
- 삼림 채벌권 : 러시아(압록강, 두만강, 울릉도 삼림 채벌권)
- 철도 부설권 : 경인선(미국→일본), 경의선(프랑스→일본), 경부선(일본), 일제의 대륙 침략 발판 마련
- 전화·전등·전차 가설권 : 미국

② 금융지배와 재정장악
- 화폐 정리 사업(1905) : 재정고문 메가타 주도, 전환국 폐쇄, 국내 자본 및 상인 타격
- 차관 도입 증대 : 화폐정리와 시설 개선 명목 → 일본에 경제적 예속

③ 토지의 약탈
- 러·일 전쟁 : 철도부지, 군용지 요구(한일의정서)
- 동양척식주식회사(1908) 설립 후 토지 대규모 약탈

(4) 경제적 구국 운동

① 상권 수호 운동
- 상회사 : 객주, 여각, 보부상 등의 중개상인들이 대동상회(1883, 평양), 장통회사(1883, 서울) 등 합자회사 설립
- 경강상인 : 증기선 구입으로 일본 상인에 대항
- 철시투쟁(1890.1) : 시전 상인이 외국 상점의 퇴거를 요구
- 황국중앙총상회(1898) : 시전상인이 조직, 외국 상인의 상업 활동 막음

② 이권 수호 운동
- 독립협회 : 러시아의 절영도 조차 요구 저지, 군사 교관 및 재정 고문 철수, 한·러 은행 폐쇄, 헌의 6조를 통해 이권 침탈에 대한 제도적 저지 규정

③ 근대적 기업 육성
- 1890년대 중반 이후에 상인층과 전·현직 관료들이 근대적 기업을 세워 열강의 경제 침략에 맞섬
- 은행 설립 : 조선은행, 한성 은행, 대한 천일 은행 등의 민간은행이 세워져 한국 상인에 대한 대출 등 업무 담당
- 목적 : 자주적 근대 경제 발전을 도모하기 위함

④ 방곡령
- 조·일 통상 장정(1883)으로 규정 마련
- 일 상인 곡물 유출 → 지방관의 직권(1904년까지 100여 차례 발효)
- 함경도(1889, 조병식), 황해도(1890, 한장석) 방곡령 선포 → 배상금 지불

⑤ 황무지 개간권 반대 운동
- 보안회(1904) : 황무지 개간권 요구 반대, 황무지 개간을 위해 농광회사 설립

⑥ 국채보상운동(1907)
- 일제 통감부의 거액 차관 제공 → 1,300만원의 국채
- 서상돈, 김광제 등이 대구에서 시작
- 국채 보상 기성회 조직, 대한매일신보·황성신문 등 언론기관의 지원, 모금 운동 전개(금주, 단연, 가락지 모으기)
- 통감부의 탄압으로 실패, 양기탁 횡령 혐의로 구속

CHAPTER 05 개항 이후의 경제·사회·문화의 변화

사료 확인

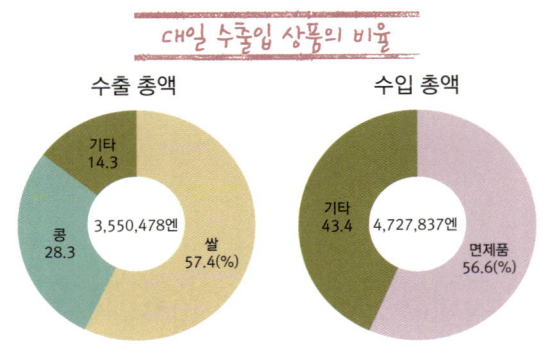

대일 수출입 상품의 비율

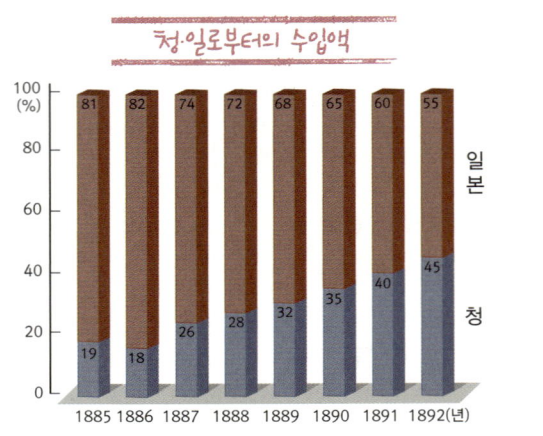

청·일로부터의 수입액

열강의 이권 침탈

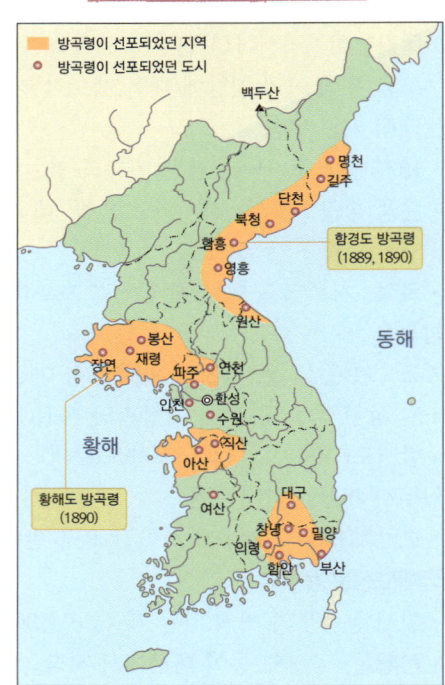

방곡령 선포

빈출 선지 체크

1. 방곡령 시행에 대한 규정을 명시하였다. (관련 조약)
2. 동양 척식 주식회사가 설립되었다. (연도)
3. 메가타의 주도로 실시되었다. (사건)
4. 황국 중앙 총상회가 조직되어 상권 수호 운동이 전개되었다. (조직 연도)
5. 일본에 진 빚을 갚자는 운동이 전개되었다. (운동)

정답 1. 조·일 통상 장정 2. 1908년 3. 화폐 정리 사업 4. 1898년 5. 국채 보상 운동

사료 확인

1. _____ (조약) 체결 이후 청 상인의 상권 침탈

어떠한 벽촌이라고 하더라도 장날에 청 상인이 오지 않는 곳이 없다고 한다. 공주, 강경, 예산 등 시장에는 어디나 20~30인이 와서 장사를 한다. …… 지금까지 안성 시장에는 수원 상인이 많았다. 외국 물품을 인천에서 구입하여 판매하는 상인이 백 명이나 되었다. 요즘 들어 청 상인이 늘어나 점차 상권을 빼앗겨 폐업하는 자가 많아졌다. - 『통상휘찬』 -

2. _____ (조약)

제9관 입항하거나 출항하는 각 화물이 세관을 통과할 때는 응당 본 조약 세칙에 따라 관세를 납부해야 한다.
제37관 만약 조선국에 가뭄, 수해, 병란 등의 일이 있어 국내 식량 결핍을 우려하여 조선 정부가 잠정적으로 쌀의 수출을 금지하고자 할 때에는 반드시 먼저 1개월 전에 지방관이 일본 영사관에게 통고해야 한다.

3. _____ (사업)

질이 나쁜 백동화는 바꾸어 주지 않는다. 상태가 매우 양호한 갑종 백동화는 개당 2전 5리의 가격으로 새 돈과 교환하여 주고, 상태가 좋지 않은 을종 백동화는 개당 1전의 가격으로 정부에서 매수하며, …… 단, 형질이 조악하여 화폐로 인정하기 어려운 병종 백동화는 매수하지 않는다. - 탁지부령 제1호 -

4. _____ (운동) 취지서

지금 우리들은 정신을 새로이 하고 충의를 떨칠 때이니, 국채 1,300만 원은 우리 한 제국의 존망에 직결된 것입니다. 이것을 갚으면 나라가 보존되고 이것을 갚지 못하면 나라가 망할 것은 필연적인 사실이나, 지금 국고에서는 도저히 갚을 능력이 없으며, 만일 나라에서 갚지 못한다면 그때는 이미 삼천리 강토는 내 나라 내 민족의 소유가 못 될 것입니다. …… 그런데 이를 갚을 길이 있으니, …… 2천만 인민들이 3개월 동안 흡연을 금지하고 그 대금으로 한 사람에게서 매달 20전씩 거둔다면 1천 3백만 원을 모을 수 있습니다. - 대한매일신보 -

정답 1. 조·청 상민 수륙 무역 장정 2. 조·일 통상 장정 3. 화폐 정리 사업 4. 국채 보상 운동

CHAPTER 05 개항 이후의 경제·사회·문화의 변화

02 근대 문물의 수용

(1) 근대 시설의 도입

1880년대	• 1883년 : 박문국(한성순보 발간), 전환국(화폐 주조), 기기창(영선사 건의, 무기 제조 공장) • 1884년 : 우정총국(갑신정변으로 중단) → 을미개혁 때 재개(1895) • 1885년 : 전신 개통(서울-인천-의주), 광혜원(갑신정변의 영향, 최초의 근대식 병원, → 제중원 → 세브란스) • 1887년 : 전등(경복궁 내)
1890년대	• 1896년 : 독립문(96~97) • 1898년 : 명동성당, 한성 전기 회사(황실과 미국인 합작) • 1899년 : 전차(서대문~청량리), 경인선 개통
1900년대	• 1900년 : 국립 광제원 • 1905년 : 경부선 개통 • 1906년 : 경의선 개통 • 1910년 : 덕수궁 석조전

(2) 근대 언론의 활동 ↔ 신문지법(1907)

한성순보(1883~84)	• 최초의 관보, 정부의 개화 정책 홍보 목적 • 순한문, 박문국에서 발간 • 갑신정변으로 폐간
한성주보(1886~1888)	• 최초 상업 광고 게재 • 최초 국·한문 혼용
독립신문(1896~99)	• 서재필이 정부의 지원을 받아 창간 • 최초의 민간 신문 • 순한글, 영문판
황성신문(1898~10)	• 남궁억 • 유생층 대상, 국·한문 혼용 • 장지연의 '시일야방성대곡' 게재
제국신문(1898~10)	• 이종일 • 일반 서민 및 부녀자 대상, 순 한글
대한매일신보(1904~10)	• 베델, 양기탁 • 순한글, 영문판, 국·한문 혼용
만세보(1906~07)	• 오세창·손병희 • 천도교 기관지 • 국·한문 혼용
경향신문(1906~1910)	• 안세화 • 순한글, 천주교 기관지

(3) 근대 교육의 발전 ↔ 사립학교령(1908)

1880년대	• 원산학사(1883) : 덕원 부사 정현석 건의, 우리나라 최초의 근대적 학교(사립) • 동문학(1883) : 외국어 교육기관, 통역관 양성 • 육영공원(1886) : 상류층 자제 교육, 미국인 교사 초빙(헐버트, 길모어 등) • 연무공원(1888) : 근대식 사관 양성
1890년대	• 교육입국조서(1895) 발표 → 한성사범학교, 소학교, 한성중학교, 외국어 학교 등 설립 • 광무개혁기 → 실업학교, 기술학교 등 설립
1900년대	• 오산학교, 대성학교 등 설립
사립 학교	• 개신교 선교사 : 배재 학당(1885), 이화 학당(1886) 등

(4) 평등 사회로의 진전
① 의식의 변화
- 갑신정변 : 문벌폐지, 인민 평등권 제정, 능력에 따른 관리 임명 → 실패
- 동학농민운동 : 노비 문서 소각, 천인 차별 개선 주장

② 신분제 철폐
- 갑오개혁 : 신분제 폐지, 봉건적 폐습 타파 → 법제적 신분제 폐지
- 독립협회 : 민권운동 전개, 백정이 관민공동회 개막 연설
- 여성의 사회적 지위 및 활동에 대한 인식 개선, 여학교 신설 및 여성의 사회 진출 활발

(5) 국학 연구
① 국어 연구 : 국문연구소(1907, 지석영, 주시경)설립, 주시경『국어문법』 발간
② **신채호**의 국사 연구
- 대한매일신보에 『독사신론』 연재 → 민족주의 사학의 발판 마련
- 영웅 전기문 : 『을지문덕전』, 『이순신전』 등
- 외국 흥망사 : 『베트남망국사』, 『이태리 건국 삼걸전』 등

(6) 문학 · 예술 · 종교
① 문학
- 신소설 : 이인직『혈의 누』, 안국선『금수회의록』
- 신체시 : 최남선『해에게서 소년에게』
- 외국 문학 번역 : 『걸리버 여행기』, 『이솝우화』 등 외국 문학 번역

② 예술
- 음악 : 창가(서양식 곡에 우리말 가사 붙임) 유행
- 연극 : 서양식 극장인 '원각사' 설립(1908) → 『은세계』, 『치악산』 공연

CHAPTER 05 개항 이후의 경제·사회·문화의 변화

③ 종교
- 천주교 : 프랑스와 수교 후 포교 허용(1886), 고아원·양로원 설치
- 개신교 : 서양 의술과 근대 교육 보급
- 천도교 : 동학의 후신, 손병희가 개칭, 만세보 발간
- 대종교 : 나철·오기호, 단군 신앙을 바탕으로 창시(1909), 무장 독립 전쟁에 기여
- 유교 : 박은식 '유교구신론', 지배층 중심의 유교를 민중 중심의 유교로 전환하려는 개혁 주장
- 불교 : 한용운 '조선불교유신론', 조선 불교의 자주성 회복 및 개혁 주장

사료 확인

광혜원

갑신정변 당시 칼에 맞아 목숨이 위태롭던 민영익을 미국 선교사이며 의사였던 알렌이 살려낸 일이 있었다. 이를 계기로 서양 의학의 우수성을 알게 된 정부는 광혜원을 세웠다.

덕수궁 석조전

전차

빈출 선지 체크

1. 베델과 함께 대한매일신보를 발간하였다. (인물)
2. 배재 학당을 세워 신학문 보급에 기여하였다. (종교)
3. 한성순보를 발행하였다. (기구)

정답 1. 양기탁   2. 개신교(기독교)   3. 박문국

 사료 확인

1. _____

신문으로는 … 여러 가지 신문이 있었으나, 제일 환영을 받기는 영국인 베델이 경영하는 이 신문이었다. 당시 정부의 잘못과 시국 변동을 여지없이 폭로하였다. 관을 쓴 노인도 사랑방에 앉아서 신문을 보면서 혀를 툭툭 차고, 각 학교 학생들은 주먹을 치며 통론하였다.

<u>신채호의 독사신론</u>

국가의 역사는 민족의 흥망성쇠를 서술하는 것이다. 민족을 빼면 역사가 없을 것이며, 역사를 알지 못한다면 그 민족의 애국심이 사라질 것이니, 역사가의 책임이 얼마나 큰가? …… 역사를 쓰는 사람은 먼저 민족의 형성 과정을 적고, 정치는 어떻게 번영하고 어떻게 쇠퇴하였는지, 산업은 어떻게 융성하고 쇠퇴하였는지, 무공(武功)은 어떻게 나아가고 물러갔으며, 그 문화는 어떻게 변화하였으며, 다른 민족과의 관계는 어떠하였는지를 서술해야 한다. 만일 민족을 주제로 한 역사 서술이 이루어지지 않는다면, 이는 무정신의 역사라.

→ 1908년 신채호가 대한매일신보에 발표한 사론이다. 만주와 부여족을 중심에 두고 우리나라 고대사를 서술하고 있다. 신채호는 여기서 역사 서술의 주체를 민족으로 설정하여 왕조 중심의 전통 사관을 극복하였으며, 일제의 식민주의 사학에 대응하여 민족주의 사학의 연구 방향을 제시하였다.

정답 **1.** 대한 매일 신보

05 기출문제

01

(가), (나) 조약에 대한 설명으로 옳은 것을 〈보기〉에서 고른 것은?

51회 심화 30

> (가) 제5관 미국 상인과 상선이 조선에 와서 무역을 할 때 입출항 하는 화물은 모두 세금을 바쳐야 하며, 세금을 거두는 권한은 조선이 자주적으로 행사한다.
>
> (나) 제37관 조선국에서 가뭄과 홍수, 전쟁 등의 일로 국내에 양식이 부족할 것을 우려하여 일시 쌀 수출을 금지하려고 할 때에는 1개월 전에 지방관이 일본 영사관에 통지하고, 미리 그 기간을 항구에 있는 일본 상인들에게 전달하여 일률적으로 준수하는 데 편리하게 한다.

| 보기 |
ㄱ. (가) – 최혜국 대우 내용을 포함하였다.
ㄴ. (가) – 갑신정변의 영향으로 체결되었다.
ㄷ. (나) – 방곡령 시행에 대한 규정을 명시하였다.
ㄹ. (나) – 재정 고문을 두도록 하는 조항을 담고 있다.

① ㄱ, ㄴ ② ㄱ, ㄷ ③ ㄴ, ㄷ ④ ㄴ, ㄹ ⑤ ㄷ, ㄹ

02

다음 자료에 해당하는 사업에 대한 설명으로 옳은 것은?

34회 고급 40

> 구(舊) 백동화(白銅貨) 교환에 관한 건
> 제1조 구 백동화 교환에 관한 사무는 금고(金庫)로 처리하도록 하며 탁지부 대신이 이를 감독한다.
> 제2조 교환을 위해 제출한 구 백동화는 모두 화폐 감정역(貨幣鑑定役)이 감정하도록 한다. 화폐감정역은 탁지부 대신이 임명한다.
> 제3조 구 백동화의 백동 비율[品位]·무게·무늬 모양·형체가 정식 화폐[正貨] 기준을 충족할 경우, 1개당 금 2전 5리로 새로운 화폐와 교환한다. 이 기준에 합당하지 않은 부정(不正) 백동화는 1개 당 금 1전의 가격으로 정부에서 사들인다. … 단, 형태나 품질이 조악하여 화폐로 인정할 수 없는 것은 사들이지 않는다.
> – 『관보』, 1905년 6월 29일 –

① 화폐 발행을 위해 전환국이 설치되었다.
② 재정 고문 메가타의 주도로 시행되었다.
③ 은본위제가 본격적으로 실시되는 배경이 되었다.
④ 황국 중앙 총상회가 중심이 되어 반대 운동을 전개하였다.
⑤ 함경도 관찰사 조병식이 방곡령을 선포하는 계기가 되었다.

ANSWER

01. ②
(가) 조·미 수호 통상 조약(1882)에는 ㄱ 최혜국 대우와 거중 조정 등의 내용이 포함되어 있으며, (나) 조·일 통상 장정(1883)에는 ㄷ 방곡령 선포와 관세권 설정 등의 내용이 포함되어 있다.
[오답] ㄴ 갑신정변 이후 한성조약·톈진조약 등이 체결되었다(1884). ㄹ 러·일전쟁 중 일본은 한국의 내정 간섭을 위해 제1차 한·일 협약을 체결하여 고문을 파견하였다(1904).

02. ②
제1차 한·일 협약(1904) 체결 이후 스티븐스가 외교 고문으로, 메가타가 재정 고문으로 임명되었다. ② 메가타는 화폐 정리 사업을 추진(1905)하여 한국의 금융권을 장악하였다.
[오답] ① 개항 이후 개화 정책 추진을 위한 비용 충당을 위해 전환국을 설치하였다(1883). ③ 1차 갑오개혁 당시 조세의 금납화로 인해 은본위제가 채택되었다(1894). ④ 개항 이후 외국 상인들이 활동하자 서울의 시전상인들은 황국 중앙 총상회를 조직(1898)하여 상권 수호 운동을 전개하였다. ⑤ 개항 이후 극심한 곡물 유출로 함경도 관찰사 조병식은 조·일 통상 장정에 따라 1개월 전에 통고하고 방곡령을 실시하였다.

기출문제

03

밑줄 그은 '이 운동'에 대한 설명으로 옳은 것은?

48회 심화 32

이것은 일제로부터 도입한 차관을 갚기 위해 일어난 이 운동을 기념하여 대구에 세운 조형물입니다. 개화 지식인, 상인, 여성이 엽전을 떠받치고 있는 모습으로 형상화되었습니다.

① 황국 중앙 총상회의 주도로 전개되었다.
② 러시아의 절영도 조차 요구에 반대하였다.
③ 조선 총독부의 방해와 탄압으로 실패하였다.
④ 대한매일신보 등 당시 언론이 적극적으로 참여하였다.
⑤ 일본, 프랑스 등의 노동 단체로부터 격려 전문을 받았다.

1)
이 운동? _____년에 전개된 _____

2)
① 설립 연도? _____년
② 관련 단체? _____
③ 조선 총독부 설치 연도? _____년
④ 관련 사건? _____
⑤ 관련 사건? _____

04

다음 상황이 전개된 배경으로 가장 적절한 것은?

35회 고급 34

> 우리 고을에 흉년이 든 것은 일본 총영사께서도 잘 알고 계실 것입니다. 가난한 백성의 먹을 것이 없는 참상이 눈 앞에 가득하니, 곡물 수출은 당분간 중지하지 않을 수 없습니다. … 음력 을유년 12월 21일을 기점으로 한 달이 지난 이후부터는 쌀 수출이 금지되니 이러한 점을 귀국의 상민(常民)들에게 통지하여 주시기 바랍니다.

① 조·일 통상 장정이 체결되었다.
② 러시아가 절영도 조차를 시도하였다.
③ 일본이 황무지 개간권을 요구하였다.
④ 시전 상인들이 황국 중앙 총상회를 조직하였다.
⑤ 메가타의 주도로 화폐 정리 사업이 실시되었다.

1)
위 사건? _____

2)
① 체결 연도? _____년
② 이에 저항한 단체? _____
③ 이에 저항한 단체? _____
④ 조직 연도? _____년
⑤ 실시 연도? _____년

ANSWER

03. ④
제2차 한·일 협약 이후 대한제국의 채무가 늘어나자 국민의 성금으로 국채를 보상하자는 국채 보상 운동이 일어났다(1907). 국채보상운동은 대구에서 시작되어 이후 각종 단체와 ④ 대한매일신보 등의 언론 기관도 참여하였다. 또한 서울에 국채 보상 기성회를 결성하여 운동이 확산되었다.
[오답] ① 개항 이후 청과 일본의 상인들이 침투하자 서울의 시전상인들은 황국 중앙 총상회를 조직(1898)하여 상권 수호 운동을 전개하였다. ② 독립협회는 러시아의 절영도 조차 요구를 저지하였다. ③ 보안회는 일본의 황무지 개간권 요구를 저지하였다. ⑤ 원산 노동 총파업(1929)은 4개월간 투쟁하며 국내뿐만 아니라 일본, 프랑스의 노동 단체로부터 격려 전문을 받았다.

04. ①
개항 이후 극심한 곡물 유출로 함경도 관찰사 조병식은 ① 조·일 통상 장정에 따라 1개월 전에 통고하고 방곡령을 실시하였다. 그러나 일본은 통보를 늦게 받았다고 주장하며 배상금까지 받아냈다.
[오답] ② 독립협회는 러시아의 절영도 조차 요구를 저지하였다. ③ 보안회는 일본의 황무지 개관권 요구를 저지시켰다. ④ 개항 이후 청과 일본의 상인들이 침투하자 서울의 시전상인들은 황국 중앙 총상회를 조직(1898)하여 상권 수호 운동을 전개하였다. ⑤ 제1차 한·일 협약 체결 이후 재정 고문으로 임명된 메가타는 화폐 정리 사업(1905)을 추진하였다.

기출문제

05
밑줄 그은 ⑦ 사건 이후의 사실로 옳은 것은? 50회 심화 32

이 문서는 에디슨이 설립한 전기 회사가 프레이저를 자사의 조선 총대리인으로 위촉한다는 내용을 담고 있다. 이 회사는 총대리인을 통해 경복궁 내의 전등 가설 공사를 수주하였다. 이에 따라 경복궁 내에 발전 설비를 마련하고, ⑦건청궁에 조선 최초의 전등을 가설하였다.

① 알렌의 건의로 광혜원이 세워졌다.
② 박문국에서 한성순보가 발행되었다.
③ 무기 제조 공장인 기기창이 설립되었다.
④ 정부가 외국어 교육 기관인 동문학을 세웠다.
⑤ 노량진에서 제물포를 잇는 경인선이 개통되었다.

06
교사의 질문에 대한 학생의 답변으로 옳은 것은?

49회 심화 36

이것은 한성 전기 회사가 공급하는 전기를 사용하여 서대문과 청량리 사이를 운행하던 전차입니다. 전차가 개통된 이후에 도입된 근대 문물에 대해 말해 볼까요?

① 박문국이 세워졌어요.
② 경부선이 완공되었어요.
③ 기기창이 설치되었어요.
④ 한성주보가 발행되었어요.
⑤ 육영 공원이 설립되었어요.

---

1)
⑦ 관련 연도? _____년

2)
① 관련 연도? _____년   ② 관련 연도? _____년
③ 관련 연도? _____년   ④ 관련 연도? _____년
⑤ 관련 연도? _____년

1)
전차 개통 연도? _____년

2)
① 관련 연도? _____년   ② 관련 연도? _____년
③ 관련 연도? _____년   ④ 관련 연도? _____년
⑤ 관련 연도? _____년

📢 ANSWER

05. ⑤
개항 이후 개화 정책에 따라 근대 시설이 도입되었는데 경복궁 건청궁에는 전등이 가설(1887)되었다. 이후 서대문과 청량리 사이를 운행하는 전차가 최초로 가설되었으며 ⑤ 1899년 노량진에서 제물포를 잇는 경인선이 개통되었다.
[오답] ① 서양 의학이 보급되면서 알렌의 건의로 근대 의료 시설인 광혜원을 설립(1885)되었다. ② 박문국에서는 최초의 신문인 한성순보를 발간(1883)하였다. ③ 개항 이후 기기창을 설립(1883)하여 서양 무기를 제조하였다. ④ 정부는 외국어 교육기관인 동문학을 설립(1883)하였다.

06. ②
1898년 한성 전기 회사가 세워지면서 발전소를 세우고 전차를 가설하였다(1899). 전차는 서대문과 청량리 사이를 최초로 운행하였다. 일본은 1898년 경부선 철도 부설권을 얻어내고 ② 1905년에 완공하였다.
[오답] ① 개항 이후 박문국을 세워 최초의 신문인 한성순보를 발간하였다(1883). ③ 서양 무기를 제조하는 기기창이 설치되었다(1883). ④ 한성순보가 폐지되고 한성주보로 재탄생하여(1886) 발행되었다. ⑤ 정부는 육영공원을 설립하여 양반 자제들을 교육하였다(1886).

07

(가), (나) 사이의 시기에 볼 수 있는 모습으로 적절하지 않은 것은?

40회 고급 33

> (가) 본 덕원부는 해안의 요충지에 위치해 있고 아울러 개항지입니다. 이곳을 빈틈없이 미리 대비하는 방도는 인재를 선발하여 쓰는 데 있고, 그 핵심은 가르치고 기르는 데 있습니다. 그래서 원산사(元山社)에 학교를 설치하였습니다.
>
> (나) 경인 철도 회사에서 어제 개업 예식을 거행하는데 …… 화륜거 구르는 소리는 우레 같아 천지가 진동하고 기관차 굴뚝 연기는 반공에 솟아오르더라. 수레를 각기 방 한 칸씩 되게 만들어 여러 수레를 철구로 연결하여 수미상접하게 이었는데, 수레 속은 상·중·하 3등으로 수장하여 그 안에 배포한 것과 그 밖에 치장한 것은 이루 형언할 수 없더라.

① 전신선을 가설하는 인부
② 이화 학당에서 공부하는 학생
③ 제중원에서 치료를 받고 있는 환자
④ 한성 전기 회사 창립을 협의하는 관리
⑤ 대한매일신보의 기사를 읽고 있는 교사

1)
(가) 연도? _____년   (나) 연도? _____년

2)
① 관련 연도? _____년   ② 관련 연도? _____년
③ 관련 연도? _____년   ④ 관련 연도? _____년
⑤ 관련 연도? _____년

08

(가) 신문에 대한 설명으로 옳은 것은?

47회 심화 37

① 박문국에서 발간하였다.
② 최초로 상업 광고를 실었다.
③ 을사늑약의 부당성을 주장하였다.
④ 우리나라 최초의 민간 신문이었다.
⑤ 일장기를 삭제한 손기정 사진을 게재하였다.

1)
(가) 신문? _____

2)
① 관련 신문? _____
② 관련 신문? _____   ③ 관련 신문? _____
④ 관련 신문? _____   ⑤ 관련 신문? _____

📢 ANSWER

07. ⑤
(가) 개항 이후 함경도 덕원 관민이 합동하여 최초의 근대식 학교인 원산학사를 설립하였다(1883). ① 1885년 서울과 인천 간의 전신이 설치되었다. ③ 1885년 근대 의료 시설인 광혜원이 설치되었다. ② 1886년 최초의 근대적 여성 사립학교인 이화학당이 설립되었다. ④ 1898년 한성 전기 회사가 설립되었다. (나) 우리나라 최초 철도인 경인선은 원래 미국이 부설권을 얻었으나 일본이 인수하여 1899년 제물포와 노량진 사이 구간을 개통하였다.
[오답] ⑤ 대한매일신보는 영국인 베델과 양기탁 등에 의해 1904년에 창간되어 1910년까지 발간되었다.

08. ③
대한매일신보는 영국인 베델과 양기탁 등에 의해 창간되었다(1904). ③ 이 신문은 을사늑약의 부당함을 폭로하는 고종의 친서를 게재하였고 국채 보상 운동도 주도하였다.
[오답] ① 한성순보(1883)는 개항 이후 설치된 박문국에서 발간된 최초의 신문이다. ② 한성순보 폐간 이후 한성주보로 재탄생하여(1886) 박문국에서 발간되었으며 이 신문은 최초로 상업 광고를 실었다. ④ 독립신문(1896)은 최초의 민간신문이자 한글신문이다. ⑤ 동아일보는 1936년 베를린 올림픽 마라톤 우승자인 손기정 선수의 사진에서 일장기를 삭제하여 게재하였다.

한지우
한국사능력검정시험 <심화>
개념완성

V

일제 강점과 민족 운동의 전개

01 일제의 식민통치
02 1910년대 민족 운동의 전개
03 1920년대 이후 국내 민족 운동의 전개
04 1920년대 이후 국외 무장 독립 투쟁의 전개
05 민족 문화 수호 운동

CHAPTER 01 일제의 식민통치

01 1910년대 무단 통치

(1) 정치

① 조선 총독부 : 군인 출신 총독(입법, 사법, 행정, 군사권 장악)
② 헌병 경찰 제도 : 조선 태형령, 즉결처분권
③ 관리와 교사는 제복과 칼 착용
④ 언론·출판·결사·집회의 자유 박탈
⑤ 중추원 : 조선 총독의 자문 기구, 친일파 구성, 한국인의 정치 참여 선전 목적
⑥ 제1차 조선 교육령(1911) : 보통교육과 실업교육 실시, 보통학교의 교육 연한 4년

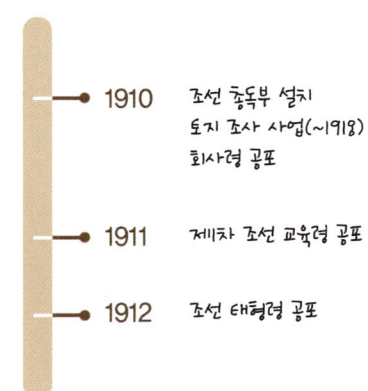

- 1910 조선 총독부 설치
  토지 조사 사업(~1918)
  회사령 공포
- 1911 제1차 조선 교육령 공포
- 1912 조선 태형령 공포

(2) 경제

① 토지 조사 사업(1910-1918)
 • 명분 : 근대적 토지 소유권 확립
 • 실상 : 토지 소유권 조사하여 식민 통치에 필요한 재정(지세) 확보, 토지 약탈
 • 방법 : 임시 토지 조사국 설치, 토지 조사령 공포(1912), 토지 소유자가 정해진 기간 내 신고하는 기한부 신고제 적용
 • 결과
   : 총독부의 지세 수입 증가
   : 미신고 토지, 왕실 소유지 등이 조선 총독부 소유지의 국유지로 편입
   : 동양 척식 주식회사 및 일본인에 헐값에 땅 매각 → 이주 일본인 증가
   : 지주제 강화, 지주의 토지 소유권만을 인정하고 소작농의 관습적 경작권 부정
② 회사령(1910) : 조선 총독의 허가, 한국인의 기업 설립 억제
③ 어업령(1911), 광업령(1915), 삼림령 등을 공포해 각종 자원 독점
④ 한국의 철도·도로·항만 시설 확충 : 식량 자원의 일본 반출과 일본 상품의 판매를 위함
⑤ 조선 총독부가 인삼, 담배, 소금 등에 대한 전매

02 1920년대 민족 분열 통치(이른바 문화 통치)

(1) 정치

① 배경
 • 3.1 운동을 계기로 헌병 경찰 통치 대신에 문화 통치 제시(민족 분열 정책)
 • 악화된 국제 여론 무마, 민족 분열을 통한 독립 운동 방해 목적
② 문관 총독 임명 가능 (but 단 한 명도 임명된 적 없음)
③ 보통 경찰 제도 (but 경찰의 수, 경찰관서 수 증가, 경찰 비용 증가, 장비 증가)
④ 치안유지법(1925) 제정 : 사회주의자와 독립운동가 색출 위해

- 1919 3·1 운동
- 1920 산미 증식 계획(~1934)
- 1922 제2차 조선 교육령 공포
- 1925 치안 유지법 공포

⑤ 언론·출판·결사·집회의 자유 일부 허용 : 조선·동아일보 발간(1920) (but 사전 검열, 기사 삭제, 정간 빈번)
⑥ 제2차 조선 교육령(1922) : 보통학교의 교육 연한 4년 → 6년, 대학 설립 가능(but 보통학교 한국인 취학률이 일본인의 6분의 1에 불과)
⑦ 도(道) 평의회, 면(面) 협의회 설치 (but 의결권 없는 자문 기구에 불과, 일본인이나 친일 인사로 구성)
⑧ 교원의 칼·제복 착용 폐지, 조선 태형령 폐지

(2) 경제
① 산미증식계획(1920~1934)
- 배경 : 일본 내 쌀 부족, 일본 내 공업화 정책에 따른 자국 내 부족한 식량을 한반도에서 수탈
- 방법 : 밭→논, 품종 개량, 수리 시설 확충(건설비, 수리 조합비 소작농에게 전가), 화학 비료 사용 강요 등
- 결과 : 증산량 〈 수탈량, 국내 1인당 쌀 소비량 감소, 만주 잡곡 수입
② 회사령 폐지(1920) : 신고제로 전환, 민족기업 설립 증가, 일본 대기업 국내 진출
③ 관세 철폐(1923)

관세 철폐

무관세 (1876 강화도조약) — 관세 (1883 조일 통상장정) — 무관세 (1923 관세 철폐) — (1945 광복)

03 1930년대 이후 민족 말살 통치

(1) 정치
① 배경
- 만주 점령(1931) → 만주국 건설(1932) → 중·일 전쟁(1937) → 태평양 전쟁(1941)
- 경제 대공황(1929)을 극복하기 위한 일제의 본격적인 대륙 침략 강화
② 황국신민화 정책
- 의미 : 한국인을 일본 '천황'에게 충성하는 백성으로 동화시키려는 정책
- 목적 : 한국인의 민족성을 말살하여 침략 전쟁에 동원하기 위함
- 일선동조, 내선일체 주장
- 황국 신민 서사 암송, 궁성요배, 신사참배, 일본식 성명 강요(창씨개명)
- '보통학교'를 '소학교'로 명칭 변경 → '소학교'를 '국민학교'로 개칭(1941)
③ 제3차 조선교육령(1938) : 사실상 한국어 교육 금지, 일본어 사용 강요
④ 언론 활동 금지 → 조선일보·동아일보 폐간(1940)
⑤ 독립운동가 탄압
- 조선 사상범 보호 관찰령(1936) : 치안유지법 위반자 출소 시 보호 관찰
- 조선 사상범 예방 구금령(1941) : 치안유지법 위반자 출소 시 예방 구금 명목으로 다시 구금 가능

CHAPTER 01 일제의 식민통치

(2) 경제
　① 남면북양 정책 실시
　② 국가 총동원법(1938) : 중·일 전쟁 이후 인적·물적 자원의 동원 필요
　③ 인적 자원 수탈
　　• 지원병제(1938), 학도 지원병제(1943), 징병제(1944) : 청년들을 전쟁에 강제 동원
　　• 국민 징용령(1939) : 전쟁 준비에 필요한 노동력 수탈
　　• 여자 정신 근로령(1944) : 노동력 수탈(군수 공장), 일부는 '일본군 위안부'로 강제 동원
　④ 물적 자원 수탈
　　• 금속 공출, 식량 공출·배급제 실시
　　• 산미 증식 계획 재개
　　• 국방 헌금 강요

사료 확인

중추원
조선 총독의 자문 기관으로 일제의 선전과는 달리 정책 심의나 의결 기능은 전혀 없었고, 정무총감이 의장을 겸임하였다. 이완용, 송병준 등 대표적인 친일파들이 참여하였다.

치안유지법
일제가 국가 체제(천황제)나 사유 재산 제도를 부정하는 사상을 통제하고 탄압하기 위해 제정한 법률이다. 이를 통해 일제는 사회주의 운동뿐만 아니라 농민·노동자 운동, 항일 민족 운동까지 탄압하였다.

제복과 칼을 찬 교원

경찰력의 강화
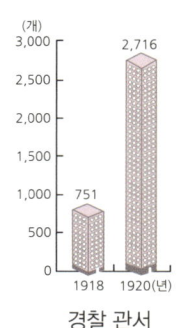
경찰 관서

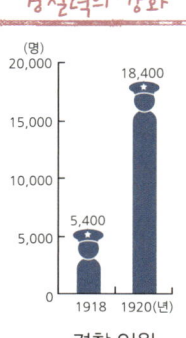
경찰 인원

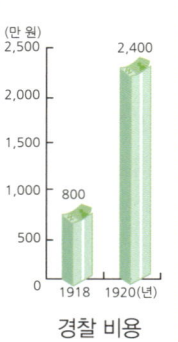
경찰 비용

검열로 삭제된 신문 기사
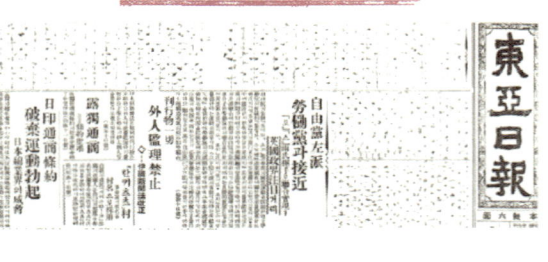

쌀 생산량과 일본 반출량

내선일체 포스터

황국 신민 서사를 외우는 모습

금속류 공출

여기서 잠깐

1. 1910년대 일제는 _____ 경찰제를 실시하였고, 법규 위반자를 재판소의 절차를 거치지 않고 경찰서장이나 헌병대장이 즉결해 버리는 _____ 권을 부여하였다.

2. _____ 은/는 1925년에 일제가 천황제나 사유 재산 제도를 부정하는 사상을 통제하고 탄압하기 위해 제정한 법률이다.

3. _____ (사건) 이후 일제는 이른바 문화 통치를 표방하였다.

4. 일제는 1920년 회사령을 폐지하여 회사 설립을 _____ 제에서 _____ 제로 전환하였다.

5. 1937년 중·일 전쟁을 일으킨 일제는 전시 총동원 체제로 바꾸며 본격적으로 인적·물적 자원을 수탈하기 위해 1938년 _____ 법을 제정하였다.

정답 1. 헌병 / 즉결처분 2. 치안유지법 3. 3·1 운동 4. 허가 / 신고 5. 국가 총동원

CHAPTER 01 일제의 식민통치

빈출 선지 체크

1. 회사 설립을 허가제로 하는 회사령이 공포되었다. (시대)
2. 토지 조사 사업이 실시되었다. (시대)
3. 조선 사상범 예방 구금령을 통해 독립운동을 탄압하였다. (시대)
4. 한국인에 한해 적용되는 조선 태형령이 공포되었다. (시대)
5. 내선일체를 강조한 황국 신민 서사의 암송이 강요되었다. (시대)
6. 강압적인 통치를 목적으로 헌병 경찰 제도가 실시되었다. (시대)

정답 1. 1910년대   2. 1910년대   3. 1930년대 이후   4. 1910년대   5. 1930년대 이후   6. 1910년대

사료 확인

1. _____년대 - _____령

제1조 3개월 이하의 징역 또는 구류에 처하여야 할 자는 태형에 처할 수 있다.
제11조 태형은 감옥 또는 즉결 관서에서 비밀리에 행한다.
제13조 본령은 조선인에 한하여 적용한다.

2. 제___차 조선교육령

제2조 교육은 교육에 관한 칙어에 입각하여 충량한 국민을 육성하는 것을 근본으로 한다.
제5조 보통 교육은 보통의 지식 기능을 부여하고 특히 국민된 성격을 함양하며, 국어(일본어) 보급을 목적으로 한다.
제6조 실업 교육은 농업·상업·공업 등에 관한 지식과 기능을 가르치는 것을 목적으로 한다.
제9조 보통학교의 수업 연한은 4년으로 한다.

3. _____년대 - _____령

제1조 토지의 조사 및 측량은 본령에 의한다.
제4조 토지 소유자는 조선 총독이 정하는 기간 내에 주소, 씨명, 명칭 및 소유지의 소재, 지목, 지번호, 사표, 등급, 지적, 결수를 임시 토지 조사 국장에게 신고해야 한다. 단, 국유지는 보관 관청이 임시 토지 조사 국장에게 통지해야 한다.

– 『조선 총독부 관보』 –

4. _____년대 - _____령

제1조 회사의 설립은 조선 총독의 허가를 받아야 한다.
제5조 회사가 허가의 조건에 위반하거나 공공질서와 미풍에 위반한 행위를 했다고 판단될 때에 조선 총독은 사업의 정지와 폐쇄를 명할 수 있다.

– 『조선 총독부 관보』 –

5. _____년대 - _____통치

(관제 개정의 취지는) 각기 일시동인(一視同仁)하여 …… 시세에 맞추어 시정의 편리함을 도모하는 데 있다. 즉, 총독은 문무관 중에서 임용할 수 있는 길을 열었고, 헌병에 의한 경찰 제도를 바꿔 보통 경찰에 의한 경찰 제도로 바꾸었다. 또 복제를 개정하여 일반 관리와 교원 등의 제복 대검(帶劍)을 폐지하고 조선인의 임용과 대우 등을 고려하였다. 요컨대 문화적 제도의 혁신을 통해 조선인을 이끌어서 …… 정치·사회상의 대우에서 일본인과 동일하게 취급하려는 궁극적 목적을 달성하고자 한다. …… 시기를 보아 지방 자치 제도를 시행할 목적으로 신속히 그 조사 연구에 착수하고자 한다.

6. _____통치 - _____양성의 계략

1. 친일 인물을 골라 귀족, 양반, 유생, 부호, 교육가, 종교가에 침투하여 각종 친일 단체를 조직하게 한다.
2. 각종 종교 단체도 중앙 집권화해서 그 최고 지도자에 친일파를 앉히고 고문을 붙여 어용화한다.
3. 친일적인 민간 유지들에게 편의와 원조를 주고, 수재 교육의 이름 아래 많은 친일 지식인을 긴 안목으로 키운다.
4. 조선인 부호, 자본가에 대해 일본과 조선의 자본가 간의 연계를 추진한다.

7. _____

일본 내 쌀 소비는 연간 약 6,500만 석인데 생산고는 약 5,800만 석을 넘지 못해 해마다 그 부족분을 제국 반도 및 외국의 공급에 의지하고 있는 형편이다. …… 장래 쌀의 공급은 계속 부족해질 것이고, 따라서 지금 미곡의 증수 계획을 수립하여 일본 제국의 식량 문제를 해결하는 데 도움을 주는 것은 진실로 국책상 급무라고 믿는다.
― 조선 총독부 농림국 ―

8. _____서사(아동용)

1. 우리는 대일본 제국의 신민입니다.
2. 우리는 마음을 합하여 천황 폐하에게 충의를 다합니다.
3. 우리는 인고단련하여 훌륭하고 강한 국민이 되겠습니다.

9. _____강요

1. 일본식으로 성명을 고치지 않은 사람은 자제를 학교에 입학시킬 수 없다.
2. 일본인 교사는 아동을 이유 없이 구타해 아동이 부모에게 애원해 일본식 성명으로 고치게 한다.
4. 일본식으로 성명을 고치지 않은 사람에 대해서는 행정 기관에서 행하는 모든 사무를 취급하지 않는다.
5. 일본식으로 성명을 고치지 않은 사람에 대해서는 사찰·미행 등을 철저히 하고 물자의 보급 대상에서 제외한다.

10. _____

제1조 국가 총동원이란 전시에 국방 목적을 달성하기 위해 국가의 전력을 가장 유효하게 발휘하도록 인적·물적 자원을 통제·운용하는 것을 말한다.
제4조 정부는 전시에 국가 총동원상 필요할 때에는 칙령이 정하는 바에 따라 제국 신민을 징용하여 총동원 업무에 종사하게 할 수 있다.
제8조 정부는 전시에 국가 총동원상 필요할 때에는 칙령이 정하는 바에 따라 물자의 생산·수리·배급·양도 및 기타의 처분, 사용·소비·소지 및 이동에 관하여 필요한 명령을 내릴 수 있다.

> 정답 **1.** 1910 / 조선태형 **2.** 1 **3.** 1910 / 토지조사 **4.** 1910 / 회사 **5.** 1920 / 문화 **6.** 문화 / 친일파 **7.** 산미증식계획 **8.** 황국 신민 **9.** 창씨개명 **10.** 국가총동원법

기출문제

01
다음 법령이 시행된 시기에 있었던 사실로 옳은 것은?

51회 심화 40

> 제2조 즉결은 정식 재판을 하지 않으며 피고인의 진술을 듣고 증빙을 취조한 후 곧바로 언도해야 한다.
> 제11조 제8조, 제9조에 의한 유치 일수는 구류의 형기에 산입하고, 태형의 언도를 받은 자에 대하여는 1일을 태 5로 절산하여 태 수에 산입하며, 벌금 또는 과료의 언도를 받은 자에 대하여는 1일을 1원으로 절산하여 그 금액에 산입한다.

① 박문국을 설치하여 한성순보를 발행하였다.
② 황국 중앙 총상회가 상권 수호 운동을 주도하였다.
③ 근대적 개혁 추진을 위해 군국기무처가 설치되었다.
④ 강압적 통치를 목적으로 헌병 경찰제가 실시되었다.
⑤ 일본에 진 빚을 갚자는 국채 보상 운동이 전개되었다.

1)
위 시기? _____년대

2)
① 한성순보 발행 연도? _____~_____년
② 황국중앙상회 설립 연도? _____년
③ 관련 개혁? _____
④ 관련 시기? _____년대
⑤ 관련 연도? _____년

02
(가) 법령이 적용된 시기 일제의 정책으로 옳은 것은?

46회 고급 43

> 한일병합 이후 일반 기업들이 발흥하여 회사 조직으로써 각종 사업을 경영하려 하는 자가 점차 증가함으로, 일본 정부는 한인의 사업 경영에 제한을 주기 위하여 총독부제령(總督府制令)으로서 __(가)__ 을/를 공포해서 허가주의를 채택하여(일본인에게는 관대하고 한인에게는 가혹함은 물론) 사소한 일까지 간섭을 다하되, 이를 어기는 자에게는 신체형 및 벌금형을 부과하였다. - 『한일관계사료집』 -

① 제2차 조선 교육령을 시행하였다.
② 범죄 즉결례에 의해 한국인을 처벌하였다.
③ 조선 사상범 예방 구금령을 통해 독립운동을 탄압하였다.
④ 농민의 자력갱생을 내세운 농촌 진흥 운동을 실시하였다.
⑤ 국가 총동원법을 제정하여 인력과 물자를 강제 동원하였다.

1)
(가) 법령? _____ 관련 시대? _____년대

2)
① 관련 시대? [1910년대 / 1920년대 / 1930년대 이후]
② 관련 시대? [1910년대 / 1920년대 / 1930년대 이후]
③ 관련 시대? [1910년대 / 1920년대 / 1930년대 이후]
④ 관련 시대? [1910년대 / 1920년대 / 1930년대 이후]
⑤ 관련 시대? [1910년대 / 1920년대 / 1930년대 이후]

📢 ANSWER

01. ④
한국에 대한 일제의 1910년대 식민 지배 방식은 ④ 강압적 통치를 목적으로 헌병 경찰제를 실시한 무단 통치였다.
[오답] ① 한성순보는 1883년부터 1884년까지 발행되었다. ② 개항 후 외국 상인이 침투해 오자 서울의 시전상인들은 황국 중앙 총상회를 설립(1898)하여 상권 수호 운동을 주도하였다. ③ 1차 갑오개혁 때 군국기무처를 설치하여 개혁을 전개하였다. ⑤ 1907년 국채보상기성회가 주도하여 대구에서 일본에 진 빚을 갚자는 국채 보상 운동이 시작되었다.

02. ②
회사를 설립하거나 해산할 때 총독의 허가를 받도록 하였던 회사령이 시행되던 1910년대에는 ② 헌병 경찰제가 실시되었으며 범죄 즉결례에 의해 재판 없이 형벌을 부과할 수 있었다.
[오답] ① 일제는 1922년 2차 조선 교육령을 제정하여 보통학교를 4년에서 6년으로 늘렸다. ③, ⑤ 중일전쟁 시기 일제는 국가 총동원법(1938)을 제정하는 등 인적·물적 자원을 수탈하였으며, 조선 사상범 예방 구금령을 통해 독립운동을 탄압하였다. ④ 1930년대 들어 일제는 농촌 빈궁의 원인을 농민의 무능과 게으름으로 돌리고, 이를 개선한다는 명목 아래 농촌진흥운동을 전개하였다.

기출문제

03
다음 문서가 작성된 당시에 실시된 일제의 정책으로 옳은 것은?

45회 고급 43

> 안으로는 세계적 불안의 여파를 받아서 우리 조선 내부의 민심도 안정되지 못하였다. … 다른 한편으로는 지방 자치를 실시하여 민의 창달의 길을 강구하고, 교육 제도를 개정하여 교화 보급의 신기원을 이루었고, 게다가 위생적 시설의 개선을 촉진하였다. … 일본인과 조선인 사이의 차별 대우를 철폐하고 동시에 조선인 소장층 중 유력자를 발탁하는 방법을 강구하여, 군수·학교장 등에 발탁된 자가 적지 않다. — 사이토 마코토, 『조선 통치에 대하여』 —

① 노동력 동원을 위해 국민 징용령을 시행하였다.
② 한국인에 한해 적용되는 조선 태형령을 공포하였다.
③ 쌀 수탈을 목적으로 하는 산미 증식 계획을 실시하였다.
④ 독립운동 탄압을 위한 조선 사상범 보호 관찰령을 공포하였다.
⑤ 회사 설립 시 총독의 허가를 받도록 하는 회사령을 제정하였다.

1) 위 시대? _____년대
2) 위 ①~⑤를 알맞게 배치하시오.
1910년대? _____
1920년대? _____
1930년대 이후? _____

04
밑줄 그은 '이 시기'에 시행된 일제의 정책으로 옳은 것은?

43회 심화 45

이 국민 노무 수첩은 일제가 중·일 전쟁을 일으키고 침략 전쟁을 확대하던 이 시기에 노동력을 통제하고 관리하기 위하여 발행한 것입니다. 특히, 강제 동원된 한국인의 국민 노무 수첩은 일제에 의해 수많은 한국인들이 광산 등으로 끌려가 열악한 환경에서 혹사당했음을 보여주는 자료입니다.

① 한국인에 한하여 적용하는 조선 태형령을 시행하였다.
② 민족 자본의 성장을 억제하기 위해 회사령을 공포하였다.
③ 조선 사상범 예방 구금령을 통해 독립운동을 탄압하였다.
④ 식민지 교육 방침을 규정한 제1차 조선 교육령을 제정하였다.
⑤ 근대적 토지 소유권 확립을 명분으로 토지 조사 사업을 실시하였다.

1) 위 시기? _____년대
2) 위 ①~⑤를 알맞게 배치하시오.
1910년대? _____
1920년대? _____
1930년대 이후? _____

📢 ANSWER

03. ③
1920년대에는 문화통치를 시행하여 보통 경찰제를 실시하였으나 경찰의 수는 더 늘었고 ③ 경제적으로는 산미 증식 계획을 실시하여 더 많은 쌀을 일본으로 수탈해 갔다.
[오답] ① 1930년대 이후에는 민족 말살 통치를 하였는데 국민 징용령을 시행하여 인적 수탈을 하였다. ② 1912년 일제는 조선인에게만 적용되는 조선 태형령을 제정하였다. ④ 1930년대 이후에는 조선 사상범 보호 관찰령을 공포하여 독립운동을 탄압하였다. ⑤ 일제는 1910년 회사령을 제정하여 회사를 설립시 총독의 허가를 받도록 하였다.

04. ③
중일전쟁(1937) 중 일제는 국가 총동원령을 선포하여 강제 징용으로 한국인의 노동력을 착취하였다. ③ 이 시기 조선 사상범 보호 관찰령과 조선 사상범 예방 구금령을 공포하여 독립운동을 탄압하였다.
[오답] ①, ②, ④, ⑤ 일제는 1910년대에 조선인에게만 적용되는 조선 태형령을 제정하였다. 뿐만 아니라 경제적으로는 토지 조사 사업으로 토지를 빼앗고 회사령을 제정하여 회사를 설립하거나 해산할 때에 허가를 받도록 하였다. 교육에서는 1차 조선 교육령을 제정하고 보통학교 교육 연한을 4년으로 하여 일본과 차별하였다.

CHAPTER 02 1910년대 민족 운동의 전개

01 1910년대 국내외 민족 운동

(1) 1910년대 국내 민족 운동(비밀 결사)
① 의병 투쟁 탄압
- 남한 대토벌 작전(1909) 등으로 의병 활동 위축(만주, 연해주 등으로 이동)
- 마지막 의병장(채응언)의 의병 항쟁 : 서북지방을 중심으로 활동, 1915 체포

② 독립의군부(1912-1914)
- 의병장 출신 임병찬 중심으로 한 유생들이 조직
- 목표 : 조선 왕조 회복, 고종 복위(복벽주의)
- 조선 총독부와 일본 정부에 한국 침략 부당성 밝히고 국권 반환 요구 계획 → 발각되어 해체

③ 대한광복회(1915-1918)
- 의병계열과 애국계몽운동 계열의 비밀결사들이 통합하여 결성
- 군대식 조직으로 총사령에 박상진, 대구를 근거지로 하여 전국적 활동
- 친일 부호 약탈하여 독립자금 마련
- 군자금 마련 → 만주 독립군 사관학교 설립 계획 → 군자금 마련 중 조직 드러나 해체

(2) 1910년대 국외 민족 운동
① 남만주(서간도)
- 신민회의 주도로 삼원보에 독립운동 기지 건설(이회영 형제)
- 자치 기관 : 경학사(1911) 단체 설립, (이후 부민단 → 한족회)
- 독립군 : 서로군정서 조직
- 독립군 양성 기관 : 신흥 강습소 설립 (이후 신흥 무관 학교)

② 북간도
- 자치 단체 : 간민회
- 대종교 인사들이 중광단 조직 → 3.1 운동 이후 북로군정서로 개편(김좌진)
- 용정 : 서전서숙(학교, 이상설), 명동학교(김약연)
- 밀산 : 독립운동 기지 한흥동 건설(신민회 주도)

③ 연해주
- 독립운동 기지 신한촌 건설(1911), 권업회(자치단체, 이상설) 조직
- 대한광복군 정부 수립(1914) : 이상설, 이동휘(정부통령) → 러시아가 한국인 무장활동 금지
- 대한 국민 의회(1919) : 3.1운동 이후 블라디보스토크에 수립된 임시정부

④ 미주
- 대한인 국민회(1910, 이승만, 박용만, 안창호) : 전명운·장인환의 의거 계기
- 흥사단(1913, 안창호)
- 대조선 국민군단(1914, 하와이, 박용만)
- 숭무 학교(1910, 멕시코, 이근영) : 동포 독립군 양성을 위해 조직

⑤ 상하이
- 신한청년당(1918) : 파리 강화회의에 김규식 파견

⑥ 독립 선언의 움직임
- 대동 단결 선언(1917) : 상하이에서 임시정부 수립을 위해 민족 대회의 소집을 제창한 문서
- 대한 독립 선언 : 국외 활동하던 민족 지도자 39인이 독립선언서 발표, 육탄혈전 결의
- 2·8 독립 선언(1919) : 일본 도쿄에서 한인 유학생 중심

사료 확인

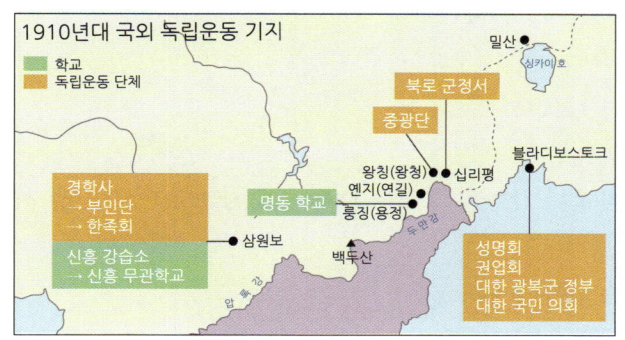
1910년대 국외 독립 운동 기지

대조선 국민군단

빈출 선지 체크

1. 신한 청년당을 결성하고 파리 강화 회의에 참석하였다. (인물)
2. 독립군 양성을 위한 숭무 학교가 설립되었다. (지역)
3. 기관지로 권업신문이 발간되었다. (단체)
4. 대한 광복회의 총사령으로 친일파를 처단하였다. (인물)
5. 연해주에서 대한 광복군 정부를 수립하였다. (인물)
6. 중광단을 조직하여 무장 투쟁을 전개하였다. (종교)
7. 대조선 국민군단을 조직하여 무장 투쟁을 준비하였다. (인물)
8. 고종의 밀지를 받아 독립 의군부를 조직하였다. (인물)
9. 서전서숙을 설립하여 민족 교육을 실시하였다. (인물)
10. 대성 학교를 세우고 흥사단을 창립하였다. (인물)

정답 1. 김규식 2. 멕시코 3. 권업회 4. 박상진 5. 이상설 6. 대종교 7. 박용만 8. 임병찬 9. 이상설 10. 안창호

CHAPTER 02 1910년대 민족 운동의 전개

📖 사료 확인

1. _____ (단체)의 강령

1. 부호의 의연 및 일본인이 불법 징수하는 세금을 압수하여 무장을 준비한다.
2. 남북 만주에 사관학교를 설치하여 독립 전사를 양성한다.
3. 종래의 의병 및 해산 군인과 만주 이주민을 소집하여 훈련한다.
4. 중아제국에 의뢰하여 무기를 구입한다.
5. 본회의 군사 행동, 집회, 왕래 등 일체 연락 기관의 본부를 상회에 두고 한만 요지와 북경, 상해 등에 지점 또는 여관, 광무소 등을 두어 연락 기관으로 한다.
6. 일인 고관 및 한인 반역자를 수시 수처에서 처단하는 행형부를 둔다.
7. 무력이 완비되는 대로 일본인 섬멸전을 단행하여 최후 목적을 달행한다.

정답 **1. 대한 광복회**

02 3·1 운동과 임시정부의 수립

(1) 3·1 운동
  ① 배경
    • 러시아 혁명(사회주의 국가 등장) : 레닌의 약소민족에 대한 해방 지원 약속
    • 미국 윌슨 대통령이 <mark>민족 자결주의</mark> 제시(패전국 식민지에만 적용)
    • 식민지 약소민족에게 독립에 대한 희망, 민족 해방 운동 자극
    • 신한청년당이 파리 강화 회의에 대표로 김규식 파견, 독립의 정당성 및 국제적 협력 요청
    • 해외 독립 선언 : 대동 단결 선언(1917, 상하이), 2·8 독립 선언(1919, 도쿄)
    • 고종의 승하(독살설 제기)
  ② 전개
    • 천도교계(손병희), 기독교계(이승훈), 불교계(한용운)와 학생 동참하여 시위 계획
    • 독립선언서 작성, 민족대표 구성(33인)
    • 민족대표는 태화관, 학생들은 탑골공원에서 독립선언서 낭독
    • 도시 확산 : 상인의 철시, 노동자들의 파업 투쟁
    • 농촌 확산 : 농민들의 폭력 투쟁(cf. 제암리 학살사건)
    • 국외 확산 : 만주, 연해주, 미주, 일본 등
  ③ 의의 : <mark>모든 계층이 참여한 우리 역사상 최대의 민족 운동</mark>
  ④ 영향
    • <mark>임시정부 수립</mark>
    • <mark>식민 통치 방식 변화</mark> : 무단통치 → 문화통치
    • 무장 투쟁의 필요성 느낌 : 1920년대 활성화
    • 1920년대 노동, 농민 운동 활성화
    • 중국의 5·4운동(1919), 인도 간디의 비폭력 불복종 운동에 영향을 미침

여기서 잠깐

1. 3·1 운동은 사회주의자들이 주도하였다. (   )
2. 3·1 운동은 임시정부가 계획, 지도하였다. (   )
3. 3·1 운동은 치안유지법에 의해 탄압받았다. (   )

정답 1. ×   2. ×   3. ×

❋ 빈출 선지 체크

1. 유학생들이 중심이 되어 2·8 독립 선언서를 발표하였다.   (지역)
2. 일제가 이른바 문화 통치를 실시하는 결과를 가져왔다.   (사건)
3. 대한민국 임시 정부 수립에 영향을 주었다.   (사건)

정답 1. 도쿄   2. 3·1 운동   3. 3·1 운동

사료 확인

민족 자결주의

자기 민족의 운명은 스스로 결정할 권리가 있다는 주장이다. 3·1 운동을 비롯하여 약소민족의 독립운동에 영향을 주었으나, 독일 등 제1차 세계 대전의 패전국 식민지에만 적용되었다.

2·8 독립 선언서(1919)

- 우리는 한·일 합병이 우리 민족의 자유의사에서 나오지 않았으며, 그것이 우리 민족의 생존과 발전을 위협하고 동양의 평화를 저해하는 원인이 되므로 독립을 주장한다.
- 우리는 일본 의회 및 정부에 대해 조선 민족 대회를 소집하고 대회의 결의에 따라 우리 민족의 운명을 결정할 기회를 부여할 것을 요구한다.
- 우리는 만국 평화 회의에 대해 민족 자결주의를 우리 민족에게 적용할 것을 청구한다.
- 앞의 세 가지 요구가 실현되지 않을 경우, 우리 민족은 일본에 대하여 영원히 혈전(血戰)을 벌일 것을 선언한다.

CHAPTER 02 1910년대 민족 운동의 전개

1. _____ 독립 선언서(1919)

오등은 이에 아(我) 조선의 독립국임과 조선인의 자유민임을 선언하노라. 이로써 세계 만방에 고하여 인류 평등의 대의를 극명하며, 이로써 자손 만대에 고하여 민족 자존의 정권을 영유하게 하노라 …

〈공약 3장〉

1. 금일 오인의 이 거사는 정의, 인도, 생존, 존영을 위하는 민족적 요구이니 오직 자유적 정신을 발휘할 것이요, 결코 배타적 감정으로 일주하지 마라.
2. 최후의 한 사람까지, 최후의 한순간까지 민족의 정당한 의사를 쾌히 발표하라.
3. 일체의 행동은 가장 질서를 존중하여 오인의 주장과 태도로 하여금 어디까지든지 광명정대하게 하라.

제암리 학살 사건

3·1 운동이 전국적으로 퍼져 나가자 화성군 제암리 청년들이 장날에 만세 운동을 일으켰다. 헌병 경찰은 "전날의 무자비한 탄압을 사과할테니 교회에 모이라."하고는 주민들이 모이자 일제히 사격을 한 다음 석유를 뿌리고 불을 질러 주민들을 학살하였다.

정답 1. 기미(3·1)

(2) 대한민국 임시정부

① 임시정부의 수립
- 각지의 임시정부
  : 연해주(1919.3) - 대한 국민 의회(무장투쟁)
  : 상하이(1919.4) - 상하이 대한민국 임시정부(외교)
  : 서울(1919.4) - 한성 정부
- 임시정부의 통합(1919.09)
  : 상하이 중심론과 연해주안 대립
  : 상하이에 정부를 두고 한성정부의 법통을 계승
- 임시정부의 체제
  : 우리나라 최초의 민주 공화제 정부
  : 삼권분립 : 입법(임시의정원), 행정(국무원), 사법(법원)
  : 대통령 중심제 : 대통령에 이승만, 국무총리에 이동휘

② 임시정부의 초기 활동(1919~1923)
- 연통제
  : 비밀 행정 조직망 → 도·군·면에 독판, 군감, 면감 등의 책임자를 둠
  : 임시정부의 재정을 확보, 제정되는 법령과 공문 등을 국내에 전파(정부문서, 군자금 조달)
- 교통국
  : 통신기관, 정보의 수집, 분석, 교환, 연락 업무, 독립 운동 자금 모집 관장
  : 만주 이륭양행, 부산 백산상회

- 군자금 모집 : 독립(애국)공채 발행, 의연금 모금
- 군사 활동 : 남만주의 일부 무장 투쟁 조직을 육군 주만 참의부로 편성
- 기관지 『독립신문』 발간, 임시 사료 편찬소에서 한・일 관계 사료집 간행
- 외교 활동 : 김규식을 파리 강화 회의에 파견, 이승만의 구미위원부(미국) 설치

③ 국민 대표 회의 소집(1923)
- 위기 상황
  : 연통제・교통국 파괴 → 자금 지원 단절
  : 독립운동의 방략 갈등 – 외교 vs 실력 양성 vs 무장 투쟁
  : 민족주의와 사회주의의 대립
  : 이승만의 위임 통치 청원서 발각
- 국민 대표 회의(1923) 개최
  : 창조파(신채호)와 개조파(안창호) 대립, 회의 결렬 → 대거 이탈
- 체제 정비 노력
  : 대통령 탄핵 → 2대 박은식 선출(1925), 체제 개편(국무령제, 국무위원제)
  : 한인 애국단 창설(1931) – 이봉창, 윤봉길의 의거 → 중국 국민당의 지원

④ 임시정부의 강화(1940)
- 1940년 충칭 도착
- 한국 독립당 결성(1940) : 한국 국민당(김구), 한국 독립당(조소앙), 조선 혁명당(지청천)이 통합되어 결성
- 한국 광복군(1940) : 총사령관 지청천, 김원봉 등 조선 의용대 일부 병력 합류(1942), 국내 진공 작전 계획
- 대한민국 건국 강령 발표(1941) : 정치・경제・교육의 균등을 실현하는 조소앙의 삼균주의에 기반
- 대일 선전 포고(1941) : 태평양 전쟁 발발 직후 선포, 연합군의 일원으로 전쟁 참여

 사료 확인

임시정부의 통합

임시정부 개헌 과정

CHAPTER 02 1910년대 민족 운동의 전개

임시정부의 독립신문과 독립공채

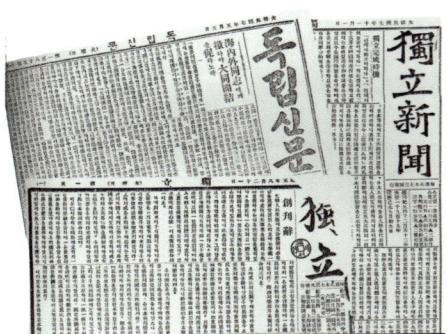
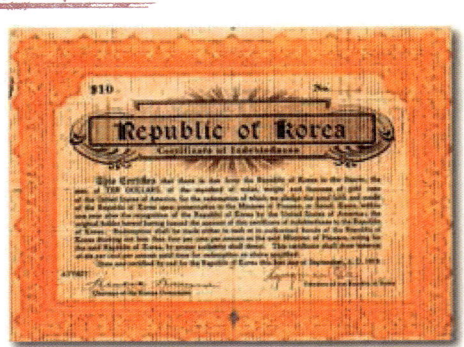

여기서 잠깐

1. 국민 대표 회의의 결과 임시 정부는 침체를 벗어나 활기를 되찾았다. (   )
2. 임시정부는 전제황권이 강화된 복벽주의를 표방하였다. (   )
3. 임시정부는 상하이에 근거를 두었지만 연해주의 대한 국민 의회의 정통성을 인정하여 통합되었다. (   )
4. 초기 임시정부는 외교나 군사 활동보다 실력양성에 집중하였다. (   )

정답 1. ✕   2. ✕   3. ✕   4. ✕

빈출 선지 체크

1. 독립 운동 자금 마련을 위해 독립공채를 발행하였다. (단체)
2. 파리 강화 회의에 독립 청원서를 제출하였다. (인물)
3. 임시정부가 의거 활동을 위해 조직하였다. (단체)
4. 독립운동의 방략을 논의하기 위하여 국민 대표 회의가 개최되었다. (개최 연도)
5. 삼균주의를 기초로 하는 건국 강령을 공포하였어요. (단체)

정답 1. 임시정부   2. 김규식   3. 한인애국단   4. 1923년   5. 임시정부

 **사료 확인**

1. _____(인물)의 _____ 청원서

미국 대통령 각하, 대한인 국민회 위원회는 본 청원서에 서명한 대표자로 하여금 다음과 같이 공식 청원서를 각하에게 제출합니다. …… 우리는 자유를 사랑하는 2천만의 이름으로 각하에게 청원합니다. 각하도 평화 회의에서 우리의 자유를 강력하게 주장하여 참석한 열강들과 함께 먼저 한국을 일본의 학정으로부터 벗어나게 하여 주십시오. 장래 완전한 독립을 보증하고 당분간은 한국을 국제 연맹 통치 밑에 두게 할 것을 바랍니다.

2. _____ 파의 주장

우리는 적극적인 투쟁을 준비해야 하는 시기에 처해 있다. 신뢰를 잃은 기관을 개조하는 방식으로는 투쟁할 수 없다. …… 임시 정부는 독립운동 세력 전반과 연계가 부족하다. 임시 정부와 같이 비현실적인 행정 관청을 개조하는 것만으로는 독립운동을 지도할 수 있는 유능한 기관을 확보할 수 없다. …… 해방 운동은 더 직접적으로 추진되어야 한다.

3. _____ 파의 주장

임시 정부가 진가를 발휘하지 못한 것은 사실이지만, 이는 임시 정부에서 근무하는 사람의 능력 때문일 뿐이다. 정부 전체를 비난해서는 안 된다. 몇몇 사람을 면직하고 새로운 사람들을 선출한다면 실로 역할을 잘하게 될 것이다. 어떠한 경우에도 기관 그 자체는 폐지해서는 안 된다. …… 새로운 기관을 설립하게 되면 독립운동은 두 개의 중심을 지니게 될 것이고, 이로 인해 내부 투쟁만 커질 것이다.

정답 **1.** 이승만 / 위임 통치   **2.** 창조   **3.** 개조

기출문제

01

(가) 단체에 대한 설명으로 옳은 것은? 46회 고급 37

이것은 임병찬의 순지비(殉趾碑)입니다. 임병찬은 스승인 최익현과 함께 의병을 일으켰다가 체포되어 쓰시마 섬으로 끌려갔습니다. 유배에서 돌아와 의병 봉기를 도모하던 중 고종의 밀지를 받아 (가) 을/를 조직하였습니다.

① 정우회 선언의 영향으로 결성되었다.
② 일제가 꾸며낸 105인 사건으로 해체되었다.
③ 일제가 치안 유지법을 적용하여 탄압하였다.
④ 백산 상회를 통해 독립운동 자금을 마련하였다.
⑤ 국권 반환 요구서를 조선 총독에게 제출할 것을 계획하였다.

1)
(가) 단체? ____년에 조직된 _____

2)
① 관련 단체? _____ ② 관련 단체? _____
③ 치안유지법 제정 연도? ____년
④ 관련 단체? _____ ⑤ 관련 단체? _____

02

(가) 단체에 대한 설명으로 옳은 것은? 45회 고급 41

이것은 총사령 박상진이 이끌었던 (가) 소속의 김한종 의사 순국 기념비입니다. 김한종 의사는 이 단체의 충청도 지부장으로, 군자금 모금을 방해한 아산의 도고 면장인 박용하 처단을 주도하였습니다. 일제 경찰에 체포되어 박상진과 함께 대구 형무소에서 순국하였습니다. 1963년 건국 훈장 독립장이 추서되었습니다.

① 공화정체의 국가 건설을 지향하였다.
② 대한민국 임시 정부의 주도로 결성되었다.
③ 봉오동에서 일본군을 상대로 승리를 거두었다.
④ 구미 위원부를 설치하여 외교 활동을 전개하였다.
⑤ 중국군과 함께 영릉가 전투에서 큰 전과를 올렸다.

1)
(가) 단체? ____년에 조직된 _____

2)
① 관련 단체? _____ ③ 관련 단체? _____
④ 관련 단체? _____ ⑤ 관련 단체? _____

ANSWER

01. ⑤
최익현의 제자인 임병찬은 유배에서 풀려난 후 고종의 밀지를 받고 전국에서 유생들을 모아 비밀 결사인 (가) 독립 의군부를 조직하였다(1912). ⑤ 독립 의군부는 복벽주의 이념을 따라 국권을 회복하고 고종을 복위시키려 의병 활동을 준비하였으나 조선 총독에게 국권 반환 요구서를 보내려고 계획하던 중 발각되어 해체되었다.
[오답] ① 신간회는 정우회 선언의 영향으로 결성되었다. ② 신민회는 일제가 꾸민 105인 사건으로 해체되었다. ③ 치안유지법은 1925년 제정되었으므로, 독립 의군부와는 관계가 없다. ④ 대한민국 임시정부의 재정은, 애국 공채를 발행하여 활동 자금을 모금받아 이륭양행과 백산 상회를 거쳐 연통제와 교통국을 통하여 상해로 전달되는 방식으로 운영되었다.

02. ①
(가) 단체는 대한광복회이다. 대한광복회는 의병 계열과 애국계몽운동 계열의 비밀 결사들을 통합하여 만들어진 단체로, 총사령은 박상진이며 ① 공화정체의 근대 국가 건설을 지향하였다.
[오답] ② 임시정부는 중국 국민당 정부의 지원을 받아 충칭에서 한국 광복군을 창설하였다(1940). ③ 홍범도가 이끄는 대한독립군은 봉오동 전투(1920)에서 일본을 상대로 승리하였다. ④ 1919년에 창립한 임시정부는 초기에 미국에 구미 위원부(1919)를 두어 이승만을 중심으로 외교활동을 전개하였다. ⑤ 조선 혁명군은 1930년대 초 양세봉의 지휘 아래 중국 의용군과 연합하여 영릉가 전투에서 일본군을 물리쳤다.

03

(가) 지역에서 전개된 민족 운동에 대한 설명으로 옳은 것은?

49회 심화 41

> **□□신문**
> 제△△호　　　　　　　　○○○○년 ○○월 ○○일
> ### 허은 지사, 독립 유공자로 서훈
> 대한민국 임시 정부 초대 국무령 석주 이상룡 선생의 손부(孫婦) 허은 지사에게 건국훈장 애족장이 추서되었다. 허 지사는 (가) 의 삼원보에서 결성된 서로 군정서의 숨은 공로자였다. 그녀는 기본적인 생계 활동과 공식적인 행사 준비 외에도 서로 군정서 대원들의 군복을 제작·배급하는 등 독립운동에 힘을 보탰다. 허은 지사의 회고록에는 당시의 상황이 생생하게 담겨 있다.

① 해조신문을 발간하여 국권 회복에 힘썼다.
② 신흥 강습소를 설립하여 독립군을 양성하였다.
③ 대한인 국민회를 조직하여 외교 활동을 펼쳤다.
④ 대조선 국민 군단을 창설하여 군사 훈련을 하였다.
⑤ 유학생들이 중심이 되어 2·8 독립 선언서를 발표하였다.

1)
(가) 지역? _____

2)
① 관련 지역? _____ ② 관련 지역? _____
③ 관련 지역? _____ ④ 관련 지역? _____
⑤ 관련 지역? _____

04

(가)에 들어갈 내용으로 적절한 것은?

44회 심화 42

> **학술 대회 안내**
> 우리 학회는 3.1 운동 및 대한민국 임시정부 수립 100주년을 맞이하여 연해주 지역에서 독립 운동에 헌신한 최재형 선생의 활동을 구체적으로 살펴보는 학술 대회를 개최합니다.
> ■ 발표 주제 ■
> • 동의회를 통해 본 재러 한인의 의병 활동
> • 대동공보를 통한 언론 활동
> • 안중근의 하얼빈 의거와 최재형
> • (가)
> ■ 일시: 20◆◆년 ◆◆월 ◆◆일 13:00~17:00
> ■ 장소: △△대학교 대강당
> ■ 주최: ▲▲학회

① 권업회 조직과 권업신문 발간
② 서전서숙 설립과 민족 교육 진흥
③ 신흥 무관 학교 설립과 독립군 양성
④ 한인 애국단 결성과 항일 의거 활동
⑤ 신한 청년당 결성과 파리 강화 회의 참석

1)
① 관련 지역? _____ ② 관련 지역? _____
③ 관련 지역? _____ ④ 관련 지역? _____
⑤ 관련 지역? _____

📢 ANSWER

03. ②
신민회는 남만주(서간도) 삼원보에 독립운동 기지를 건설하였으며, ② 신흥 강습소를 설립하여 독립군을 양성하였다.
[오답] ① 연해주에서는 1908년 최초의 해외 신문인 해조신문이 발간되었다. ③ 장인환, 전명운의 의거를 계기로 이승만과 안창호 등이 미주 지역에 대한인 국민회를 설립하였다. ④ 박용만은 하와이에서 대조선 국민군단을 창설하였다. ⑤ 일본으로 간 유학생들이 도쿄에서 1919년 2·8 독립 선언을 발표하였고 이는 3·1 운동에 영향을 미쳤다.

04. ①
① 연해주의 블라디보스토크 신한촌에서 조직된 권업회는 조선의 독립을 위해 1911년 조직되었다.
[오답] ② 북간도에서 이상설이 서전서숙을 설립하였다. ③ 신민회는 남만주 지역에서 독립군 양성을 위한 신흥 무관 학교를 설립하였다. ④ 김구는 임시정부의 침체를 극복하기 위해 1931년 상하이에서 한인애국단을 결성하였다. ⑤ 신한청년당은 상하이에서 활동한 단체로, 파리 강화 회의에 김규식이 대표로 참석하였다.

기출문제

05

다음 자료가 발표된 이후 사실로 옳은 것은? 51회 심화 41

> 조선 청년 독립단은 우리 2천만 민족을 대표하여 정의와 자유를 쟁취한 세계 모든 나라 앞에 독립을 성취할 것을 선언한다. …… 우리 민족은 정당한 방법으로 우리 민족의 자유를 추구할 것이나, 만일 이번에 성공하지 못하면 우리 민족은 생존의 권리를 위하여 온갖 자유행동을 취하여 최후의 일인까지 자유를 위해 뜨거운 피를 흘릴 것이니, …… 일본이 만일 우리 민족의 정당한 요구에 불응한다면 우리는 일본에 대하여 영원의 혈전을 선포하노라.
> – 재일본 동경 조선 청년 독립단 대표 11인 –

① 박상진 등이 대한 광복회를 결성하였다.
② 황성신문에 시일야방성대곡이 게재되었다.
③ 독립 협회가 중심이 되어 독립문을 건립하였다.
④ 고종의 밀지를 받아 독립 의군부가 조직되었다.
⑤ 민족 대표 33인 명의의 독립 선언서가 발표되었다.

06

다음 선언문이 발표된 시기를 연표에서 옳게 고른 것은? 49회 심화 44

"융희 황제가 삼보(三寶)*를 포기한 경술년 8월 29일은, 우리 동지가 이를 계승한 날이니…… 황제권 소멸의 때가 즉 민권 발생의 때요, 구한국 최초의 날은 즉 신한국 최초의 날이니……"
*삼보: 토지, 인민, 정치

이 선언문은 상하이에서 신규식, 신채호, 조소앙 등 14인의 명의로 발표된 대동단결 선언으로 주권 재민 사상을 담고 있습니다.

1910	1919	1923	1931	1941	1945
(가)	(나)	(다)	(라)	(마)	
국권 피탈	3·1 운동	국민대표 회의개최	한인 애국단 조직	대한민국 건국강령 발표	8·15 광복

① (가) ② (나) ③ (다) ④ (라) ⑤ (마)

ANSWER

05. ⑤
일본 유학생들이 결성한 조선 청년 독립당은 1919년 2·8 독립 선언서를 발표하였고 이에 영향을 받아 ⑤ 민족 대표 33인의 이름으로 독립 선언서를 발표하고 3·1 운동이 일어났다(1919).
[오답] ① 박상진은 대구를 근거지로 하여 대한 광복회를 조직(1915)하고 전국적으로 활동하였다. ② 을사늑약이 체결된 후 장지연은 황성신문에 시일야방성대곡을 실어 이를 비판하였다. ③ 독립협회(1896~98)는 시민들의 성금으로 독립문을 건설하였다. ④ 임병찬은 고종의 밀지를 받아 비밀결사인 독립 의군부를 조직하였다(1912).

06. ①
'대동단결 선언'은 1917년 신규식, 박은식 등이 상하이에서 발표한 것으로 임시정부를 수립하자는 주장이 담겨 있다.

기출문제

07
다음 자료에 나타난 민족 운동에 대한 설명으로 옳은 것은?

48회 심화 38

> 그날 오후 2시 10분 파고다 공원에 모였던 수백 명의 학생들이 10여 년간 억눌려 온 감정을 터뜨려, '만세, 독립 만세'를 외치자 뇌성 벽력 같은 소리에 공원 근처에 살던 시민들도 크게 놀랐다. 공원 문을 쏟아져 나온 학생들은 종로 거리를 달리며 몸에 숨겼던 선언서들을 길가에 뿌리며 거리를 누볐다. 윌슨 대통령이 주장한 약소민족의 자결권이 실현되는 신세계가 시작된 것이다. 시위 학생들은 덕수궁 문 앞에 당도하자 붕어하신 고종에게 조의를 표하고 잠시 멎었다. – 스코필드 기고문 –

① 조선 형평사의 주도로 전개되었다.
② 신간회에서 진상 조사단을 파견하였다.
③ 조선 혁명 선언을 활동 지침으로 삼았다.
④ 전개 과정에서 일제가 제암리 학살 등을 자행하였다.
⑤ 성진회와 각 학교 독서회에 의해 전국적으로 확산되었다.

1) 관련 운동? _____년에 일어난 _____

2)
① 관련 운동? _____   ② 관련 운동? _____
③ 관련 단체? _____   ④ 관련 운동? _____

08
다음 자료에 나타난 민족 운동에 대한 설명으로 옳은 것은?

47회 심화 41

> 문 : 오늘 종로 1가 사거리 큰 길에서 모인 동기를 진술하라.
> 답 : 나는 어제 오후 5시 무렵 경성부 남대문로에 있었는데, 자동차에서 뿌린 독립 선언서를 습득하였다. 나는 그 선언서를 읽고 우리 조선국이 독립국이 되었다고 생각하고 기쁨을 참지 못하였다. 그래서 오늘 오후 1시 무렵 종로 1가 사거리 큰 길 중앙에서 독립 만세를 큰 소리로 계속 외쳤더니 5백 명 가량의 군중이 내 주위에 모여 들었고, 함께 모자를 흔들면서 만세를 계속 부르며 행진하였다.
> 문 : 그 선언서의 내용을 진술하라.
> 답 : 우리 조선이 독립국임과 조선인이 자주민인 것을 선언함 등의 내용이었다. 그리고 조선 민족 대표자 33인의 성명을 기재하고 있었다.
> – ○○○ 신문조서 –

① 사회주의 세력의 주도 아래 계획되었다.
② 대한민국 임시 정부 수립의 계기가 되었다.
③ 일제가 105인 사건을 조작하여 탄압하였다.
④ 한국인 학생과 일본인 학생 간의 충돌에서 비롯되었다.
⑤ 배우자 가르치자 다함께 브나로드 등의 구호를 내세웠다.

1) 관련 운동? _____년에 일어난 _____

ANSWER

07. ④
2·8 독립 선언의 영향을 받아 민족 대표 33인의 이름으로 독립 선언서를 발표하고 3·1 운동이 전개되었다(1919). 서울에서 시작된 만세 시위는 고종의 인산일을 맞아 전국 각지에서 올라온 군중들과 학생 등이 참가하면서 전국 각지로 번져갔다. 그러나 일제는 무력으로 이를 탄압하였고 ④ 화성 제암리에서는 주민을 교회에 집합시키고 감금하여 불을 지르고 학살하는 등의 만행을 저질렀다.
[오답] ① 1920년대에 일어난 형평운동은 조선 형평사 설립을 시작으로 신분차별 타파 운동을 전개하였다. ③ 신채호가 작성한 조선 혁명 선언은 의열단의 활동 지침이 되었다. ②, ⑤ 광주 학생 항일 운동은 광주 지역의 성진회와 기타 독서회 등이 주도하였고 신간회는 진상조사단을 파견하여 이들을 지원하였다. 이에 전국 각지로 확산되어 3·1 운동 이후 최대의 민족 운동이 되었다.

08. ②
3·1 운동은 각계각층의 전 민족이 참여한 대규모의 독립운동으로 우리에게 독립의 희망을 가지게 하였으며 ② 임시정부 수립에 영향을 미쳤다.
[오답] ① 순종의 인산일을 기회로 만세 운동을 계획했던 6·10 만세운동이 대표적이다(1926). ③ 신민회는 일제가 조작한 105인 사건으로 인해 해체되었다. ④ 1929년 한·일 학생 간의 충돌로 광주 학생 항일 운동이 일어났다. ⑤ 동아일보는 1931년부터 브나로드 운동을 내세워 농촌 계몽 운동을 전개하였다.

PART V. 일제 강점과 민족 운동의 전개 **277**

기출문제

09

다음 선언서가 발표된 시기를 연표에서 옳게 고른 것은?

45회 고급 42

> 본 국민 대표 회의는 이천만 민중의 공정한 뜻에 바탕을 둔 국민적 대회합으로 최고의 권위를 지녀 … 독립을 완성하기를 기도하고 이에 선언하노라. … 본 대표 등은 국민이 위탁한 사명을 받들어 국민적 대단결에 힘쓰며 독립운동이 나아갈 방향을 확립하여 통일적 기관 아래서 대업을 완성하고자 하노라.

1919	1925	1931	1935	1940	1945
	(가)	(나)	(다)	(라)	(마)
대한민국 임시정부 수립	박은식 대통령 취임	한인 애국단 조직	한국 국민당 창당	김구 주석 취임	8·15 광복

① (가) ② (나) ③ (다) ④ (라) ⑤ (마)

1) 국민 대표 회의 개최 연도? ____년

10

(가)의 활동으로 옳은 것을 <보기>에서 고른 것은?

57회 심화 37

△△박물관 스탬프 투어

[제4관] 국외 독립 운동의 전개

이 전시관은 국권피탈 이후 국외에서 전개된 독립 운동을 주제로 구성되어 있습니다. 특히 3·1 운동의 영향으로 수립된 ____(가)____ 의 활동에 대한 자료가 전시되어 있습니다. 자료를 잘 살펴보고 스탬프를 찍어보세요.

제4관 이번에 찍은 스탬프는?

상하이에서 ____(가)____ 의 수립 초기에 청사로 사용한 건물의 모양입니다. 이 청사에서는 임시 의정원의 회의가 개최되기도 하였습니다.

| 보기 |

ㄱ. 민족 교육을 위해 대성학교를 설립하였다.
ㄴ. 광주 학생 항일 운동에 진상 조사단을 파견하였다.
ㄷ. 외교 독립 활동을 위해 구미 위원부를 설치하였다.
ㄹ. 임시 사료 편찬회를 두어 한일 관계 사료집을 간행하였다

① ㄱ, ㄴ ② ㄱ, ㄷ ③ ㄴ, ㄷ ④ ㄴ, ㄹ ⑤ ㄷ, ㄹ

1) (가) 단체? ____

2) ㄱ 관련 단체? ____ ㄴ 관련 단체? ____
   ㄷ 관련 단체? ____ ㄹ 관련 단체? ____

ANSWER

09. ①
1919년 출현한 임시정부는 교통국과 연통제 조직이 일제에 의해 와해되자 자금 조달에 어려움을 겪었다. 또한 초대 대통령인 이승만의 국제 연맹 위임 통치 요청 문제로 임시정부에서 내분이 일어났다. 이에 신채호 등은 독립운동 전체의 방향 전환을 논의하기 위해 국민 대표 회의 개최를 주장하였고 ① 이 회의는 상하이에서 1923년에 열렸다. 그러나 창조파와 개조파 사이의 의견 차이를 좁히지 못해 결국 결렬되고 말았다.

10. ⑤
(가)는 3·1 운동의 영향으로 수립된 대한민국 임시정부이다. 임시정부는 초기 상하이에 위치하여 외교를 독립운동의 방향으로 삼았으며, 외교 활동을 위해 구미 위원부를 설치하였다. 또한 한·일 관계 사료집을 간행하여 국제 연맹에 한국 독립의 당위성을 호소하였다.
[오답] ㄱ 신민회는 대성학교, 오산학교를 설립하여 민족 교육을 실시하였다. ㄴ 신간회는 광주 학생 항일 운동에 진상 조사단을 파견하였다.

11

(가)에 대한 설명으로 옳지 <u>않은</u> 것은?

27회 심화 40

이달의 독립운동가

조지 루이스 쇼

아일랜드계 영국인으로, 중국의 안동(지금의 단둥)에서 이륭양행이라는 무역 회사를 운영하면서, 상하이에 수립된 __(가)__ 이/가 국내와의 연락을 위해 교통 사무국을 설치할 수 있도록 도와주었다. 그는 1920년 일제에 의해 체포되어 4개월 간 옥고를 치른 뒤에도 변함없이 한국의 독립 운동을 지원하였다.

① 독립신문을 발행하고 한·일 관계 사료집을 간행하였다.
② 파리 강화 회의에 김규식을 통해 독립 청원서를 제출하였다.
③ 복벽주의 이념에 따라 전국적으로 의병을 일으키고자 하였다.
④ 국외 거주 동포에게 독립 공채를 발행하여 자금을 마련하였다.
⑤ 구미 위원부를 두어 한국의 독립 문제를 국제 여론화하는 데 힘썼다.

---

1)
(가) 단체? _____
틀린 것은 ____번이며, _____(단체)에 대한 설명이다.

📢 ANSWER

11. ③
'만주 교통국', '상하이에 수립' 등의 내용을 토대로 (가)는 대한민국 임시정부임을 알 수 있다.
[오답] ③ 임병찬이 고종의 밀지를 받고 조직한 대한독립의군부는 복벽주의 이념에 따라 전국적으로 의병을 일으키고자 하였다.

CHAPTER 03 1920년대 이후 국내 민족 운동의 전개

01 실력 양성 운동

(1) 물산 장려 운동
- ① 배경 : 회사령 폐지(1920), 관세 철폐(1923)의 움직임에 운동 활성화
- ② 목표 : 민족 산업 보호 및 육성 → 민족 경제의 자립 추구
- ③ 전개
  - 1920년 평양에서 시작(조만식 중심) → 전국 확산
  - 토산품 애용, 근검저축, 금주 · 단연 운동 전개
  - 구호 : 내살림 내 것으로! 조선사람 조선 것!
- ④ 의의 및 한계
  - 의의 : 폭넓은 지역과 계층이 참여 → 토산품 애용 의식 확대
  - 한계 : 생산력 부족으로 상품가격 상승 → 사회주의자들의 비판

(2) 민립 대학 설립 운동
- ① 배경 : 3 · 1 운동 이후 교육열 고조, 민족 실력 양성을 위한 민족 대학의 필요성, 제2차 조선교육령 제정(1922)
- ② 목표 : 대학 설립으로 고등 교육 실시, 일제의 우민화 교육 극복
- ③ 전개
  - 민립 대학 기성회 조직 → 모금 운동 전개
  - 구호 : 한민족 1천만이 1원씩
- ④ 실패
  - 일제의 탄압, 전국적 가뭄 · 수해로 모금 활동 부진
  - 일제의 경성 제국 대학 설립(1924)으로 좌절 → 친일 관리 양성 목적

(3) 농촌 계몽 운동
- ① 문자 보급 운동(1929)
  - 조선일보 주도, 방학 때 귀향 학생 중심으로 전개, 〈한글원본〉 교재 배포
  - 구호 : 아는 것이 힘이다, 배워야 산다
- ② 브나로드 운동(1931)
  - 동아일보 주도, 농촌계몽(미신타파, 구습제거), 학생 도움으로 한글 교육

(4) 자치 운동
- ① 전개
  - 일부 민족주의 계열 인사는 일제의 식민 지배를 인정하고 그 밑에서 정치적 실력 양성해야 한다고 주장(타협론)
  - 자치권, 참정권 획득 목적
- ② 문제점 : 민족주의 세력의 분열만 초래, 일본의 민족 분열 정책에 이용됨

(5) 실력 양성 운동의 의의와 한계

① 의의
- 민족 경제의 자립과 근대 교육의 보급 등을 통해 자본주의 문명사회로 발전시키고자 함
- 이를 통해 민족 독립의 토대를 마련하려고 함

② 한계
- 일제가 허용하는 범위 내에서 전개
- 선 실력양성 후 독립을 내세웠지만 점차 실력양성만을 강조
- 타협적 민족주의자들의 친일화 경향 → 자치 운동

02 농민 · 노동 운동

(1) 농민운동

① 배경 : 토지 조사 사업, 산미 증식 계획 → 소작농 증가, 소작료 등 부담 증가

② 전개
- 1920년대 : 생존권 수호를 위한 소작 쟁의(소작료 인하)
- 1930년대 : 비합법적인 농민 조합을 중심으로 전개, 항일 투쟁의 성격으로 변화

③ 단체 : 조선 농민 총동맹(1927) 결성

④ 대표 쟁의 : 암태도 소작쟁의(1923, 지주 문재철의 횡포에 맞서 전개)

(2) 노동운동

① 배경 : 노동자 수 증가 → 낮은 임금, 열악한 작업 환경, 장시간 노동 등

② 전개
- 1920년대 : 생존권 수호를 위한 노동 쟁의(임금 인상, 근무 환경 개선)
- 1930년대 : 반제국주의 항일 투쟁으로 변모

③ 단체 : 조선 노동 공제회(1920), 조선노농총동맹(1924) 같은 전국적 규모 단체 등장, 조선 노동 총동맹(1927)으로 분리

④ 대표 쟁의 : 원산 총파업(1929, 국외 노동 단체의 후원과 격려, 신간회의 지원), 강주룡의 고공 농성(1931)

03 기타 민족 운동

(1) 여성운동

① 목적 : 문맹타파, 여성 인권 인식 고양

② 근우회(1927)
- 신간회 자매 단체
- 여성 운동 진영의 통합, 여성의 단결과 지위 향상 등 주장

(2) 소년운동

① 목적 : 아이들을 온전한 인격체로 대우하려는 움직임 대두

CHAPTER 03 1920년대 이후 국내 민족 운동의 전개

② 전개
- 방정환을 중심으로 천도교 소년회(1921) 조직
- '어린이날' 제정, 잡지 『어린이』 간행

(3) 형평운동
① 배경 : 갑오개혁 이후 법적 신분제가 폐지된 이후에도 백정에 대한 사회적 차별 여전
② 목적 : 실질적인 천민 차별 잔존을 철폐하기 위함
③ 전개 : 조선 형평사(1923, 진주) 창립

사료 확인

물산 장려 운동

문자 보급 운동

브나로드 운동

조선형평사 포스터

어린이날 표어

여기서 잠깐

1. 조선형평사는 신분제 철폐를 주장하였다. (   )
2. 물산 장려 운동은 대구에서 시작되었다. (   )
3. 물산 장려 운동은 회사령 폐지의 계기가 되었다. (   )

정답 1. ×   2. ×   3. ×

빈출 선지 체크

1. 강주룡이 을밀대 지붕에서 고공 농성을 전개하였다.   (지역)
2. 지주 문재철의 횡포에 맞서 농민들이 소작 쟁의를 벌였다.   (사건)
3. 어린이날을 제정하고 소년 운동을 추진하였다.   (단체)
4. 경성 제국 대학이 설립되었다.   (연도)
5. 조선 형평사를 조직하여 사회적 차별에 맞섰다.   (세력)
6. 조선 노동 총동맹과 조선 농민 총동맹이 창립되었다.   (연도)
7. 평양에서 시작하여 전국으로 확산되었다.   (사건)

정답 1. 평양   2. 암태도 소작쟁의   3. 천도교소년회   4. 1924년   5. 백정   6. 1927년   7. 물산 장려 운동

 사료 확인

1. _____ 운동

평소 우리가 큰 신뢰와 경의를 표하고 있는 미·영 양국 또한 모두 자기 나라의 이익을 도모하는 데만 급급했을 뿐만 아니라 조선 문제 때문에 일본 측의 감정을 상하는 일에는 양국이 다 회피하였다. 조선 독립은 당분간 절망적이므로 우리 조선인은 힘써 교육과 산업과 문화적 시설에 열중하여 _____ 에 주력하지 않으면 안 된다.

2. _____ 운동

우리에게 먹을 것이 없고 입을 것이 없고 의지하여 살 것이 없으면, 우리의 생활은 파괴될 것이다. …… 우리는 이와 같은 견지에서 우리 조선 사람의 물산을 장려하기 위하여, 조선 사람은 조선 사람이 지은 것을 사 쓰고, 둘째 조선 사람은 단결하여 그 쓰는 물건을 스스로 제작하여 공급하기를 목적하노라.

1920년대 이후 국내 민족 운동의 전개

3. _____ 운동

내 살림 내 것으로! / 보아라! 우리의 먹고 입고 쓰는 것이 다 우리의 손으로 만든 것이 아니었다. 이것이 세상에 제일 무섭고 위태한 일인 줄을 오늘에야 우리는 깨달았다. 피가 있고 눈물이 있는 형제자매들아, 우리가 서로 붙잡고 서로 의지하여 살고서 볼 일이다. 입어라! 조선 사람이 짠 것을 / 먹어라! 조선 사람이 만든 것을. 써라! 조선 사람이 지은 것을 / 조선 사람, 조선 것.

4. _____ 운동 - 중산 계급의 이기적인 운동이다 - _____ 자의 비판

실상을 말하면, 노동자에게는 이제 새삼스럽게 물산 장려를 말할 필요가 없는 것이다. 그네는 벌써 오랜 옛날부터 훌륭한 물산 장려 계급이다. 그네는 자본가 중산 계급이 양복이나 비단옷을 입는 대신 무명과 베옷을 입었고, 저들 자본가가 위스키나 브랜디나 정종을 마시는 대신 소주나 막걸리를 먹지 않았는가? 실상 저들 자본가, 중산 계급이 …… 어쩔 수 없이 '민족적'이라는 미사여구로써 동족 안에 있는 착취, 피착취의 상반하는 양극단의 계급적 의식을 은폐해 버리고, 일면으로는 '애국적'이라는 의미에서 외화 배척을 말하는 것이며, 그 이면에서는 외래의 경제적 정복 계급을 축출하여 신 착취 계급으로서의 자기가 그에 대신하려는 것이다.

5. _____ 운동

우리들의 운명을 어떻게 개척할까? 정치냐, 외교냐, 산업이냐? 물론 이러한 사업들이 모두 다 필요하도다. 그러나 그 기초가 되고 요건이 되며 가장 급무가 되고 가장 선결의 필요가 있으며 가장 힘 있고 가장 필요한 수단은 교육이 아니면 불능하도다. …… 그러므로 이제 우리 조선인도 세계 속에서 문화 민족의 일원으로 다른 나라 사람과 어깨를 나란히 하여 우리들의 생존을 유지하며 문화의 창조와 향상을 기도하려면, 대학의 설립을 빼고는 다시 다른 길이 없도다.

6. 조선일보의 _____

농민의 생활을 보라. 노동자의 생활을 보라. 그리고 부인의 생활을 보라. 그들이 무지몽매하기 때문에 그 생활은 한층 저열하고 향상되지 못하지 않는가. 전 인구의 1000분의 20밖에 문자를 이해하지 못하고, 취학 연령 아동의 10분의 3밖에 학교에 갈 수 없는 조선의 현실에서 간단하고 쉬운 문자의 보급은 우리 민족이 해결해야 할 가장 시급한 일이라 하겠다.

7. _____ 운동의 논리

지금의 조선 민족에게는 왜 정치적 생활이 없는가? …… 일본이 조선을 병합한 이래로 조선인에게는 모든 정치 활동을 금지한 것이 첫째 원인이다. 또 병합 이래로 조선인은 일본의 통치권을 승인해야만 할 수 있는 모든 정치적 활동, 즉 참정권, 자치권 운동 같은 것은 물론이요, 일본 정부를 상대로 하는 독립운동조차 원치 아니하는 강렬한 절개 의식이 있었던 것이 둘째 원인이다. …… 지금까지 해 온 정치적 운동은 모두 일본을 적대시하는 운동뿐이었다. 이런 종류의 정치 운동은 해외에서나 할 수 있는 일이고, 조선 내에서는 허용되는 범위 내에서 일대 정치적 결사를 조직해야 한다는 것이 우리의 주장이다.

- 이광수, 『민족적 경륜』 -

8. _____ 년대 소작쟁의

쟁의 형태가 차츰 전투적으로 변해 갔다. 그것은 이미 단순히 경작권 확보를 위해서가 아니라 '토지를 농민에게'와 같은 구호를 내걸고 농민 야학·강습소 등을 개설하여 계급적 교육을 실시하고, 또 농민 조합의 조직도 크게 달라져 청년부·부인부·유년부 같은 부문 단체를 조직하여 지주에 대한 투쟁이 정치 투쟁화하는 경향이 생겼다.

9. _____(단체) 행동 강령

1. 여성에 대한 사회·경제적 일체 차별 철폐
2. 일체의 봉건적 미신과 인습 타파
3. 조혼 폐지 및 결혼의 자유
4. 인신 매매 및 공창 폐지
5. 농촌 여성의 경제적 이익 옹호
6. 여성 노동의 임금 차별 철폐 및 산전 산후임금 지불
7. 여성 및 소년공의 위험 및 야업 금지

10. _____ 운동 - _____(단체) 창립

공평(公平)은 사회의 근본이고 사랑은 인간의 본성이다. 고로 우리는 계급을 타파하고 모욕적인 칭호를 폐지하여, 교육을 장려하고 우리도 참다운 인간으로 되고자 함이 본사(本社)의 주지(主旨)이다. 지금까지 조선의 백정은 어떠한 지위와 압박을 받아왔던가? 과거를 회상하자면 종일 통곡하고도 피눈물을 금할 수 없다. 여기에 지위와 조건 문제 등을 제기할 여유도 없이 목전의 압박을 절규하는 것이 우리의 실정이다. 따라서 이 문제를 선결하는 것이 우리들의 임무라고 설정함은 당연한 것이다.

> 정답 1. 실력 양성 2. 물산 장려 3. 물산 장려 4. 물산 장려 / 사회주의 5. 민립 대학 설립
>   6. 문자 보급 운동 7. 자치 8. 1930년대 9. 근우회 10. 형평 / 조선형평사

04 민족 유일당 운동

(1) 6·10 만세 운동(1926)

① 배경
- 사회주의 운동 확대, 청년·학생 운동의 활성화
- 순종의 서거(1926)

② 전개
- 사회주의 계열 단체 + 천도교 + 학생 단체 but 일제에게 사전 발각
- 서울 학생 단체 주도로 만세 시위 전개 → 널리 확산되지 못함

③ 의의
- 사회주의 세력과 민족주의 세력의 연대 가능성 확인
- ==민족 유일당 공감대 형성==

(2) 광주 학생 항일 운동(1929)

① 배경 : 나주역에서 일본 남학생이 한국 여학생 희롱을 계기로 한·일 학생간 충돌
② 전개
- 경찰과 교육 당국이 일본 학생을 두둔, 한국인 학생 차별
- 민족 차별에 분노한 광주지역 학생 연대하여 대규모 가두시위 전개

CHAPTER 03 1920년대 이후 국내 민족 운동의 전개

- 신간회가 진상 조사단 파견, 민중 대회 계획 → 시위와 동맹 휴학의 전국 확산
③ 의의 : 학생, 시민, 노동자 연대, 3·1운동 이후 최대 규모 항일 민족 운동

(3) 신간회(1927~1931)

① 배경
- 민족주의의 분열
  : 타협적 민주주의 – 일본의 식민 지배 인정, 이광수, 최린 등, 참정운동, 자치운동 전개
  : 비타협적 민주주의 – 사회주의자들과 연대 모색
- 사회주의 탄압 : 일제의 치안유지법 제정(1925), 민족주의 세력과 연합할 필요성 느낌
- 6.10 만세 운동 당시 사회주의계와 민족주의계 간의 공감대 형성
- 중국의 제 1차 국·공 합작의 영향(1924) : 반제국주의, 반군벌 투쟁을 위해 성립
- 정우회 선언(1926) : 사회주의 계열이 비타협적 민족주의 계열과 제휴 모색

② 설립
- 회장에 이상재, 부회장에 홍명희
- 전국 각지에 140여개 지회 설립, 회원 4만명

③ 활동
- 민중 계몽 : 전국 강연회를 열어 민중 계몽, 일제 식민 통치 정책 비판
- 노동·농민·청년·여성 운동 등 사회 운동 적극적 지원
- 원산 노동자 총파업 지원
- 광주 학생 항일 운동 지원
  : 진상조사단 파견, 진상 보고를 위한 민중 대회 개최 계획
  : 사전에 일본 경찰에 발각되어 신간회 간부 체포 → 새 지도부 구성 → 새 지도부의 타협적 경향

④ 해소(1931)
- 중국의 국·공 합작 결렬
- 코민테른의 노선 변화 : 민족주의 세력과의 제휴에 부정적
- 사회주의 계열의 신간회 해소론 대두

⑤ 의의
- 사회주의 세력과 비타협적 민족주의 세력이 결성한 국내 최대 민족 협동 단체

 여기서 잠깐

1. 신간회는 6·10 만세 운동을 주도하였다. (   )
2. 6·10 만세 운동은 3·1 운동 이후 최대 규모의 항일 민족 운동이다. (   )

정답 1. ×   2. ×

빈출 선지 체크

1. 광주 학생 항일 운동의 진상 조사단을 파견하였다. (단체)
2. 한·일 학생 간 충돌이 발단이 되어 일어났다. (사건)

정답 1. 신간회   2. 광주 학생 항일 운동

사료 확인

6·10 만세 운동의 격문

조선은 조선인의 조선이다!
학교 용어는 조선어로!
학교장은 조선인이어야 한다!
동양 척식 주식회사를 철폐하라!
일본인 지주에게 소작료를 바치지 말자!

1. _____ 운동

- 검거자를 즉시 우리 손으로 탈환하자.
- 교내에 경찰의 침입을 절대 반대한다.
- 언론·출판·집회·결사·시위의 자유를 획득하자.
- 조선인 본위의 교육 제도를 확립하라.
- 식민지적 노예 교육을 철폐하라.

2. _____ 의 필요성

지금 우리 사회에는 두 가지 조류가 있다. 하나는 민족주의 운동의 조류요, 또 하나는 사회주의 운동의 조류인가 한다. 이 두 가지 조류가 물론 해방의 근본적 정신에 있어서는 조금도 다를 것이 없다. 그러나 운동의 방법과 이론적 해석에 이르러서는 털끝의 차이로 1000리의 차이가 생겨 도리어 민족 운동의 전선을 혼란스럽게 하여, 결국은 (일제로 하여금) 어부의 이를 취하게 하며 골육의 다툼을 일으키는 것은 어찌 우리 민족의 장래를 위하여 통탄할 바가 아니냐.   - 『동아일보』 -

3. _____ 의 필요성

동일한 목적과 동일한 성공을 위해 운동하고 투쟁하는 혁명자들은 반드시 하나의 기치 아래 모여 하나의 호령 아래 단결해야만 비로소 상당한 효과를 거둘 수 있다는 것은 말할 필요도 없다. …… 바란다! 일반 동지는 깊이 양해하라! 일본 제국주의를 타도하라! 한국의 절대 독립을 주장하라! 민족 혁명의 유일한 전선을 만들라! 전 세계 피압박 민족은 단결하라!

- 한국 독립 유일당 북경 촉성회 선언서 -

1920년대 이후 국내 민족 운동의 전개

4. _____ 선언(1926)

…… 우리가 승리를 향해 구체적으로 전진하기 위해서는 현실적으로 가능한 모든 조건을 충분히 이용하지 않으면 아니 될 것이다. 따라서 민족주의적 세력에 대해서는 그 부르주아 민주주의적 성질을 분명히 인식함과 동시에 …… 그것이 타락한 형태로 나타나지 않는 것에 한해서는 적극적으로 제휴하여, 대중의 개량적 이익을 위해서도 종래의 소극적 태도를 버리고 분연히 싸워야 할 것이다.

5. _____ 강령

1. 우리는 정치·경제적 각성을 촉진함.
2. 우리는 단결을 공고히 함.
3. 우리는 기회주의를 일체 부인함.

6. 신간회 [해소론 / 해소 반대론]

해소 투쟁의 전개는 우익 민족주의자의 정체 폭로와 노농 주체의 강대화에 기반해야 한다. 우익 민족주의자의 정체는 이상 우리의 해소 이론에 의해 폭로되었으리라고 믿는다. …… 노동자는 노동조합에, 농민은 농민 조합에 돌아가서 투쟁해야 한다. …… 신간회의 조직에 쓰던 노력을 산업별 조합의 조직을 위해 쓰지 않으면 안 된다. 그리하여 소부르주아를 고립화, 무력화 해놓고 그들의 비명을 듣고 발악을 보면 우리는 그 정체를 잘 알 수 있다.
― 『삼천리』 ―

7. 신간회 [해소론 / 해소 반대론]

단결은 힘이다. 약자의 힘은 단결이다. 모든 역량을 집중하여 단결을 공고히 하자. …… 조선인의 대중적 운동의 목표는 정면의 일정한 세력을 향하여 집중되어야 할 것이니, 이에서 민족 운동과 계급 운동은 동지적 협동으로 병립 병진하여야 할 것이요, 전체적으로 협동하여 진행하기보다도 그 자체 내 상호의 영도권이 다르므로, 역량의 분산 및 자기 마모의 과오를 범하여서는 아니 된다.

> 정답 **1.** 광주 학생 항일 **2.** 민족 유일당 운동 **3.** 민족 유일당 운동 **4.** 정우회 **5.** 신간회 **6.** 해소론 **7.** 해소 반대론

03 기출문제

01

다음 자료에 나타난 민족 운동에 대한 설명으로 옳은 것을 〈보기〉에서 고른 것은? 46회 고급 42

◇ 살자는 부르짖음 ◇
우리의 소유는 점점 줄어가고 살림살이는 나날이 가난해 간다. … 형제들이여 자매들이여, 이제 뜨겁고 간절한 마음으로 그 살길을 말하노니 아무쪼록 조선 물산을 몸에 걸고 조선 물산을 입에 넣고 조선 물산을 파며 사고 조선 물산을 무엇에나 쓰라. 비싸도 그리하고 불편하여도 그리하며 곱지 못하여도 달지 아니하여도 아무렇든지 그리고 많이 만들기를 힘쓰라. 깨달은 동시에 실행하자.

| 보기 |
ㄱ. 조만식 등의 주도로 평양에서 시작되었다.
ㄴ. 자작회, 토산 애용 부인회 등이 활동하였다.
ㄷ. 국채 보상 기성회를 중심으로 전개되었다.
ㄹ. 일본, 프랑스 등의 노동 단체로부터 격려 전문을 받았다.

① ㄱ, ㄴ ② ㄱ, ㄷ ③ ㄴ, ㄷ ④ ㄴ, ㄹ ⑤ ㄷ, ㄹ

02

다음 취지서를 발표한 민족 운동에 대한 설명으로 옳은 것은? 38회 고급 39

발기 취지서
우리의 운명을 어떻게 개척할까? … 민중의 보편적 지식은 보통 교육으로도 가능하지만 심오한 지식과 학문은 고등 교육이 아니면 불가하며, 사회 최고의 비판을 구하며 유능한 인물을 양성하려면 최고 학부의 존재가 가장 필요하도다. … 그러므로 우리는 이에 느낀 바 있어 감히 만천하 동포에게 향하여 민립 대학의 설립을 제창하노니, 형제 자매는 와서 찬성하고 나아가며 이루라.

① 근우회를 중심으로 진행되었다.
② 중국의 5·4 운동에 영향을 주었다.
③ 이상재 등이 주도하여 모금 활동을 전개하였다.
④ 어린이날을 제정하고 잡지 어린이 등을 발간하였다.
⑤ '배우자 가르치자 다 함께 브나로드' 등의 구호를 내세웠다.

ANSWER

01. ①
1920년 ㄱ 조만식 등이 우리 민족의 경제적 자립을 위해 평양에서 토산품을 애용하자는 물산 장려 운동을 전개하였다. ㄴ 물산 장려 운동은 자작회와 조선청년연합회, 토산 애용 부인회이 중심이 되어 '조선 사람 조선 사람 것으로'라는 구호 아래 전국적으로 확산되었다.
[오답] ㄷ 대구에서 시작된 국채보상운동은 서울에서 결성된 국채보상기성회를 중심으로 각종 단체와 대한매일신보 등의 언론 기관까지 참여하였다. ㄹ 원산 노동자 총파업은 4개월간 투쟁하며 국내뿐만 아니라 일본, 프랑스 등의 노동 단체로부터 격려 전문을 받았다.

02. ③
1920년대 일제는 문화 통치라는 명목 아래 제2차 조선 교육령을 시행하였다. 이에 따라 한국인의 대학 설립이 가능해지면서 민립 대학 설립 운동이 본격화되었다. ③ 이상재 등은 1922년 민립 대학 기성 준비회를 결성하여 민립 대학 설립을 추진하였다. 설립을 위한 모금은 국내부터 국외까지 전개되었다.
[오답] ① 근우회는 신간회의 자매 단체로 좌우합작 여성 운동 단체이다. ② 3·1 운동이 중국의 5·4 운동에 영향을 주었다. ④ 방정환은 1923년 어린이날을 제정하고 '어린이'라는 잡지를 발간하였다. ⑤ 동아일보는 1931년부터 브나로드 운동이라는 이름으로 농촌 계몽 운동을 전개하였다.

03 기출문제

03
다음 자료에 대한 탐구 활동으로 가장 적절한 것은?

21회 고급 44

> 내가 열 살이 되었을 때의 일이다. 아버지는 김이라는 양반에게 수십 원을 건네주고 나를 보통학교에 입학시켜 주셨다. 나는 하늘을 오른 기분이었다. 이제 겨우 백정의 생활에서 빠져나와 인간 생활로 들어가는 듯 했다. 그러나 생도들은 나를 가리켜 백정이라 욕하며 주먹을 쳐들고 … 수백 명의 생도에게서 매일 수시간씩 입에 담을 수 없는 학대와 모욕을 받는 일은 참을 수 없는 일이었다.
> – ○○○의 고희 기념(1983년 ○○월 ○○일) 회고록 중에서 –

① 형평 운동의 배경을 알아본다.
② 교육 입국 조서의 내용을 파악한다.
③ 신흥 무관 학교의 교육 내용을 분석한다.
④ 민립 대학 설립 운동의 전개 과정을 알아본다.
⑤ 언론 기관의 문맹 퇴치 운동 지원 활동을 조사한다.

1)
① 주도 세력? _____
② 관련 개혁? _____
③ 관련 단체? _____
④ 전개 시기? _____년대 [초반 / 중반 / 후반]
⑤ 관련 언론사? _____ , _____

04
(가), (나) 사건에 대한 설명으로 옳은 것을 〈보기〉에서 고른 것은?

25회 고급 45

> (가) 전라남도 신안군 암태도에서 시작된 소작 쟁의는 지주에 대항하여 일어났다. 지주는 소작인들의 요구를 무시하고 경찰을 동원하여 협박하기까지 하였다. 급기야 소작 농민들은 목포로 나가 법원 마당에서 단식 투쟁을 전개하였다.
>
> (나) 원산에서 일본인 간부의 조선인 구타가 발단이 되어 원산 총파업이 일어났다. 그러나 자본가와 일제 경찰의 방해 공작으로 파업은 4개월 만에 중단되었다.

| 보기 |
ㄱ. (가) – 조선 농민 총동맹이 주도하였다.
ㄴ. (가) – 참여 농민의 소작료를 낮추는 성과를 거두었다.
ㄷ. (나) – 국외 노동 단체의 지지를 받았다.
ㄹ. (나) – 조선 노동 공제회 창립의 계기가 되었다.

① ㄱ, ㄴ ② ㄱ, ㄷ ③ ㄴ, ㄷ ④ ㄴ, ㄹ ⑤ ㄷ, ㄹ

1)
(가) 사건? _____년에 일어난 _____
(나) 사건? _____년에 일어난 _____

2)
ㄱ 창립 연도? _____년
ㄴ 관련 사건? _____
ㄷ 관련 사건? _____
ㄹ 창립 연도? _____년

ANSWER

03. ①
① 1차 갑오개혁 당시 신분제가 폐지되었으나 그 이후에도 백정에 대한 차별이 지속되자, 사회적 차별을 철폐하기 위해 진주에서 1923년 조선 형평사를 결성하고 형평 운동을 전개하였다.
[오답] ② 2차 갑오개혁 때 교육 입국 조서가 발표되면서 근대 교육 제도가 확립되어 소학교와 사범학교 등이 설립되었다. ③ 이회영 등이 중심이 되어 서간도 삼원보에 민족 운동 단체인 경학사를 조직하고 신흥 강습 무관학교를 설치하였다. ④ 1920년대 초반 조선 민립 대학 기성회를 중심으로 민립 대학 설립을 위한 모금 운동을 전개하였다. ⑤ 조선일보와 동아일보 등의 언론사를 중심으로 문맹 퇴치와 농촌 계몽 운동이 전개되었다.

04. ③
(가)는 1923년에 일어난 암태도 소작쟁의이다. ㄴ 암태도 소작 쟁의는 한국인 지주와 일본인 경찰에 맞서 싸워 소작료 인하를 관철시켰다. (나)는 1929년에 일어난 원산 노동자 총파업이며 ㄷ 원산 노동자들은 4개월간 투쟁하며 전국을 넘어 세계 곳곳의 노동자의 격려 전문을 받았다.
[오답] ㄱ 조선 농민 총동맹은 1927년 조직되었으므로, 1923년의 암태도 소작 쟁의를 주도할 수 없다. ㄹ 조선 노동 공제회는 1920년 서울에서 지식인과 노동자들이 중심이 되어 결성되었다.

기출문제

05

(가) 민족 운동에 대한 설명으로 옳은 것은? 49회 심화 40

- 대한 독립운동가여 단결하라!
- 일체 납세를 거부하자!
- 일본 물자를 배척하자!
- 언론·출판·집회의 자유를!
- 보통 교육은 의무 교육으로!
- 교육 용어는 조선어로!

이것은 순종의 인산일에 일어난 (가) 당시 장례 행렬에 모인 사람들에게 뿌려진 격문의 일부입니다

① 대구에서 시작되어 전국으로 확산되었다.
② 대한민국 임시 정부 수립에 영향을 주었다.
③ 민족주의 진영과 사회주의 진영이 함께 준비하였다.
④ 일제가 이른바 문화 통치를 실시하는 배경이 되었다.
⑤ 신간회 중앙 본부가 진상 조사단을 파견하여 지원하였다.

1)
(가) 민족 운동? _____

2)
① 관련 운동? _____
② 관련 운동? _____
③ 관련 운동? _____
④ 관련 운동? _____
⑤ 관련 운동? _____

06

(가), (나) 격문이 작성된 사이의 시기에 있었던 사실로 옳은 것은? 44회 고급 39

> (가) 왕조의 마지막 군주였던 창덕궁 주인이 53세의 나이로 지난 4월 25일에 서거하였다. … 지금 우리 민족의 통곡과 복상은 군주의 죽음 때문이 아니고 경술년 8월 29일 이래 사무친 슬픔 때문이다. … 슬퍼하는 민중들이여! 하나가 되어 혁명 단체 깃발 밑으로 모이자! 금일의 통곡복상의 충성과 의분을 모아 우리들의 해방 투쟁에 바치자!
>
> (나) 조선 청년 대중이여! 궐기하라. 제국주의적 침략에 대한 반항적 투쟁으로서 광주 학생 사건을 지지하고 성원하라. … 저들은 소위 사법 경찰을 총동원하여 광주 조선 학생 동지 400여 명을 참혹한 철쇄에 묶어 넣었다. 여러분! 궐기하라! 우리들이 흘리는 선혈의 마지막 한 방울까지 조선 학생의 이익과 약소 민족의 승리를 위하여 항쟁적 전투에 공헌하라!

① 김상옥이 종로 경찰서에 폭탄을 투척하였다.
② 동아일보를 중심으로 브나로드 운동이 전개되었다.
③ 고액 소작료에 반발하여 암태도 소작 쟁의가 발생하였다.
④ 사회주의 세력의 활동 방향을 밝힌 정우회 선언이 발표되었다.
⑤ 일제가 데라우치 총독 암살 미수 사건을 계기로 105인 사건을 날조하였다.

1)
(가) 사건? ____년에 일어난 _____
(나) 사건? ____년에 일어난 _____

2)
① 관련 연도? ____년   ② 관련 시대? ____년대 전개
③ 관련 연도? ____년   ④ 관련 연도? ____년
⑤ 관련 연도? ____년

ANSWER

05. ③
(가) 운동은 6·10 만세 운동으로, 사회주의자와 학생들이 중심이 되어 순종의 인산일에 맞춰 만세 운동을 계획하였다. ③ 운동의 준비 과정에서 조선 공산당 등의 사회주의 세력과 천도교 등의 민족주의 세력이 연대하여 민족 유일당을 결성할 수 있는 계기가 형성되었다.
[오답] ① 국채보상운동은 대구에서 서상돈 등의 주도 하에 시작되어 전국으로 확산되었다. ② 3·1 운동은 전 민족이 참여한 대규모 독립 운동으로 대한민국 임시정부 수립에 영향을 주었다. ④ 3·1 운동의 영향으로 일제는 통치방식을 무단통치에서 문화통치로 바꾸었다. ⑤ 광주 학생 항일 운동은 신간회의 지원에 힘입어 전국으로 확산되었다.

06. ④
(가)는 1926년 사회주의 세력과 학생들이 순종 인산일에 맞춰 진행한 6·10 만세 운동이다. ④ 치안유지법으로 탄압 받던 사회주의 단체인 정우회는 1926년 11월 정우회 선언을 발표하였다. (나)는 1929년 전남 나주에서 한·일 학생 간의 충돌을 계기로 일어난 광주 학생 항일 운동에 해당한다.
[오답] ① 의열단의 김상옥은 종로경찰서에 폭탄을 투척하였다(1923). ② 동아일보는 1931년부터 브나로드 운동을 내세우며 농촌 계몽 운동을 전개하였다. ③ 전남 신안군의 암태도 소작 쟁의(1923)는 지주와 일본 경찰에 맞서 싸워 소작료 인하를 관철시켰다. ⑤ 신민회는 일제가 조작한 105인 사건으로 해체되었다(1911).

03 기출문제

07

(가) 단체의 활동으로 옳은 것은? 50회 심화 36

<역사 다큐멘터리 제작 기획안>

　　(가)　, 좌우가 힘을 합쳐 창립하다

◆ 기획 의도
일제 강점기 최대 규모의 사회 단체인 (가) 에 대한 다큐멘터리를 제작하여 그 역사적 의미를 살펴본다.

◆ 장면별 구성 내용
– 정우회 선언을 작성하는 장면
– 이상재가 회장으로 추대되는 장면
– 전국 주요 도시에 지회가 설립되는 장면
– 순회 강연단을 조직하고 농민 운동을 지원하는 장면

① 평양에 자기 회사를 설립하였다.
② 2·8 독립 선언서를 작성하여 발표하였다.
③ 제국신문을 발행하여 민중 계몽에 힘썼다.
④ 어린이날을 제정하고 잡지 어린이를 간행하였다.
⑤ 광주 학생 항일 운동에 진상 조사단을 파견하였다.

08

(가) 단체에 대한 설명으로 옳은 것은? 45회 고급 44

　　(가)　 은/는 '우리는 정치적, 경제적, 사회적 각성을 촉진함', '우리는 단결을 공고히 함', '우리는 일체 기회주의를 부인함'이라는 3대 강령 하에서 탄생되어 금일까지 140개 지회의 39,000여 명의 회원을 포함한 단체가 되었다.
– 『동광』 –

① 민족 유일당 운동의 일환으로 결성되었다.
② 이상설, 이동휘를 정·부통령에 선임하였다.
③ 일제가 조작한 105인 사건으로 조직이 해체되었다.
④ 조선 총독부에 국권 반환 요구서를 발송하려 하였다.
⑤ 오산 학교와 대성 학교를 세워 민족 교육을 실시하였다.

ANSWER

07. ⑤
비타협적 민족주의자들과 사회주의자들이 민족협동전선(민족유일당)을 결성하기로 하여 신간회가 창립(1927)되었다. 신간회는 서울에 본부를 두고 이상재를 회장으로 두어 각지에 140여개의 지회를 설치하였다. ⑤ 또한 1929년 광주 학생 항일 운동이 일어나자 현지에 조사단을 파견하고 이들을 지원하였다.
[오답] ① 신민회는 평양에 자기회사와 태극서관을 설립하여 민족 자본을 형성하였다. ② 도쿄의 한인 유학생들을 중심으로 조직된 조선 청년 독립단은 1919년 2·8 독립 선언을 선포하였다. ③ 제국신문은 한글로 간행한 신문으로 독자는 서민층과 부녀자들이 많았다. ④ 방정환이 이끄는 천도교 소년회는 어린이날을 제정하고 '어린이'라는 잡지를 간행하여 소년운동을 전개하였다.

08. ①
(가) 단체는 신간회이다. 신간회는 서울에 본부를 두고 이상재를 회장으로 두어 각지에 140여개의 지회를 설치하였으며 ① 비타협적 민족주의와 사회주의자들이 이념과 노선의 차이를 넘어 민족 유일당으로 결성한 단체이다.
[오답] ② 연해주에서 권업회를 기반으로 이상설, 이동휘 등은 대한광복군 정부를 조직하였다. ③ 신민회는 일제가 조작한 105인 사건으로 해체되었다. ④ 독립의군부는 일본 정부와 총독부에 국권 반환 요구서를 발송하려다 발각되어 해체되었다. ⑤ 신민회는 이승훈이 오산학교, 안창호가 대성학교를 설립하여 민족 교육을 실시하였다.

CHAPTER 04 1920년대 이후 국외 무장 독립 투쟁의 전개

01 1920년대 국외 무장 독립 투쟁

(1) 1920년대 국외 무장 독립 투쟁

① 봉오동 전투(1920.6)
- 연합부대 : 대한독립군(홍범도), 국민회군(안무), 군무 도독부군(최진동)
- 일본군을 봉오동으로 유인하여 큰 승리 거둠, 첫 승리

② 훈춘사건(1920.10)
- 간도 지역에 일본군을 출병시키기 위해 일본이 날조한 사건, 마적단 매수

③ 청산리 대첩(1920.10)
- 연합부대 : 북로군정서(김좌진), 대한독립군(홍범도) 등
- 최대 승리 : 어랑촌, 백운평, 천수평, 완루구, 고동하 전투

④ 간도참변(1920.10~)
- 연이은 패배에 따른 일본군의 보복, 민간인의 희생 및 독립군의 시련

⑤ 독립군의 재정비(1920.12)
- 밀산 한흥동에 집결
- 독립군 재정비 : 대한독립군단 결성(총재 : 서일)
- 소련령 자유시로 이동

⑥ 자유시 참변(1921.6)
- 독립군 지휘권 다툼, 무장해제 당한 후 대부분 만주로 복귀

⑦ 3부 결성(1923~1925)
- 만주로 이동 후 독립군 재정비
- 3부의 성립, 참의부, 정의부, 신민부, 군정기구 및 민정기구의 역할

⑧ 미쓰야 협정(1925)
- 만주에서 활약하는 독립군을 체포하여 일본에게 넘길 것, 이 때 일본은 대가로 상금을 지불할 것
- 독립군 위축

⑨ 3부 통합(1928-29)
- 국민부(1929) : 다수 사회주의 계열 – 조선혁명당, 조선혁명군(양세봉)
- 혁신의회(1928) : 다수 민족주의 계열 – 한국독립당, 한국독립군(지청천)

CHAPTER 04 1920년대 이후 국외 무장 독립 투쟁의 전개

사료 확인

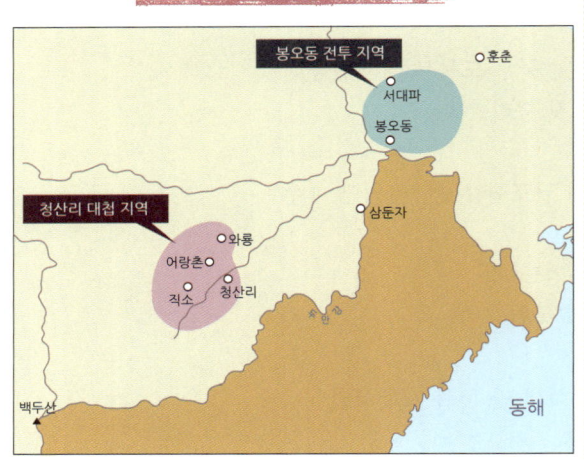

봉오동 전투와 청산리 대첩

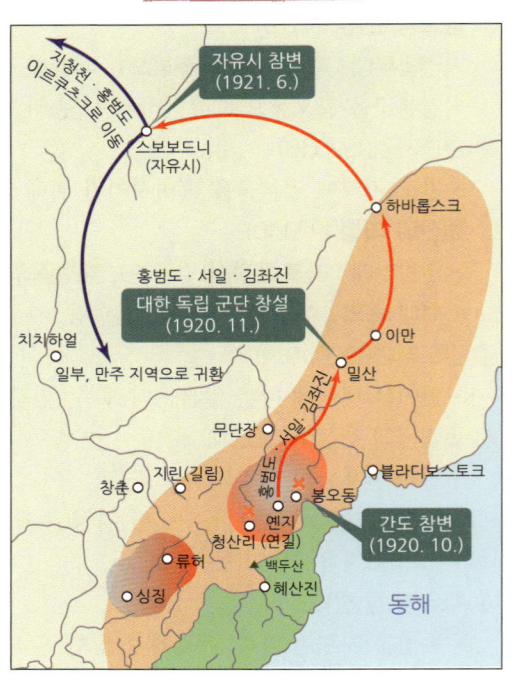

자유시 참변

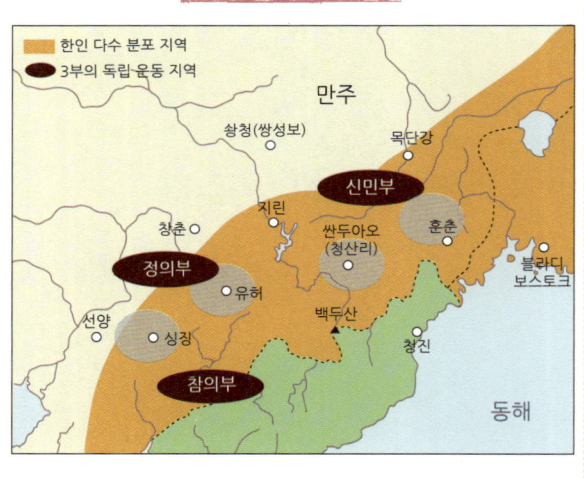

3부의 결성

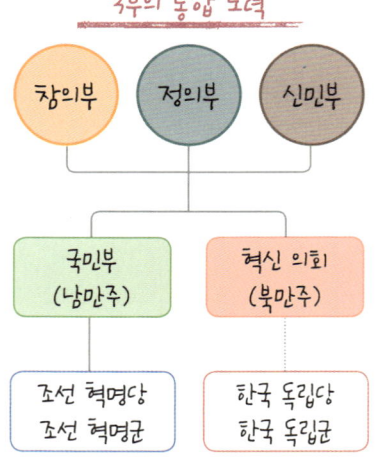

3부의 통합 노력

여기서 잠깐

1. 1920년 6월 홍범도가 이끄는 대한 독립군을 비롯한 여러 독립군 부대가 봉오동에서 일본군을 크게 물리쳤다. (   )
2. 청산리 대첩을 전후하여 일본군은 독립군의 근거지를 없앤다는 명분으로 간도의 한인 마을을 습격하는 자유시 참변을 일으켰다. (   )

정답 1. ○ 2. ×

🌸 빈출 선지 체크

1. 봉오동 전투에서 일본군을 격파하였다.   (인물)
2. 만주 군벌과 일제가 미쓰야 협정을 체결하였다.   (시기)
3. 일본군의 공세를 피해 자유시로 이동하였다.   (독립군)

정답 1. 홍범도   2. 1920년대   3. 대한독립군단

사료 확인

<u>독립군이 승리할 수 있었던 요인</u>

- 생명을 돌보지 않고 떨쳐 일어나 용감히 싸우는, 독립에 대한 군인 정신이 먼저 적의 사기를 압도하였다.
- 양호한 진지를 먼저 차지하고, 완전한 준비를 하여 사격 성능을 극도로 발휘할 수 있었다.
- 기회에 따라 바뀌는 전술과 예민 신속한 활동이 모두 적의 의표를 찔렀다.

1. 독립군의 승리 요인 - _____ 지역 동포의 노력과 희생

교전은 아침부터 저녁까지 계속되었다. 굶주림! 그러나 이를 의식할 시간도 먹을 시간도 없었다. 마을 아낙네들이 치마폭에 밥을 싸 가지고 빗발치는 총알 사이로 산에 올라와 한 덩이 두 덩이 동지들 입에 넣어 주었다.   - 『우등불』 -

2. _____ 협정

1. 조선인이 무기를 가지고 다니거나 조선으로 침입하는 것을 엄금하며, 위반자는 검거하여 일본 경찰에 인도한다.
2. 만주에 있는 한인 단체를 해산시키고 무장을 해제하며, 무기와 탄약을 몰수한다.
3. 일본이 지명하는 독립운동가를 체포하여 일본 경찰에 인도한다.

정답 1. 간도   2. 미쓰야

CHAPTER 04 1920년대 이후 국외 무장 독립 투쟁의 전개

02 1930년대 이후 무장 독립 투쟁

- 1931 한인 애국단 조직
- 1932 이봉창, 윤봉길 의거
- 1935 민족 혁명당 조직
- 1937 중·일 전쟁 발발
- 1938 조선 의용대 조직
- 1940 임시 정부 충칭 정착, 한국 광복군 조직

(1) 1930년대 초반 한·중 연합 작전
  ① 한·중 연합 작전
   • 배경 : 만주사변(1931), 만주국 수립(1932) 이후 중국인의 태도 변화
   • 조선 혁명군(양세봉) : with 중국 의용군, 영릉가 · 흥경성 전투 승리
   • 한국 독립군(지청천) : with 중국 호로군, 쌍성보 · 사도하자 · 대전자령 · 동경성 전투 승리
   • 1930년대 중반 이후 대거 중국 관내로 이동
  ② 만주 잔류
   • 동북 인민 혁명군(1933) : 항일 투쟁 및 자치 정부의 역할(중국 공산당이 조직 + 한인 동포 참여)
   • 동북 항일 연군(1936) : 반일 민족 통일 전선 형성, 조국광복회(1936) 조직, 보천보 전투(37)

(2) 1930년대 중반 이후 관내 무장 독립 투쟁
  ① 민족 혁명당(1935)
   • 중국 난징에서 김원봉, 조소앙, 지청천 중심으로 결성
   • 민족주의 계열과 사회주의 계열이 만든 중국 관내 최대 규모의 통일 전선 정당
   • 한국독립당, 조선혁명당, 대한독립당, 신한독립당, 의열단 등 통합결성
  ② 조선 의용대(1938)
   • 김원봉이 중국 한커우에서 조직, 중국 관내 최초의 한인 무장 부대
   • 중국 국민당 정부와 연계 활동, 적진 교란, 첩보, 및 선전활동에 주력
   • 조선의용대 화북지대 : 호가장 전투(1941), 반소탕전(1942) 등에서 큰 성과
   • 김원봉 잔류 : 충칭 임시정부의 한국 광복군에 합류(1942)
  ③ 한국 독립당(1940)
   • 조소앙(한국 독립당), 지청천(조선 혁명당), 김구(한국 국민당) 등 합당
   • 대한민국 임시정부의 여당
  ④ 한국 광복군(1940)
   • 결성 : 임시정부 산하의 군대로 창설(1940, 총사령관 지청천), 조선 의용대의 가세로 강화(1942)
   • 활동 : 중국 국민당의 지원, 임시 정부의 대일 선전 포고(1941), 영국군의 요청에 따라 인도·미얀마 전선에 파견(선전, 포로 심문, 암호 해독), 미국 전략 정보국(OSS)과 협력하여 국내 진공 작전 계획
     → 일제의 패망으로 취소
  ⑤ 조선 독립 동맹(1942) : 중국 화북 지방에서 결성된 독립 운동 조직, 김두봉 등 사회주의 계열의 인물들이 중심
  ⑥ 조선 의용군(1942) : 조선 의용대 화북지대의 개편, 중국 공산당의 팔로군과 함께 항일전 수행

사료 확인

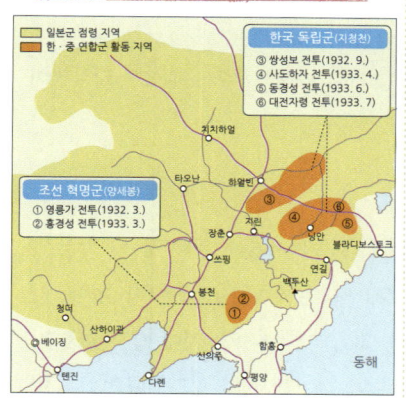
1930년대 초반 한·중 연합 작전

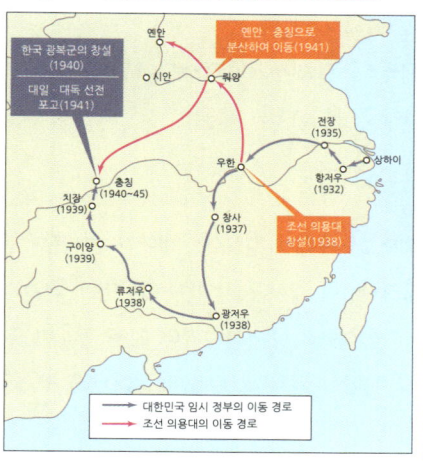
임시정부와 조선 의용대의 이동 경로

한국 광복군 결성식 후 기념촬영

빈출 선지 체크

1. 만주 사변 이후 대전자령 전투에서 일본군을 격퇴하였다. (독립군)
2. 충칭에서 한국 광복군을 창설하였다. (관련 단체)
3. 국내 정진군을 조직하여 국내 진공 작전을 추진하였다. (독립군)
4. 옌안에서 조선 독립 동맹을 결성하였다. (인물)
5. 쌍성보 전투에서 한중 연합 작전을 전개하였다. (독립군)(대표 인물)
6. 중국 팔로군과 함께 호가장 전투에서 활약하였다. (독립군)
7. 중국 관내(關內)에서 결성된 최초의 한인 무장 부대였다. (독립군)
8. 흥경성에서 일본군을 격퇴하였다. (독립군)
9. 연합군과 함께 인도·미얀마 전선에서 활동하였다. (독립군)

정답 1. 한국 독립군 2. 임시정부 3. 한국 광복군 4. 김두봉 5. 한국 독립군 / 지청천
6. 조선 의용대 화북지대 7. 조선 의용대 8. 조선 혁명군 9. 한국 광복군

1920년대 이후 국외 무장 독립 투쟁의 전개

 사료 확인

1. _____ 작전

조선 혁명군과 중국 의용군은 다음과 같이 합의하였다.
"중국과 한국 양국의 군민은 한마음 한뜻으로 일제에 대항하여 싸우고, 인력과 물자는 서로 나누어 쓰며, 합작의 원칙하에 국적에 관계없이 그 능력에 따라 항일 공작을 나누어 맡는다."

2. _____ (독립군)의 활동

때는 해동 무렵이어서 얼음이 풀린 소자강은 수심이 깊었다. 게다가 성애장이 뗏목처럼 흘러내렸다. 하지만 이 강을 건너지 못하면 영릉가로 쳐들어갈 수 없었다. 밤 12시 정각까지 영릉가에 들어가 공격을 알리는 신호탄을 울려야만 했다. 양 사령은 전사들에게 소자강을 건너라고 명령하고 나서 자기부터 먼저 강물에 뛰어들었다. 강을 무사히 건넌 양 사령은 강행군에 거추장스런 바지를 벗어던지고 잠방이 차림으로 나섰다. 전사들은 사령을 본받아 다 잠방이만 입고 행군했으나 찬 바람이 살을 에였는데……

3. _____ (군사)

1938년 민족 혁명당을 중심으로 조직된 군사 단체로 이들의 일부는 화북으로 이동하고 남은 병력은 한국광복군에 합류하였다.

4. _____ (군사)

중국 국민당 정부의 지원을 받아 1940년에 창설되어 일본에 선전 포고를 하고 인도·미얀마 등지에 파견 되었으며, 특수 훈련을 받은 후 국내 진입 작전을 계획하였다.

5. _____ (군사)

드디어 3개월간의 제1기생 50명의 OSS 특수 공작 훈련이 끝났다. 나는 무전 기술 등의 시험에서 괜찮은 성적을 받았고 국내로 침투하여 모든 공작을 훌륭하게 수행할 수 있는 자신을 얻었다. …… 제1기생 훈련이 성공적으로 끝나자 우리는 말할 것도 없고 미군도 대만족하여 즉각 국내로 침투시킬 계획을 작성하였다.   - 『장정』 -

6. _____ (군사)

대한민국 임시 정부는 대한민국 원년(1919)에 정부가 공포한 군사 조직법에 의거하여 …… 광복군을 조직하고 …… 공동의 적인 일본 제국주의자들을 타도하기 위해 연합군의 일원으로 항전을 계속한다. …… 이때 우리는 큰 희망을 갖고 우리 조국의 독립을 위해 우리의 전투력을 강화할 시기가 왔다고 확신한다. …… 우리는 한·중 연합 전선에서 우리 스스로의 부단한 투쟁을 감행하여 동아시아를 비롯한 아시아 민중의 자유와 평등을 쟁취할 것을 약속하는 바이다.

정답 1. 한·중 연합 작전 2. 조선 혁명군 3. 조선 의용대 4. 한국 광복군 5. 한국 광복군 6. 한국 광복군

03 의열 투쟁과 국외 이주 동포의 활동

(1) 의열 투쟁의 전개
　① 의열단(1919)
　　• 결성 : 김원봉, 윤세주 등이 만주 지린에서 결성
　　• 강령 : "조선 혁명 선언"(1923, 신채호), 무장 독립 투쟁의 필요성 지적, 민중에 의한 직접 혁명
　　• 활동
　　　: 일제 요인 암살과 식민 지배 기구 파괴
　　　: 의열 투쟁 → 개별 투쟁의 한계 → 군사 활동 준비
　　　: 박재혁(1920, 부산경찰서), 김익상(1921, 조선 총독부), 김상옥(1923, 종로경찰서)
　　　　김지섭(1924, 도쿄 궁성), 나석주(1926, 식산은행 및 동양척식 주식회사)
　　　: 개별적 투쟁의 한계인식 → 황푸 군관학교 단원 입학 → 조선 혁명 간부 학교 설립(1932)
　② 한인 애국단(1931)
　　• 조직 : 김구가 임시정부를 위기를 극복하고자 조직
　　• 활동
　　　: 이봉창 – 도쿄에서 일본 국왕 암살 시도 → 상하이 사변
　　　: 윤봉길 – 상하이 사변 승전 기념식, 홍커우 공원 의거 → 중국 국민당 정부의 지원

(2) 국외 이주 동포의 활동
　① 미주 동포
　　• 하와이 이민 : (1903~) 대한제국 정부가 공인한 최초의 합법적 이민
　　• 한인 단체 조직 : 대한인 국민회(1910), 재미 한족 연합 위원회(1941)
　② 만주 동포
　　• 청산리 대첩 당시에 독립군 지원, 간도참변으로 희생
　③ 연해주 동포
　　• 1860년 러시아가 연해주를 차지한 후 한인 입국 허용 및 토지 제공으로 많은 농민 이주
　　• 국권피탈기 의병 및 이주 한인 증가, 권업회 등 조직
　　• 1937년 연해주 지역 한인을 중앙아시아로 강제 이주 → 이들의 후손 '고려인'
　④ 일본 동포
　　• 식민 통치 초기 : 주로 한인 유학생
　　• 1차 세계 대전 이후 : 일본 내 산업 발전으로 노동력 이용 위해 한인 이주 허용
　　• 관동대지진 때 한국인 학살(1923)
　　• 1939년 징용령으로 강제 노역

1920년대 이후 국외 무장 독립 투쟁의 전개

빈출 선지 체크

1. 조선 혁명 간부 학교를 설립하였다. (인물)
2. 일왕이 탄 마차에 폭탄을 투척하였다. (단체)(인물)
3. 동양 척식 주식회사에 폭탄을 투척하였다. (단체)(인물)
4. 조선 혁명 선언을 활동 지침으로 삼았다. (단체)
5. 민중의 직접 혁명을 주장하는 조선 혁명 선언을 집필하였다. (인물)

정답 1. 김원봉   2. 한인애국단 / 이봉창   3. 의열단 / 나석주   4. 의열단   5. 신채호

사료 확인

1. _____ (인물)의 _____ 선언

민중은 우리 혁명의 중심부이다. 폭력은 우리 혁명의 유일한 무기이다. 우리는 민중 속에 가서 민중과 손을 잡아 끊임없는 폭력, 암살, 파괴, 폭동으로써 강도 일본의 통치를 타도하고 우리 생활에 불합리한 일체 제도를 개조하여 인류로서 인류를 압박하지 못하며 사회로서 사회를 약탈하지 못하는 이상적 조선을 건설할지니라.

정답 1. 신채호 / 조선 혁명

04 기출문제

01

(가), (나) 사이의 시기에 있었던 사실로 옳지 않은 것은?

52회 심화 44

> (가) 북간도에 주둔한 아군 7백 명은 북로 사령부 소재지인 봉오동을 향해 행군하다가 적군 3백 명을 발견하였다. 아군을 지휘하는 홍범도, 최진동 두 장군은 즉시 적을 공격하여 120여 명을 살상하고 도주하는 적을 추격하였다.
> – 『독립신문』 –
>
> (나) 조선 혁명군 총사령 양세봉, 참모장 김학규 등은 병력을 이끌고 중국 의용군과 합세하였다. …… 아군은 승세를 몰아 적들을 30여 리 정도 추격한 끝에 영릉가성을 점령하였다. – 『광복』 –

① 자유시 참변 이후 3부가 조직되었다.
② 일본군의 보복으로 간도 참변이 발생하였다.
③ 독립군 연합 부대가 청산리에서 큰 승리를 거두었다.
④ 일제가 독립군을 탄압하고자 미쓰야 협정을 체결하였다.
⑤ 스탈린에 의해 많은 한인이 중앙아시아로 강제 이주되었다.

1)
(가) 사건? _____년에 전개된 _____
(나) 사건? _____년대 [초반 / 중반 / 후반]

2) 위 ①~⑤를 아래 표에 순서대로 나열하시오.
	(가)		(나)	

02

(가), (나) 사이의 시기에 있었던 사실로 옳은 것은?

48회 심화 42

> (가) 동북 3성의 군벌 장작림(張作霖)과 일본과의 협정이 성립되어 독립 운동하는 한국인은 잡히는 대로 왜에게 넘겨졌다. 심지어 중국 백성들은 한국인 한 명의 머리를 베어 왜놈 영사관에 가서 몇 십 원 내지 3, 4원씩 받고 팔기도 했다.
>
> (나) 나와 공근은 상해의 프랑스 조계를 떠나 기차역으로 가서 그날로 가흥(嘉興)으로 피신하였다. 그곳은 박찬익 형이 은주부와 저보성 제씨(諸氏)에게 주선하여 며칠 전에 엄항섭 군의 가족과 김의 일가, 석오 이동녕 선생이 벌써 이사하였던 곳이다.
> – 『백범일지』 –

① 일본군의 보복으로 간도 참변이 발생하였다.
② 한국 광복군이 국내 진공 작전을 준비하였다.
③ 한인 애국단이 조직되어 의거 활동을 전개하였다.
④ 일본의 토지 침탈을 막고자 농광 회사가 설립되었다.
⑤ 삼균주의에 입각한 대한민국 건국 강령이 발표되었다.

1)
(가) 협정? _____년에 체결된 _____ 협정
(나) 시기? _____년의 상황

2) 위 ①~⑤를 아래 표에 순서대로 나열하시오.
	(가)		(나)	

📢 ANSWER

01. ⑤
(가) 홍범도가 이끄는 대한독립군은 봉오동 전투에서 일본군을 살상시키는 전과를 거두었다(1920). ③ 김좌진이 이끄는 북로군정서와 홍범도의 대한독립군은 청산리 전투에서 일본군을 크게 무찔렀다(1920, 청산리대첩). ② 일제는 봉오동 전투와 청산리 전투의 패배에 대한 보복으로 간도 지역의 수많은 한국인을 학살하였다(1920, 간도참변). ① 자유시참변 이후 독립군은 만주로 이동하여 참의부, 정의부, 신민부의 3부를 조직하였다(1923~1925). ④ 일제와 만주 군벌 사이에 미쓰야 협정(1925)이 체결되면서 독립군은 활동에 위협을 받았다. 1930년대 초반기에는 한·중 연합작전이 전개되었는데, (나) 조선혁명군은 양세봉의 지휘 아래 중국 의용군과 연합하여 영릉가 전투(1932)와 흥경성 전투(1933)에서 일본군을 크게 물리쳤다.
[오답] ⑤ 중일전쟁(1937) 이후 소련은 일본과의 전쟁이 발발할 경우 한국인이 일본을 지원할 거라는 명분으로 수많은 한인들을 중앙아시아로 강제 이주시켰다.
[순서 나열] (가)-③-②-①-④-(나)-⑤

02. ③
(가) 일제와 만주 군벌 정부 사이에 미쓰야 협정이 체결되면서 독립군의 활동은 큰 위협을 받았다(1925). ③ 침체기에 빠져있던 임시정부에 활기를 넣기 위해 김구는 한인애국단을 결성하여 의열 투쟁을 전개하였다(1931). (나) 김구는 한인 애국단을 조직하였고, 상해에서 훙커우 공원 의거를 일궈냈으며(1932), 이후 임시정부는 상해를 떠나 이동하게 되었다.
[오답] ① 봉오동 전투와 청산리 대첩에 대한 보복으로 일제는 간도 참변을 일으켰다(1920). ② 한국 광복군은 1943년부터 미국 OSS와 협조하여 국내 진공 작전을 준비하였으나 일제의 패망으로 실현되지 못하였다. ④ 1904년 일제의 토지 침탈에 맞서기 위해 개간 사업을 목적으로 농광회사를 설립하였다. ⑤ 임시정부는 조소앙의 삼균주의에 입각한 대한민국 건국강령을 발표하였다(1941).
[순서 나열] ④-①-(가)-③-(나)-⑤-②

04 기출문제

03

(가) 부대의 활동으로 옳은 것은?   51회 심화 44

학술 대회 안내

우리 학회는 1929년 조직되어 남만주에서 항일 무장 투쟁을 전개하였던 ___(가)___ 을/를 조명하는 학술 대회를 개최합니다.

◈ 발표 주제 ◈
1. 영릉가 전투의 전개 과정
2. 1930년대 한중 항일 연합 작전의 성과
3. 총사령 양세봉에 대한 남과 북의 평가

- 일시 : 2021년 ○○월 ○○일 13:00~17:00
- 장소 : □□기념관 강당
- 주최 : △△ 학회

① 흥경성에서 일본군을 격퇴하였다.
② 호가장 전투에서 크게 활약하였다.
③ 대전자령 전투에서 큰 전과를 올렸다.
④ 중국 팔로군에 편제되어 항일 전선에 참여하였다.
⑤ 연합군과 함께 인도·미얀마 전선에서 활동하였다.

1) (가) 부대? _____

2)
① 관련 부대? _____   ② 관련 부대? _____
③ 관련 부대? _____   ④ 관련 부대? _____
⑤ 관련 부대? _____

04

다음 인물의 활동으로 옳은 것은?   49회 심화 45

이달의 독립운동가

한국 광복군 창설의 주역
○○○ 장군

- 생몰 : 1888년~1957년
- 주요 활동
  - 정의부 총사령관 역임
  - 한국 독립당 창당에 참여
  - 한국 광복군 총사령관 역임
- 서훈 내용
  건국 훈장 대통령장 추서

① 동양 척식 주식회사에 폭탄을 투척하였다.
② 대한 광복회를 조직하여 친일파를 처단하였다.
③ 쌍성보, 대전자령 전투에서 일본군을 격파하였다.
④ 대한 국민회군과 연합하여 봉오동 전투에서 승리하였다.
⑤ 민중의 직접 혁명을 주장하는 조선 혁명 선언을 집필하였다.

1) 위 인물? _____

2)
① 관련 인물? _____   ② 관련 인물? _____
③ 관련 인물? _____   ④ 관련 인물? _____
⑤ 관련 인물? _____

📣 ANSWER

03. ①
1920년대 말 전개된 3부 통합으로 조선 혁명군과 한국 독립군이 편성되었다. 남만주(서간도) 지역에서 활동한 ① (가) 조선 혁명군은 양세봉의 지휘 아래 중국 의용군과 연합하여 영릉가 전투와 흥경성 전투에서 일본군을 격퇴하였다.
[오답] ② 조선 의용대의 대부분은 보다 적극적인 항일 투쟁을 위해 화북지방으로 이동하여 조선 의용대 화북지대로 개편하고 일본의 공세에 맞서 호가장 전투, 반소탕전 등에 참가하여 큰 전과를 거두었다. ④ 조선의용대 화북지대는 조선의용군으로 개편되어 1943년 이후에는 중국 팔로군 소속으로 편입되었다. ③ 한국 독립군은 지청천의 지휘 아래 중국군과 연합하여 쌍성보 전투, 대전자령 전투에서 큰 전과를 올렸다. ⑤ 한국광복군은 한·영 군사 협정을 체결하고 인도·미얀마 전선에서 영국군과 함께 대일 작전에 참여하였다(1943).

04. ③
지청천은 북만주에서 한국 독립군을 결성하고 중국군과 연합하여 ③ 쌍성보, 대전자령 전투에서 일본군을 격파하였다. 이후 김구의 요청으로 임시정부에 합류하여 충칭에서 한국 광복군을 창설하고 총사령관으로 취임하였다.
[오답] ① 나석주는 의열단 단원으로 서울에 있는 식산은행과 동양척식주식회사에 폭탄을 투척하였다. ② 박상진은 대한광복회를 조직하고 총사령관으로 취임하였으며, 공화정체를 목표로 하여 친일파를 처단하고 만주에서 군사 활동을 준비하였다. ④ 홍범도가 이끄는 대한독립군은 대한 국민회군 등과 연합하여 봉오동 전투에서 첫승을 거두었다. ⑤ 신채호가 작성한 조선 혁명 선언에는 의열단의 목표가 잘 드러나 있다.

05

(가) 부대에 대한 설명으로 옳은 것은? 48회 심화 45

> 30여 년이나 비밀리에 행동한 조선 혁명 청년은 지금도 중국 항일전에서 혁명 행동의 기회를 얻어, … (가) 은/는 10월 10일 한구(漢口)에서 성립, 중앙군의 이동에 따라 계림(桂林)으로 왔다. 대장 진빈 선생[김원봉]은 금년 41세로서, 1919년 조선의 3월 운동 및 조선 총독부 파괴의 의열단 사건 등도 그들에 의한 것이다.
> – 『국민공론』 –

① 청산리에서 일본군과 교전하였다.
② 대전자령 전투에서 일본군을 격퇴하였다.
③ 일본군의 공세를 피해 자유시로 이동하였다.
④ 중국 의용군과 연합하여 흥경성 전투를 이끌었다.
⑤ 중국 관내(關內)에서 결성된 최초의 한인 무장 부대였다.

1)
(가) 부대? _____년에 창설된 _____

2)
① 관련 부대? _____ , _____
② 관련 부대? _____ 대표 인물? _____
③ 관련 부대? _____
④ 관련 부대? _____ 대표 인물? _____
⑤ 관련 부대? _____

06

(가) 군대에 대한 설명으로 옳은 것은? 44회 심화 40

> 이것은 대한민국 임시정부 산하의 (가) 총사령부 건물로, 지난 3월 이곳 충칭의 옛 터에 복원되었습니다. 과거 임시정부가 중국의 도움으로 (가) 을/를 창설하였듯이. 오늘날 이 총사령부 건물도 양국의 노력으로 세울 수 있었습니다.

① 김좌진의 지휘 아래 활동하였다.
② 자유시 참변으로 큰 타격을 입었다.
③ 미국과 연계하여 국내 진공 작전을 계획하였다.
④ 중국 관내(關內)에서 결성된 최초의 한인 무장 부대였다.
⑤ 중국 호로군과 연합 작전을 통해 항일 전쟁을 전개하였다.

1)
(가) 부대? _____년에 창설된 _____

2)
① 관련 부대? _____   ② 관련 부대? _____
③ 관련 부대? _____   ④ 관련 부대? _____
⑤ 관련 부대? _____

 ANSWER

05. ⑤
(가) 부대는 김원봉이 조직한 조선 의용대(1938)이다. ⑤ 조선 의용대는 중국 관내에서 결성된 최초의 한인 무장 부대이며 중국 국민당의 지원을 받아 항일전을 수행하였다.
[오답] ① 김좌진이 이끄는 북로군정서와 홍범도가 이끄는 대한독립군은 청산리 대첩에서 일본에 승리를 거두었다. ② 한국 독립당 산하에 결성된 한국 독립군은 지청천의 지휘 아래 중국군과 연합하여 쌍성보, 대전자령 전투에서 일본군을 격퇴하였다. ③ 대한독립군단은 소련의 지원을 믿고 자유시로 이동하였으나 소련군의 공격을 받는 자유시 참변(1921)을 당하여 극심한 타격을 입었다. ④ 조선 혁명군은 양세봉의 지휘 아래 중국 의용군과 연합하여 영릉가 전투와 흥경성 전투를 이끌었다.

06. ③
임시정부 산하 군대인 (가) 한국 광복군(1940)은 태평양 전쟁이 발발하자 인도·미얀마 전선에 참전하였으며 ③ 미전략정보국(OSS)과 연계하여 국내 진공 작전을 준비하였으나 일제의 패망으로 실현하지는 못하였다.
[오답] ① 북로군정서는 김좌진의 지휘 아래 청산리 대첩에서 일본에 승리를 거두었다. ② 대한독립군단은 소련의 지원을 믿고 자유시로 이동하였으나 소련군의 공격을 받는 자유시 참변(1921)으로 극심한 타격을 입었다. ④ 김원봉의 조선 의용대는 중국 관내에서 결성된 최초의 한인 무장 부대이다. ⑤ 한국 독립군은 지청천의 지휘 아래 중국호로군과 연합하여 쌍성보, 대전자령 전투에서 일본군을 격퇴하였다.

04 기출문제

07

(가) 단체에 대한 설명으로 옳은 것은?   43회 고급 43

> 김창숙은 동년 음력 3월 중순에 상하이에 도착하여 본래부터 친분이 있는 ___(가)___ 의 간부 김원봉, 유우근, 한봉근 등을 만나 여러 가지로 의논하였다. … ___(가)___ 의 단원인 나석주를 조선에 잠입시켜 동양 척식 주식회사, 조선 식산 은행 등에 폭탄을 던지고 권총을 난사하여 인명을 살상케 하였다는 것인데, 김창숙은 나석주가 조선에 건너가서 암살할 자로 영남의 부호 장모, 하모, 권모 등을 지적한 일까지 있었다고 한다.

① 태평양 전쟁 발발 이후에 조직되었다.
② 고종의 밀지를 받아 결성된 비밀 단체였다.
③ 만민 공동회를 열어 민권 신장을 추구하였다.
④ 일제가 조작한 105인 사건으로 큰 타격을 입었다.
⑤ 단원 일부가 황푸 군관 학교에 입학해 군사 훈련을 받았다.

1)
(가) 단체? _____년에 조직된 _____

2)
① 태평양 전쟁 발발 연도? _____
② 관련 단체? _____ ③ 관련 단체? _____
④ 관련 단체? _____ ⑤ 관련 단체? _____

08

(가) 단체의 활동으로 옳은 것은?   42회 고급 42

> 【이달의 독립운동가】
>
> 이 봉 창
>
>
>
> 서울 출신으로 1925년에 일본으로 건너가 막일로 생계를 유지하다 민족 차별에 분노하여 독립 운동에 투신할 것을 결심하고 상하이로 갔다. 1931년 김구가 조직한 ___(가)___ 에 가입하고, 1932년 1월 도쿄에서 일왕이 탄 마차를 향해 폭탄을 던졌다. 같은 해 사형을 선고받아 순국하였으며, 광복 후 서울 효창 공원에 안장되었다.

① 중국군과 함께 영릉가 전투에서 큰 전과를 올렸다.
② 영국군의 요청으로 인도·미얀마 전선에 투입되었다.
③ 훙커우 공원에서 일어난 윤봉길 의거를 계획하였다.
④ 조선 총독부에 국권 반환 요구서를 제출하려 하였다.
⑤ 조선 혁명 간부 학교를 설립하여 군사 훈련에 힘썼다.

1)
(가) 단체? _____년에 조직된 _____

2)
① 관련 단체? _____ ② 관련 단체? _____
③ 관련 단체? _____ ④ 관련 단체? _____
⑤ 관련 단체? _____

📢 ANSWER

07. ⑤
의열단은 1919년 만주에서 김원봉, 윤세주 등이 중심이 되어 조직되었다. 이들은 개인 무력 투쟁을 통해 독립 운동을 전개하였으며 종로 경찰서, 동양 척식 주식회사 등에 폭탄을 던지는 거사를 감행하였다. ⑤ 의열단은 1925년부터 암살이나 파괴 등으로는 민족 해방 운동을 조직적으로 수행할 수 없다고 여겨 단원 일부를 황푸 군관 학교에 입학시켜 훈련을 받게 하였다.
[오답] ① 태평양 전쟁은 1941년에 발발하였다. ② 임병찬은 고종의 밀지를 받아 독립 의군부를 조직하였다(1912). ③ 독립협회는 만민공동회를 개최하여 민권 신장을 추구하였다. ④ 신민회는 일제가 조작한 105인 사건으로 인해 해체되었다.

08. ③
1920년대 후반 침체기에 빠진 임시정부에 활기를 불어넣기 위해 김구는 한인 애국단을 결성하여 의열 투쟁을 전개하였다. 대표적으로 이봉창이 도쿄에서 일왕에게 폭탄을 투척하였고 ③ 윤봉길은 훙커우 공원에서 폭탄을 투척하였다.
[오답] ① 조선 혁명군은 양세봉의 지휘 아래 중국 의용군과 연합하여 영릉가, 흥경성 전투에서 일본군을 격파하였다. ② 한국 광복군은 영국군의 요청으로 인도·미얀마 전선에 참전하였다. ④ 독립 의군부는 고종의 밀지에 따라 의병을 모으고 총독부에 국권 반환 요구서를 제출하려다 발각되어 해체되었다. ⑤ 의열단의 김원봉은 중국 황푸 군관 학교에 입교하여 군사 훈련을 받은 후 조선 혁명 간부 학교를 설립하여 군사 훈련에 힘썼다.

CHAPTER 05 민족 문화 수호 운동

01 일제의 식민지 문화 정책

(1) 일제의 우민화 정책(조선 교육령)
  ① 제1차(1911) : 보통 학교 수업 연한 단축(4년)
  ① 제2차(1922) : 수업 연한 연장(보통학교, 4년 → 6년), 대학 설립 규정 O (→ 민립 대학 설립 운동)
  ② 제3차(1938) : 조선어 수의(선택) 과목화, 보통학교 → 소학교
  ③ 제4차(1943) : 전시 동원 체제 강화, 조선어·조선 역사 교육 금지, 국민(황국 신민)학교 (1941)

(2) 일제의 식민사관 날조
  ① 일제의 역사 왜곡 : 총독부의 조선사 편수회 설치 → 『조선사』 편찬
  ② 식민사관
    • 목적 : 우리 민족의 독립 의지를 꺾고 일본의 한국 지배와 식민 통치를 정당화 하려 함
    • 정체성론 : 일본을 포함한 다른 지역이 시대별로 발전을 거듭한 데 반해 한국은 발전 없이 정체되어 있다는 논리
    • 타율성론 : 한국 역사는 중국, 일본 등 주변 나라의 지배와 간섭에 의해 이루어져 왔으므로 주체성과 독자성이 없다는 논리
    • 당파성론 : 조선 시대 붕당 정치를 당파 싸움으로 규정하여 한국 민족은 늘 편을 갈라 싸운다고 주장하는 논리

02 국학 운동의 전개

(1) 한글 연구
  ① 조선어 연구회(1921)
    • 가갸날(한글날) 제정, 잡지 〈한글〉 창간
  ② 조선어 학회(1931)
    • 결성 : 최현배, 이극로, 이윤재 등을 중심으로 결성(조선어 연구회 계승)
    • 활동 : 한글 맞춤법 통일안, 표준어·외래어 표기법 제정, 『우리말 큰사전』 편찬 시도
    • 해체 : 조선어 학회 사건(1942)으로 강제 해산

(2) 한국사 연구
  ① 민족주의 사학
    • 독립운동의 일환으로 역사 연구
    • 한국사의 발전 주체가 '우리 민족'임을 강조
    • 박은식
      : 민족의 '국혼' 강조
      : 『한국통사』에서 일제의 침략 과정 폭로, 『한국독립운동지혈사』를 저술하여 한국 독립 운동의 역사 정리
    • 신채호
      : 고대사 연구, 낭가 사상

CHAPTER 05 민족 문화 수호 운동

: 『조선상고사』, 『조선사연구초』 저술하여 우리 민족 고유의 문화적 전통과 자주적 역사관 강조
- 정인보(얼)·안재홍·문일평(심) 등에 의해 계승 발전 : 조선학 운동 전개

② 사회 경제 사학
- 백남운
  : 마르크스의 유물사관에 영향, 보편성 추구(정체성론 비판)
  : 『조선 사회 경제사』와 『조선 봉건 사회 경제사』에서 우리 역사가 세계사적 발전법칙에 따라 발전하였음을 강조

③ 실증 사학
- 이병도·손진태, 객관적 문헌 고증 강조
- 진단학회 조직 및 〈진단학보〉 발간

빈출 선지 체크

1. 한글 맞춤법 통일안과 표준어를 제정하였다. (단체)
2. 조선 국혼을 강조하는 한국통사를 저술하였다. (인물)
3. 독립 투쟁 과정을 서술한 한국독립운동지혈사를 저술하였다. (인물)
4. 조선사회경제사에서 식민주의 사학의 정체성 이론을 반박하였다. (인물)

정답 1. 조선어 학회 2. 박은식 3. 박은식 4. 백남운

사료 확인

1. _____ (인물)

역사란 무엇이뇨? 인류 사회의 아(我)와 비아(非我)의 투쟁이 시간부터 발전하며 공간부터 확대하는 정신적 활동 상태의 기록이니 …… 조선 역사라 함은 조선 민족의 그리되어 온 상태의 기록인 것이다. …… 조선 사람은 조선을 '아'라고 하고 영국, 미국, 프랑스, 러시아 등을 '비아'라고 한다.

2. _____ (인물)

우리 조선의 역사적 발전의 전 과정은 지리적 조건, 인종학적 차이, 문화 형태의 특징으로 다소의 차이는 있겠지만 세계사적인 역사 법칙에 의하여 다른 민족과 같은 궤도로 발전 과정을 거쳐 온 것이다. 그 발전 과정의 템포나 문화적 특수성은 결코 본질적인 것이 아니다.

3. _____ (인물)

옛사람이 말하기를 나라는 멸망할 수 있으나 그 역사는 결코 없어질 수 없다고 했으니, 이는 나라가 형체라면 역사는 정신이기 때문이다. 이제 우리나라의 형체는 없어져 버렸지만, 정신은 살아남아야 할 것이다. 이것이 내가 역사를 쓰는 까닭이다. 정신이 살아서 없어지지 않으면 형체도 부활할 때가 있을 것이다.

정답 1. 신채호 2. 백남운 3. 박은식

03 언론 활동 및 교육 운동

(1) 언론 활동
① 조선·동아일보 발간
② 『개벽』, 『삼천리』 등의 잡지 발간

(2) 교육 운동
① 우민화 교육에 맞선 사립학교, 개량 서당, 야학 등 설립

04 종교계의 활동 및 대중문화

(1) 종교계의 활동
① 대종교
  - 국권 피탈 이후 본부를 간도로 옮김
  - 중광단 조직 → 북로군정서, 항일 무장 투쟁 전개
② 천도교
  - 제2의 3·1 운동 계획(1922)
  - 『개벽』, 『신여성』, 『어린이』 등의 잡지 간행
③ 불교
  - 한용운이 항일 운동에 참여하며 불교의 대중화에 노력
  - 조선 불교 유신회 조직 : 일본의 불교 통제에 맞서 싸움
④ 개신교
  - 교육과 의료 사업 전개
  - 일제의 신사 참배 강요 거부 운동 전개
⑤ 천주교
  - 고아원, 양로원 설립 등 사회 사업 전개
  - 의민단 조직하여 항일 무장 투쟁 전개
⑥ 원불교
  - 박중빈이 창시
  - 허례 폐지, 근검 절약, 협동 단결 등 새생활 운동 전개

(2) 대중문화
① 예술
  - 연극 : 토월회(1923)가 민중 계몽을 주장하며 신극 운동 전개
  - 영화 : 나운규의 아리랑(1926)
  - 음악 : 안익태의 애국가 작곡(1936)

CHAPTER 05 민족 문화 수호 운동

② 문학의 새로운 경향
- 1910년대 : 이광수, 최남선 등의 주도로 계몽적 성격
- 1920년대
  : 염상섭의 『만세전』, 현진건의 『빈처』 등 식민지 현실을 살아가는 개인의 고단한 삶 다룬 사실주의적 경향
  : 20년대 후반에는 사회주의 운동 영향으로 식민지 현실의 계급 모순을 비판하는 신경향파 문학 등장, 카프(KAPF) 결성(1925)
- 1930년대
  : 순수 문학 - 식민지 현실 외면
  : 저항 문학 - 한용운의 『님의 침묵』, 이상화의 『빼앗긴 들에도 봄은 오는가』, 심훈의 『그날이 오면』
  → 윤동주, 이육사
  : 친일 문학 등장 - 최남선, 이광수 등

③ 기타
- 손기정 : 베를린 올림픽 대회 마라톤 금메달(1936) → 국내 언론에서 기사 사진에 있는 일장기를 지워 게재

빈출 선지 체크

1. 박중빈을 중심으로 새생활 운동을 펼쳤다.   (관련 종교)
2. 중광단을 조직하여 무장 투쟁을 전개하였다.   (관련 종교)
3. 영화 아리랑의 제작, 감독, 주연을 맡았다.   (인물)

정답 1. 원불교   2. 대종교   3. 나운규

05 기출문제

01

(가), (나) 인물의 활동으로 옳은 것은?   38회 고급 41

> 옛 사람이 말하기를 나라는 멸망할 수 있으나 그 역사는 없어질 수 없다고 했으니, 이는 나라가 형체라면 역사는 정신이기 때문이다.

> 우리 조선의 역사는 세계사적·일원론적인 역사 법칙에 의해 다른 민족들과 거의 같은 궤도로 발전 과정을 거쳐 왔다.

(가)   (나)

① (가) - 한국독립운동지혈사에서 독립 투쟁 과정을 서술하였다.
② (가) - 유물사관을 토대로 식민 사학의 정체성론을 반박하였다.
③ (나) - 진단학회를 창립하여 실증주의 사학을 발전시켰다.
④ (나) - 독사신론을 발표하여 민족을 역사 서술의 중심에 두었다.
⑤ (가), (나) - 조선학 운동을 주도하며 여유당전서를 간행하였다.

1)
(가) 인물? _____   (나) 인물? _____

2)
① 관련 인물? _____
② 관련 인물? _____
③ 관련 인물? _____ , _____
④ 관련 인물? _____
⑤ 관련 인물? _____ , _____

02

(가), (나)를 주장한 인물에 대한 설명으로 옳은 것을 <보기>에서 고른 것은?   16회 심화 39

> (가) 옛 사람이 이르기를 나라는 멸할 수 있으나 역사는 멸할 수 없다고 하였으니, 대개 나라는 형체이고 역사는 정신이기 때문이다. 지금 우리나라의 형체는 허물어졌으나 정신만은 살아 남아야 할 것이다.
>
> (나) 역사란 무엇이뇨, 인류 사회의 아(我)와 비아(非我)의 투쟁이 시간부터 발전하며 공간부터 확대하는 심적 활동의 기록이니, 세계사라 하면 세계 인류의 그리되어 온 상태의 기록이며 조선사라 하면 조선 민족의 그리되어 온 상태의 기록이니라.

| 보기 |

ㄱ. (가) - 진단 학회를 창립하고 진단 학보를 발행하였다.
ㄴ. (가) - 양명학에 토대를 두고 유교 구신론을 주장하였다.
ㄷ. (나) - 유물 사관을 바탕으로 사회 경제 사학을 확립하였다.
ㄹ. (나) - 국민 대표 회의에서 새로운 정부 수립을 주장하였다.

① ㄱ, ㄴ ② ㄱ, ㄷ ③ ㄴ, ㄷ ④ ㄴ, ㄹ ⑤ ㄷ, ㄹ

1)
(가) 인물? _____   (나) 인물? _____

2)
ㄱ 관련 인물? _____
ㄴ 관련 인물? _____
ㄷ 관련 인물? _____
ㄹ 관련 인물? _____

ANSWER

01. ①
(가) 인물은 박은식으로 ① 그는 임시정부에 참여하면서 한국통사와 한국독립운동지혈사를 저술하여 일제의 침략을 규탄하였다. (나) 인물은 백남운이며 마르크스의 유물 사관을 바탕으로 식민주의 사관의 정체성 이론을 반박하였다.
[오답] ② 백남운 ③ 이병도는 손진태 등과 함께 국학 연구 단체인 진단학회를 창립하여 실증주의 사학을 발전시켰다. ④ 신채호는 대한매일신보에 독사신론을 연재하여 민족 중심의 자주적 역사관 수립의 필요성을 역설하였다. ⑤ 정인보는 안재홍 등과 함께 여유당전서를 간행하여 조선학 운동을 주도하였다.

02. ④
(가)는 박은식으로 ㄴ 양명학에 토대를 둔 유교구신론을 발표하여 유교 개혁을 주장하였다. (나)는 신채호로 ㄹ 그는 임시정부의 국민대표회의에서 임시정부를 해체하고 새로운 정부 수립을 주장하는 창조파로 활동하였다.
[오답] ㄱ 이병도는 손진태 등과 함께 국학 연구 단체인 진단학회를 창립하여 실증주의 사학을 발전시켰다. ㄷ 백남운은 우리 역사가 세계사적 보편적 발전 법칙에 입각하여 발전하였음을 강조하며 식민주의 사관의 정체성론을 반박하였다.

PART V. 일제 강점과 민족 운동의 전개

05 기출문제

03

(가)에 들어갈 내용으로 옳은 것은? 36회 고급 41

① 태극 서관 운영
② 국문 연구소 설립
③ 최초의 한글 신문 발행
④ 한글 맞춤법 통일안 제정
⑤ 개벽, 신여성 등의 잡지 간행

04

(가)~(다) 학생이 발표한 법령을 공포된 순서대로 옳게 나열한 것은? 34회 고급 46

① (가) - (나) - (다)
② (가) - (다) - (나)
③ (나) - (가) - (다)
④ (나) - (다) - (가)
⑤ (다) - (가) - (나)

ANSWER

03. ④
1931년 조선어 연구회가 조선어 학회로 확대 개편되었다. ④ 이 단체는 한글 맞춤법 통일안과 표준어를 제정하였으며, 우리말 큰 사전 편찬을 시도하였으나 조선어 학회 사건(1942)으로 해체 당하여 결실을 맺지 못하였다.
[오답] ① 신민회는 산업 육성을 위해 자기회사와 태극서관을 설립하였다. ② 1907년 설립된 국문연구소는 한글을 연구하는 국가기관으로 주시경과 지석영 등의 위원들로 구성되었다. ③ 서재필이 창간한 독립신문은 최초의 민간 신문이며 한글 신문이다. ⑤ 천도교는 개벽, 신여성 등의 잡지를 간행하며 문화 계몽 운동을 전개하였다.

04. ①
(가) 1차 조선 교육령(1911)은 실업 교육 위주로 한 단순 인력을 양성하였으며 보통학교의 수업 연한을 4년으로 하여 일본과 차별을 두었다. (나) 2차 조선 교육령(1922)에서는 보통교육을 6년으로 변경하고 고등 교육 기관 설립을 가능하게 하였다. (다) 3차 조선 교육령(1938)에서는 학교명과 교육과정을 일본 본국 학교와 통일하였고 조선어는 필수 과목에서 선택 과목으로 변경되었다.

05

다음 인물의 활동으로 옳은 것은?   51회 심화 43

【이달의 독립운동가】

민족을 이끈 초인을 염원한 ○○○

- 생몰년 : 1904~1944
- 생애 및 활동

  본명은 이원록으로 경상북도 안동에서 태어났다. 1927년 조선은행 대구 지점 폭파 사건에 연루되어 옥고를 치른 그는 1932년 중국으로 건너가 김원봉이 세운 조선 혁명 군사 정치 간부 학교 제1기생으로 입교하여 독립운동에 힘썼다. 대한민국 정부는 그의 공훈을 기려 1990년 건국 훈장 애국장을 추서하였다.

① 종로 경찰서에 폭탄을 투척하였다.
② 저항시 광야, 절정 등을 발표하였다.
③ 친일파 이완용을 습격하여 중상을 입혔다.
④ 영화 아리랑의 제작, 감독, 주연을 맡았다.
⑤ 조선 국혼을 강조하는 한국통사를 저술하였다.

1)
위 인물? _____

2)
① 관련 인물? _____   ② 관련 인물? _____
③ 관련 인물? _____   ④ 관련 인물? _____
⑤ 관련 인물? _____

06

밑줄 그은 '이 사건' 이후의 사실로 옳은 것은?   42회 고급 44

이 사진은 베를린 올림픽에서 우승한 손기정 선수의 시상식 모습입니다. 일부 신문들이 손기정 선수의 가슴에 있던 일장기를 삭제했는데, 이 사건으로 해당 신문들은 무기 정간을 당하거나 자진 휴간했습니다.

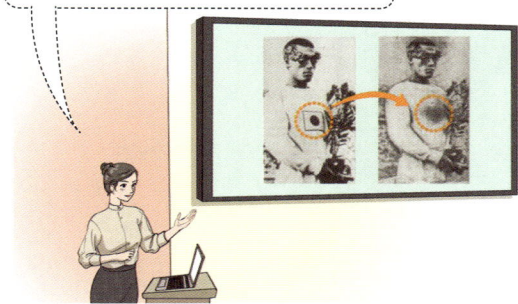

① 일제에 의해 경성 제국 대학이 설립되었다.
② 신경향파 작가들이 카프(KAPF)를 결성하였다.
③ 나운규가 제작한 영화 아리랑이 처음 개봉되었다.
④ 여성 계몽과 구습 타파를 주장하는 근우회가 창립되었다.
⑤ 일제가 한글 학자들을 구속한 조선어 학회 사건이 일어났다.

1)
위 사건이 일어난 연도? _____ 년

2)
① 설립 연도? _____ 년   ② 관련 인물? _____
③ 관련 인물? _____   ④ 관련 인물? _____
⑤ 관련 인물? _____

📢 ANSWER

05. ②
이육사는 ② 절정과 광야 등을 발표하여 가혹한 일제의 통치에 저항하였다.
[오답] ① 의열단의 김상옥은 종로 경찰서에 폭탄을 투척하였다. ③ 이재명은 이완용을 저격하였으나 실패하고 중상을 입었다. ④ 나운규는 1926년 영화 아리랑을 제작 및 상영하였다. ⑤ 박은식은 한국통사와 한국독립운동지혈사를 저술하여 일제를 규탄하였다.

06. ⑤
1936년 동아일보가 베를린 올림픽 마라톤에서 우승한 손기정의 사진에서 일장기를 지워서 발행하여 일제의 언론 탄압이 강해졌다. ⑤ 1942년 일제는 조선어 학회를 독립운동 단체로 간주하여 장지영, 이극로 등을 체포하고 학회를 강제 해산시켰다.
[오답] ① 일제는 일부 한국인들을 회유하기 위해 1924년 경성 제국 대학을 설립하였다. ② 1920년대에 들어서 식민지 현실의 계급 모순을 비판하는 프로 문학이 등장하여 신경향파 작가들이 카프(KAPF)를 결성하였다(1925). ③ 나운규는 1926년 아리랑을 발표하였다. ④ 신간회의 자매 단체인 근우회가 설립(1927)되어 여성 계몽 활동과 구습 타파를 주장하였다.

한지우
한국사능력검정시험 <심화>
개념완성

VI

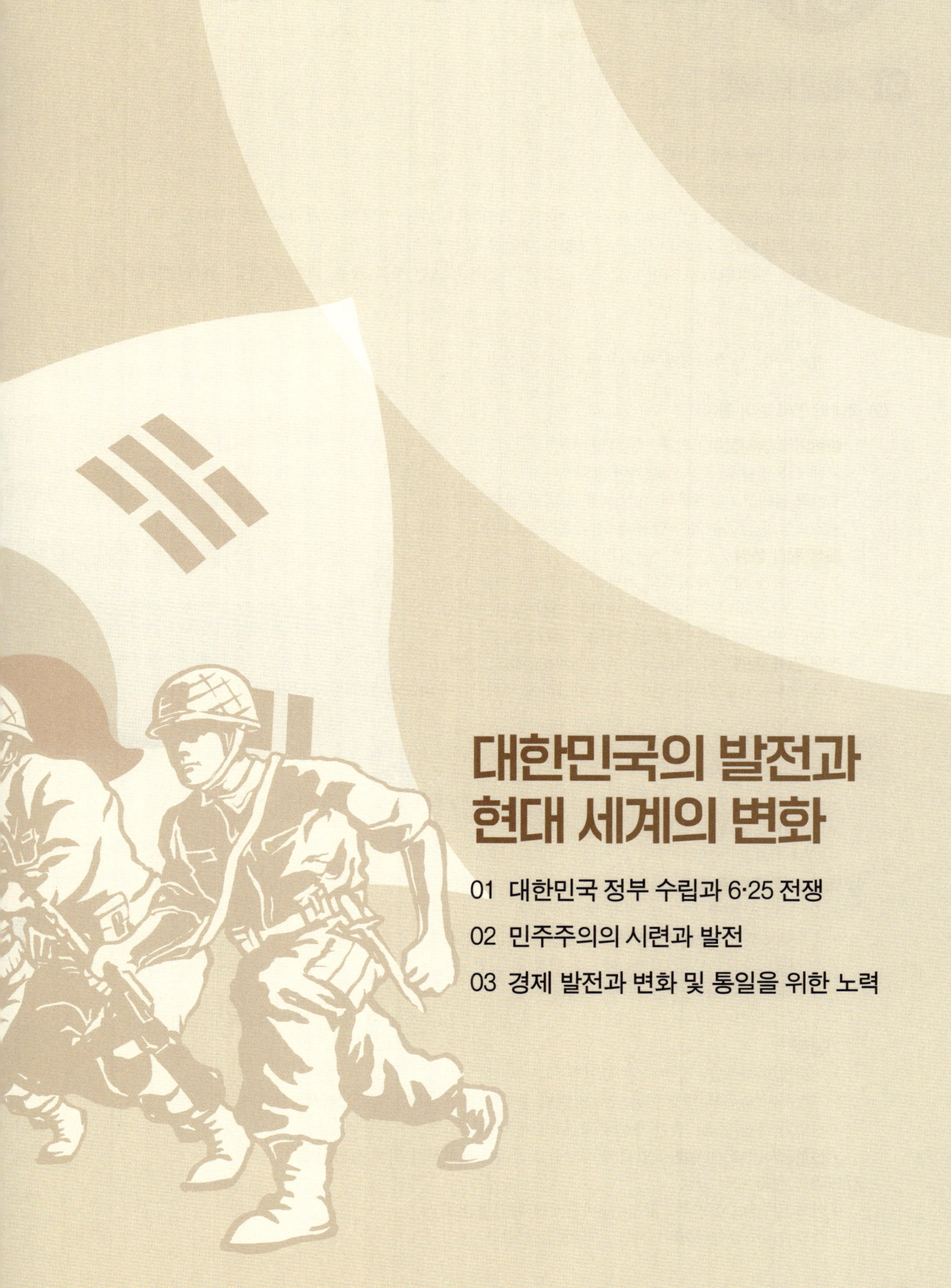

대한민국의 발전과 현대 세계의 변화

01 대한민국 정부 수립과 6·25 전쟁
02 민주주의의 시련과 발전
03 경제 발전과 변화 및 통일을 위한 노력

CHAPTER 01 대한민국 정부 수립과 6·25 전쟁

01 정부 수립 과정

(1) 국제 사회의 한국 독립 약속

① 연합국의 독립 약속
- 카이로 회담(1943.11) : (미·영·중) 한국의 독립 최초 언급, 적당한 시기에 적당한 절차를 거쳐서 독립
- 얄타회담(1945.2) : (미·영·소) 소련의 대일전 참전 약속
- 포츠담 선언(1945.7) : (미·영·중·소) 일본군의 무조건 항복 요구, 카이로 회담 재확인(한국의 독립 재약속)

② 해방
- 히로시마·나가사키에 원폭 투하, 소련의 참전 → 일본의 항복

(2) 국내외 건국 준비 활동

① 대한민국 임시정부 : 김구, 충칭(1940)
- 한국 독립당을 중심으로 기반 강화
- 한국 광복군 : 김원봉의 조선 의용대 병력 일부 합류(42)
- 조소앙의 삼균주의 바탕을 둔 건국 강령 발표(41)

② 조선 독립 동맹 : 김두봉, 옌안(1942)
- 중국 화북 지방 사회주의 계열의 독립 운동가들이 결성
- 조선 의용대 화북 지대를 개편하여 조선 의용군 결성(42)
- 독립 및 조선 민주 공화국 수립을 목표로 활동

③ 조선 건국 동맹 : 여운형, 국내 비밀 결사(1944)
- 국내에서 여운형이 중심이 되어 비밀리에 조직, 일제 타도와 민주주의 국가 수립 추구

(3) 광복 직후의 상황

① 국토 분단
- 얄타 회담 이후 대일전에 참가한 소련군이 1945년 8월 11일에 한반도 진주 → 북부 지역 점령
- 미국이 38선 분할 점령을 소련에 제안
- 38선 이북은 소련군이, 이남 지역은 미군이 관리

② 조선 건국 준비 위원회
- 1945.8.15. 해방 후 조선 건국 동맹의 개편
- 총독부로부터 치안권과 행정권 이양
- 각 지방에 지부 설치, 치안 유지 및 행정 업무 담당
- 좌익세력의 주도권 장악 → 우익 세력 이탈
- 미군 진주에 앞서, 9월 6일에 조선 인민 공화국 수립(주석에 이승만 추대), 지부를 인민위원회로 개편

③ 미군정
- 미군정 이외 모든 정부 조직 불인정
- 직접통치(총독부 체제 이용), 조선 인민 공화국(인민위원회) 부정, 임시정부 불인정
- 친일파 청산 미흡, 주민 재산 존중(토지 개혁 X)
- 신한공사(1946.3) 설립 : 일제 귀속재산을 소유·관리하기 위해 설립된 회사

④ 다양한 정치 세력 형성
- 한국 민주당 : 송진우·김성수, 미군정청과 긴밀한 관계
- 독립촉성중앙협의회(이승만), 한국독립당(김구) 등

(4) 정부 수립 논의

① <mark>모스크바 3국 외상 회의</mark>(1945.12)
- 미 · 영 · 소 3국 외무 장관이 한반도 문제 위해 소집
- 임시 민주주의 정부 수립, 미 · 소 공동 위원회 개최, 최고 5년간 4개국(미 · 영 · 소 · 중) 신탁통치
- 좌 · 우익의 대립 : 3상 결정 지지(좌익, 임시정부에 주목), 반탁(우익, 신탁통치에 주목)

② 제1차 미 · 소 공동 위원회 개최(1946.3)
- 배경 : 임시정부 수립 문제 논의
- 주장 : 미국(모든 정치 단체 참여) vs 소련(반탁 단체 제외)
  → 결렬(1946.5)

③ <mark>이승만의 정읍 발언</mark>(1946.6) : 남한만의 단독 정부 수립 주장

④ <mark>좌우 합작 위원회</mark>(1946.7)
- 배경 : 좌우 대립의 심화, 이승만의 정읍 발언
- 전개
  : 김규식(중도 우), 여운형(중도 좌) 주도로 좌우 합작 위원회 조직, 미군정의 지원
  : <mark>좌우 합작 7원칙 발표</mark>(1946.10) – 좌우 합작의 임시정부 수립, 친일파 처단, 토지 개혁(유상 매수, 무상 분배)
- 해체 : 좌익 및 우익 세력 모두의 지지 상실, 미군정의 지지 철회, 여운형 암살(1947. 7)로 중단

⑤ 제2차 미 · 소 공동 위원회 개최(1947.5) → 결렬 → 미국의 한국 문제 유엔 상정

⑥ 유엔 총회 개최(1947.11)
- 인구 비례에 따른 총 선거 실시 결정
- 유엔 한국 임시 위원단 파견 → 소련의 입북 거부

⑦ 유엔 소총회 개최(1948.2) : 선거 가능 지역에서 총선거 실시 결의(<mark>5 · 10 총선</mark> 결의)

⑧ <mark>남북 협상</mark>(1948.4)
- 배경 : 남한만의 단독 선거 실시 움직임
- 주도 인물 : 김구, 김규식 → 1948년 4월 평양에서 4김 회담 개최
- 결의 내용 : 단독 정부 수립 반대, 미 · 소 양국 군대 즉시 철수
- 결과 : 실질적 성과 없음, 5 · 10 총선거 예정대로 시행(김구, 김규식 불참)

1945. 12 모스크바 3국 외상 회의
1946. 3 제1차 미·소 공동 위원회
1946. 7 좌우 합작 위원회 조직
1947. 5 제2차 미·소 공동 위원회
1947. 11 유엔 총회
1948. 2 유엔 소총회
1948. 4 제주 4·3사건 / 남북 협상

(5) 5 · 10 총선 전후의 갈등

① 제주 4 · 3 사건(1948)
- 1948년 4월 3일 남한 단독 선거에 반대하는 좌익 중심의 무장 봉기
- 미군정의 강경진압(서북청년단, 경찰, 군대 동원) → 무고한 제주도민 학살
- 제주도 3개 선거구 중 2개 선거구 선거 미실시
- 2000년에 '제주 4 · 3 사건 진상 규명 및 희생자 명예 회복에 관한 특별법'이 제정됨

② 여수 · 순천 10 · 19 사건
- 4 · 3 항쟁 진압 명령 → 군대 내 좌익세력 반발, 무장 봉기
- 좌익 세력 색출하는 숙군 사업 실시 → 국가보안법(1948.12) 제정

CHAPTER 01 대한민국 정부 수립과 6·25 전쟁

사료 확인

미군과 소련군의 진주

38도선 넘는 김구 일행

신탁통치 절대 반대

3상 결정 지지

여기서 잠깐

1. 8·15 광복 직후 _____ (단체)은/는 미군 진주에 앞서 조선 인민 공화국의 수립을 선포하였다.
2. 남한 단독 선거가 결정되자, _____ (인물)은/는 남북협상을 통해 분단을 극복하고자 하였다.
3. _____ (인물)은/는 조선 건국 준비 위원회를 조직하였으며, 좌우 합작 운동을 주도적으로 이끌었다.

정답 1. 조선 건국 준비 위원회 2. 김구 3. 여운형

빈출 선지 체크

1. 일제의 패망과 광복에 대비하여 조선 건국 동맹을 결성하였다. (인물)
2. 제차 미소 공동 위원회가 개최되었다. (장소)
3. 좌우 합작 7원칙이 발표되었다. (단체)(대표 인물)

정답 1. 여운형   2. 덕수궁 석조전   3. 좌우 합작 위원회 / 여운형·김규식

사료 확인

1. 일제의 패망과 _____ (인물)의 탄식

왜적이 항복한다 하였다. 아! 왜적이 항복! 이것이 내게 기쁜 소식이라기보다는 하늘이 무너지고 땅이 꺼지는 듯 한 일이었다. 천신만고 끝에 수년 동안 애를 써서 참전할 준비를 한 것도 다 허사이다. 시안과 푸양에서 훈련을 받은 우리 청년들에게 여러 가지 비밀 무기를 주어 산둥에서 미국 잠수함에 태워 본국으로 들여보내어 국내의 중요한 곳을 파괴하거나 점령한 뒤에 미국 비행기로 무기를 운반할 계획까지도 미국 육군성과 다 약속이 되었던 것을 한번 해보지도 못하고 왜적이 항복하였으니, 지금까지 들인 정성이 아깝고 다가올 일이 걱정되었다. 우리가 이번 전쟁에 한 일이 없기 때문에 장래에 국가 간에 발언권이 박약하리라.

2. _____ (단체)의 강령

1. 우리는 완전한 독립 국가의 건설을 기함.
2. 우리는 전 민족의 정치적, 사회적 기본 요구를 실현할 수 있는 민주주의 정권의 수립을 기함.
3. 우리는 일시적 과도기에 있어서 국내 질서를 자주적으로 유지하며 대중 생활의 확보를 기함.

3. 3상 결정에 대한 [찬성 / 반대] 입장 - [좌익 / 우익]

카이로 회담이 조선 독립을 적당한 시기에 준다는 것인데, 이 적당한 시기라는 것이 이번 회담에서 5년 이내로 규정된 것이다. 이것은 우리가 5년 이내에 통일되고 우리의 발전이 상당한 때에는 단축될 수 있다는 것이니 이것은 오직 우리의 역량 발전에 달린 것이다. …… 그러므로 우리의 할 일은 무엇보다도 먼저 통일의 실현에 있다. …… 하루 속히 민주주의 원칙을 내세우고 이것을 중심으로 조선 민족통일 전선을 완성함에 여력을 집중하여야 한다.

4. 3상 결정에 대한 [찬성 / 반대] 입장 - [좌익 / 우익]

카이로 선언, 포츠담 선언과 국제 헌장으로 세계에 공약한 한국의 독립 여부는 …… 신탁 관리 결의로써 수포로 돌아갔으니 …… 동포여, 8.15 이전과 이후 서로의 과오와 마찰을 청산하고 우리 정부 밑에 뭉치자. 그리하여 그 지도하에 3천만의 총역량을 발휘하여 …… 신탁 관리제를 배격하는 국민운동을 전개하여 자주 독립을 완전히 획득하기까지 3천만 전 민족의 최후의 피 한 방울까지라도 흘려서 싸우는 항쟁 개시를 선언함.

CHAPTER 01 대한민국 정부 수립과 6·25 전쟁

5. _____(회의) 결정안

1. 조선을 독립 국가로 재건하여 민주주의적 원칙하에 발전시키는 동시에 일본의 가혹한 정치의 잔재를 급속히 청소하기 위하여 조선 민주주의 임시정부를 수립한다.
2. 조선에 임시 정부 수립을 실현하며, 이에 대한 방침을 강구하기 위하여 남조선의 미국군 사령부 대표와 북조선의 소련군 사령부 대표로서 공동 위원회를 설치한다. 이에 대한 제안을 준비하기 위하여 공동 위원회는 조선 민주주의 정당과 사회 단체와 협의할 것이다.
3. 위 공동 위원회는 조선 민주주의 임시 정부를 기타 각 민주주의 단체와 협력하여 조선을 정치적, 사회적 및 경제적으로 발전시키며 민주주의적 자치정부를 수립하여 독립 국가로 육성시키는 데 사명이 있다. 공동 위원회 제안은 조선 임시 정부와 타협한 후 미·소·영·중 정부에 제출하여 최고 5년 간의 4개국 조선 신탁 통치에 관한 협정을 할 것이다.

6. _____(인물)의

이제 우리는 무기 휴회된 미·소 공동 위원회가 재개될 기색도 보이지 않으며, 통일 정부를 고대하나 여의케 되지 않으니, 우리는 남방만이라도 임시 정부, 혹은 위원회 같은 것을 조직하여 38 이북에서 소련이 철퇴하도록 세계 공론에 호소하여야 할 것이니 여러분도 결심하여야 할 것입니다.

7. _____

1. 3상 회의 결정에 따라 남북을 통한 좌우 합작으로 민주주의 임시 정부를 수립할 것.
2. 미·소 공동 위원회의 속개를 요청하는 공동 성명을 발할 것.
3. 토지 개혁은 몰수, 유조건 몰수, 체감 매상 등으로 토지를 농민에게 무상으로 분여하여 적정 처리하고, 중요 산업을 국유화하여 사회 노동 법령과 정치적 자유를 기본으로 지방 자치제의 확립을 속히 시행하며, 민생 문제 등을 급속히 처리하여 민주주의 건국 과업 완수에 매진할 것.
4. 친일파 민족 반역자를 처리할 조례를 본 합작 위원회에서 입법 기구에 제안하여 입법 기구로 하여금 심리 결정하게 하여 실시하게 할 것.

8. _____(인물)의 3천만 동포에게 눈물로 고함

통일하면 살고 분열하면 죽는다는 것은 고금의 철칙이온데, 자기 세력의 연장을 위해서 민족 분단의 연장을 획책하는 것은 온 민족을 죽음의 구렁 속에 빠뜨리는 극악무도한 짓이노라. 독립이 원칙인 이상, 그것이 당장엔 가망 없다고 해서 자치를 주장할 수 없는 것은 왜정하에서 온 민족이 뼈저리게 인식한 바 있거니와, 지금 독립 정부의 수립이 당장에 가망 없다고 해서 단독 정부를 세울수는 없는 것이다. …… 나는 통일 정부를 세우려다가 38도선을 베고 쓰러질지언정 일신의 구차한 안위를 위해서 단독 정부를 세우는 일에는 가담하지 않겠노라.

정답 1. 김구   2. 조선 건국 준비 위원회   3. 찬성 / 좌익   4. 반대 / 우익
5. 모스크바 3국 외상 회의   6. 이승만 / 정읍발언   7. 좌우 합작 7원칙   8. 김구

02 대한민국 정부의 수립과 6·25 전쟁

(1) 대한민국 정부 수립

① **5·10 총선거** 실시(1948.5)
- 우리나라 최초의 민주적 보통 선거, 남북 협상파 불참
- 임기 2년의 제헌 국회의원 198명 선출

② 제헌 헌법 공포(1948.7)
- 삼권 분립, 대통령 중심제
- 국회의 간접 선거에 의한 정·부통령 선출(대통령 이승만, 부통령 이시영)

③ 정부 수립(1948.8.15)
- 1948년 8월 15일 대한민국 정부 수립을 선포
- 1948년 12월 유엔 총회에서 한반도 유일의 합법 정부로 승인

(2) 이승만 정부의 당면 과제

① 친일파 청산
- 법안 : 반민족 행위 처벌법(반민법) 제정(1948.9) → 반민족 행위 특별 조사 위원회(반민특위) 구성
- 활동 : 이광수, 최남선, 최린, 노덕술 등 친일파 체포 및 조사
- 좌절
  : 친일 경찰 노덕술 체포하자 정부와 친일 세력의 방해 공작
  : 이승만 정부의 소극적 태도(반공＞반민족), 친일 경찰의 방해로 성과 거두지 못함(국회 프락치 사건, 반민특위 습격 사태)

② 농지 개혁
- 배경 : 국민 대다수가 소작농, 북한의 토지개혁(1946) 실시
- 법안 : 농지개혁법 제정(1949)
- 전개 : 경자유전의 원칙, 소유 상한 3정보, 유상매입·유상분배
- 결과 : 지주제 폐지, 자영농 증가, 중소 지주층이 산업 자본가로 전환되지 못함

(3) 북한 정권의 수립

① 북조선 임시 인민 위원회 : 소군정이 행정권 이양하여 자치 인정
② 토지 개혁 : 무상 몰수·무상 분배 방식의 토지 개혁 실시(1946.3)
③ 조선 민주주의 인민 공화국 수립 선포(1948. 9. 9)

CHAPTER 01 대한민국 정부 수립과 6·25 전쟁

사료 확인

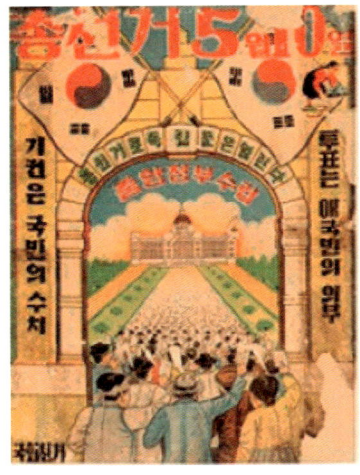

5·10 총선 포스터

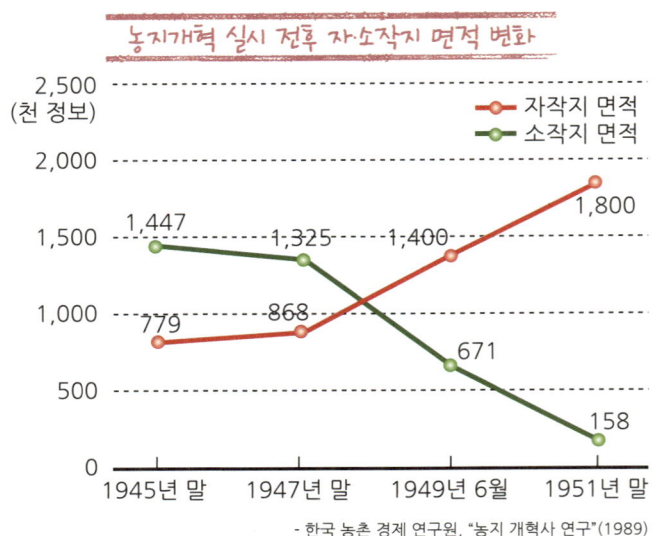

농지개혁 실시 전후 자·소작지 면적 변화

- 한국 농촌 경제 연구원, "농지 개혁사 연구"(1989)

빈출 선지 체크

1. 반민족 행위 특별 조사 위원회가 설치되었다. (관련 정부)
2. 유상 매수, 유상 분배 원칙의 농지 개혁법이 제정되었다. (관련 정부)

정답 1. 이승만 정부 2. 이승만 정부

 사료 확인

1. _____ 법

제4조 일본 정부와 통모하여 한·일 합병에 적극 협력한 자, 한국의 주권을 침해하는 조약 또는 문서에 조인한 자와 모의한 자는 사형 또는 무기 징역에 처하고, 그 재산과 유산의 전부 혹은 2분의 1 이상을 몰수한다.

제3조 일본 치하 독립운동자나 그 가족을 악의로 살상·박해한 자 또는 이를 지휘한 자는 사형·무기 또는 5년 이상의 징역에 처하고 그 재산의 전부 혹은 일부를 몰수한다.

2. _____ (인물)의 담화문

국회에서는 대통령이 친일파를 옹호한다고 말하며 민심을 선동하고 있다. …… 공산당이 취하는 방식이라고 말할 수 있을 것이다. …… 국회에서는 치안 혼란을 선동하고 있다. 즉, 경찰을 체포하여 경찰의 동요를 일으킴은 치안의 혼란을 조장하는 것이다. …… 과거에 친일한 자를 한꺼번에 숙청하였으면 좋을 것인데 기나긴 군정 3년 동안에 못한 것을 지금에 와서 단행하면 앞으로 우리나라가 해 나갈 일에 여러 가지 지장이 많을 것이다.

3. _____ 법

- 농민이 아닌 사람의 농지, 농가 1가구당 3정보 (약 3만 m²) 초과 농지는 정부가 사들인다.
- 분배받은 농지 상환액은 평년작 주생산물의 1.5배로 하고, 5년 동안 균등 상환한다.

> 정답 **1.** 반민족 행위 처벌 **2.** 이승만 **3.** 농지개혁

(4) 6·25 전쟁

① 배경
- 국내 : 남한 내 공산주의자의 활동, 조선의용군의 인민군 편입(북한 군사력 강화), 38도선 근처의 잦은 무력 충돌
- 국외 : 미·소 양군 철수, 중국의 공산화·소련과 중국의 북한 지원, 애치슨 선언(1950.1)

② 전개 과정
- 전쟁 개시 : 기습 남침(50. 6. 25.) → 서울 함락(6. 28.) → 유엔군 참전 → 낙동강 전선
- 전세 변화 : 인천 상륙 작전(9. 15.) → 서울 수복(9. 28.) → 38선 통과(10. 1.) → 압록강 전선
- 전쟁 확대 : 중국군 참전(50. 10.) → 흥남철수(50. 12.) → 서울 후퇴(51. 1. 4.) → 오산까지 후퇴 → 서울 재수복, 38도선 격전

③ 휴전협정
- 소련의 휴전 제의 → 휴전 회담 시작(51. 7)
- 포로송환 문제로 협상 장기화 : 북한(제네바 협정에 따른 강제 송환 주장) vs 유엔(인도주의에 따른 자유 송환 주장)
- 이승만 정부 휴전 반대 : 반공 포로 석방(53. 6)
- 휴전 협정 체결(53. 7. 27.) : 유엔과 북한·중국군 사이에 정전 협정 체결
- 군사 분계선(휴전선) 설정 → 한미 상호 방위 조약 체결(53. 10)

④ 결과 : 물적·인적 피해, 분단 고착화, 남북한 독재체제 강화

CHAPTER 01 대한민국 정부 수립과 6·25 전쟁

사료 확인

애치슨 선언

6·25 전쟁의 전개 과정

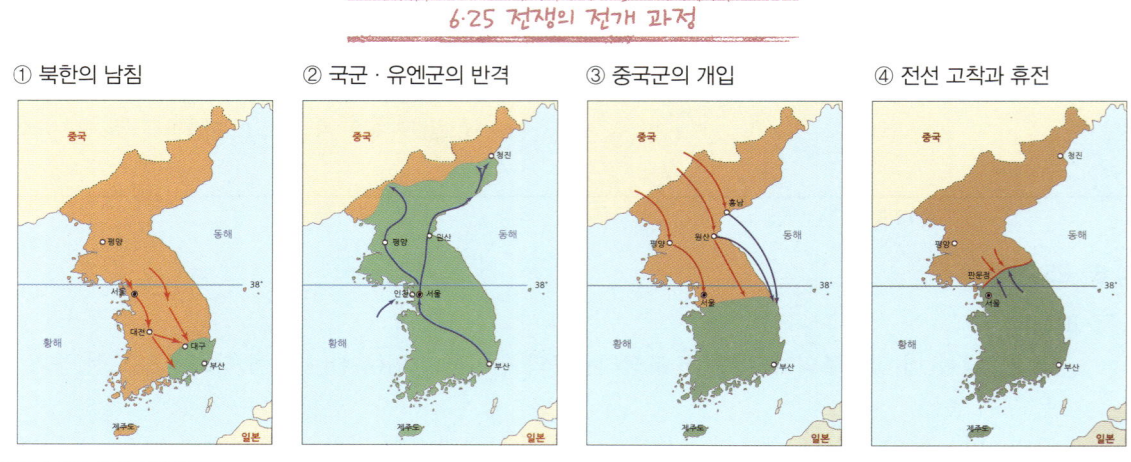

① 북한의 남침　② 국군·유엔군의 반격　③ 중국군의 개입　④ 전선 고착과 휴전

기출문제

01

(가), (나) 발표 사이의 시기에 있었던 사실로 옳은 것은?

55회 심화 46

> (가) 우리는 다음 달에 입국할 유엔 한국 임시 위원단을 환영하는 동시에, 그들로 하여금 우리가 원하는 자주 독립의 통일 정부를 수립하는 임무를 완수하도록 최선을 다하여야 할 것이다. 우리는 어떠한 경우든지 단독 정부는 절대 반대할 것이다.
>
> (나) 올해 10월 19일 제주도 사건 진압 차 출동하려던 여수 제14연대 소속 3명의 장교 및 40여 명의 하사관들은 각 대대장의 결사적 제지에도 불구하고 남로당 계열 분자 지도하에 반란을 일으켰다. 동월 20일 8시 여수를 점령하는 한편, 좌익 단체 및 학생들을 인민군으로 편성하여 동일 8시 순천을 점령하였다.

① 제1차 미소 공동 위원회가 결렬되었다.
② 모스크바 삼국 외상 회의가 개최되었다.
③ 좌우 합작 위원회에서 좌우 합작 7원칙이 발표되었다.
④ 유상 매수, 유상 분배 원칙의 농지개혁법이 시행되었다.
⑤ 우리나라 최초의 보통 선거인 5·10 총선거가 실시되었다.

02

(가), (나) 사이의 시기에 있었던 사실로 옳은 것은?

57회 심화 46

> (가) 본관(本官)은 본관에게 부여된 태평양 미국 육군 최고 지휘관의 권한을 가지고 조선 북위 38도 이남의 지역과 주민에 대하여 군정을 설립함. 따라서 점령에 관한 조건을 다음과 같이 포고함.
> 제1조 조선 북위38도 이남의 지역과 동 주민에 대한 모든 행정권은 당분간 본관의 권한 하에서 시행함.
>
> (나) 대한민국 임시정부는 28일 김구와 김규식의 명의로 '4개국 원수에게 보내는 결의문'을 채택하고, 각계 대표 70여 명으로 신탁 통치 반대 국민 총동원 위원회를 결성하였다. 여기서 강력한 반대 투쟁을 결의하고 김구·김규식 등 9인을 위원회의 '장정위원'으로 선정하였다.

① 카이로 선언이 발표되었다.
② 조선 건국 동맹이 결성되었다.
③ 모스크바 삼국 외상 회의가 개최되었다.
④ 좌우 합작 위원회에서 좌우 합작 7원칙을 합의하였다.
⑤ 유엔 총회에서 인구 비례에 따른 남북한 총선거를 결의하였다.

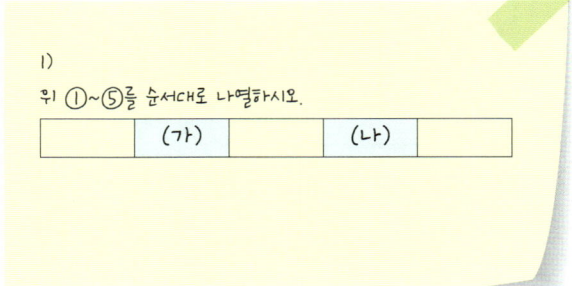

ANSWER

01. ⑤
(가)는 유엔 총회에서 남북한 인구비례 총선거가 결정된 이후의 상황이며, (나)는 1948년 전개된 여수, 순천 10·19 사건과 관련이 있다. (가)와 (나) 사이에는 유엔 소총회에서 결의된 남한만의 단독선거, 즉 ⑤ 우리나라 최초의 보통 선거인 5·10 총선 실시가 해당한다.
[순서 나열] ②-①-③-(가)-⑤-(나)-④

02. ③
(가)는 미군정의 시작, (나)는 신탁 통치에 대한 반대 운동과 관련이 있다. 1945년 12월 ③ 모스크바 삼국 외상 회의에서는 임시 민주 정부의 수립, 미·소 공동 위원회의 설치, 최고 5년간의 4개국 신탁 통치 등을 결정하였다. 이 내용이 국내로 전달되자 좌·우익 세력이 신탁통치를 두고 찬성과 반대로 나뉘어 대립하였다.
[순서 나열] ①-②-(가)-③-(나)-④-⑤

01 기출문제

03

(가), (나) 사이의 시기에 있었던 사실로 옳은 것은?

48회 심화 47

> (가) 1. 조선의 민주 독립을 보장한 3상 회의 결정에 의하여 남북을 통한 좌우 합작으로 민주주의 임시 정부를 수립할 것.
> 3. 토지 개혁에 있어 몰수, 유조건 몰수, 체감 매상 등으로 토지를 농민에게 무상으로 나누어 주며 시가지의 기지와 큰 건물을 적정 처리하며 중요 산업을 국유화하며 … 민주주의 건국 과업 완수에 매진할 것.
>
> (나) 3. 외국 군대가 철퇴한 이후 하기(下記) 제 정당·단체들의 공동 명의로써 전 조선 정치 회의를 소집하여 조선 인민의 각층 각계를 대표하는 민주주의 임시 정부가 즉시 수립될 것이며 국가의 일체 정권은 정치, 경제, 문화생활의 일체 책임을 갖게 될 것이다.

① 유상 매수, 유상 분배 원칙의 농지 개혁법이 제정되었다.
② 남한만의 단독 정부 수립을 주장한 정읍 발언이 제기되었다.
③ 유엔 총회에서 인구 비례에 의한 남북 총선거가 의결되었다.
④ 여운형이 중심이 되어 조선 건국 준비 위원회를 조직하였다.
⑤ 국가보안법 개정안을 통과시킨 이른바 보안법 파동이 발생하였다.

04

다음 주장이 제기된 시기를 연표에서 옳게 고른 것은?

9회 고급 47

> 한국이 있고야 한국 사람이 있고, 한국 사람이 있고서야 민주주의도 공산주의도 또 무슨 단체도 있을 수 있는 것이다. 그러면 우리의 자주 독립적 통일 정부를 수립하여야 하는 이 때에 있어서 어찌 개인이나 자기 집단의 사리사욕을 탐하여 국가 민족의 백년대계를 그르칠 자가 있으랴. … 마음 속의 38도선이 무너지고야 땅 위의 38도선도 철폐될 수 있다.

(가)	(나)	(다)	(라)	(마)
제1차 미·소공동 위원회 개최	제2차 미·소공동 위원회 개최	유엔한국 임시위원단 설치	5·10 총선거 실시	대한민국 정부 수립	반민족 행위 처벌법 제정

① (가) ② (나) ③ (다) ④ (라) ⑤ (마)

ANSWER

03. ③
(가) 이승만의 정읍 발언 이후 우익 세력이 정부 수립을 추진하자 여운형과 김규식은 좌우의 대립을 극복하기 위해 좌우 합작 위원회를 구성하고 좌우 합작 7원칙을 발표하였다(1946). ③ 제2차 미·소 공동 위원회가 결렬되어 한반도 문제가 유엔에 이관되자 유엔 총회에서는 남북한 총선거를 통한 한국 통일안을 가결하였다(1947). (나) 그러나 소련이 이를 거부하여 유엔 소총회에선 남한만의 총선거를 결정하였고 분단을 우려한 김구, 김규식 등은 북한의 김일성 등과 평양에서 남북협상을 진행하였지만 실패하였다(1948).
[오답] ① 이승만 정부 수립 후 농지개혁법을 제정(1949)하여 유상매입 유상분배 방식의 농지 개혁이 실시되었다. ② 이승만은 제1차 미·소 공동 위원회가 결렬된 후 남한의 단독 정부 수립을 주장한 정읍 발언을 하였다(1946). ④ 여운형은 해방 직후 조선 건국 준비 위원회를 결성하였다(1945). ⑤ 이승만 정부와 자유당은 언론 통제와 반공 강화가 포함된 국가보안법 개정안을 통과시켰다(1958).
[순서 나열] ④-②-(가)-③-(나)-①-⑤

04. ③
한국 정부 수립을 위해 유엔 한국 임시 위원단이 설치되었으나 북한과 소련의 입국 거부로 남한만의 총선거를 결정하게 되었다. 이후 남북 분단을 우려한 김구는 위와 같은 주장을 하며 통일 정부 수립을 위해 노력하였으나, 남북협상이 성과를 거두지 못하였고 예정대로 5·10 총선이 실시되었다.

05

(가), (나) 사이의 시기에 있었던 사실로 옳은 것은?

51회 심화 47

> (가) 북한군의 공격에 밀려 낙동강 방어선으로 후퇴한 제1사단은 다부동 일대에서 북한군 제2군단의 공세에 맞서 8월 3일부터 9월 2일까지 치열한 전투를 벌였다. 이 전투에서 제1사단 12연대는 특공대를 편성, 적 전차 4대를 파괴하는 등 중요한 역할을 수행하며 전투를 승리로 이끌었다.
>
> (나) 개성에서 열린 첫 정전 회담에서 UN군 대표단은 어떠한 정치적 또는 경제적 문제의 논의를 단호히 거부하는 동시에 침략 재발의 방지를 보장하는 화평만이 전쟁을 종식시킬 수 있다고 공산군 대표단에게 경고하였다.

① 애치슨 선언이 발표되었다.
② 흥남 철수 작전이 전개되었다.
③ 여수·순천 10·19 사건이 일어났다.
④ 한미 상호 방위 조약이 체결되었다.
⑤ 부산에서 발췌 개헌안이 통과되었다.

1) 위 ①~⑤를 아래 표에 순서대로 나열하시오.

	(가)		(나)	

06

(가)~(라)를 일어난 순서대로 옳게 나열한 것은?

31회 고급 48

> 6·25 전쟁의 기록
>
> (가) 스트러블 해군 제독의 지휘 아래 8개국 261척의 함정 등 대규모 선단이 집결하였다. 새벽 5시부터 상륙 부대가 배 20척에 나누어 타고 인천 상륙을 감행하였다.
>
> (나) 북한군의 진격로를 차단하기 위해 한강 인도교와 한강 철교가 폭파되었다. 이로 인해 당시 한강 이북에 있던 각 부대의 퇴로와 서울 시민들의 피난길이 막혔다.
>
> (다) 중국군의 이른바 신정 공세로 인해 국군과 유엔군은 서울을 빼앗기고 평택-삼척선으로 후퇴하여 그곳에 새로운 방어선을 구축하였다.
>
> (라) 유엔군 사령관 리지웨이는 소련의 제의를 받아들여 북한과 중국에 휴전 회담을 제안하였다. 이것이 수용되어 개성에서 제1차 휴전 회담이 열렸다.

① (가) – (나) – (다) – (라) ② (가) – (나) – (라) – (다)
③ (나) – (가) – (다) – (라) ④ (나) – (가) – (라) – (다)
⑤ (다) – (가) – (나) – (라)

ANSWER

05. ②
(가) 6·25 전쟁 발발 이후 남한이 북한에게 밀리자 국군과 유엔군이 연합 작전을 전개하여 낙동강 전선을 구축하여 북한군의 공세를 막아냈다. ② 인천 상륙 작전 이후 북진하던 유엔군과 국군은 압록강에서 중국군의 공세에 밀려 후퇴하였다. 이 때 대규모 해상 작전인 흥남 철수가 일어났다. (나) 1951년 5월부터 38선에서 전선이 교착상태에 빠지자 소련이 유엔에 휴전을 제안하였다.
[오답] ① 미국의 태평양 방위선에서 한국을 제외한 애치슨 선언이 발표되었다(1950). 이로 인해 6·25 전쟁이 발발하였다. ③ 좌익 세력이 일으킨 제주 4·3 사건은 남한 단독 선거 반대와 미군 철수를 주장하였다(1948). ④ 이승만 정부는 휴전협정 체결 이후 미국과 한미 상호 방위 조약을 체결하였다(1953). ⑤ 이승만 정부는 6·25 전쟁 중 임시 수도 부산에서 장기 집권을 위해 발췌 개헌을 통과시켰다(1952).
[순서 나열] ③-①-(가)-②-(나)-⑤-④

06. ③
(나) 북한의 남침으로 시작된 6·25 전쟁은 북한군의 우세한 전력으로 3일만에 서울을 점령당하였고 정부 철수 과정에서 한강 철교를 폭파하는 등의 사건이 발생하였다. (가) 국군이 북한군에 계속 밀리자 유엔군이 참전하여 작전을 지휘하였고 인천 상륙 작전의 성공으로 전세를 역전시켰다. (다) 국군과 유엔군이 서울을 수복하고 압록강까지 진격하였으나 중국군의 참전으로 후퇴하였고 이 때 서울을 다시 빼앗겼다. (라) 이후 38선 부근에서 전선이 교착 상태에 빠지자 소련은 휴전을 제의하였으며 이에 따라 휴전 회담이 개최되었다.

CHAPTER 02 민주주의의 시련과 발전

01 이승만 정부

(1) 이승만 정부의 장기 집권
  ① 발췌 개헌(1952, 1차 개헌)
    • 배경 : 제2대 총선(1950) 결과 이승만 지지세력 급감, 간선제로 인한 재선 불확실
    • 내용 : 간선제 → 직선제, 양원제 국회
    • 전개 : 계엄령 선포, 강압적 분위기 → 임시 수도 부산에서 개헌안 통과
    • 결과 : 직선제 선거를 통해 2대 대통령에 이승만 당선(1952)
  ② 사사오입 개헌(1954, 2차 개헌)
    • 배경 : 대통령 3선 금지 조항
    • 내용 : 초대 대통령에 한해 중임 제한 조항 철폐
    • 과정 : 표결 결과 정족수에 1표 부족 → 부결 선포 → 사사오입 논리를 적용시켜 통과
    • 결과 : 3대 대통령 선거(1956, vs 신익희)에서 대통령에 이승만과 부통령에 장면 당선
  ③ 장기 독재 체제 강화
    • 배경 : 3대 대통령 선거에서 조봉암의 돌풍
    • 진보당 사건(58.1) : 조봉암과 진보당 간부들에게 간첩 혐의 씌워 탄압, 조봉암 사형 집행(59.7)
    • 신국가 보안법(58.12), 정부에 비판적이었던 경향신문 폐간(59.4)

(2) 4·19 혁명과 장면 내각의 수립
  ① 4·19 혁명(1960)
    • 배경 : 3·15 부정 선거(4할 사전 투표, 3인조·5인조 공개 투표)
    • 경과 : 마산 시위 → 김주열 시신 발견 → 전국 시위로 확산(4. 19.) → 경찰 발포, 계엄령 선포 → 대학 교수단 시국 선언(4. 25.) → 이승만 대통령 하야(4. 26.)
    • 결과 : 선거 무효, 이승만 정권 붕괴, 허정 과도정부 출범, 내각책임제 개헌
    • 의의 : 학생, 시민의 힘으로 독재정권을 무너뜨린 민주주의 혁명
  ② 장면 내각
    • 개헌 : 허정 과도정부 수립 후 헌법 개정 → 3차 개헌 : 내각 책임제, 양원제 국회
    • 장면 내각 수립 : 민주당 압승, 4대 대통령 윤보선·국무총리 장면 선출, 장기적인 경제개발 계획 수립
    • 한계 : 내부 분열, 개혁의지 미흡, 통일 문제에 소극적

 ## 사료 확인

발췌 개헌

정부 및 여당이 제출한 대통령 직선제 안과 야당이 제출한 국회 단원제를 절충한 개헌안이다. 하지만 사실상 이승만의 대통령 재선을 위하여 실시된 개헌이다.

사사오입 개헌

재적의원 203명의 2/3는 135.333… 명이므로, 개헌안이 통과되려면 136명의 찬성이 필요하였다. 그러나 자유당은 사사오입 논리를 내세워 135명만으로도 가능하다며 개헌안을 통과시켰다.

진보당 사건

1958년 1월 이승만은 조봉암을 비롯한 진보당 간부들이 북한의 간첩과 내통하고 북한의 통일방안을 주장하였다는 혐의로 구속하였다. 조봉암은 1959년 7월 처형되었다.

3대 대선

1956년 제3대 정·부통령 선거에서 민주당이 내건 "못 살겠다, 갈아보자!"라는 구호이다.

 ### 여기서 잠깐

1. 4·19 혁명의 결과 직선제 개헌이 이루어졌다. (　)
2. 4·19 혁명의 결과 대통령이 탄핵되었다. (　)
3. 2차 개헌은 이른바 _____ 개헌이라고 불리며, 초대 대통령에 대한 _____ 제한을 철폐한 것이다.

정답 1. ×　2. ×　3. 사사오입 / 중임

빈출 선지 체크

1. 장면 내각이 출범하는 계기가 되었다.　(사건)
2. 조봉암을 중심으로 창당되었다.　(정당)
3. 대학 교수단이 대통령 퇴진을 요구하며 시위 행진을 벌였다.　(사건)

정답 1. 4·19 혁명　2. 진보당　3. 4·19 혁명

민주주의의 시련과 발전

 사료 확인

1. _____

1. 4할 사전 투표 : 투표 당일 기권 표, 선거인 명부에 허위 기재한 유령 유권자 등을 그 지역 유권자의 4할 정도씩 만들어, 투표 시작 전에 자유당 후보에게 기표하여 투표함에 미리 놓도록 할 것
2. 3인조 또는 9인조 공개 투표 : 자유당 후보에게 투표하도록 미리 공작하여 유권자로 하여금 3인조 또는 9인조의 팀을 만들어, 그 조장이 미리 확인한 후 자유당 측 선거 운동원에게 보이고 투표함에 넣을 것

2. _____ (사건) - 대학 교수단 시국 선언문

1. 마산, 서울, 기타 각지의 학생 데모는 …… 학생들의 순진한 정의감의 발로이며 부정과 불의에 항거하는 민족정기의 표현이다.
4. 누적된 부패와 부정과 횡포로써 민권을 유린하고 민족적 참극과 국제적 수치를 초래케 한 현 정부와 집권당은 그 책임을 지고 속히 물러가라.
5. 3·15 선거는 불법 선거이다. 공명선거에 의하여 정·부통령 선거를 다시 실시하라.

3. _____ (사건) - 서울대학교 문리대학 학생 선언문

상아의 진리탑을 박차고 거리에 나선 우리는 질풍과 같은 역사의 조류에 자신을 참여시킴으로써 이성과 진리, 그리고 자유의 대학정신을 현실의 참담한 박토(薄土, 메마른 땅)에 뿌리려 하는 바이다. 오늘의 우리는 자신들의 지성과 양심의 엄숙한 명령으로 하여 사악(邪惡)과 잔학(殘虐)의 현상을 규탄 광정(匡正)하려고 주체적 판단과 사명감의 발로임을 떳떳이 선명하는 바이다. … 민주주의와 민중의 공복(公僕)이며 중립적 권력제인 관료와 경찰은 민주를 위장한 가부장적 전제 권력의 하수인으로 발 벗었다. 민주주의 이념에서 가장 기본적인 공리인 선거권마저 권력의 마수 앞에 농단되었다. 언론·출판·집회·결사 및 사상의 자유의 불빛은 무식한 전제 권력의 악랄한 발악으로 하여 깜박이던 빛조차 사라졌다. 긴 칠흑 같은 밤의 계속이다. … 나이 어린 학생 김주열의 참혹한 시신을 보라! 그것은 가식 없는 전제주의 전횡의 발가벗은 나상(裸像)밖에 아무것도 아니다. 저들을 보라! 비굴하게도 위하와 폭력으로써 우리들을 대하려 한다. 우리는 백보를 양보하고라도 인간적으로 부르짖어야 할 같은 학생의 양심을 느낀다. 보라! 우리는 기쁨에 넘쳐 자유의 햇불을 올린다. 보라! 우리는 캄캄한 밤의 침묵에 자유의 종을 난타하는 타수의 일익임을 자랑한다.

> **정답** 1. 3·15 부정 선거 2. 4·19 혁명 3. 4·19 혁명

02 박정희 정부

(1) 5 · 16 군사 정변(1961)
　① 배경 : 사회적 혼란, 장면 내각 무능력 구실 → 박정희를 중심으로 한 군사 정변 발생
　② 군정 실시
　　• 혁명 공약 발표, 경제 개발과 사회 안정을 정변의 명분으로 제시
　　• 국가 재건 최고 회의 · 중앙정보부 설치
　③ 개혁 추진 : 농어촌 고리채 정리, 화폐 개혁 단행(10환→1원)
　④ 5차 개헌(1962) : 대통령 중심제, 단원제 국회

(2) 제3 공화국(1963~1972)
　① 5대 대선(1963) : 윤보선을 누르고 박정희 당선 → 제3 공화국 출범
　② 한 · 일 국교 정상화(1965)
　　• 배경 : 경제 개발 자금 확보, 미국의 한 · 미 · 일 협력 요구
　　• 한 · 일 회담 추진 : 김종필 · 오히라 각서(1962)
　　• 6 · 3 시위(1964) : 굴욕적 대일 외교 반대 시위 → 계엄령 선포
　　• 한 · 일 협정 체결(1965) : 일본과 국교 정상화, 일본으로부터 경제 개발 자금 확보, 한 · 미 · 일 공동 안보 체제 확보
　③ 베트남 파병(1964~73)
　　• 배경 : 미국의 파병 요청, 경제 개발 자금 확보
　　• 브라운 각서 체결(1966) : 한국군 현대화, 경제 발전을 위한 기술 및 차관 제공 등 약속
　　• 결과 : 베트남 특수, 한 · 미 관계 강화, 베트남 민간인 희생, 고엽제 피해
　④ 6차 개헌(1969, 3선 개헌)
　　• 장기집권을 위해 3선 개헌안 통과
　　• 7대 대선(1971) : 박정희 vs 김대중 → 박정희 당선, 김대중 선전

(3) 제4 공화국(1972~1979, 유신 체제)
　① 7차 개헌(1972. 10, 유신 헌법)
　　• 내용 : 긴급 조치권, 국회 해산권, 국회의원 1/3 추천권, 통일 주체 국민 회의에서 간선, 임기 6년, 중임 제한 철폐
　　• 성격 : '한국적 민주주의'라는 명분 → 대통령의 입법권 · 사법권 장악, 국민의 기본권과 자유 제한
　　• 8대 대선(1972) : 통일 주체 국민 회의에서 박정희를 대통령으로 선출
　　• 저항 : 개헌 청원 100만인 서명 운동(1973), 3 · 1 민주 구국 선언(1976) 등 전개
　　• 탄압 : 김대중 납치 사건(1973), 긴급 조치 발표, 인민 혁명당 재건위 사건(1974)
　② 유신의 붕괴
　　• 2차 석유파동 → YH 무역 사건 → 김영삼 제명 → 부 · 마 항쟁 → 10 · 26 사태(1979)

CHAPTER 02 민주주의의 시련과 발전

여기서 잠깐

1. 박정희를 중심으로 한 군인들은 _____을/를 일으켜 장면 정부를 무너뜨렸다.
2. 박정희 정부는 경제 개발 자금 확보를 위해 6·3 시위에도 불구하고 _____을/를 체결하였다.
3. 유신헌법에서 대통령의 임기는 _____년이며, _____에서 간선제 방식으로 선출하였다.
4. 박정희 정부는 유신 체제에 반대하는 세력을 _____을/를 선포하여 탄압하였다.

정답 1. 5·16 군사 정변   2. 한·일 협정   3. 6년 / 통일 주체 국민 회의   4. 긴급 조치

사료 확인

김종필·오히라 비밀 메모

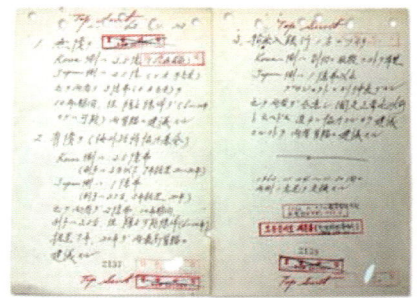

이 회담에서 일본은 한국에 '무상 3억 달러, 유상 2억 달러, 민간 차관 1억 달러 이상'의 경제 협력 자금을 제공하기로 하였다.

YH 무역 사건

YH 무역 여성 노동자들은 회사의 일방적인 폐업 조치에 항의하여 야당 당사에서 농성을 벌였다. 이 사건은 경찰의 강제 진압으로 끝났지만, 대규모 유신 반대 시위가 일어나는 계기가 되었다.

긴급 조치

긴급 조치는 국민의 기본권을 제한하는 초헌법적인 성격을 지녔다. 1974년 1월 8일에 선포된 제1호부터 1975년 5월 13일에 선포된 제9호(1979년 12월 폐지)까지 유신 체제 하에서 긴급 조치는 총 9차례 선포되었다.

인민 혁명당 재건위 사건(제2차 인혁당 사건)

중앙정보부는 1974년 전국 민주 청년 학생 총연맹(민청학련)이 정부의 전복을 꾀하였다고 발표하였다. 그리고 그 배후에 북한의 지령을 받은 인혁당 재건위가 있다고 조작하고, 많은 사람을 구속·기소하였다. 1975년 이들 중 8명이 사형에 처해졌는데, 이들은 지난 2007년 재심 결과 모두 무죄 판결을 받았다. 이는 유신 체제에서 자행된 대표적인 인권 탄압 사례이다.

빈출 선지 체크

1. 전개 과정에서 3·1 민주 구국 선언이 발표되었다. (관련 정부)
2. 제2차 석유 파동으로 경제 불황이 심화되었다. (관련 정부)
3. 미국의 요청에 따라 베트남 파병이 시작되었다. (관련 정부)
4. 굴욕적인 한일 국교 정상화에 반대하였다. (관련 사건)

정답 1. 박정희 정부 2. 박정희 정부 3. 박정희 정부 4. 6·3 항쟁

사료 확인

1. _____ (사건) 이후 발표한 혁명 공약

   1. 반공을 국시의 제일로 삼고, 반공 태세를 재정비 강화한다.
   4. 민생고를 해결하고, 국가 자주 경제 재건에 총력을 경주한다.
   6. 이와 같은 우리들의 과업이 성취되면 참신하고 양심적인 정치인에게 정권을 이양하고, 우리는 본연의 임무로 복귀할 준비를 갖춘다.

2. _____ (1966)

   - 미국은 파병 비용을 부담하고 한국군 현대화를 지원한다.
   - 베트남 주둔 한국군 지원 사업과 현지의 각종 사업에 한국을 참여시킨다.
   - 미국은 한국에 군사 원조와 차관을 제공한다.

3. _____ (1972)

   제40조 제1항 통일 주체 국민 회의는 국회의원 정수의 3분의 1에 해당하는 수의 국회의원을 선거한다.
   제2항 제1항의 국회의원의 후보자는 대통령이 일괄 추천하며, 후보자 전체에 대한 찬반을 투표에 부쳐 재적 대의원 과반수의 출석과 출석대의원 과반수의 찬성으로 당선을 결정한다.
   제53조 제2항 대통령은 제1항의 경우에 필요하다고 인정할 때에는 이 헌법에 규정되어 있는 국민의 자유와 권리를 잠정적으로 정지하는 긴급 조치를 할 수 있고, 정부나 법원의 권한에 관하여 긴급 조치를 할 수 있다.
   제59조 제1항 대통령은 국회를 해산할 수 있다.

CHAPTER 02 민주주의의 시련과 발전

> 3·1 민주 구국 선언
>
> 1. 이 나라는 민주주의 기반 위에 서야 한다. 민주주의는 대한민국의 국시다.
> 2. 경제 입국의 구상과 자세가 근본적으로 검토되어야 한다. …… 현 정권은 경제력이 곧 국력이라는 좁은 생각을 가지고 모든 것을 희생시켜 가면서 경제 발전에 전력을 쏟아 왔다.
> 3. 민족 통일은 오늘 이 겨레가 짊어진 최대의 과업이다.

정답 **1.** 5·16 군사 정변   **2.** 브라운 각서   **3.** 유신 헌법

03 신군부의 등장과 전두환 정부

(1) 신군부의 등장과 서울의 봄

① 신군부의 등장
- 10·26 사태 직후 제주도를 제외한 전국에 비상 계엄 선포
- 10대 대선(1979) : 통일 주체 국민 회의에서 최규하를 대통령으로 선출
- 12·12 사태(1979) : 전두환과 노태우 등이 주도하는 신군부 세력이 쿠데타를 일으켜 군사권 장악

② 서울의 봄(1980)
- 서울역 시위 : 대학생과 시민들이 서울역 앞에서 '비상 계엄령 해제', '신군부 퇴진', '유신 헌법 폐지' 등 요구
- 신군부의 탄압 : 계엄령 전국 확대(5.17.) → 정치활동 금지

③ 5·18 민주화 운동
- 전개 : 비상 계엄 확대에 반발한 광주에서의 시위 → 신군부는 공수 부대 투입하여 무자비하게 진압 → 시민군 조직 → 계엄군은 언론 통제하여 광주 시민을 폭도로 몰아감 → 시민 수습 대책 위원회를 만들고 사태 수습을 위해 계엄군과 협상 시도 → 협상을 거부한 계엄군이 5월 27일 새벽 탱크를 앞세워 도청으로 진격하여 시민군 무자비하게 진압
- 의의 : 1980년대 민주화 운동의 토대, 관련 기록물이 2011년 유네스코 세계 기록 유산에 등재

(2) 신군부의 권력 장악

① 전두환 정부의 집권 과정
- 집권 : 5·18 무력으로 진압 한 뒤 국가 보위 비상 대책 위원회 설치(입법·사법·행정 총괄, 삼청 교육대 운영, 언론 통폐합)
- 11대 대선(1980) : 통일 주체 국민 회의에서 11대 대통령으로 전두환 선출
- 8차 개헌(1980) : 대통령 선거인단에 의한 간선제, 7년 단임제
- 민주정의당 창당 → 대통령 선거인단에서 12대 대통령 전두환 선출(1981)

② 전두환 정부의 정책
- 구호 : 정의사회 구현, 복지 실현
- 민주화 억압 : 정치활동 규제, 언론 통제, 삼청교육대 운영
- 유화 조치 : 야간 통행금지 해제, 두발·교복 자율화, 3S 정책, 해외여행 자율화
- 86 서울 아시아 경기 대회 개최, 88 서울 올림픽 대회 유치

③ 6월 민주 항쟁(1987)
- 배경 : 야당과 재야 세력 중심의 대통령 직선제 개헌 운동
- 전개 : 박종철 고문치사 사건 → 4·13 호헌 조치 → 개헌 요구 시위, 이한열 사망 → 호헌 철폐 국민 대회(6.10)
- 결과
  : 민주 정의당 대통령 후보 노태우가 직선제 개헌 요구 수용하는 방안 발표(6·29 민주화 선언)
  : 9차 개헌(5년, 단임, 대통령 직선제)

사료 확인

계엄군과 대치한 광주 시민

박종철 고문 치사 사건

이한열
시위 도중 경찰이 쏜 최루탄 맞고 쓰러지는 이한열

여기서 잠깐

1. 전두환, 노태우를 중심으로 한 신군부 세력은 _____(사건)을/를 통해 군사권을 장악하였다.
2. 신군부 세력의 계엄령 전국 확대에 반발하여 _____(운동)이/가 일어났다.
3. _____(사건)에 굴복하여 대통령 직선제를 포함한 6.29 민주화 선언을 발표하게 되었다.

정답 1. 12·12 사태   2. 5·18 민주화 운동   3. 6월 민주 항쟁

CHAPTER 02 민주주의의 시련과 발전

빈출 선지 체크

1. 신군부의 비상 계엄 확대가 원인이 되어 일어났다. (관련 사건)
2. 호헌 철폐와 독재 타도 등의 구호를 내세웠다. (관련 사건)
3. 5년 단임의 대통령 직선제 개헌이 이루어지는 계기가 되었다. (관련 사건)
4. 시위 도중 대학생 이한열이 희생되었다. (관련 사건)
5. 관련 기록물이 유네스코 세계 기록 유산으로 등재되었다. (관련 사건)

정답 1. 5·18 광주 민주화 운동   2. 6월 민주 항쟁   3. 6월 민주 항쟁   4. 6월 민주 항쟁   5. 5·18 광주 민주화 운동

사료 확인

1. _____

"공수 부대는 처음에 몽둥이로, 다음은 대검으로, 다음에는 총으로 우리 시민들을 무차별 살해하였으며, 또한 도망간 사람까지 모두 잡아 그 즉시 살해하였고, 구경하던 어린이, 할머니까지 무차별 살해해서 우리 시민들은 좋지 못한 일인 줄 알면서도 공수 부대에 맞서기 위해 무기고를 털어 총으로 대전해 물리쳤다."

2. _____

우리는 왜 총을 들 수밖에 없었는가? 그 대답은 너무나 간단합니다. 너무나 무자비한 만행을 더 이상 보고 있을 수만 없어서 너도나도 총을 들고 나섰던 것입니다. …… 계엄 당국은 18일 오후부터 공수 부대를 대량 투입하여 시내 곳곳에서 학생, 젊은이들에게 무차별 살상을 자행하였으니! 아! 설마, 설마! 설마 했던 일들이 벌어졌으니 …… 이 고장을 지키고자 이 자리에 모이신 시민 여러분! 그런 상황에 우리가 할 수 있는 일은 무엇이겠습니까?

3. _____ 사건

"서울대 학생 박종철 군은 1987년 1월 14일 치안본부 남영동 대공 분실에 연행되었다. 경찰의 발표에 따르면, 오전 10시 50분쯤부터 수사관의 심문을 받기 시작, 11시 20분쯤 수사관이 수배된 선배의 소재를 물으면서 책상을 세게 두드리는 순간 의자에 앉은 채 갑자기 '윽'하는 소리를 지르며 쓰러졌다는……"
 - 경향신문 -

4. _____

오늘 우리는 전 세계의 이목이 우리를 주시하는 가운데 40년 독재 정치를 청산하고 희망찬 민주 국가를 건설하기 위한 거보를 전 국민과 함께 내딛는다. …… 현 정권에게 국민의 분노가 무엇인지를 분명히 보여 주고, 국민적 여망인 개헌을 일방적으로 파기한 4·13 폭거를 철회시키기 위한 민주 장정을 시작한다.
 - 6·10 국민대회 선언문 -

5. _____

첫째, 여야 합의하에 조속히 대통령 직선제 개헌을 하고 새 헌법에 의해 대통령 선거로 88년 2월 평화적 정부 이양을 실현토록 하겠습니다. …… 국민은 나라의 주인이며, 국민의 뜻은 모든 것에 우선하는 것입니다. 둘째, 최대한의 공명정대한 선거 관리가 이루어져야 합니다. 셋째, 극소수를 제외한 모든 시국 관련 사범들은 석방되어야 합니다.

> 정답 1. 5·18 민주화 운동   2. 5·18 민주화 운동   3. 박종철 고문 치사
>   4. 6월 민주 항쟁   5. 6·29 민주화 선언

04 노태우 정부 이후

(1) 노태우 정부(1988~1993)

① 성립
- 13대 대선(1987. 12.) : 야당 후보 단일화에 실패, 36%의 득표율로 13대 대통령으로 당선
- 이듬해 총선에서 여소야대 국회

② 5공 청문회 개최
- 전두환의 비리와 5·18 민주화 운동의 진상 규명하기 위한 청문회 개최
- 여소야대 정국을 벗어나기 위한 3당 합당 추진 → 민주 자유당 창당

③ 북방외교
- 서울 올림픽 성공적 개최
- 소련(1990)·중국(1992)과 수교
- 남북한 유엔 동시 가입(1991)

(2) 김영삼 정부(1993~1998)

① 성립
- 14대 대선(1992. 12)에서 여당의 김영삼 후보 당선
- 5·16 군사 정변 이후 처음으로 민간 정부 등장

② 정책
- **정치** : 역사 바로 세우기 사업(전직 대통령 구속, 조선 총독부 건물 철거, 국민 → 초등학교), 대학 수학 능력 시험 실시(1993), 지방 자치제 전면 실시(1995)
- **경제** : 금융 실명제(1993), 부동산 실명제(1995), 공직자 재산 공개 실시, OECD가입(1996)

③ 외환 위기(1997) : 국제 통화 기금(IMF)의 금융 지원

(3) 김대중 정부(1998~2003, 국민의 정부)

① 성립
- 15대 대선(1997. 12)에서 야당의 김대중 후보 당선
- 선거에 의한 평화적 정권 교체

CHAPTER 02 민주주의의 시련과 발전

② 정책
- 대북 화해 협력 정책(햇볕 정책) : 남북 정상 회담(2000), 노벨 평화상 수상(2000)
- 외환위기 극복(2001) : 기업 구조 조정, 노사정 위원회 운영
- 국민 기초 생활 보장 제도 실시
- 2002년 한·일 월드컵 경기 대회 개최

(4) 노무현 정부(2003~2008)
① 성립
- 16대 대선(2002. 12)에서 여당의 노무현 후보 당선

② 활동
- 정경 유착 단절, 권위주의 청산 등 추구
- 저소득층을 위한 복지 정책 강화, 호주제 폐지
- 한·칠레 자유 무역 협정(FTA) 체결, 한·미 자유 무역 협정(FTA) 체결
- 개성 공단 가동, 제2차 남북 정상 회담 개최(2007)

(5) 이명박 정부(2008~2013)
① 성립
- 17대 대선(2007. 12)에서 야당의 이명박 후보 당선
- 여야 정권 교체

② 활동
- G20 정상 회의 개최, 4대강 살리기 사업, 종편 채널 선정
- 금강산 관광객 피격, 천안함 사건, 연평도 포격 등으로 남북 관계 경색

(6) 박근혜 정부(2013~2018)
① 성립
- 18대 대선(2012. 12)에서 여당의 박근혜 후보 당선
- 최초의 여성 대통령

② 붕괴
- 국정 농단 의혹 폭로 → 촛불 집회 → 국회의 대통령 탄핵 → 헌법 재판소에서 대통령 파면 결정

(7) 문재인 정부
① 성립
- 19대 대선(2017. 5.) 야당의 문재인 후보 당선

여기서 잠깐

1. 노태우 정부는 여소야대 정국을 극복하기 위해 _____을/를 추진하여 민주 자유당을 창당하였다.
2. 14대 대선에서 김영삼 후보가 당선되면서 선거에 의한 최초의 평화적 여야 정권 교체가 이루어졌다. (   )

> 정답 1. 3당 합당   2. ×

❋ 빈출 선지 체크

1. 경제 협력 개발 기구(OECD)에 가입하였다. (관련 정부)
2. 대통령의 긴급 명령으로 금융 실명제를 실시하였다. (관련 정부)
3. 미국과 자유 무역 협정(FTA)을 체결하였다. (관련 정부)
4. 대통령의 직속 자문 기구로 노사정 위원회가 구성되었다. (관련 정부)

> 정답 1. 김영삼 정부   2. 김영삼 정부   3. 노무현 정부   4. 김대중 정부

사료 확인

1. _____ (사건)

국민 여러분, …… 민주 정의당 총재 노태우와 오랜 세월 이 땅의 민주주의를 위해 몸 바쳐 온 통일 민주당 총재 김영삼, 그리고 국태민안(國泰民安)의 신념을 꿋꿋이 실천해 온 신민주 공화당 총재 김종필, 우리 세 사람은 민주·번영·통일을 이룰 새로운 역사의 장을 열기 위해 오늘 국민 여러분 앞에 함께 섰습니다.

2. _____ 정부

친애하는 국민 여러분, 드디어 우리는 금융 실명제를 실시합니다. 이 시간 이후 모든 금융 거래는 실명으로만 이루어집니다. 금융 실명제가 이루어지지 않고는 이 땅의 부패를 원천적으로 봉쇄할 수가 없습니다. 정치와 경제의 검은 유착을 단절할 수가 없습니다. 금융 실명 거래의 정착 없이는 이 땅에 진정한 분배 정의를 구현할 수가 없습니다. 우리 사회의 도덕성을 확립할 수가 없습니다. 금융 실명제 없이는 건강한 민주주의도, 활력이 넘치는 자본주의도 꽃피울 수가 없습니다. 정치와 경제의 선진화를 이룩할 수가 없습니다.

— 경향신문(1993. 8. 13.) —

> 정답 1. 3당 합당   2. 김영삼

02 기출문제

01

밑줄 그은 '개헌안'의 시행 결과로 옳은 것은? 45회 심화 46

> **정부, 개헌안 통과로 인정**
> — 28일 국무 회의 후, 갈 처장 발표 —
>
> 27일 국회에서 개헌안에 대하여 135표의 찬성표가 던져졌다. 그런데 민의원 재적수 203석 중 찬성표 135, 반대표 60, 기권 7, 결석 1이었다. 60표의 반대표는 총수의 3분의 1이 훨씬 되지 못하다는 사실을 잘 주의해서 보아야 한다. 민의원의 3분의 2는 정확하게 계산할 때 135인 것이다. 한국은 표결에 있어서 단수(端數)*를 계산하는 데에 전례가 없었으나 단수는 계산에 넣지 않아야 할 것이며 따라서 개헌안은 통과되었다는 것이 정부의 견해이다.
>
> * 단수(端數) : '일정한 수에 차고 남는 수'로, 여기에서는 소수점 이하의 수를 의미함.

① 대통령 중심제가 의원 내각제로 바뀌었다.
② 통일 주체 국민 회의에서 대통령이 선출되었다.
③ 개헌 당시의 대통령에 한하여 중임 제한이 철폐되었다.
④ 선거인단이 선출하는 7년 단임의 대통령제가 실시되었다.
⑤ 우리나라 최초의 보통 선거인 5·10 총선거가 실시되었다.

1)
위 개헌? _____ 년 _____ 정부 시기 단행된 ___ 차 개헌

2)
① 배경 사건? _____
② 관련 개헌? _____ 년 _____ 정부 시기 단행된 ___ 차 개헌
③ 관련 개헌? _____ 년 _____ 정부 시기 단행된 ___ 차 개헌
④ 관련 개헌? _____ 년 _____ 정부 시기 단행된 ___ 차 개헌
⑤ 관련 시기? _____ 년

02

(가) 정부 시기에 있었던 사실로 옳은 것은? 43회 고급 47

> 이 사건은 '평화 통일'을 주장하는 조봉암이 제3대 대통령 선거에서 200여만 표 이상을 얻어 __(가)__ 정권에 위협적인 정치인으로 부상하자 조봉암이 이끄는 진보당의 민의원 총선 진출을 막고 조봉암을 제거하려는 __(가)__ 정권의 의도가 작용하여 서울시경이 조봉암 등 간부들을 국가변란 혐의로 체포하여 조사하였고, 민간인에 대한 수사권이 없는 육군 특무대가 조봉암을 간첩 혐의로 수사에 나서 재판을 통해 처형에 이르게 한 것으로 인정되는 비인도적, 반인권적 인권 유린이자 정치 탄압 사건이다.
> — 『진보당 조봉암 사건 결정 요지』 —

① 통일 주체 국민 회의 대의원이 선출되었다.
② 농촌 근대화를 표방한 새마을 운동이 전개되었다.
③ 사회 정화를 명분으로 삼청 교육대가 설치되었다.
④ 한·독 정부 간의 협정에 따라 서독으로 광부가 파견되었다.
⑤ 국가보안법 개정안을 통과시킨 이른바 보안법 파동이 일어났다.

1)
(가)정부 ? _____ 정부

2)
① 관련 정부? _____ 정부
② 관련 정부? _____ 정부
③ 관련 정부? _____ 정부
④ 관련 정부? _____ 정부
⑤ 관련 정부? _____ 정부

📢 ANSWER

01. ③
이승만과 자유당은 정권을 계속 장악하기 위해 ③ 초대 대통령에 한해 중임 제한을 철폐하자는 개정안을 국회에 제출하였다. 국회는 이를 부결시켰으나 자유당은 사사오입의 논리를 내세워 가결을 선언하였다(2차 개헌, 1954).
[오답] ① 4·19 혁명 이후 3차 개헌을 통해 대통령 중심제에서 내각 책임제로 개헌되었다(1960). ② 박정희 정부는 유신 헌법(7차 개헌, 1972)을 통해 통일 주체 국민 회의에서 무기명 투표로 대통령을 선출하도록 개헌하였다. ④ 전두환의 신군부 아래 선거인단이 선출하는 7년 단임의 대통령제로 개헌되었다(8차 개헌, 1980). ⑤ 유엔 소총회의 결의에 따라 남한만의 단독 선거인 5·10 총선거가 실시되었다(1948).

02. ⑤
(가) 정부는 이승만 정부이다. 조봉암이 3대 대선에 출마하여 많은 표를 획득하고 기세를 몰아 진보당을 결성하자, 이승만 정권은 정치적 위협을 느꼈다. 이후 이승만 정부는 조봉암이 간첩 행위를 하였다는 혐의로 진보당을 강제 해산하고, 조봉암을 사형시켰다. ⑤ 이승만 정부는 수립 직후 국가보안법을 제정하였으나 언론을 더 탄압하기 위하여 1958년 강화된 신국가보안법을 제정하였다.
[오답] ① 박정희 정부는 유신 헌법을 제정하여 통일 주체 국민 회의를 통해 대통령을 선출하게 하였다. ② 박정희 정부는 낙후된 농촌의 개발을 위해 1970년부터 새마을 운동을 전개하였다. ③ 전두환 정부 ④ 박정희 정부는 한·독 정부 간의 협정에 따라 1963년부터 광부와 간호사를 서독에 파견했다.

기출문제

03
밑줄 그은 '이 사건' 이후에 있었던 사실로 옳은 것은?

52회 심화 46

역사 속 오늘

4월 11일

오늘은 부정 선거를 규탄하는 시위에 가담했다가 실종되었던 마산상고 김주열 학생의 사망이 확인된 날이다. 그가 눈에 최루탄을 맞은 상태로 마산 앞바다에서 발견된 이 사건을 계기로 시민들의 시위가 전국적으로 확산되었다.

① 조봉암을 중심으로 진보당이 창당되었다.
② 반민족 행위 특별 조사 위원회가 설치되었다.
③ 허정을 수반으로 하는 과도 정부가 수립되었다.
④ 귀속 재산 관리를 위해 신한 공사가 설립되었다.
⑤ 자유당이 정권 연장을 위해 직선제 개헌안을 통과시켰다.

1) 관련 정부? _____ 정부

2) 위 ①~⑤를 순서대로 나열하시오.
___ - ___ - ___ - ___ - ___

04
(가), (나) 사이의 시기에 있었던 사실로 옳은 것을 〈보기〉에서 고른 것은?

49회 심화 47

(가) 국군 장교가 위원으로 선출되었으며, 3권을 장악하고 국회의 권한을 행사하는 최고 통치 기구인 국가 재건 최고 회의가 출범하였다.
(나) 국민의 직접 선거로 대의원이 선출되었으며, 통일 정책을 최종 결정하고 대통령 선거권을 행사하는 통일 주체 국민 회의가 발족하였다.

| 보기 |

ㄱ. 장기 집권을 위한 3선 개헌안이 통과되었다.
ㄴ. 제2차 석유 파동으로 경제 불황이 심화되었다.
ㄷ. 베트남 파병에 관한 브라운 각서가 체결되었다.
ㄹ. 대통령 긴급 명령으로 금융 실명제가 실시되었다.

① ㄱ, ㄴ ② ㄱ, ㄷ ③ ㄴ, ㄷ ④ ㄴ, ㄹ ⑤ ㄷ, ㄹ

1) 위와 관련된 정부? _____ 정부

2) 위 ㄱ~ㄹ을 아래 표에 순서대로 나열하시오.

	(가)		(나)	

ANSWER

03. ③
이승만 정부의 3·15 부정 선거에 항의하며 마산에서 시민들이 시위를 일으켰다. 이 때 실종되었던 김주열 학생의 시신이 발견되자 마산에서는 2차 시위가 일어났으며 이는 점점 전국으로 퍼져 나가 4·19 혁명이 일어났다(1960). 이에 이승만은 하야하였고 ③ 허정의 과도 정부가 수립되었다.
[오답] ① 조봉암은 1956년 진보당을 창당하였다. 그러나 얼마 못 가 국가 보안법 위반 등으로 체포되어 진보당이 해체되고 처형당하였다. ② 제헌 국회에서는 반민족 행위 처벌법을 제정하여 반민족 행위 특별 조사 위원회를 설치하였다. ④ 해방 이후 미군정은 일본인 소유의 재산을 귀속하고 이를 관리하는 신한 공사를 설립하였다. ⑤ 이승만 정부는 장기 집권을 위해 발췌 개헌을 통과시켰다(1952).
[순서 나열] ④-②-⑤-①-③

04. ②
(가) 박정희의 군부 세력은 1961년 5·16 군사 정변으로 장면 정권을 무너뜨리고 비상 계엄을 선포한 뒤 국가 재건 최고 회의를 구성하였다. ㄷ 박정희는 경제 개발 5개년 계획을 실시하기 위해 한·일 국교를 정상화하였고 베트남 전쟁에 군대를 파견하여 미국이 경제 원조 제공을 약속하였다(브라운각서). ㄱ 박정희 정부는 1969년 장기 집권을 위해 3선 개헌을 강행하였다. (나) 1972년 10월 7차 개헌으로 유신이 선포되어 통일 주체 국민 회의에서 대통령을 선출하게 되었다.
[오답] ㄴ 박정희 정권 말기에는 2차 석유 파동(1978)으로 인해 우리 경제에 큰 위기가 찾아왔다. ㄹ 김영삼 정부(1993)
[순서 나열] (가)-ㄷ-ㄱ-(나)-ㄴ-ㄹ

02 기출문제

05

(가), (나) 문서가 작성된 사이의 시기에 있었던 사실로 옳은 것은?

45회 고급 47

> (가) 1. 무상 원조에 대해 한국 측은 3억 5천만 달러, 일본 측은 2억 5천만 달러를 주장한 바 3억 달러를 10년에 걸쳐 공여하는 조건으로 양측 수뇌에게 건의함
> …
> 3. 수출입 은행 차관에 대해 … 양측 합의에 따라 국교 정상화 이전이라도 협력하도록 추진할 것을 양측 수뇌에게 건의함
>
> (나) 제1조 체약 당사국 간에 외교 및 영사 관계를 수립한다.
> 제2조 1910년 8월 22일 및 그 이전에 대한 제국과 일본 제국 간에 체결된 모든 조약 및 협정이 이미 무효임을 확인한다.
> …

① 한·미 상호 방위 조약이 체결되었다.
② 6·3 시위가 전개되고 비상 계엄령이 선포되었다.
③ 경찰이 반민족 행위 특별 조사 위원회를 습격하였다.
④ 평화 통일론을 주장한 진보당의 조봉암이 구속되었다.
⑤ 유상 매수, 유상 분배 원칙의 농지 개혁법이 제정되었다.

1) 위와 관련된 정부? _____ 정부
2)
① 관련 정부? _____ 정부   ② 관련 정부? _____ 정부
③ 관련 정부? _____ 정부   ④ 관련 정부? _____ 정부
⑤ 관련 정부? _____ 정부

06

다음 헌법 조항이 시행된 시기의 민주화 운동으로 옳은 것은?

44회 고급 49

> 제39조 ① 대통령은 통일 주체 국민 회의에서 토론 없이 무기명 투표로 선거한다.
> 제40조 ① 통일 주체 국민 회의는 국회의원 정수의 3분의 1에 해당하는 수의 국회의원을 선거한다.
> ② 제1항의 국회의원의 후보자는 대통령이 일괄 추천하며, 후보자 전체에 대한 찬반을 투표에 부쳐 재적 대의원 과반수의 출석과 출석 대의원 과반수의 찬성으로 당선을 결정한다.
> 제47조 대통령의 임기는 6년으로 한다.
> 제59조 ① 대통령은 국회를 해산할 수 있다.

① 굴욕적 대일 외교 반대를 주장하는 6·3 시위가 일어났다.
② 긴급 조치 철폐를 요구하는 3·1 민주 구국 선언이 발표되었다.
③ 부정 선거에 항거하는 4·19 혁명이 전국 각지에서 전개되었다.
④ 4·13 호헌 조치 철폐를 요구하는 전 국민적인 저항이 벌어졌다.
⑤ 김영삼과 김대중을 공동 의장으로 한 민주화 추진 협의회가 조직되었다.

1) 관련 헌법? _____ 년에 단행된 ____ 차 개헌
   관련 정부? _____ 정부
2)
① 관련 정부? _____ 정부   ② 관련 정부? _____ 정부
③ 관련 정부? _____ 정부   ④ 관련 정부? _____ 정부
⑤ 관련 정부? _____ 정부
3) 위 ①~⑤를 아래 표에 순서대로 나열하시오.
____ - ____ - ____ - ____ - ____

📢 ANSWER

05. ②
(가) 박정희 정부는 경제 개발 계획 추진을 위한 재정 확보를 위해 일본과의 국교 정상화를 추진하였다. 이에 중앙정보부장 김종필과 일본 외상인 오히라가 비밀 회담을 진행하였다. ② 학생들과 시민들은 굴욕적인 대일외교를 반대하며 6·3 시위를 벌였다. (나) 그러나 정부는 비상 계엄을 내려 시위를 통제하고 1965년 한·일 협정을 체결하였다.
[오답] ① 휴전 협정 체결 후 미국과 한·미 상호 방위 조약을 체결하였다(1953). ③ 이승만 정부는 반민특위의 활동을 방해하기 위해 반민특위를 주도하던 국회의원들을 공산당과 연결되어있다는 구실로 구속하고 경찰은 반민특위를 습격하였다(1949). ④ 이승만 정부와 자유당은 평화 통일론을 주장한 진보당의 조봉암을 구속하고 처형시켰다(1959). ⑤ 제헌 국회는 유상 매입, 유상 분배를 원칙으로 하는 농지개혁법을 제정하였다(1949).

06. ②
박정희 정부는 1972년 10월에 유신을 선포하고 국회를 해산하였다. 유신 헌법(7차 개헌)은 통일 주체 국민 회의에서 대통령을 선출하고 긴급조치권 등 대통령의 권한을 극대화하였다. ② 이에 1976년에는 재야 인사들이 명동 성당에 모여 유신 체제를 비판하는 3·1 민주 구국 선언을 발표하였다.
[오답] ① 박정희 정부의 굴욕적인 대일 외교에 분노한 학생과 시민들이 6·3 시위를 일으켰다(1964). ③ 이승만 정권이 3·15 부정 선거를 일으키자 국민들이 분노하여 4·19 혁명이 일어났고 이승만 정권이 무너졌다. ④ 전두환 정부는 국민들의 대통령 직선제 요구를 무시하고 4·13 호헌 조치를 발표하자 6월 민주 항쟁이 일어났다(1987). ⑤ 전두환 정부의 통치에 맞서 김영삼과 김대중이 민주화 추진 협의회를 조직하였다(1984).
[순서 나열] ③-①-②-⑤-④

07

(가) 정부 시기의 사실로 옳은 것은? 42회 고급 48

사형 집행 소식에 오열하는 유가족

지난 2007년 1월, 서울중앙지방법원은 '인민혁명당 재건위 사건'에 연루되어 사형당한 8인에게 무죄를 선고하였다. '인민혁명당 재건위 사건'은 __(가)__ 정부 시기 국가 전복을 계획했다는 혐의로 국가 보안법 및 긴급 조치 제4호에 따라 서도원·도예종·여정남을 포함한 다수 인사들을 체포하여 사형·무기 징역 등을 선고한 사건이다. 특히 판결 확정 후 18시간 만인 다음날 새벽, 형 선고 통지서가 도착하기도 전에 사형수에 대한 형이 집행되었다. 당시 국제법학자협회는 사형이 집행된 4월 9일을 '사법 역사상 암흑의 날'로 선포하였다.

① 한·미 상호 방위 조약을 체결하였다.
② YH 무역 노동자들의 농성을 강경 진압하였다.
③ 대통령 긴급 명령으로 금융 실명제를 시행하였다.
④ 사회 정화를 명분으로 삼청 교육대를 설치하였다.
⑤ 평화 통일론을 주장한 진보당의 조봉암을 제거하였다.

1) (가) 정부? _____
2)
① 관련 정부? _____ 정부 ② 관련 정부? _____ 정부
③ 관련 정부? _____ 정부 ④ 관련 정부? _____ 정부
⑤ 관련 정부? _____ 정부
3) 위 ①~⑤를 순서대로 나열하시오.
____-____-____-____-____

08

(가) 민주화 운동에 대한 설명으로 옳은 것은? 51회 심화 49

> **노래로 읽는 한국사**
>
> **임을 위한 행진곡**
>
> 사랑도 명예도 이름도 남김없이
> 한평생 나가자던 뜨거운 맹세
> 동지는 간데없고 깃발만 나부껴
> 새날이 올 때까지 흔들리지 말자
> 세월은 흘러가도 산천은 안다
> 깨어나서 외치는 뜨거운 함성
> 앞서서 나가니 산 자여 따르라

[해설] 이 곡은 __(가)__ 당시 계엄군에 맞서 시민군으로 활동하다 희생된 고(故) 윤상원과 광주에서 야학을 운영하다 사망한 고 박기순의 영혼 결혼식에 헌정된 노래이다. 1997년 __(가)__ 기념일이 정부 기념일로 지정된 이후 기념식에서 제창되었다.

① 3·1 민주 구국 선언이 발표되었다.
② 4·13 호헌 조치 철폐를 요구하였다.
③ 장면 내각이 출범하는 계기가 되었다.
④ 시위 도중 대학생 이한열이 희생되었다.
⑤ 신군부의 비상계엄 확대와 무력 진압에 저항하였다.

1) (가) 운동? _____년에 일어난 _____
2)
① 관련 정부? _____ 정부
② 관련 사건? _____ 정부 당시 일어난 _____
③ 관련 사건? _____ 정부 당시 일어난 _____
④ 관련 사건? _____ 정부 당시 일어난 _____
⑤ 관련 사건? _____ 정부 당시 일어난 _____

📢 ANSWER

07. ②
박정희 정부는 유신 헌법 개헌으로 긴급조치권과 국회 해산권이 대통령에게 부여되었다. 긴급조치권으로 민청학련 사건과 인혁당 사건에서 학생들과 지식인 등 진보적 인사들을 탄압하였다. ② 1979년에는 YH무역 여공들의 농성이 신민당사에서 일어나자 정부는 이들을 진압하고 신민당의 김영삼을 국회에서 제명하였다.
[오답] ① 이승만 정부는 휴전 협정 체결 이후 미국과 한미 상호 방호 조약을 체결하였다(1953). ③ 김영삼 정부는 대통령 긴급 명령으로 금융실명제를 시행하였다(1993). ④ 전두환의 신군부는 사회 정화를 명분으로 삼청 교육대를 운영하여 인권을 유린하였다(1980). ⑤ 이승만 정부는 평화 통일론을 주장한 진보당의 조봉암을 처형하였다(1959).
[순서 나열] ①-⑤-②-④-③

08. ⑤
12·12 사태로 군사권을 장악한 신군부에 맞서, 1980년 서울의 봄이라 불리는 대규모 민주화 운동이 일어났다. 그러자 신군부 세력은 5월 17일 비상 계엄 조치를 전국으로 확대하였고, ⑤ 이로 인해 다음 날 광주에서 비상 계엄 해제와 신군부 세력 퇴진 등을 요구하는 대규모 학생 시위가 발생하였다(5·18 민주화 운동). 신군부는 이들을 무력으로 진압하였으나 시민들은 시민군을 결성하여 신군부 세력에 저항하였다.
[오답] ① 박정희 정권의 유신 체제에 반대하여 긴급 조치 철폐 등을 요구하는 3·1 민주 구국 선언을 발표하였다(1976). ② 전두환 정부 시기 계속된 민주화 요구는 박종철 고문 사건과 4·13 호헌 조치를 계기로 6월 민주 항쟁으로 발전하였다. ③ 3·15 부정 선거로 일어난 4·19 혁명의 결과, 이승만 정권이 무너지고 장면 내각이 출범하였다. ④ 6월 민주 항쟁 당시 이한열의 사망으로 항쟁이 더욱 확산되었다(1987).

기출문제

09
다음 헌법이 시행된 시기의 사실로 옳은 것은?

49회 심화 48

> 제39조 ① 대통령은 대통령 선거인단에서 무기명 투표로 선거한다.
> ② 대통령에 입후보하려는 자는 정당의 추천 또는 법률이 정하는 수의 대통령 선거인의 추천을 받아야 한다.
> ③ 대통령 선거인단에서 재적 대통령 선거인 과반수의 찬성을 얻은 자를 대통령 당선자로 한다.
> …
> 제45조 대통령의 임기는 7년으로 하며, 중임할 수 없다.

① 긴급 조치 9호가 발동되었다.
② 국민 교육 헌장이 공포되었다.
③ 지방 자치제가 전면 시행되었다.
④ 프로 야구가 6개 구단으로 출범되었다.
⑤ 한미 자유 무역 협정(FTA)이 체결되었다.

1)
관련 헌법? _____년 단행된 _____ 정부의 ___차 개헌
2)
① 관련 정부? _____ 정부   ② 관련 정부? _____ 정부
③ 관련 정부? _____ 정부   ④ 관련 정부? _____ 정부
⑤ 관련 정부? _____ 정부
3) 위 ①~⑤를 순서대로 나열하시오.
___ - ___ - ___ - ___ - ___

10
다음 기사에 보도된 민주화 운동의 결과로 옳은 것은?

49회 심화 49

> □□신문
> 제△△호   ○○○○년 ○○월 ○○일
> **민주 헌법 쟁취를 위한 국민 대회 열려**
> 경찰이 사상 최대 규모인 5만 8천여 명의 병력을 동원하여 전국 집회장을 원천 봉쇄한다는 방침을 밝힌 가운데 서울을 비롯한 전국 20여 개 도시에서 국민 대회가 열렸다. 민주 헌법 쟁취 국민운동 본부는 "국민 합의를 배신한 4·13 호헌조치는 무효임을 전 국민의 이름으로 선언한다."라고 발표하면서 민주 헌법 쟁취를 통한 민주 정부 수립 의지를 밝혔다.

① 국가 보위 비상 대책 위원회가 설치되었다.
② 신군부가 비상 계엄을 전국으로 확대하였다.
③ 5년 단임의 대통령 직선제 개헌이 이루어졌다.
④ 허정을 수반으로 하는 과도 정부가 수립되었다.
⑤ 조봉암이 혁신 세력을 규합하여 진보당을 창당하였다.

1)
관련 사건? _____년에 일어난 _____ 정부 시기
_____ 운동
2)
① 관련 정부? _____ 정부   ② 관련 정부? _____ 정부
③ 관련 정부? _____ 정부   ④ 관련 정부? _____ 정부
⑤ 관련 정부? _____ 정부
3) 위 ①~⑤를 순서대로 나열하시오.
___ - ___ - ___ - ___ - ___

ANSWER

09. ④
전두환의 신군부 세력은 5·18 광주 민주화 운동을 진압한 이후, 대통령 선거인단에 의한 간접 선거와 7년 단임의 8차 개헌을 단행하였다(1980). ④ 개헌 이후 전두환 정부는 언론통폐합과 정치활동 규제 등 민주화를 억압하면서 한편으로는 해외 여행 자유화와 교복 자율화, 프로야구 출범 등의 국민 유화 정책도 실시하였다.
[오답] ① 박정희 정부는 유신 헌법 제정 이후 긴급 조치를 1호(1974)에서 9호(1975)까지 잇따라 발표하였다. ② 박정희 정부는 국민 교육 헌장을 공포하여 우리나라 교육의 근본 목표를 세웠다(1968). ③ 김영삼 정부는 지방 자치제를 전면 시행하였다(1995). ⑤ 노무현 정부는 한미 자유 무역 협정(FTA)을 체결하였다(2007).
[순서 나열] ②-①-④-③-⑤

10. ③
전두환 정부 시기 박종철 고문 사건과 4·13 호헌 조치를 계기로 6월 민주 항쟁(1987)이 일어났다. 직선제 개헌 등을 요구한 이 시위는 전국으로 확대되어 결국 정부가 6·29 민주화 선언을 발표하고 ③ 5년 단임의 대통령 직선제로 개헌하였다.
[오답] ② 신군부 세력은 1980년 전국으로 비상 계엄을 확대하였다. ① 5·18 광주 민주화 운동을 진압한 신군부 세력은 국가 보위 비상 대책 위원회를 설치하여 국가 조직을 장악해 갔다. ④ 4·19 혁명으로 이승만 정부가 무너진 후 허정을 수반으로 하는 과도 정부가 수립되었다. ⑤ 조봉암은 1956년 혁신 세력을 규합하여 진보당을 창당하였다.
[순서 나열] ⑤-④-②-①-③

11

다음 취임사와 함께 출범한 정부 시기의 사실로 옳은 것은?

21회 심화 48

> 존경하는 국민 여러분! 우리는 외환 위기의 충격 속에서도 여야 간 평화적 정권 교체의 위업을 이룩하였습니다. 국민 여러분은 나라의 위기를 극복하기 위해 '금 모으기'에 나섰고, 이미 20억 달러가 넘는 금을 모아주셨습니다.

① 금융 실명제가 시작되었다.
② 야간 통행 금지가 해제되었다.
③ 지방 자치제가 최초로 시행되었다.
④ 남북 정상 회담이 최초로 개최되었다.
⑤ 3당 합당을 통해 여소야대를 극복하려 하였다.

12

(가)에 들어갈 수 있는 사진으로 적절한 것을 〈보기〉에서 고른 것은?

33회 고급 49

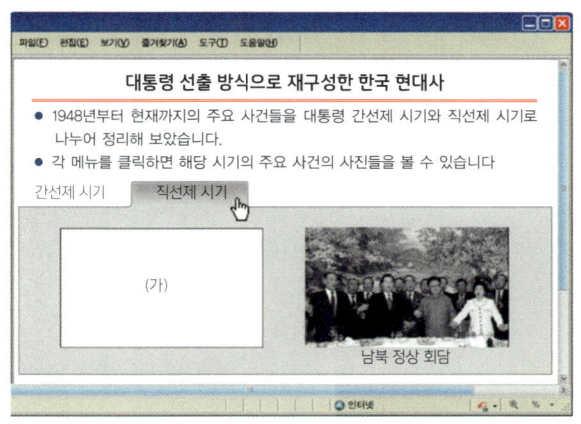

① ㄱ, ㄴ   ② ㄱ, ㄷ   ③ ㄴ, ㄷ   ④ ㄴ, ㄹ   ⑤ ㄷ, ㄹ

ANSWER

11. ④
1998년 선거에 의한 평화적 정권 교체로 성립된 김대중 정부는 조기에 외환 위기 극복하였고 남북 평화를 위한 대북 화해 협력 정책을 추진하였다. ④ 그리하여 남북 정상 회담과 6·15 남북 공동 선언을 실현하였다(2000).
[오답] ① 김영삼 정부는 금융 실명제를 실시하여 부정부패 척결에 노력하였다. ② 전두환 정부는 민주화를 억압하면서 야간 통행 금지 해제 등의 국민 유화 정책을 실시하였다. ③ 1949년 지방 자치법이 제정된 이후 지방 선거를 실시하였으나 박정희 정부가 들어서면서 전면 중단되었다. 이후 김영삼 정부 시기 다시 지방 자치제가 전면적으로 시행되었다. ⑤ 노태우 정부 시기 총선을 통해 여소야대 국회가 구성되자 이를 극복하기 위해 합당을 추진하였다.

12. ②
ㄷ 박정희 정부는 닉슨 독트린(1969) 발표 이후 냉전 체제가 완화되자 남북 적십자 회담과 7·4 남북 공동 성명을 발표하였다(6차 개헌(1969) 적용). ㄱ 1987년 9차 개헌으로 대통령 직선제가 적용된 이후 등장한 노태우 정부는 1988년 서울 올림픽을 개최하였다.
[오답] ㄴ 6·25 전쟁 당시 유엔군이 참전하면서 인천 상륙 작전(1950)이 성공하여 전세를 역전시켰다(초대 헌법 적용). ㄹ 박정희 정부 시기(유신 헌법) YH무역 사건으로 김영삼이 국회에서 제명되자 부산과 마산에서 유신 체제를 반대하는 부·마 항쟁(1979)이 일어났다(7차 개헌(1972) 적용).

CHAPTER 03 경제 발전과 변화 및 통일을 위한 노력

01 현대의 경제·사회·문화

(1) 경제 성장과 자본주의의 발전
① 전후 복구와 원조 경제(이승만 정부)
- 전후 경제 상황 : 생산 시설 파괴, 생필품 부족, 물가 폭등
- 원조 경제
  : 배경 – 전쟁 복구, 미국 내 잉여생산물 처리
  : 내용 – 농산물을 비롯한 소비재 물품(밀가루, 설탕, 면화) 원조
  : 결과 – 삼백 산업(제분, 제당, 면방직) 발달, 국내 농산물 생산 위축
② 경제 개발 5개년 계획(박정희 정부)
- 계획 : 장면 내각이 경제개발 5개년 계획 수립 → 박정희 정부 수정 시행
- 특징 : 정부 주도, 성장 위주

1·2차 (62~71)	• 경공업 육성, 노동 집약적 산업(가발, 섬유산업 중심) • 포항 제철 공장 건설 시작(68), 경부 고속 국도 개통(70) • 베트남 특수, 한강의 기적
3·4차 (72~81)	• 중화학 공업 육성, 포항 제철 준공(73), 1차 석유파동(73) → 중동 건설 붐으로 극복 • 수출액 100억 달러 달성(1977)

- 새마을 운동 : 1970년부터 농가 소득 증대 및 농촌 환경 개선을 위함
- 노동자 해외 파견 : 외화 획득을 위해 서독에 광부와 간호사 파견
③ 전두환 정부
- 1970년대 말 경제 위기 : 중화학 공업에 대한 과잉 투자, 2차 석유파동(1978)
- 위기 극복 : 중화학 공업 구조 조정, 3저 호황(저금리, 저달러, 저유가)
④ 김영삼 정부
- 우루과이 라운드 타결(1993), 세계 무역 기구(WTO) 설립(1995) → 농축산물 수입 확대로 국내 농업에 타격
- 금융 실명제 실시(1993)
- 경제 협력 개발 기구(OECD) 가입(1996)
- 외환 위기 → IMF에 긴급 금융 지원 요청(1997)
⑤ 김대중 정부
- 기업 구조 조정, 노사정 위원회 운영(1998)
- IMF 지원금 조기 상환(2001)

(2) 사회·문화의 변화
① 산업 구조의 변화와 도시화
- 농업 인구가 줄고, 2차·3차에 종사하는 인구가 증가
- 1990년대 이후 3차 산업 중 지식 산업 및 정보 산업 종사자의 비중 확대
② 도시화의 문제점
- 이촌향도 : 산업화, 도농 간 소득 격차 → 도시화 → 촌락공동체 붕괴
- 환경오염, 실업, 도시 빈민 문제(광주 대단지 사건, 1971) 발생

③ 노동운동
- 저임금 정책 → 전태일 분신 자살(1970), YH 무역 사건(1979)
- 1987년 6월 민주 항쟁 이후 노동 운동 본격적 시작
- 김영삼 정부 : 전국 민주 노동 조합 총연맹 창립(1995)

④ 농민운동
- 새마을 운동(1970) : 근면, 자조, 협동의 의식 개혁, 농촌 근대화
- 함평 고구마 피해 보상 운동(1976)
- 우루과이 라운드(1993), WTO 출범(1995)에 따른 농축산물 시장 개방 반대

⑤ 시민운동과 여성운동
- 6월 민주 항쟁 이후 다양한 시민 단체(NGO) 활동

⑥ 사회 제도 변화
- 노무현 정부 : 호주제 폐지(2005, 2008년에 완전 폐지), 가족 관계 등록부 마련(2008)

⑦ 사회 보장 제도
- 전두환 정부 : 최저 임금법 제정(1986)
- 김영삼 정부 : 고용 보험 제도 시행(1995)
- 김대중 정부 : 국민 기초 생활 보장법 제정(1999)

⑧ 교육 제도
- 미군정기 : 6-3-3 학제와 남녀 공학제 도입
- 박정희 정부 : 국민 교육 헌장 선포(1968), 중학교 무시험 진학제도(1969), 고교 평준화 제도(1974)
- 전두환 정부 : 과외 전면 금지 및 본고사 폐지(1980), 대학 졸업 정원제 실시, 중학교 의무 교육 최초 실시
- 김영삼 정부 : 대학 수학 능력 시험 도입

02 남북 화해와 통일을 위한 노력

(1) 통일 정책의 변화

① 이승만 정부
- 반공 정책, 북진 통일론
- 조봉암의 평화 통일론 탄압(진보당 사건)

② 장면 정부
- 정부 : 유엔 감시 하 남북한 총선거 제시, '선 건설 후 통일'
- 민간 : 중립화 통일론 주장, "가자 북으로! 오라 남으로!" 구호 외치며 남북 학생 회담 개최 요구

③ 박정희 정부
- '선 경제 건설, 후 통일' 정부는 통일에 소극적
- 반공 → 1970년대 이후 냉전 완화
- 최초 남북 적십자 회담(1971) : 이산가족 문제 협의 → 회담 진행
- **7·4 남북 공동 성명(1972) 발표**
  : 통일에 대한 3대 원칙(자주, 평화, 민족 대단결) → 남북 조절 위원회 설치

④ 전두환 정부
- 최초 이산 가족 고향 방문단 및 예술 공연단의 교환 (1985)

CHAPTER 03 경제 발전과 변화 및 통일을 위한 노력

⑤ 노태우 정부
- 7·7 특별 선언(1988) → 북방 외교 정책 추진
- **남북한 동시 유엔가입**(1991)
- **남북한 기본 합의서**(1991) : 1민족 2체제, 화해, 불가침, 교류 협력
- **한반도 비핵화 공동 선언**(1991)

⑥ 김영삼 정부
- 북한의 핵 확산 금지 조약(NPT) 탈퇴 선언(1993) → KEDO(한반도 에너지 개발 기구) 설치
- 남북 정상회담 약속 → 김일성 사망(1994)으로 무산

⑦ 김대중 정부
- 햇볕 정책 : 소 떼 방북(1998), 금강산 해로 관광 시작(1998)
- **남북 정상회담(2000)** : 6·15 남북 공동 선언 발표(남측의 연합제와 북측의 낮은 단계의 연방제의 공통성 인정)
- 남·북 이산가족 상봉(2000), 경의선 복구 사업, 개성 공단 건설 합의

⑧ 노무현 정부
- 금강산 육로 관광(2003), 개성공단 착공식(2003)
- 제2차 남북 정상회담(2007) → 10·4 남북 공동 선언

⑨ 문재인 정부
- 남북 정상 회담 개최(2018) : 4·27 판문점 선언 발표

사료 확인

경부 고속국도 개통

100억불 수출 달성

빈출 선지 체크

1. 남북한이 유엔에 동시 가입하였다. (관련 정부)
2. 7·4 남북 공동 성명이 발표되었다. (관련 정부)
3. 한반도 비핵화 공동 선언이 발표되었다. (관련 정부)
4. 최초의 이산가족 고향 방문이 실현되었다. (관련 정부)
5. 남북한 교류 협력을 위한 개성 공단 조성에 합의하였다. (관련 정부)
6. 경부 고속도로가 개통되었다. (관련 정부)(연도)
7. 남북 기본 합의서를 채택하였다. (관련 정부)
8. 중학교 무시험 진학 제도가 시작되었다. (관련 정부)
9. 10·4 남북 공동 선언을 발표하였다. (관련 정부)
10. 남북 조절 위원회를 설치하여 통일 방안을 논의하였다. (관련 정부)

> 정답 1. 노태우 정부 2. 박정희 정부 3. 노태우 정부 4. 전두환 정부 5. 김대중 정부
> 6. 박정희 정부 / 1970년 7. 노태우 정부 8. 박정희 정부 9. 노무현 정부 10. 박정희 정부

사료 확인

1. _____ 년대의 경제

우리나라 공업은 이제 바야흐로 '중화학 공업 시대'로 들어갔습니다. 따라서 정부는 이제부터 '중화학 공업 육성'의 시책에 중점을 두는 '중화학 공업 정책'을 선언하는 바입니다.
— 박정희 대통령 연두 기자 회견 —

2. _____ 정부

정부는 최근 겪고 있는 금융, 외환 시장에서의 어려움을 극복하기 위해 IMF에 유동성 조절 자금을 지원해 줄 것을 요청하기로 결정했습니다. …… IMF 자금을 지원 받을 경우 대외 신인도 제고에 따른 시장불안 심리의 해소로 현재 당면하고 있는 유동성 부족 상태가 조속한 시일 안에 해결될 것으로 기대합니다.

3. _____ 정부 – _____

첫 째, 통일은 외세에 의존하거나 외세의 간섭을 받음이 없이 자주적으로 해결되어야 한다.
둘 째, 통일은 서로 상대방을 적대하는 무력행사에 의거하지 않고, 평화적 방법으로 실현되어야 한다.
셋 째, 사상, 이념, 제도의 차이를 초월하여 우선 하나의 민족으로서 민족적 대단결을 도모하여야 한다.

CHAPTER 03 경제 발전과 변화 및 통일을 위한 노력

4. ＿＿＿＿＿＿ 정부 －

남과 북은 분단된 조국의 평화적 통일을 염원하는 온 겨레의 뜻에 따라, 7·4 남북 공동성명에서 천명된 조국 통일 3대 원칙을 재확인하고, 정치·군사적 대결 상태를 해소하여 민족적 화해를 이룩하고, 무력에 의한 침략과 충돌을 막고 긴장 완화와 평화를 보장하며, 다각적인 교류·협력을 실현하여 민족 공동의 이익과 번영을 도모하며, 쌍방 사이의 관계가 나라와 나라 사이의 관계가 아닌 통일을 지향하는 과정에서 잠정적으로 형성되는 특수 관계라는 것을 인정하고, 평화 통일을 성취하기 위한 공동의 노력을 경주할 것을 다짐하면서, 다음과 같이 합의하였다.

제1조 남과 북은 서로 상대방의 체제를 인정하고 존중한다.
제9조 남과 북은 상대방에 대하여 무력을 사용하지 않으며 상대방을 무력으로 침략하지 아니한다.
제15조 남과 북은 민족 경제의 통일적이며 균형적인 발전과 민족 전체의 복리 향상을 도모하기 위하여 자원의 공동 개발, 민족 내부 교류로서의 물자 교류, 합작 투자 등 경제 교류와 협력을 실시한다.

5. ＿＿＿＿＿＿ 정부 －

1. 남과 북은 나라의 통일 문제를 그 주인인 우리 민족끼리 서로 힘을 합쳐 자주적으로 해결한다.
2. 남과 북은 남측의 연합제안과 북측의 낮은 단계의 연방제안이 서로 공통성이 있다고 인정한다.
3. 남과 북은 2000년 8월 15일에 즈음하여 흩어진 가족, 친척 방문단을 교환하며 비전향 장기수 문제를 해결하는 등 인도적 문제를 조속히 풀어 나가기로 합의한다.
4. 남과 북은 경제 협력을 통하여 민족 경제를 균형적으로 발전시키고 사회, 문화, 체육, 보건, 환경 등 제반 분야의 협력과 교류를 활성화하여 서로 신뢰를 도모한다.

> 정답 1. 1970   2. 김영삼   3. 박정희 / 7·4 남북 공동 성명
> 4. 노태우 / 남북 기본 합의서   5. 김대중 / 6·15 남북 공동 선언

03 기출문제

01

교사의 질문에 대한 학생의 답변으로 옳은 것은?

53회 심화 48

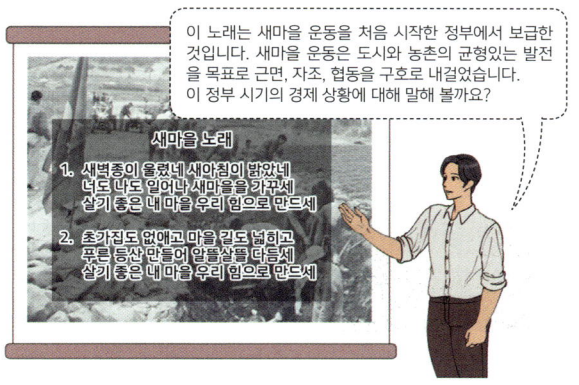

① 포항 제철소 1기 설비가 준공됐어요.
② 미국과 자유 무역 협정(FTA)을 체결했어요.
③ 3저 호황으로 물가가 안정되고 수출이 증가했어요.
④ 대통령의 긴급 명령으로 금융 실명제를 실시했어요.
⑤ 대통령 직속 자문 기구로 노사정 위원회가 구성됐어요.

02

밑줄 그은 '이 정부'에 대한 설명으로 옳은 것은?

27회 심화 49

> 경제 협력 개발 기구(OECD)는 회원국 상호 간 정책의 조정과 협력을 통해 회원국의 경제·사회 발전을 공동으로 모색하고, 나아가 세계 경제 문제에 공동으로 대처하기 위한 국제 기구이다. 우리나라는 이 정부 시기에 세계 경제 운영에 영향력을 발휘하기 위해 이 기구에 가입하였다.

① 유상 매수, 유상 분배를 규정한 농지 개혁법을 실시하였다.
② 경제 제일주의에 따라 경제 개발 5개년 계획안을 처음 마련하였다.
③ 농촌 환경 개선과 소득 증대를 목표로 새마을 운동을 시작하였다.
④ 금융 거래의 투명성을 확보하고자 금융 실명제를 전격 시행하였다.
⑤ 개성 공단 건설을 통하여 남북 간 경제 사업을 활성화시켰다.

ANSWER

01. ①
박정희 정부는 1970년부터 낙후된 농어촌 개발을 위해 새마을 운동을 추진하였다. ① 박정희 정부 때 추진된 제1·2차 경제 개발 5개년 계획은 경공업 중심으로 발전을 추구하였으며 1962년부터 울산에 공업 단지가 조성되고 포항에는 종합 제철소 1기 설비가 준공되었다(1973).
[오답] ② 노무현 정부(2007) ③ 전두환 정부 시기에는 저금리, 저유가, 저달러의 3저 호황으로 물가가 안정되고 수출이 증가하였다. ④ 김영삼 정부(1993) ⑤ 김대중 정부는 경제 위기를 극복하기 위해 노사정 위원회를 만들고 구조 조정, 금모으기 운동 등으로 조기에 외환 위기를 극복하였다.
[순서 나열] ①-③-④-⑤-②

02. ④
김영삼 정부는 세계화를 내세우며 경제 협력 개발 기구(OECD)에 가입하였다. ④ 또한 금융 실명제를 실시하여 금융 거래의 투명성을 확보하였다.
[오답] ① 제헌국회와 이승만 정부는 농지 개혁법을 제정하여 유상 매수, 유상 분배를 원칙으로 하는 농지 개혁을 실시하였다. ② 4·19 혁명 이후 집권한 장면 정부는 경제 제일주의에 따라 경제 개발 5개년 계획을 처음 마련하였다. ③ 박정희 정부는 공업화로 인해 상대적으로 낙후된 농어촌 개발을 위해 새마을 운동을 추진하였다. ⑤ 김대중 정부는 6·15 남북 공동 선언 발표 이후 개성 공단 조성에 합의하면서 남북 간의 경제 사업을 활성화시켰다.
[순서 나열] ①-②-③-④-⑤

03 기출문제

03

(가), (나) 사이의 시기에 있었던 경제 상황으로 옳은 것은?

29회 심화 48

> (가) 저금리, 저유가, 저달러의 3저 호황으로 3년 동안 매년 10% 이상의 높은 경제 성장률을 기록하였다.
> (나) 외환 위기로 인해 국제 통화 기금(IMF)로부터 구제 금융 지원을 받았다. 이로 인해 국가 부도는 모면하였으나 기업 구조 조정, 대규모 실업 등이 발생하였다.

① 경제 협력 개발 기구(OECD)에 가입하였다.
② 칠레와 자유 무역 협정(FTA)을 체결하였다.
③ 미국의 경제 원조로 소비재 산업이 발달하였다.
④ 제3차 경제 개발 계획으로 중화학 공업이 육성되었다.
⑤ 개성 공단 건설을 통해 남북 간 경제 교류가 이루어졌다.

1) (가) 정부? _____ 정부 (나) 정부? _____ 정부

2)
① 관련 정부? _____ 정부 ② 관련 정부? _____ 정부
③ 관련 정부? _____ 정부 ④ 관련 정부? _____ 정부
⑤ 관련 정부? _____ 정부

3) 위 ①~⑤를 아래 표에 순서대로 나열하시오.

	(가)		(나)		

04

다음 기사의 사건이 일어난 정부 시기의 통일 정책으로 옳은 것은?

50회 심화 50

> □□신문
> 제△△호   ○○○○년 ○○월 ○○일
> **광주 대단지 주민 5만여 명, 대규모 시위**
>
> 지난 10일, 경기도 광주시 중부면 광주 대단지에서 5만여 명의 주민들이 차량을 탈취하여 대규모 시위를 벌였다. 이번 시위는 서울 도심을 정비하기 위하여 10만여 명의 주민들을 경기도 광주로 이주시키는 과정에서 발생하였다. 서울시가 처음 내건 이주 조건과 달리, 상하수도나 교통 등 기반 시설이 갖추어지지 않은 채 강제로 이주시켰기 때문이다. 시위 과정에서 관공서와 주유소 등이 불에 탔고, 주민과 경찰 다수가 부상을 입었으며, 일부 주민들이 구속되었다.

① 남북한이 유엔에 동시 가입하였다.
② 10·4 남북 공동 선언을 발표하였다.
③ 남북한이 한반도 비핵화 공동 선언에 서명하였다.
④ 남북 조절 위원회를 설치하여 통일 방안을 논의하였다.
⑤ 남북한의 교류 협력을 위한 개성 공업 지구 건설에 착수하였다.

1) 위 시기? _____ 정부

2)
① 관련 정부? _____ 정부 ② 관련 정부? _____ 정부
③ 관련 정부? _____ 정부 ④ 관련 정부? _____ 정부
⑤ 관련 정부? _____ 정부

📢 ANSWER

03. ①
(가) 전두환 정부는 1980년대 후반에 저금리, 저유가, 저달러의 3저 호황을 맞아 물가가 안정되고 수출이 늘어났다. ① 김영삼 정부는 우루과이 라운드 타결과 세계무역기구 출범으로 세계화를 내세우며 경제 협력 개발 기구(OECD)에 가입하였다(1996). (나) 김영삼 정부는 임기 말에 외환 보유고 부족으로 위기를 맞아 국제 통화 기금(IMF)에 금융 지원을 받았다.
[오답] ② 노무현 정부는 한·칠레 자유 무역 협정을 체결하였다. ③ 이승만 정부 시기 6·25 전쟁으로 인해 미국이 경제 원조를 제공하였다. 이에 삼백 산업과 소비재 산업이 성장하였다. ④ 박정희 정부는 제3·4차 경제 개발 5개년 계획을 추진하여 중화학 공업을 육성하였다. ⑤ 김대중 정부는 6·15 남북 공동 선언 이후 개성 공단 조성에 합의하여 남북 간의 경제 교류를 이루어냈다.
[순서 나열] ③-④-(가)-①-(나)-⑤-②

04. ④
박정희 정부는 1960년대부터 시작한 경제 개발로 인해 이촌향도가 대규모로 진행되면서 도시 빈민 문제가 커졌다. 이들의 집단 거주 지역 중 하나인 경기도 광주 대단지에서 시위가 일어났다(1971). ④ 박정희 정부는 닉슨 독트린의 영향으로 남북 교류를 제안하고 서울과 평양에서 7·4 남북 공동 선언을 동시에 발표하였다(1972).
[오답] ① 노태우 정부 시기 남북한은 유엔에 동시 가입하였다(1991). ② 노무현 정부는 2007년 평양에서 2차 남북 정상 회담을 진행하고 10·4 남북 공동 선언을 발표하였다. ③ 노태우 정부는 남북 기본 합의서와 한반도 비핵화 공동 선언에 서명하였다. ⑤ 김대중 정부는 6·15 남북 공동 선언이 발표되고 남북 교류 협력을 위해 개성 공단 건설에 합의하였다.

기출문제

05

(가) 정부의 통일 노력으로 옳은 것은?   51회 심화 50

> **□□신문**
> 제△△호　　　　○○○○년 ○○월 ○○일
>
> **대한민국 대통령, 중국 최초 방문**
>
> 9월 27일부터 30일까지 ___(가)___ 대통령이 대한민국 대통령으로는 최초로 중국을 공식 방문하였다. 베이징에서 진행된 회담에서 양국 정상은 지난달 성사된 중국 수교의 의의를 높이 평가하면서 우호 협력 관계를 발전시키자고 하였다. 또한 양국 정상은 한반도의 긴장 완화가 한국 국민의 이익에 부합될 뿐 아니라 동북아시아 평화와 안정에 유익하며, 이와 같은 추세가 계속 발전해 나가야 한다는 데 합의하였다.

① 남북 기본 합의서를 채택하였다.
② 7·4 남북 공동 성명을 발표하였다.
③ 남북 정상 회담을 처음으로 성사시켰다.
④ 이산가족 고향 방문을 최초로 실현하였다.
⑤ 경제 협력을 위한 개성 공단 건설을 추진하였다.

06

밑줄 그은 '정부'의 통일 노력으로 옳은 것은?   49회 심화 50

> 국민들은 금 모으기 운동에 자발적으로 동참하여 외환 위기 극복에 힘을 보탰습니다. 정부는 지금까지 어떤 노력을 해왔는지 말씀해 주십시오.

> 정부는 기업에 대한 강도 높은 구조 조정, 노사정 위원회 설치 등 다각적인 노력을 통해 국제 통화 기금(IMF)의 구제 금융 지원금을 예정보다 3년이나 빨리 상환하였습니다.

① 금강산 관광 사업을 시작하였다.
② 남북이 유엔에 동시 가입하였다.
③ 제1차 남북 적십자 회담을 개최하였다.
④ 한반도 비핵화 공동 선언을 채택하였다.
⑤ 남북 간 이산가족 상봉을 처음 실현하였다.

ANSWER

05. ①
노태우 정부는 급격한 국제 정세 속에 적극적으로 북방 외교를 추진하여 소련, 중국과 수교하였다. 또한 ① 남북 사이의 교류 및 협력에 관한 남북 기본 합의서를 채택하고 한반도 비핵화 선언에 서명하였다.
[오답] ② 박정희 정부 시기 서울과 평양에서 7·4 남북 공동 성명이 동시에 발표되었다(1972). ③ 김대중 정부 시기 평양에서 첫 남북 정상 회담이 이루어져 6·15 남북 공동 선언이 발표되었다. ④ 전두환 정부는 남북한의 이산가족 고향 방문을 최초로 실현시켰다(1985). ⑤ 김대중 정부는 6·15 남북 공동 선언을 발표하고 개성 공단 건설을 추진하였다.

06. ①
김대중 정부는 금 모으기 운동 등 국민이 자발적으로 동참하여 외환 위기를 조기에 극복하였다. ① 또한 김대중 정부는 적극적인 대북 정책으로 금강산 관광 사업을 시작하였다(1998).
[오답] ② 노태우 정부 시기 남북한이 유엔에 동시 가입하였다(1991). ③ 박정희 정부는 대한적십자사의 건의로 이산가족 찾기를 위한 남북 적십자 회담을 개최하였다. ④ 노태우 정부는 남북 기본 합의서와 한반도 비핵화 공동 선언을 채택하였다. ⑤ 전두환 정부는 남북한의 이산 가족을 처음 실현하였다.
[순서 나열] ③-⑤-②-④-①

한지우
한국사능력검정시험 <심화>
개념완성

부록

01. 유네스코 등재 세계 유산과 조선의 궁궐
02. 세시풍속과 민속놀이

CHAPTER 01 유네스코 등재 세계 유산과 조선의 궁궐

01 세계 문화유산

석굴암과 불국사 (1995)	• 경주에 위치 • 통일신라의 대표적인 건축물
해인사 장경판전 (1995)	• 고려시대 제작된 팔만대장경판을 보관하는 곳으로, 조선 초 합천 해인사에 건립 • 온도·습도 조절이 가능하도록 지은 과학적 건축물
종묘(1995)	• 조선 왕조 역대 왕과 왕비 및 추존된 왕과 왕비의 신주를 모신 유교 사당 • 조선 건국 직후 세워졌으나 임진왜란 때 불타 광해군 즉위년에 중건
창덕궁(1997)	• 조선 태종 5년, 경복궁의 이궁으로 지어진 궁궐 • 가장 오랜 기간 동안 정궁의 역할 담당
수원 화성(1997)	• 조선 정조 때 만들어진 성곽으로, 개혁 정치의 중심지로 건설 • 정약용의 거중기 등을 사용하여 축성
경주 역사 유적 지구(2000)	• 신라 천 년의 고도인 경주의 역사와 문화를 고스란히 담고 있는 유적
고창·화순·강화 고인돌 유적(2000)	• 청동기 시대의 대표적인 무덤 양식
조선 왕릉(2009)	• 1408년부터 1966년까지 만들어진 조선 왕조의 왕릉 • 조선의 국가 통치 이념인 유교와 그 예법에 근거하여 조성
한국의 역사마을 : 하회와 양동(2010)	• 한국의 대표적인 씨족마을이면서 양반마을인 안동 하회마을과 경주 양동마을로 구성 • 배산임수 형태의 마을 입지와 유교 예법에 입각한 가옥의 구성을 지님
남한산성(2014)	• 조선시대 유사시의 임시 수도로서 기능할 수 있도록 계획적으로 축조 • 병자호란 당시 인조가 청의 침입에 저항한 곳
백제 역사 유적 지구(2015)	• 충남 공주·부여·전북 익산 등 백제 옛 수도의 유적 • 공산성·송산리 고분군(충남 공주), 관북리 유적과 부소산성·능산리 고분군·정림사지·나성(충남 부여), 왕궁리 유적·미륵사지(전북 익산) 등 8곳
산사, 한국의 산지 승원(2018)	• 한반도 남쪽 지방에 위치한 7개 불교 사찰로 구성된 연속 유산 • 통도사, 부석사, 봉정사, 법주사, 마곡사, 선암사, 대흥사로 구성
한국의 서원(2019)	• 조선시대 성리학 교육기관 유형을 대표하는 9개 서원으로 이루어진 연속 유산 • 소수서원, 도산서원, 병산서원, 옥산서원, 도동서원, 남계서원, 필암서원, 무성서원, 돈암서원으로 구성
가야 고분군(2023)	• 1~6세기에 걸쳐 한반도 남부에 존재했던 가야의 7개 고분군으로 이루어진 연속 유산 • 대성동 고분군, 말이산 고분군, 옥전 고분군, 지산동 고분군, 송학동 고분군, 유곡리와 두락리 고분군, 교동과 송현동 고분군으로 구성

02 세계 기록유산

훈민정음 해례본(1997)	• 1443년에 창제된 한글을 공표하는 세종의 반포문과, 집현전 학자들이 해설과 용례를 덧붙여 쓴 해설서
조선왕조실록(1997)	• 태조부터 철종의 통치기에 이르는 470여년 간의 왕조 역사를 담은 역사서 • 사초, 시정기 등을 토대로 작성
승정원 일기(2001)	• 조선시대 국왕의 비서기관인 승정원에서 국왕의 일상을 날마다 일기로 작성
직지심체요절(2001)	• 1377년 청주 흥덕사에서 금속활자를 이용하여 인쇄(현존 최고(最古) 금속활자본) • 상권은 발견되지 않았고, 하권만 프랑스 국립도서관에 소장
조선 왕조 의궤(2007)	• 조선 왕조 500여 년간의 왕실 의례에 관한 기록물로, 왕실의 중요한 의식(儀式)을 글과 그림으로 기록 • 병인양요 당시 프랑스 군에 약탈 당함(외규장각 의궤)
고려대장경판 및 제경판(2007)	• 13c 몽골의 침입을 막기 위해 제작한 대장경 • 총 81,258판의 목판에 새겨 '팔만대장경'으로 불림
동의보감(2009)	• 왕명에 따라 허준이 편찬한 의서
일성록(2011)	• 정조가 왕위에 오르기 전부터 쓴 일기에서 유래 • 왕위에 오른 후 규장각 신하들로 하여금 일지 쓰게 하고 승인을 받게 하여, 왕 개인의 일기에서 국사에 관한 공식 기록으로 바뀜
5·18 민주화 운동 기록물(2011)	• 1980년 5월 18일부터 5월 27일 사이에 한국 광주에서 일어난 5·18 민주화 운동과 관련된 기록물 • 시민의 항쟁 및 가해자들의 처벌과 보상에 대한 문서, 사진, 영상 등의 기록물
난중일기(2013)	• 이순신 장군이 임진왜란 당시 쓴 친필일기 • 임진왜란이 발발한 1592년 1월부터 이순신 장군이 치른 노량해전에서 전사하기 직전인 1598년 11월까지의 기록
새마을 운동 기록물(2013)	• 1970년~1979년까지 대한민국에서 전개된 새마을운동에 관한 기록물 • 대통령 연설문, 정부 문서, 마을 단위의 기록물, 편지, 새마을운동 교재, 관련 사진, 영상 등으로 구성
한국의 유교책판(2015)	• 조선시대(1392~1910)에 718종의 서책을 간행하기 위해 판각한 책판
KBS 특별 생방송 '이산가족을 찾습니다' 기록물(2015)	• 1983년 6월 30일부터 11월 14일까지 138일 동안 생방송으로 방영한 이산가족 찾기 운동과 관련된 방송 기록물 20,522건을 총칭
조선 왕실 어보와 어책(2017)	• 금·은·옥에 아름다운 명칭을 새긴 어보, 옥이나 대나무에 책봉하거나 아름다운 명칭을 수여하는 글을 새긴 옥책과 죽책, 금동판에 책봉하는 내용을 새긴 금책 등 왕실의 보물
조선 통신사에 관한 기록(2017)	• 1607년부터 1811년까지, 일본 에도 막부의 초청으로 12회에 걸쳐 조선국에서 일본국으로 파견되었던 외교 사절단에 관한 자료를 총칭
국채 보상 운동 기록물(2017)	• 1907년부터 1910년까지 일어난 국채보상운동의 전 과정을 보여주는 기록물

01 유네스코 등재 세계 유산과 조선의 궁궐

03 조선의 궁궐

경복궁 (북궐)	• 조선 태조 때 처음 지어진 조선의 법궁 • 고종 때 흥선대원군이 중건 • 명성황후가 시해되는 을미사변 발생(건청궁) • 일제가 조선 물산 공진회 개최 장소로 이용
창덕궁 (동궐)	• 태종 때 경복궁 동쪽에 지은 이궐 • 왕실 도서관인 규장각이 설치됨 • 1997년 유네스코 세계 문화유산에 등재
창경궁 (동궐)	• 처음 이름은 수강궁으로 세종이 상왕인 태종을 모시기 위해 지은 궁 • 이후 성종 때 이를 확장하여 지은 이궐(동궐) • 일제에 의해 동물원, 식물원이 설치되고 창경원으로 격하
덕수궁 (경운궁)	• 고종이 아관파천 이후 환궁 • 인목대비가 광해군에 의해 유폐 • 을사늑약이 체결(중명전) • 미·소 공동 위원회가 개최(석조전)
경희궁 (서궐)	• 광해군 당시 완공 • 인조부터 철종까지 임금이 이궁(離宮)으로 사용

02 세시풍속과 민속놀이

01 세시풍속

월	일	명칭	주요 풍속
1월	1일	설날	• 세배, 차례, 연날리기, 윷놀이, 널뛰기 등의 풍속 • 설 음식을 세찬이라고 하며, 대표적인 것이 떡국
	15일	정월대보름	• 밤·호두·땅콩 등을 깨물며 종기나 부스럼이 나지 않도록 축원하는 '부럼 깨기'를 함 • 줄다리기, 지신밟기, 달맞이 놀이, 쥐불놀이 등을 함
3월	–	한식	• 동지 후 105일 째 되는 날 • 불을 사용하지 않고 찬 음식을 먹음
	3일	삼짇날	• 봄을 알리는 명절로, '강남 갔던 제비가 돌아오는 날'이라 함 • 진달래꽃을 따다가 화전(花煎)을 부쳐먹음
4월	8일	초파일	• 석가모니의 탄생일로 '부처님 오신날'이라 부름 • 저녁에 등을 밝힘
5월	5일	단오	• 일명 수릿날, 천중절이라고도 함 • 부녀자들은 창포 삶은 물로 머리카락과 얼굴을 씻고, 창포 뿌리를 깎아 비녀를 만들어 머리에 꽂음 • 여성들은 그네뛰기를, 남성들은 씨름을 함
6월	15일	유두	• 흐르는 물에 머리를 감는다는 뜻, 맑은 개울을 찾아가서 목욕을 함 • 햇밀로 구슬 모양의 오색면 만들기
7월	7일	칠석	• 견우와 직녀가 만나는 날 • 부녀자들이 참외, 오이를 상 위에 놓고 절을 하며 바느질 솜씨가 좋아지길 빌었음
	15일	백중	• 머슴들과 일꾼들에게 돈과 휴가를 주어 놀도록 함
8월	15일	추석	• 한가위, 중추절이라고 함 • 송편 등을 만들어 먹고 만월 아래에서 축제를 벌이고 먹고 마시고 놀면서 춤추었으며, 줄다리기, 씨름, 강강수월래 등의 놀이를 함
9월	9일	중양절	• 국화가 만발할 때이므로 국화주, 국화전을 만들어 먹음
10월	–	입동	• 24절기 중 19번째 절기, 겨울이 시작된다는 의미 • 입동 무렵이면 밭에서 무와 배추를 뽑아 김장을 하기 시작
11월	–	동지	• 일년 중에 밤이 가장 길고 낮이 가장 짧은 날 • 팥죽에 찹쌀로 새알심을 만들어 넣어 먹음

CHAPTER 02 세시풍속과 민속놀이

02 민속놀이

명칭	특징
윷놀이	• 도, 개, 걸, 윷, 모는 부여의 마가(말), 우가(소), 저가(돼지), 구가(개)에서 유래한 것으로 추측
지신밟기	• 정월 보름날 풍물패들이 중심이 되어 집집마다 돌며 지신을 진압함으로써 악귀와 잡신을 물리치고, 마을의 안녕과 풍작 및 가정의 다복을 축원하는 민속놀이
차전놀이	• 정월 대보름 전후하여 안동 지방에서 행해지던 민속놀이로 '동채싸움'이라고도 불림 • 태조 왕건과 견훤의 싸움에서 비롯되었다는 설이 전해짐
쥐불놀이	• 정월 첫 쥐날에 쥐를 쫓는 뜻으로 논밭둑에 불을 놓는 놀이
그네뛰기	• 단오가 되면 남자놀이인 씨름과 더불어 여자들이 일반적으로 많이 즐김
씨름	• 우리나라의 전통적인 기예의 하나로 단오, 추석, 백중 등의 명절놀이
백중놀이	• 바쁜 농사일을 끝내고 고된 일을 해오던 머슴들이 하루 휴가를 얻어 흥겹게 노는 놀이
놋다리밟기	• 단장한 젊은 여자들이 공주를 뽑아 자신들의 허리를 굽혀 그 위로 걸어가게 하는 놀이 • 고려 공민왕이 홍건적의 난을 피해 안동으로 피난을 가던 중 마을의 여성들이 나와 허리를 굽혀 노국공주가 등을 밟고 건너가게 하였고, 그 뒤로 놋다리밟기를 하게 되었다고 전해짐
강강술래	• 설, 대보름, 단오, 백중, 추석 밤 등에 열림 • 손과 손을 잡고 마당에 원을 그리면서 빙빙 돌며 노래하고 춤을 춤

01 기출문제

01

(가) 궁궐에 대한 설명으로 옳은 것은?   39회 고급 24

(가)   으로 떠나는 궁궐 탐방

① 대한문(궁궐의 정문)   ② 중화전(궁궐의 정전)

③ 석조전(대한제국 시기의 서양식 건물)   ④ 석어당(궁궐의 유일한 중층 목조 건물)

---

① 고종이 아관파천 이후에 환궁한 곳이다.
② 도성 내 북쪽에 있어 북궐이라고 하였다.
③ 태종이 한양 재천도를 위하여 건립하였다.
④ 일제에 의해 창경원으로 격하되기도 하였다.
⑤ 정도전이 궁궐과 주요 전각의 명칭을 정하였다.

1)
(가) 궁궐? _____

2)
① 관련 궁궐? _____   ② 관련 궁궐? _____
③ 관련 궁궐? _____   ④ 관련 궁궐? _____
⑤ 관련 궁궐? _____

02

(가)~(마)에 대한 설명으로 옳은 것은?   44회 고급 25

◈ 다음에 제시된 조선의 관찬 기록물 중 하나를 선택하여 보고서를 제출하시오.

- 조보 ·· (가)
- 일성록 ······································ (나)
- 비변사등록 ································ (다)
- 승정원일기 ································ (라)
- 조선왕조실록 ····························· (마)

◈ 조사 방법 : 문헌 조사, 인터넷 검색 등
◈ 제출 기간 : 2019년 ○○월 ○○일~○○월 ○○일
◈ 분량 : A4용지 3장 이상

---

① (가) - 유네스코 세계 기록 유산으로 등재되었다.
② (나) - 광해군 때부터 기록되기 시작하였다.
③ (다) - 국왕의 비서 기관에서 발행한 관보이다.
④ (라) - 정조가 세손 시절부터 쓴 일기에서 유래하였다.
⑤ (마) - 춘추관 관원들이 편찬 업무에 참여하였다.

1)
① 관련 기록물? [(가) / (나) / (다) / (라) / (마)]
② 관련 기록물? [(가) / (나) / (다) / (라) / (마)]
③ 관련 기록물? [(가) / (나) / (다) / (라) / (마)]
④ 관련 기록물? [(가) / (나) / (다) / (라) / (마)]
⑤ 관련 기록물? [(가) / (나) / (다) / (라) / (마)]

ANSWER

01. ①
(가) 궁궐은 덕수궁(경운궁)으로 정문은 대한문이고 정전은 중화전, 석조전과 석어당이 있다. ① 고종은 아관파천 이후 경운궁으로 환궁하였으며, 이후 대한제국을 선포하였다.
[오답] ② 경복궁은 조선의 정궁이며 도성 내 북쪽에 위치해 있어 북궐이라고 불렀다. ③ 창덕궁은 개성에서 한양으로 환도 후에 태종이 지은 이궁이다. ④ 창경궁은 일제강점기 일제에 의해 동물원, 식물원이 설치되고 창경원으로 격하되기도 하였다. ⑤ 경복궁은 정도전이 궁궐과 주요 전각의 명칭을 정하였다.

02. ⑤
(마) 조선왕조실록의 편찬은 공정성을 위해 왕이 죽은 이후 편찬하는데, ⑤ 춘추관 내에 임시로 설치된 실록청에서 편찬을 담당하였다.
[오답] ① (나) 일성록, (라) 승정원 일기, (마) 조선왕조실록은 유네스코 세계 기록 유산으로 등재되어있다. ② (다) 비변사등록은 상설기구로 확정됐던 명종 때부터는 작성되었을 것이나, 임진왜란으로 이전 기록이 소실되어 광해군부터 고종까지 276년 간의 기록이 남아 있다. ③ (라) 승정원일기는 국왕의 비서 기관인 승정원에서 작성하였다. ④ (나) 일성록은 정조가 세손 시절부터 기록하였다.

부록 **359**

01 기출문제

03
(가)에 행해지던 풍습으로 가장 적절한 것은?

35회 고급 20

> **우리나라의 세시 풍속**
>
> 조상에 제사 지내고 성묘하는 날, __(가)__
>
> 1. 문헌자료
>   병조에서 아뢰기를, "동지로부터 105일이 지나면, 세찬 바람과 심한 비가 있으니 __(가)__ (이)라 부른다고 합니다. … 원컨대, 지금부터 __(가)__ 에는 밤낮으로 불과 연기를 일절 금지하고, 관리들이 순찰하게 하옵소서."라고 하였다. - 『세종실록』 -
>
> 2. 관련 행사
>   '손 없는 날' 또는 '귀신이 꼼짝 않는 날'로 여겨 산소에 손을 대도 탈이 없다고 한다. 그래서 산소에 잔디를 새로 입히는 개사초를 하거나, 비석 또는 상석을 세우거나 이장을 하였다.

① 진달래꽃으로 화전 부치기
② 새알심을 넣어 팥죽 만들기
③ 창포를 삶은 물로 머리 감기
④ 불을 사용하지 않고 찬 음식 먹기
⑤ 부스럼을 예방하기 위한 부럼 깨기

---

1)
(가) 풍속? _____

2)
① 관련 풍속? _____ ② 관련 풍속? _____
③ 관련 풍속? _____ ④ 관련 풍속? _____
⑤ 관련 풍속? _____

📢 ANSWER

03. ④
④ 한식은 동지에서 105일째 되는 날로, 이 날은 불을 사용하지 않고 찬 음식을 먹으며 성묘, 개사초(산소 손질) 등의 풍속이 있다.
[오답] ① 삼짇날에는 진달래꽃을 쌀가루에 반죽하여 화전을 부치거나 녹두가루를 반죽하여 익힌 화면을 즐겨 먹었다. ② 동지는 24절기 가운데 밤이 가장 길고 낮이 가장 짧은 날로 민가에서는 새알심을 넣어 만든 팥죽을 먹었다. ③ 단오는 음력 5월 5일로 삼한 시기 수릿날을 기원으로 하며 풍년을 기원하여 창포물에 머리 감기 등의 풍속이 있었다. ⑤ 정월 대보름에는 건강의 안녕을 기원하는 의미로 땅콩, 잣 등의 부럼을 깨며 부스럼이 나지 않게 해달라고 기원하였다.